··"상대를 열광케 하라!"··
– 위대한 귀곡자의 삶과 사상

귀곡자鬼谷子에 대하여 (기원전 4세기경)

귀곡자는 전국시대의 정치가로 제자백가 중 종횡가縱橫家의 창시자이다. 그의 이름이나 성씨는 물론이고 출신 지역도 정확하지 않지만, 전설에 따르면 성姓은 왕王씨이고 이름은 후詡로, 제齊나라(일설에는 초나라) 사람이라 전한다.

그는 소진과 장의의 스승으로, 귀곡에서 은거했기 때문에 귀곡자 또는 귀곡 선생이라 불렸다. 소진은 전국시대 중기에 진秦나라와 대항하는 6국의 합종책合縱策을 이뤄낸 인물이며, 장의는 6국을 진나라와 결합시키는 연횡책連橫策을 주도해 소진 못지않게 명성을 떨친 인물이다. 이를 합종연횡이라 한다.

현존 문헌 가운데 귀곡자를 최초로 언급한 것은 『사기』 「소진열전」과 「장의열전」이다. 후대의 문헌에 나오는 모든 얘기는 여기서 비롯된 것이다.

전국시대의 난세를 풍미한 귀곡자의 제자들

– 소진과 장의

진시황의 천하통일 전까지는 귀곡자의 제자인 소진과 장의의 외교술이 천하를 움직였다.

소진이 주장한 합종책은 전국시대 중기 때 효산 동쪽에 있던 연燕, 초楚, 한韓, 위魏, 조趙, 제齊 등 소위 산동山東 6국이 연합해 서쪽의 진秦나라에 대항한 외교 책략이다. 장의가 내세운 연횡책은 이와 정반대로 진나라와 6국이 각각 손을 잡게 함으로써 진나라의 발전을 꾀한 책략이다. 진나라가 상앙商鞅의 변법을 통해 최강의 군사 대국으로 부상한 이래 진시황의 천하통일까지 약 100여 년 동안 천하의 모든 책략은 합종과 연횡 사이를 오갔다. 이를 주도한 대표적인 인물이 바로 소진과 장의였다.

『사기』 등의 기록을 종합해볼 때 최초의 종횡가는 공자의 수제자 자공子貢이다. 동시에 그는 공부하며 일하는 유상儒商의 효시에 해당한다. 가장 바람직한 외교관 또는 글로벌 비즈니스맨의 표상이라 말할 수 있다. 자공은 유세 책략에서 그만큼 뛰어난 행보를 보였다.

전국시대를 지배했던 종횡가의 역사

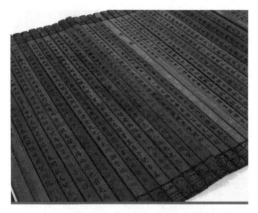

병가의 무략을 설명한 손자병법

전국시대에는 소진과 장의 두 사람 외에도 공손연公孫淵, 진진陳軫, 범수范睢 등 수많은 종횡가가 활약했다. 이들의 종횡무진 유세 책략을 망라해놓은 책이 바로『전국책戰國策』이다.『귀곡자』가 종횡술의 기본 이치와 기교를 체계적으로 정리해놓은 총론이라면,『전국책』은 여러 종횡가와 책사의 활약을 토대로 이를 역사적으로 증명해놓은 각론이다.

종횡가의 유세 책략을 망라한 전국책

『귀곡자』는 종횡가의 관점에서 난세의 유세 책략인 이른바 세략說略을 집대성했다. 병가의 관점에서 난세의 무략武略을 설명한『손자병법』과 법가의 관점에서 난세의 술략術略을 언급한『한비자』에 비유되는 이유다.

강력한 진나라를 억누른 여섯 나라의 합종책 – 소진

여섯 나라의 합종을 이뤄낸 소진

소진은 주나라, 진나라, 조나라 등 각국을 돌아다니며 유세했지만 알아주는 사람이 없었다. 연燕나라에서 겨우 문후文侯를 만나 소진은 합종의 계책을 실현할 수 있었다. 합종책이란 가장 강력한 국가인 진秦나라를 막기 위해서는 연燕ㆍ위魏ㆍ제齊ㆍ조趙ㆍ초楚ㆍ한韓의 여섯 나라가 서로 힘을 합해야 한다는 것이었다.

소진의 외교력으로 여섯 나라는 합종을 이루고 굳게 단결하였다. 소진은 합종의 책임자로서 여섯 나라의 재상을 겸임했다. 조나라로 돌아간 소진에게 숙후는 무안군武安君이라는 칭호를 내렸다. 여섯 나라의 합종 이후 진나라는 감히 군대를 보내지 못하게 되었으며, 이런 상태는 15년 동안이나 지속되었다.

"소진은 열 개의 책 상자를 모두 뒤적인 끝에 마침내 태공망 여상呂尙이 지은 병서 『음부陰符』를 찾아냈다. 머리를 싸매고 이 책을 숙지할 때까지 끊임없이 읽고는 마침내 췌마술揣摩術의 이치를 깨우쳤다. 잠이 오면 송곳으로 넓적다리를 찔러 피가 발까지 흘러내릴 정도로 책을 열심히 읽었다. 이때 그는 자신에게 이같이 다짐키를, '제후들을 설득해 금옥금수金玉錦繡를 내놓게 하지도 못하면서 어찌 경상卿相의 높은 자리를 얻어낼 수 있단 말인가?'라고 했다.

1년 뒤 췌마술의 오묘한 이치를 터득하자 큰 소리로 외치기를, '이야말로 참으로 당세의 군왕을 설득시킬 만한 것이다!'라고 했다. 이내 연 문후의 특사 자격으로 조나라 왕을 찾아가 손바닥을 쳐가며 통쾌하게 그를 설득했다. 조나라 왕이 크게 기뻐하며 곧 그에게 무안武安 땅을 봉지로 내리면서 무안군武安君에 봉하고 상국의 인수印綬까지 건네주었다.

이에 소진은 외출할 때 병거 1백 승乘과 금수錦繡 1천 돈純, 백벽白璧 1백 쌍, 황금 1만 일鎰을 손에 넣은 고귀한 신분이 되었다. 소진은 제후들 사이를 오가며 마침내 합종을 성사시켜 연횡을 깨뜨림으로써 강국인 진나라를 고립시켰다."

합종을 깨뜨리고 진나라의 승리를 가져온 연횡책 – 장의

여섯 나라의 합종을 깨뜨려 연횡을 성사시킨 장의

장의는 진나라에 등용되기 전까지 갖은 수모를 겪다가 마침내 진 혜문왕을 만나 정치 고문이 되었다. 얼마 지나지 않아 그는 재상으로 승진했는데, 초나라를 평정하고 위나라의 일부를 차지하는 공을 세웠다.

6년 뒤에 진나라와 짜고 위나라의 재상이 되었는데, 위나라로 하여금 진을 섬기게 하려 했으나 말을 듣지 않자 진나라에 몰래 연락해 위나라가 크게 지도록 만들었다. 이듬해 제나라가 위나라를 공격했고 마침내 진나라가 위나라를 공격할 목적으로 먼저 한나라를 쳐서 8만 명을 몰살시켰다. 이에 장의는 위나라 왕을 설득하여 소진이 이룩해낸 합종의 약속을 깨고 진나라와 화친했으며, 장의는 다시 진나라로 돌아가 재상이 되었다. 3년 뒤 위나라는 진나라를 배반하고 합종에 재가담했으나, 진나라가 공격하자 다시 화친했다.

장의는 강대국 초나라로 달려가 초를 망국의 위기에 몰아넣고, 다시 한나라로 가서 한왕을 협박해 진나라를 섬기도록 만들었다. 진나라로 돌아간 그는 혜문왕으로부터 무신군武信君이라는 칭호를 받고 다시 제나라로 갔다. 제나라 왕은 장의의 설득에 넘어가 진나라를 섬기게 되었으며, 조나라로 간 장의는 조나라 왕 또한 설득하는 데 성공했다. 뿐만 아니라 그는 연나라까지 설득하여 진나라와의 연횡책을 완성시켰다.

"장의가 위나라 재상이 된 지 일 년 만에 죽었다. 당시 장의와 소진이 모두 종횡술로 제후들에게 유세하여 부귀를 얻자 천하의 모든 사람들이 이를 흠모하여 이들을 다투어 본받고자 했다. 위나라 출신 공손연은 호를 서수犀首라고 했는데 그 역시 유세로 명성을 떨쳤다. 그 나머지로는 소진과 소대蘇代 및 소려蘇厲 등의 소씨 형제를 비롯해 주최周最와 누완樓緩 등을 들 수 있다. 이들은 천하를 주유하며 그럴듯한 거짓말로 우위를 다퉜다. 이들 가운데 장의와 소진 그리고 공손연이 가장 유명했다."

-『자치통감』

귀곡자 사당

『귀곡자』의 유세와 책략은 기본적으로 상대를 어르고 띄워주는 데서 출발한다. 상대의 속셈과 실정을 정확히 파악한 후에 이를 토대로 가장 적합한 책략을 세워 뜻하는 바를 은밀히 관철하고자 한 것이다. 전국시대 당시 이를 전문적으로 연구한 학자 집단이 바로 종횡가이다. 『귀곡자』는 종횡가의 책략 및 유세 테크닉의 이론을 총망라해놓은 총론에 해당한다.

세계 권력의 다극화 시대를 맞아 때론 종으로, 때론 횡으로 움직이면서 천하대세를 재빨리 읽고 그에 부응하는 대책을 강구해야만 한다. 우리가 살고 있는 21세기 현재는 전국시대 당시 소진과 장의 등의 종횡가들이 맞닥뜨린 난세와 별반 다를 게 없다. 『귀곡자』와 『전국책』의 유세 이론과 책략을 깊이 연마해야 치열한 경쟁에서 이겨 기업과 국가의 번영을 구가할 수 있다.

상대를
열광게하라

귀
곡
자
처
럼

세상을 내 뜻대로 움직이는 설득협상법
상대를 열광케 하라 - 귀곡자처럼

초 판 1쇄 2015년 11월 25일

지은이 신동준
펴낸이 류종렬

펴낸곳 미다스북스
등록 2001년 3월 21일 제313-201-40호
주소 서울시 마포구 서교동 486 서교푸르지오 101동 209호
전화 02) 322-7802~3
팩스 02) 333-7804
홈페이지 http://www.midasbooks.net
블로그 http://blog.naver.com/midasbooks
트위터 http://twitter.com/@midas_books
전자주소 midasbooks@hanmail.net

ⓒ 신동준, 미다스북스 2015, *Printed in Korea*.

ISBN 978-89-6637-416-8   04320
값 20,000원

「이 도서의 국립중앙도서관 출판예정도서목록(CIP)은 서지정보유통지원시스템 홈페이지(http://
seoji.nl.go.kr)와 국가자료공동목록시스템(http://www.nl.go.kr/kolisnet)에서 이용하실 수
있습니다.(CIP제어번호: CIP2015030897)」

미다스북스는 다음세대에게 필요한 지혜와 교양을 생각합니다.

세상을 내 뜻대로 움직이는 설득협상법

상대를 열광케하라

귀
곡
자
처
럼

신동준
21세기 정경연구소 소장

미다스북스

3천 년 인문의 숲에서 귀곡자의 설득술을 새롭게 만나다
왜 지금 새롭게 귀곡자인가?

 춘추전국시대는 그 기간도 길었지만 동서고금의 전 역사를 통틀어 온갖 사상이 만개한 시기이기도 했다. 수많은 제자백가가 출현해 치열한 사상논쟁을 전개한 이른바 백가쟁명百家爭鳴이 그것이다. 이들 제자백가 가운데 뛰어난 유세 책략으로 국제무대를 종횡무진으로 누비며 활약한 자들을 흔히 종횡가縱橫家라고 한다. '종횡'은 세로로 묶는 합종合縱과 가로로 잇는 연횡連衡의 준말이다. 춘추전국시대 문헌 가운데 『한비자』 「오두」 편에 다음과 같이 '종횡'이라는 말이 처음으로 등장한다.

 "합종은 여러 약소국이 힘을 합쳐 강대국인 진나라에 대항하는 것이고, 연횡은 강대한 진나라를 섬겨 여러 약소국을 공격하는 것을 뜻한다."

 이는 한비자가 자신보다 2세대가량 앞서 활약한 소진蘇秦과 장의張

儀의 합종책과 연횡책을 풀이한 것이다. 사마천은 한비자보다 1세기 반 뒤에 활약했다. 그가 『사기史記』 「소진열전」과 「장의열전」에서 소진과 장의가 귀곡자 밑에서 함께 종횡술을 연마했다고 기록한 것은 전국시대 말기에 이미 귀곡자가 종횡가의 효시라는 설이 널리 퍼져 있었음을 시사한다.

여러 정황으로 미루어 귀곡자鬼谷子의 저자로 알려진 귀곡 선생 역시 『손자병법』의 저자 손무와 마찬가지로 가공의 인물에 가깝다. 그러나 소진과 장의는 실존 인물이다. 객관적으로 볼 때 실존 인물 소진과 장의로 인해 가공의 인물인 귀곡자가 크게 빛을 발하고 있는 셈이다. 21세기 현재까지 귀곡자를 언급할 때 반드시 소진과 장의를 함께 거론하는 것도 이런 맥락에서 이해할 수 있다.

소진이 주장한 합종책은 전국시대 중기 때 효산 동쪽에 있던 연燕, 초楚, 한韓, 위魏, 조趙, 제齊 등 소위 산동山東 6국이 연합해 서쪽의 진秦나라에 대항한 외교 책략을 말한다. 장의가 내세운 연횡책은 이와 정반대로 진나라와 6국이 각각 손을 잡게 함으로써 진나라의 발전을 꾀한 책략이다. 진나라가 상앙商鞅의 변법을 통해 최강의 군사 대국으로 부상한 이래 진시황의 천하통일까지 약 1백여 년 동안 천하의 모든 책략은 합종과 연횡 사이를 오갔다. 이를 주도한 대표적인 인물이 바로 소진과 장의였다.

당시에는 두 사람 외에도 공손연公孫衍과 진진陳軫, 범수范睢 등 수많은 종횡가가 활약했다. 이들의 종횡무진 유세 책략을 망라해놓은 책이 바로 『전국책戰國策』이다. 『귀곡자』가 종횡술의 기본 이치와 기

교를 체계적으로 정리해놓은 총론이라면,『전국책』은 여러 종횡가와 책사의 활약을 토대로 이를 역사적으로 증명해놓은 각론에 해당한다.『귀곡자』를 읽을 때는 반드시『전국책』을 곁들여야 한다는 얘기가 나오는 이유다.

귀곡자와『전국책』은 20세기 최고의 외교관으로 손꼽히는 키신저가 지난 2011년 초에 펴낸 외교 이론의 집대성인『중국론On China』에 비유할 만하다. 키신저는 이 책에서 동서양의 외교 전략을 체스와 바둑에 비유하면서 G2가 상생하는 이른바 공진共進 방략을 제시했다. 불행하게도 미국은 키신저의 충고에도 불구하고 G2 중국의 확장을 미연에 억제하는 봉쇄정책을 취하고 있다. 그 한복판에 있는 한반도는 통일이 이뤄지는 순간까지 계속 긴장이 고조될 수밖에 없는 처지이며, 그 어느 때보다 절묘한 외교 책략이 절실한 때이다. 이는 필자가 본서를 펴낸 이유이기도 하다.

귀곡자』는 종횡가의 관점에서 난세의 유세 책략인 이른바 세략說略을 집대성해놓았다. 병가의 관점에서 난세의 무략武略을 설명한『손자병법』과 법가의 관점에서 난세의 술략術略을 언급한『한비자』에 비유되는 이유다. 일설에 따르면 미국 내 최고의 중국통인 키신저는『귀곡자』와『전국책』을 늘 곁에 두고 읽는다고 한다.

21세기 경제전 시대의 외교관과 글로벌 비즈니스맨 모두 키신저처럼 전국책』과『귀곡자』를 곁에 두고 읽을 필요가 있다. 객관적으로 보더라도 그 안에 담겨 있는 유세와 외교 책략이 그만큼 무궁무진하다. 유세 책략 이론만 실어놓은『귀곡자』와 달리『전국책』에는 소진과 장의를 포함해 전국시대 중 · 후기를 호령한 수많은 책사들

의 활약상이 마치 살아서 움직이듯 생생히 묘사돼 있다.

사기 등의 기록을 종합해볼 때 최초의 종횡가는 공자의 수제자 자공子貢이다. 동시에 그는 공부하며 일하는 유상儒商의 효시에 해당한다. 요즘으로 치면 외교관과 글로벌 비즈니스맨을 겸한 셈이다. 과거 성리학자들은 이런 사실을 애써 무시하며 자공의 업적을 의도적으로 깎아내렸다. 그러나 21세기 경제전 시대의 관점에서 보면 정반대의 평가가 가능하다. 가장 바람직한 외교관 또는 글로벌 비즈니스맨의 표상으로 드높일 필요가 있다. 자공은 유세 책략에서 그만큼 뛰어난 행보를 보였다.

현재 커리어 외교관들 가운데 『귀곡자』와 『전국책』의 유세 책략을 두루 꿴 가운데 천하대세를 훤히 내다보는 안목을 지닌 자는 얼마나 될지 의심스럽다. 오직 영어 하나 잘하는 것을 능사로 삼는 기이한 관행이 지속되고 있기 때문이다. 그나마 다행인 것은 2012년 4월 국립외교원의 개원을 계기로 외교관 선발 과정이 획기적으로 바뀐 점이다. 기존의 외무고시는 2013년 6월을 끝으로 폐지되었고, 그해 하반기에 처음으로 국립외교원에 입학한 60명 가운데 1년의 교육 과정을 끝낸 상위 40명이 정식 외교관으로 임명됐다. 고시 합격 후 곧바로 외교 현장에 투입하던 기존의 문제점을 고치고, 지역에 밝고 분야별 전문성을 갖춘 21세기형 전문 외교관을 키워야 한다는 여론을 수렴한 결과다. 이게 로스쿨로 상징되는 사법제도의 개혁과 더불어 바람직한 방향인 것은 말할 것도 없다.

일제 때 도입돼 1백 년 넘게 지속된 기존의 낡은 고시제도가 지닌

가장 큰 문제점은 우물 안 개구리 수준의 관원을 양산한 데 있다. 성리학에 함몰되었던 조선의 과거시험만도 못하다고 볼 수 있다. 엄밀히 말하면 기존의 고시제도는 조선시대에 각 아문별로 시행된 일종의 서리胥吏 시험에 가까웠다. 이는 조선의 과거시험 과목들을 일별하면 쉽게 알 수 있다.

조선시대의 고위관원은 크게 문관과 무관으로 나뉘었다. 이들은 각각 문과와 무과 시험을 통과해야만 했다. 문과는 제술製述과 명경明經, 무과는 무경武經과 무술武術로 나뉘었다. 제술은 요즘의 문학과 사학, 명경은 철학에 해당한다. 무경은 일반군사학, 무술은 무예를 가리킨다. 무과의 경우는 무경에 대한 학식 외에도 무예를 선발 기준으로 삼은 까닭에 문과만큼 대접을 받지 못했다. 당시 '예'와 '술'에 관한 것은 모두 '잡과'로 분류했다.

잡과는 크게 역과譯科와 의과醫科, 음양과陰陽科, 율과律科 등 4개 분야로 나뉘었다. 요즘으로 치면 외교관, 의사, 천문가, 변호사 선발 시험에 해당한다. 이들 학문은 '학'이 아닌 '술'로 취급을 받았다. 동양에서는 비록 편향된 학문이기는 했으나 유학 경전을 중심으로 한 인문학만 시종일관 '학'으로 존재했다.

주목할 것은 이웃 중국에서는 명청 대에 들어와 당송 대와 달리 학교제도와 과거제도를 통합해 운용한 점이다. 명청 대의 신사紳士는 당송 대의 사대부士大夫와 달리 고학력 소지자였다. 지방 현령조차 지금으로 치면 석사 수준의 학력이 요구됐다. 학교제도와 과거제도를 통합해 운용한 결과다. 대학원에 해당하는 국립행정학교 출신

만이 고위직으로 임용되는 프랑스의 현행 임용 제도는 이를 그대로 흉내 낸 것이다.

명청 대의 신사는 크게 고위관원을 상징하는 신紳과 관원 예비군인 사士로 나뉘었다. 고위관원인 '신'이 되기 위해서는 반드시 먼저 성省 단위에서 실시하는 향시鄕試에 합격해 거인擧人이 된 후 다시 북경에 모여 최종 시험인 회시會試를 통과해야 했다. 회시를 통과한 진사進士가 바로 '신'의 기본 조건이다. 거인 이하는 모두 '사'에 속했다. '사'도 벼슬길에 나설 수 있기는 하나 하위직밖에 얻을 수 없었으며 승진에도 일정한 한계가 있었다. 모든 사람들이 최종 목표를 진사에 둔 이유다. 진사는 요즘으로 치면 박사 학위 소지자에 해당한다.

'사'의 최하위 단계에 있는 생원生員은 요즘의 대학생에 비유할 수 있다. 생生은 글자 그대로 학생을 뜻하고, 원員은 대학교 정원 내의 소속원이라는 의미이다. 실제로 명청 대 관원 선발제도를 직수입한 베트남은 21세기 현재까지 대학생을 신비엔[生員], 대학원생을 끄시[擧士], 박사 학위 소지자를 띠엔시[進士]로 부르고 있다. 고졸자도 지난 1974년까지는 뚜타이[秀才]로 불렀다. 베트남의 고위관료 대부분이 박사 학위 소지자이거나 박사 학위 과정에 적을 두고 있는 자들이 많은 것은 바로 이런 전통에 기인한 것이다.

명청 대 당시에는 생원이 되는 것도 쉬운 일이 아니었다. 먼저 요즘의 학력고사와 유사한 동생시童生試를 통과해야 했다. 동생시는 대학 입학 자격시험인 프랑스의 바칼로레아, 독일의 아비투어와 닮았다. 동생시에 응시하는 사람은 연령의 고하를 불문하고 모두 동생童

生으로 불렸으며, 천업賤業에 종사하는 자를 제외하고는 응시 자격에 아무런 제한이 없었다.

동생시에 합격하면 지방 국립대학 격인 부학府學이나 주학州學 및 현학縣學에 배속됐다. 이들이 바로 생원이다. 동생시에서 우수한 성적을 거둔 자만이 중앙의 유일한 국립대학인 북경의 국자감國子監에 들어갔다. 이들을 특별히 감생監生이라고 불렀다. 이들 감생과 생원에게만 3년에 1회씩 북경과 성 단위에서 실시되는 향시에 응시할 수 있는 자격이 주어졌다. 이들은 향시 준비를 하는 동안 일체의 요역徭役이 면제되었기 때문에 향시에 합격하지 못할지라도 평생 생원 자격을 유지하며 요역을 면제받을 수 있었다.

당시 생원들 중에는 뛰어난 실력을 보유했는데도 거인이나 진사가 되지 못한 자가 매우 많았다. 이는 이른바 '팔고문八股文'으로 인한 폐해였다. 팔고문은 정형화된 과거시험 답안 작성법으로, 몇 년간에 걸쳐 따로 공부해야만 했다. 이를 터득하지 못하면 아무리 뛰어난 기억력의 박문강기博聞强記와 다양한 학문을 두루 섭렵한 군서박람群書博覽을 자랑할지라도 아무 소용이 없었다. 과거 우리나라 고시제도하에서 수험생들이 틀에 박힌 모범 답안을 달달 외우는 것과 흡사하다.

중국은 명청 대에 이런 단점을 보완하기 위해 이른바 한림원翰林院제도를 두었다. 진사 합격자 가운데 우수한 자들만을 추려 한림원에 진학시킨 뒤 좀 더 자유로운 입장에서 시문과 제자백가서 등을 연마토록 배려한 것이다. 중앙 조정의 현직顯職으로 진출하기 위해서는 반드시 한림원에 들어가 몇 년 동안 수준 높은 학문을 더 연마해야

만 했다. 한림원에 들어가지 못한 진사 합격자는 지방관으로 발령이 났다. 박사 학위 취득 후 몇 년에 걸쳐 재차 연마를 거듭하는 '포스트 닥터' 과정에 비유할 만하다.

이런 전통이 없는 조선에서는 '한림원'을 설치할 생각도 하지 않았을 뿐만 아니라 시험 과목 또한 성리학 이론에 치우쳐 있었다. 더 황당한 것은 턱없이 짧은 학업 연마 기간과 터무니없이 높은 현직 임용 비율이다. 조선에서는 소과에 합격한 자를 생원과 진사로 불렀다. 이들은 명청 대로 치면 동생시를 통과한 생원에 불과했다. 조선의 유일한 국립대학인 성균관에서 일정 기간 수업을 마친 후 대과에 합격한 자 역시 명청 대로 치면 국자감 등을 다닌 뒤 향시에 합격한 거인에 지나지 않았다.

그럼에도 조선은 거인에 불과한 이들 합격생들을 곧바로 최고의 중앙기관인 홍문관과 사헌부 등에 배치했다. 정형화된 답안 작성 요령을 달달 외운 자를 합격시켜 짧은 기간의 연수 후 곧바로 인명과 직결된 판검사에 임용하거나 중앙 관청의 5급 공무원으로 임명한 것과 같다. 진사 합격 후에도 반드시 한림원에 들어가 몇 년 동안 폭넓게 학문을 습득해야 중앙의 중간급 관원에 임명했던 명청 대의 제도와 너무 차이가 난다.

명청 대 거인 수준의 학문을 연마한 자가 마치 한림원 출신처럼 우쭐댄 조선의 사대부에게 치국평천하의 경륜을 바라는 것은 연목구어 緣木求魚나 다름없었다. 조선의 사대부들이 소중화小中華 운운하며 우물 안의 개구리처럼 자폐화의 길로 치닫다가 마침내 나라를 패망의

구렁텅이로 밀어넣은 것도 어쩌면 당연한 귀결이라고 할 수 있다.

객관적으로 볼 때 당시 조선 사대부의 수준은 베트남은 말할 것도 없고 '무武'를 '문文'보다 숭상한 에도 시대의 사무라이만도 못했다. 동아시아 3국의 주자학을 깊이 연구한 미조구치 유조溝口雄三 전 도쿄 대학교 교수는 『중국사상강의』에서 이같이 말한 바 있다.

"중국의 근세는 10세기, 조선은 14세기, 일본은 17세기에 시작됐다. 이는 주자학이 전파된 과정을 그대로 반영하고 있다. 중국은 양명학이 나오면서 상호 경쟁 과정에서 오히려 주자학이 더 널리 확산되는 결과를 낳았다. 조선은 이퇴계와 기대승이 사단칠정四端七情 논쟁을 벌이면서 인간 윤리를 탐구하는 형이상의 방향으로 나아갔다. 일본은 주자학과 함께 양명학을 받아들이면서 주자학을 비판하는 고학파古學派와 유교 전체를 비판하는 국학파國學派가 잇달아 출현했다. 일본이 뒤늦게 주자학을 받아들였음에도 가장 먼저 개화에 성공한 이유이다."

일본의 에도 시대 학문 수준이 조선은 말할 것도 없고 중국보다 훨씬 높았음을 은근히 자랑한 것이다. 일본은 17세기 초에 승려인 후지와라 세이카藤原惺窩가 정유재란 때 끌려온 강항姜沆의 영향을 받아 주자학자로 변신한 것을 계기로 주자학 연구가 시작됐다. 막부 쇼군의 참모가 된 후지와라의 제자 하야시 라잔林羅山은 신도神道와 관련된 책도 쓰는 등 주자학 이론에 대해 매우 신축적인 입장이었다. 교토에 학파를 개설한 이토 진사이伊藤仁齋가 주희를 비판하고, 에도를 중심으로 활동한 오규 소라이荻生徂徠가 맹자 대신 순자를 높인 것도 이런 자유로운 학문 분위기와 무관하지 않았다. 이들을 '고

학파'라고 한다. 주자학을 도입한 지 불과 수십 년 만에 조선은 물론 중국의 학문 수준을 뛰어넘었다고 자부하게 된 근본 배경이 바로 여기에 있다.

지난 1997년에 작고한 마루야마 마사오丸山眞男 전 도쿄 대학교 교수는 『일본정치사상사』에서 이들 고학파를 오늘의 일본을 가능케 한 사상적 원류로 극찬했다. 1994년 노벨 문학상을 수상한 오에 겐자부로大江健三郞는 마루야마를 이같이 평한 바 있다.

"그는 다양한 전문 분야의 일본 지식인들에게 '공통의 언어'를 제공해준 당대 최고의 석학이다."

일본이 근대화에 성공한 연원을 밝힘으로써 일본의 학문을 한 단계 높였다는 게 요지다.

마루야마는 메이지유신의 사상적 지도자인 후쿠자와 유기치福澤諭吉의 개화사상을 집중 탐구한 『문명론의 개략을 읽다』 등을 출간하며 일본 최고의 '정치사상사학자'로 명성을 떨쳤다. 학자들은 그에게 '학계의 천황'이라는 영예로운 칭호를 바쳤다.

주목할 것은 오규 소라이로부터 시작된 '일본 제왕학'의 정맥이 후쿠자와 유기치를 거쳐 마루야마 마사오에 이르기까지 면면히 이어진 점이다. 오규 소라이가 성리학의 한계를 통찰한 전통이 21세기 현재까지 그대로 이어지고 있다. 오규 소라이는 생전에 치국평천하의 방략을 다룬 『태평책太平策』에서 이같이 말한 바 있다.

"성왕의 길은 오로지 치국평천하에 있을 뿐이다. 그럼에도 성리학자들은 천리天理와 인욕人欲, 이기理氣, 오행五行 등과 같은 주장을 내

세워 성왕의 길이 마치 『대학』에 나오는 격물치지格物致知와 성의정심誠意正心처럼 중들에게나 어울리는 덕목에 있는 것으로 생각하고 있다. 이로 인해 시비를 가리는 논의만 번거롭게 되어 마침내 성왕의 길은 마치 치국평천하의 치도와 완전히 다른 것처럼 여겨지게 되어버렸다. 이는 과연 누구의 잘못인가?"

후대의 마루야마가 오규 소라이를 극찬한 것이 괜한 것이 아님을 알 수 있다. 오규 소라이가 『태평책』에서 역설한 '성왕의 길'은 『순자』의 키워드인 '성왕의 작위作爲'를 살짝 돌려 표현한 것이다. 그런 점에서 마루야마가 오직 일본만이 오규 소라이의 출현을 계기로 '정치적 근대성'을 찾아냈다고 주장한 것은 지나쳤다. 중국과 조선은 맹자를 사상적 비조로 삼은 주자학에 눈이 가린 까닭에 이를 제대로 보지 못했을 뿐이다.

그렇다고 오규 소라이가 『순자』에 나오는 '성왕의 작위'라는 대목의 의미를 찾아낸 것을 과소평가해서는 안 된다. 일개 학자에 불과한 주희朱熹의 학설을 금과옥조로 여기며 온통 성리학에 찌들었던 조선의 사대부와 비교할 때 더욱 그렇다. 주자학과 쌍벽을 이룬 양명학도 성리학의 변형에 지나지 않았다.

오규 소라이의 학문과 사상이 이후 일본의 역사에 끼친 영향은 지대했다. 그의 학문과 사상은 모토오리 노리나가本居宣長의 '국학파'를 거쳐 메이지유신의 사상적 지도자인 요시다 쇼인吉田松蔭에게 이어졌다. 페리 제독이 이끄는 흑선黑船을 시찰하고 큰 충격을 받은 요시다 쇼인은 이듬해인 1854년에 정박 중인 미 군함에 승선하여 밀항하려다가 실패해 스승인 사쿠마 쇼잔佐久間象山 등과 함께 투옥된

바 있다. 그는 밀항의 동기와 사상적 배경 등을 담은 옥중 저서 『유수록幽囚錄』에서 이같이 주장했다.

"즉시 군함과 포대 등의 무력을 갖춰 홋카이도를 개척한 다음에 캄차카와 오호츠크를 빼앗고, 오키나와와 조선을 정벌해 북으로는 만주를 점령하고, 남으로는 대만과 필리핀 루손 섬 일대를 손에 넣어 옛날 신공황후神功皇后 때의 영화를 되찾기 위한 진취적인 기세를 드러내야 한다."

『일본서기』에 등장하는 신공황후는 응신應神 천황을 임신한 채 삼한三韓을 정벌하러 나섰다는 전설적인 인물이다. 요시다 쇼인은 개화기 때 동아시아 석권을 주장한 최초의 인물이다. 요시다 쇼인의 문하에서 이토 히로부미伊藤博文 등의 제자가 나온 게 결코 우연이 아님을 알 수 있다. 실제로 그의 이런 주장은 조선을 정벌해 대륙 진출의 기반으로 삼자는 정한론征韓論으로 표면화되었고, 조선을 병탄한 이후에는 일본을 중심으로 아시아 전체를 하나로 묶고자 하는 대동아공영론大東亞共榮論으로 이어졌다.

'일본 제왕학'은 쇼군의 왕사 노릇을 한 오규 소라이가 문하생들에게 유가 경전 외에도 『한비자』 등을 강독하며 제자백가 학문의 중요성을 역설한 데서 그 특징을 찾을 수 있다. 오직 사서삼경만을 금과옥조로 삼은 조선과 극명한 대조를 이룬다. 불행하게도 이런 일이 21세기 현재까지 지속되고 있다. 과거 조선을 통치한 일제가 제국의 '아전'을 육성하기 위해 만들어낸 고시제도와 임시변통의 시험 과목이 반세기 넘게 그대로 유지되고 있는 게 그렇다.

최근 로스쿨제도 채택에 이어 국립외교원 개원을 통해 외교관을 선발키로 한 것은 만시지탄이 있으나 그나마 다행이다. 이는 관원 선발을 학제와 연결시킨 명청 대 제도로 나아가는 것을 의미한다. 주목할 것은 이미 오래전부터 학제와 고시를 통합한 명청 대 제도를 모방하고 있는 프랑스의 경우이다. ENA로 약칭되는 행정 계열의 국립행정학교, ENS로 불리는 인문·자연 계열의 국립고등사범학교, X로 불리는 공학 계열의 국립과학기술학교 등이 그렇다. 이들 세 학교는 대학원 위의 대학원을 뜻하는 '그랑제콜 위의 그랑제콜'로 불린다. 재학 중에 장학금을 지급받고 졸업 후 전공 분야에 따라 국가의 각 기관에 들어가 활약한다. 종종 귀족주의를 조장한다는 이유로 풍자의 대상이 되기도 하지만 각 분야에서 프랑스의 앞날을 책임지고 있는 최고의 인재들이 이곳 출신이다. 이들은 여러 면에서 명청 대의 한림원 출신 관원과 비슷하다.

　　전 세계의 여러 나라 가운데 프랑스는 학제는 말할 것도 없고 여타 제도 면에서 명청 대의 뛰어난 통치제도를 가장 많이 채용한 나라에 속한다. 대통령과 총리가 군사 외교와 내정을 나눠 다스리는 이원집정제二元執政制 역시 중국 전래의 제도를 변용한 것이다. 자유와 평등, 박애로 상징되는 프랑스혁명도 공자사상과 맹자사상 등의 세례를 입은 결과다. 프랑스혁명 수년 전에 출간된 『유교대관』이 그 증거다.

　　명청 대의 통치체제를 모델로 삼은 『유교대관』은 인간을 우주의 중심에 놓은 '인문주의'와 백성을 군왕이나 영주보다 위에 놓는 '민본주의' 정치를 제창한 것으로 유명하다. 루소가 『인간 불평등 기원

론』에서 불평등사회의 기원을 사유재산의 소유에서 찾은 것도 맹자의 성선설에서 힌트를 얻은 것이다. 그가 『에밀Emile』에서 "자연으로 돌아가라"라고 주장한 것은 장자사상과 맥을 같이한다. 동서 인문학의 소통은 이미 수백 년 전부터 시작되었던 셈이다. 아편전쟁 이후 동양이 일방적으로 제압을 당하는 바람에 이런 사실이 간과되거나 무시됐을 뿐이다. 서양의 근대 문명은 동양 전래의 역사문화 세례를 받았기에 가능했다는 점을 명심할 필요가 있다.

21세기 경제전도 이런 관점에서 접근해야 그 실체를 정확히 파악할 수 있다. 지난 2015년 8월에 빚어진 중국의 위안화 평가절하를 통해 짐작할 수 있듯이 현재 G1 미국의 '달러'와 G2 중국의 '위안'은 전쟁錢爭을 치르고 있다. 중국의 이런 조치는 미국의 금리 인상 움직임을 무력화하기 위한 선제공격의 성격이 짙었다. 결국 중국의 의도대로 흘러갔다. 이렇듯 미국과 중국 간 치열한 힘겨루기의 한복판에 한반도가 있다. 우리는 지금 그 어느 때보다 더욱 유능한 외교관과 글로벌 비즈니스맨이 절실히 요구되는 시기에 살고 있는 셈이다.

천하대세를 두루 읽은 뒤 모든 요소를 고려해 상황에 맞는 유세와 책략을 구사하는 외교관과 글로벌 비즈니스맨이 아니면 국익과 국리를 제대로 지켜낼 수 없다. 안팎의 사정이 그만큼 절박하다. 과거 냉전시대에는 본부 훈령을 좇아 재빨리 움직이면서 미국 등 선진 우방국의 속내를 읽어내는 게 유능한 외교관의 잣대로 통했다. 그러나 지금은 상황이 다르다. 미국 외에도 G2의 일원으로 우뚝 선 중국의 속셈과 동향을 숙지해야 한다. 최근 서울대학교 경영대학장을 지낸

조동성 교수는 한 언론사 기고문에서 이같이 주장한 바 있다.

"지난 50년간의 경제 발전 과정에서 미국과 영어를 모르고서는 우리 사회를 주도할 수 없었듯이, 향후 50년간은 중국과 중국어를 모르면서 우리 사회를 이끌어나갈 지도자는 없을 것이다. 어쩌면 지금까지 우리에게 영어가 중요했던 것보다 앞으로 중국어의 중요도가 5배, 10배는 더 클 것이다."

오바마 대통령을 포함해 중국을 방문하는 미국의 고위관료 모두가 중국 고전에 나오는 고사성어를 인사말에 끼워넣는 것을 당연시하고 있다. 문제는 한국이다. 한자문화권에 속해 있으면서도 최고 학부인 대학에 들어온 새내기들이 은혜 은恩을 생각할 사思로, 준걸 준俊을 뒤 후後로, 영화 영榮을 힘쓸 로勞 등으로 잘못 적고 있다. 미적분을 못하는 학생이 이공계 대학에 다니고 있는 것이나 마찬가지다.

세계 권력의 다극화 시대를 맞아, 때론 종으로 때론 횡으로 움직이면서 천하대세를 재빨리 읽고 그에 부응하는 대책을 강구해야만 한다. 전국시대 당시 소진과 장의 등의 종횡가들이 맞닥뜨린 상황과 별반 다를 게 없다. 『귀곡자』와 『전국책』의 유세 이론과 책략을 깊이 연마해야 하는 이유다. 이는 종횡가의 효시이자 공부하는 상인, 즉 유상儒商의 효시인 자공이 걸은 길이기도 하다.

더구나 자공은 당대 최고의 재산가였다. 뛰어난 이재술理財術을 발휘한 덕분이다. 자공의 사례를 통해 알 수 있듯이 『귀곡자』의 유세 이론과 책략은 21세기 경제전의 최전선에서 활약하는 기업 CEO에게도 그대로 적용된다. G1의 자리를 놓고 미국과 중국이 치열한 접전을 벌이는 경제전의 한복판에 있는 한국의 외교관과 글로벌 비즈

니스맨은 어깨가 무겁다. 자공을 '롤 모델'로 삼아야 하기에 더욱 그렇다.

21세기 경제전의 시대에는 전방위全方位 외교가 필요하다. 국익을 관철키 위해서는 외교관만 전방에 내세울 필요가 없다는 얘기다. 세계를 무대로 분주히 움직이는 글로벌 비즈니스맨이 바로 국익을 위해 불철주야 헌신하는 산업 전사이자 외교관에 해당한다. 기업 CEO는 이들을 지휘하는 장수나 다름없다. 이들에 대한 전폭적인 지원이 필요한 시점이다.

이런 요구는 한반도 통일이 가시권에 들어오면서 명실상부한 '동북아 허브 구축'이라는 시대적 과제가 눈앞으로 다가왔기에 더욱 절실하다. 국가 총력전 양상으로 전개되는 21세기 경제전은 얼마나 유능한 기업 CEO와 글로벌 비즈니스맨을 보유하고 있는지 여부에 성패가 갈릴 수밖에 없다. 필자가 이번에 본서를 펴낸 이유가 이것이다. 대한민국의 산업 전사들이 세계시장을 석권하는 데에 『귀곡자』의 다양한 유세 책략이 조금이나마 도움이 되었으면 한 것이다.

목 차

1장

나를 따르도록 만드는 설득술

2장

스스로 털어놓게 만드는 설득술

3장

지피지기로 상황을 통제하는 설득술

4장
은밀히 계책을 세우는 설득술

5장
일이 되도록 보완하는 설득술

6장

상대가 실천토록 만드는 설득술

귀곡자론_ 귀곡자의 삶과 사상

저자의 말

부록_ 종횡가 연표

01

회유

나를 따르도록
만드는
설득술

懷柔

상대를 통합적으로 다스려라

섭심攝心은 상대의 마음을 사고자 할 때 구사한다. 뛰어난 기예와 학술 및 도술을 지닌 자를 만났을 때 그의 재주를 높이 칭송하고 이를 널리 알린다. 자신이 알고 있는 지식과 재주를 토대로 상대가 아는 바를 검토하면서 상대의 장점에 대해 찬사를 아끼지 않는다. 이같이 하면 상대의 마음을 자신에게 묶어둘 수 있다.

攝心者, 謂逢好學伎術者, 則爲之稱遠. 方驗之道, 驚以奇怪, 人繫其心於己.

_「중경」

섭심계攝心計의 '섭심'은 말 그대로 상대의 마음을 통섭統攝 또는 섭정攝政한다는 뜻이다. 이는 종횡술의 바이블인 『귀곡자』가 말하고자 하는 유세와 책략의 기본 목적에 해당한다. 21세기 학문의 기본 흐름인 '학문의 통섭'과 맥을 같이한다. 상대의 마음을 통섭하기 위해서는 먼저 본인 스스로 부단히 노력할 필요가 있다. 예컨대 책을 손

상대를 열광케 하라 – 귀곡자처럼

에서 떼지 않는 수불석권手不釋卷의 자세 등이 그것이다. 『귀곡자』의 첫 편인 「벽합捭闔」은 '섭심'을 가능케 하는 이치를 이같이 설명해놓았다.

"열고 닫는 것은 도의 위대한 변화로 유세의 변화를 뜻하는 것이기도 하다. 반드시 상대의 변화를 세심히 살펴야 하는 이유다. 길흉화복의 거대한 운명이 여기에 달려 있다. 입은 마음의 문이고, 마음은 정신의 주인이다."

이른바 '벽합계'이다. 이는 『주역』을 관통하는 음양론陰陽論을 그대로 수용하고 있는데, 일각에서 『귀곡자』의 종횡술을 음양술陰陽術로 부르는 이유이기도 하다. 섭심계는 음양술의 목적에 해당한다. 이를 치국평천하의 치도治道 차원에서 해석하면 마음의 문을 여는 것은 양도陽道, 닫는 것은 음도陰道로 분류할 수 있다. 우주 만물이 그러하듯이 음도와 양도는 상황에 따라 천변만화한다. 때에 따라서는 시종 열어놓거나, 정반대로 계속 닫아놓을 수도 있다. 상대의 움직임과 심경 변화 등에 따라 주도적으로 여닫는 게 관건이다.

공감의 설득력, 어떻게 원하는 것을 얻는가

주목할 것은 서양 역시 최근 섭심계를 비롯한 『귀곡자』의 다양한 유세 책략에 눈을 뜨기 시작한 점이다. 대표적인 인물이 미국 펜실베이니아 대학교 경영대학원인 와튼 스쿨의 스튜어트 다이아몬드이다. 〈뉴욕타임즈〉 기자 출신인 그는 와튼 스쿨 MBA와 하버드 대학교 로스쿨을 졸업한 후 경영 컨설턴트로 명성을 떨치고 있다.

스튜어트 다이아몬드는 지난 2011년에 펴낸 『어떻게 원하는 것을 얻는가Getting More』에서 설득력은 논리보다 공감에서 나온다고 역설했다. 사람을 힘으로 제압하려 들지 말고 감복시키라는 얘기다. 이른바 '감성적 접근법'이다. 구글을 비롯해 JP모간, IBM, 마이크로소프트 등 세계 유수의 글로벌 기업들이 그의 '감성적 접근법'에 공감해 컨설팅을 받은 바 있다.

"힘과 논리 대신 감성으로 상대방을 이해하면 더 많은 것을 얻어낼 수 있다. 힘과 협박, 파업, 비난 등으로 상대방을 압박하면 들인 노력에 비해 얻어낼 수 있는 파이가 작아진다. 대신 상대방의 생각과 감성을 이해하고 존중할수록 얻는 대가가 더 커지게 된다."

그의 이런 주장은 상대방을 협박하고 힘으로 맞서야만 원하는 것을 조금이라도 더 얻을 수 있다는 기존의 협상법과는 완전히 차원이 다른 접근법이다. 그는 『어떻게 원하는 것을 얻는가』에서 '감성적 접근법'을 적용해 원하는 바를 이룬 여러 사례를 거론하면서, 특히 자신이 겪은 다음 일화를 대표적인 예로 들었다.

한번은 다이아몬드가 강의를 하러 가는데 왕복 2차선 도로에서 고장 난 트럭이 차선 하나를 가로막은 적이 있었다. 게다가 나머지 한 차선에는 양 방향의 차들이 서로 대치하면서 비킬 생각을 하지 않았다. 한시가 급했던 다이아몬드는 차에서 내려 제일 앞에서 반대편 차들을 막고 경적을 울려대는 택시로 성큼 다가갔다. 이어 운전기사에게 다소 강압적인 말투로 얘기했다.

"꼭 이렇게까지 해야겠습니까?"

운전기사가 매우 못마땅한 얼굴로 다이아몬드를 노려보았다. 상대

방의 기분을 상하게 했다는 사실을 깨달은 다이아몬드가 곧바로 나긋나긋한 말투로 계면쩍게 웃으며 말했다.

"그러니까 제 말은…… 조금만 양보해주시면 좋을 것 같다는 얘기입니다."

상대는 여전히 꿈쩍도 하지 않았다. 다이아몬드는 다시 간절한 눈빛으로 진심을 담아 말했다.

"아무래도 운전을 가장 전문적으로 하실 줄 아는 분이 먼저 길을 열어주셔야 할 것 같습니다."

그제야 운전기사가 어깨를 으쓱하더니 차를 뺐다.

다이아몬드가 자신이 겪은 일화를 대표적인 사례로 든 이유를 짐작할 만하다. 모든 협상은 초반에 성사 여부가 갈린다. 상대방의 기분과 입장을 이해하는 데서 출발하는 게 관건이다. 다이아몬드는 자신의 사례를 토대로 이같이 충고했다.

"신호 위반에 걸리면 경찰에게 먼저 정중하게 사과한 후 교통경찰의 노고에 감사하라. 이런 행동은 교통경찰이 하는 일의 가치를 존중한다는 취지이다. 그러면 선처를 받을 가능성이 매우 높다. 나는 교통경찰에게 걸릴 때마다 최대한 그를 존중하는 말투로 '처분에 맡기겠습니다!'라고 말하곤 한다."

『어떻게 원하는 것을 얻는가』에 소개된 일화는 거의 모두 이런 사례들이다. 한마디로 요약하면 상대방을 띄우면서 얘기를 시작하라는 것이다. 그게 바로 감성적 접근법의 핵심이다. 이는 여러모로 상대의 재주를 높이 칭송하고 이를 널리 알리는 동시에 상대의 장점에 대해 찬사를 아끼지 않아야 한다고 주문한 섭심계와 닮아 있다.

언변과 협상력을 기르기 위해 부단히 노력하라

역사상 섭심계를 가장 잘 구사한 인물로는 공자의 수제자인 자공子貢을 들 수 있다. 대다수 사람들이 전국시대 중기에 활약한 소진과 장의를 종횡가의 시조로 들고 있으나 이는 반만 맞는 말이다. 종횡가의 시조는 자공으로 보는 게 합리적이다. 그의 유세 책략은 그만큼 뛰어났다.

원래 자공은 낙양 인근의 위衛나라 출신으로 이름은 단목사端沐賜이다. 나이는 공자보다 31년이나 아래였다. 공자는 생전에 많은 제자를 두었는데, 그들의 출신은 각양각색이었다. 가난뱅이로 살다 요절한 수제자 안연顔淵을 비롯해 시정잡배 출신 자로子路도 있었고, 귀족 출신인 남궁괄南宮括도 있었다. 이들 여러 제자 가운데 두뇌가 가장 명석한 데다가 엄청난 재산까지 모은 유일무이한 인물이 바로 자공이었다. 요즘으로 치면 최고의 학자 겸 최고의 비즈니스맨인 셈이다.

『논어』와 『사기』를 보면 이를 쉽게 확인할 수 있다. 『사기』「중니제자열전」에서는 요즘의 외교관에 해당하는 당대 최고의 유세가로, 「화식열전」에서는 당대 최고의 부상富商 가운데 한 사람으로 자공을 소개하고 있다. 이는 두뇌 회전이 비상한 데다 언변에 출중한 재능이 있었기에 가능했던 일이다. 중국의 전 역사를 통틀어 뛰어난 학식과 언변, 재부를 동시에 거머쥔 사람은 오직 자공밖에 없다. 자공이 종횡가의 기원이 된 데 이어 '공부하는 비즈니스맨'을 뜻하는 유상儒商의 효시로 일컬어지는 이유가 여기에 있다.

실제로 그는 사안을 접할 때마다 가장 현실적인 차원에서 해법을

찾아냈다. 공자의 또 다른 수제자 안연이 늘 이상적인 차원에서 도학을 추구한 것과 대비된다.

자공은 공자로부터 커다란 총애를 받은 몇 안 되는 제자 가운데 한 사람이었다. 공자가 죽었을 때 그가 상례를 주재한 것은 제자들 가운데 나이도 많고 능력이 뛰어난 점도 작용했지만 공자와 가장 가까웠던 점이 크게 작용했다. 공자가 총애하던 안연과 자로 등은 스승에 앞서 이미 죽고 없었다. 자공은 삼년상을 치른 뒤 또다시 삼 년 동안 시묘侍墓를 행한 유일한 제자이다. 스승에 대한 한없는 존경이 없었다면 불가능한 일이다.

사서의 기록을 종합해보면 자공은 중용의 미덕을 갖춘 사람이었다. 아첨하지 않고도 섬기는 사람을 기쁘게 할 수 있고, 원칙을 포기하지 않고도 출세할 수 있는 특이한 재주를 지녔다. 종횡가의 '롤 모델'에 해당한다. 여기에는 그의 특이한 성격도 작용했는데, 그는 외향적인 성격과 내성적인 성격을 모두 겸비하고 있었다. 이는 난세를 능동적으로 타개해나갈 수 있는 뛰어나 자질에 해당한다.

실제로 그는 유창한 언변으로 열국을 종횡무진 뛰어다니며 협상을 이끌어내는 등 당대 최고의 외교관으로 활약했다. 그의 언변은 마치 커다란 폭포수가 거침없이 아래로 쏟아지는 현하지변懸河之辯과 닮았다. 『논어』 「선진」 편의 다음 대목이 그 증거다.

"공자의 제자 가운데 실천이 독실해 덕행에 능한 제자로는 안연과 민자건閔子騫, 염백우冉伯牛, 중궁仲弓을 들 수 있다. 언변에 능해 응대사령應對辭令에 뛰어난 제자로는 재아宰我와 자공을 꼽을 수 있다. 재

주가 많아 정사에 능한 제자로는 염유冉有와 자로가 있다. 박학하여 문학에 능한 제자로는 자유子游와 자하子夏 등이 있었다."

덕행과 언어, 정사, 문학을 흔히 공문4과孔門四科라고 한다. 요즘으로 치면 윤리 도덕, 외교 협상, 정치, 문학에 해당한다. 이들 10명을 통상 4과10철四科十哲로 부르는데, 4개 분야에서 명성을 떨친 10명의 철인哲人이라는 뜻이다.

4과10철 가운데에서도 가장 두드러진 인물 네 명을 꼽으라면 윤리 도덕의 안연, 외교 협상의 자공, 정치의 자로, 문학의 자하를 들수 있다. 안연은 인仁, 자로는 의義, 자공은 지知, 자하는 예禮의 상징에 해당한다. 결국 공문4과는 유가의 기본 덕목인 인의예지를 달리표현한 것에 지나지 않으며, 이들 4인을 특별히 4과4철이라고 부른다.

21세기 경제전의 관점에서 볼 때 4과4철 가운데서도 가장 눈에 띄는 인물이 바로 자공이다. 『논어』 「선진」 편에서 언급했듯이 그는 응대사령應對辭令에 뛰어났다. 응대應對는 상대의 물음이나 요구 따위에 응하여 상대하는 것을 말한다. 비즈니스 협상 또는 외교 협상과 같은 의미이다. 손님을 맞아들여 접대하는 응대應待와 구별해야 한다. 사령辭令은 외교 협상의 자리에서 상대의 말에 응대應對하는 모든 언행을 뜻한다. 외교관들처럼 자기의 속셈과 감정을 깊이 감춘뒤 상대편에게 듣기 좋게 말하는 사교적인 말이 바로 응대사령인 셈이다. 응대사령을 통상 외교사령外交辭令으로 표현하는 이유다. 이처럼 응대사령에 뛰어났던 자공은 '공부하는 비즈니스맨'의 모델로 삼기에 전혀 부족함이 없다. 국가 총력전 양상으로 치닫고 있는 상황에서 기업이 살고 나라가 흥하고 번성하는 데 있어서 가장 필요한

인물은 바로 자공과 같은 인물이다.

『논어』「공야장」에는 자공의 뛰어난 재주와 지혜를 짐작하게 해주는 일화가 실려 있다.

하루는 공자가 자공에게 물었다.

"너와 안회 가운데 누가 더 나으냐?"

자공이 대답했다.

"제가 어찌 감히 안회를 바라볼 수 있겠습니까? 안회는 하나를 들으면 열을 알고, 저는 하나를 알면 겨우 둘을 알 뿐입니다."

실로 절묘한 대답이다. 당시 공자는 자공이 자신의 뛰어난 재지才智를 과신한 나머지 매사에 지나친 자만심을 보일까 우려해 이런 질문을 던진 것이다. 자공은 공자가 질문한 속셈을 파악해 외교적인 답변을 한 뒤 곧바로 스승에게 이런 당돌한 질문을 던졌다.

"저는 어떤 사람입니까?"

공자가 대답했다.

"너는 그릇이다."

"어떤 그릇입니까?"

"호련瑚璉이다."

'호련'은 종묘 제사에 쓰이는 귀한 그릇을 말한다. 공자도 자공의 뛰어난 재능을 액면 그대로 인정한 셈이다.

자공은 머리도 비상하고 언변이 뛰어났던 만큼 스승인 공자를 가장 잘 변호한 인물이기도 했다. 하루는 제나라의 권신인 진항陳恒이 자공에게 이같이 물은 적이 있었다.

"중니仲尼는 누구에게서 배웠소?"

'중니'는 공자의 이름이다. 자공이 대답했다.

"주나라 문왕과 무왕의 도가 아직 땅에 떨어지지 않고 사람에게 보존되어 있습니다. 현자들은 모두 그것을 기억하고 있습니다. 문왕과 무왕의 도를 사람마다 지니고 있으니 저의 선생님이 누구에겐들 배우지 않았겠습니까? 그러니 또한 어찌 일정한 스승을 두었겠습니까!"

반론의 여지가 없는 답변이다. 실제로 공자는 일정한 스승 밑에서 배운 적이 없다. 삶의 체험 속에서 인애仁愛의 이치를 터득했다. 공자사상을 한마디로 요약한 인仁에 대해 수천 년 동안 무수한 사람들이 다양한 해석을 시도했다. 그러나 '인즉인仁則人'보다 더 절묘한 해석은 존재하지 않는다. 공학孔學을 상징하는 인학仁學은 곧 인학人學이라는 의미이다.

21세기 학문의 관점에서 볼 때 인학人學은 곧 사람 사이의 관계에 관한 인간학人間學이고, 인류 간의 문화를 탐구하는 인문학人文學을 뜻한다. 공자사상이 사람을 제대로 아는 지인知人에서 시작해 사람을 두루 사랑하는 애인愛人에서 끝나는 것도 이런 맥락에서 이해할 수 있다. 종횡가의 효시인 자공은 바로 공자사상의 요체를 꿰고 있었던 셈이다.

그러나 후대인의 자공에 대한 평가는 매우 인색했다. 특히 성리학이 등장한 이후 더욱 심했다. 그렇다고 『논어』에 나오는 공자의 자공에 대한 평가가 그리 후한 것도 아니다. 전국시대 말기 『논어』를 편제할 때 윤리 도덕을 강조한 증자曾子의 제자들이 대거 참여한 게 한

이유가 됐다. 모두들 이재理財와 언변에 뛰어난 면모를 보인 자공을 탐탁지 않게 생각한 것이다. 이를 뒷받침하는 『논어』「선진」 편의 해당 대목이다.

하루는 공자가 이같이 말했다.

"회回는 거의 도에 가까웠으나 돈 버는 일에는 예측하면 거의 맞추지 못했다. 이에 비해 사賜는 스승의 명을 받아들이지 않고 재화를 늘렸으나 예측하면 거의 매번 맞췄다."

여기서 회回는 안연, 사賜는 자공의 이름이다. 이 대목은 자공의 이재 행보에 대한 비판적인 언급에 해당한다. "스승의 명을 받아들이지 않고"라는 표현이 그렇다. 당시만 해도 상업은 말할 것도 없고 농업마저 선비들이 몸을 담가서는 안 될 직업 분야로 치부했던 점을 감안할 필요가 있다. 그러나 『사기』「화식열전」은 자공이 막강한 재력을 바탕으로 제후들의 허리를 굽히게 만들고 스승 공자와 제후들의 만남을 주선했기에 공자의 명성이 널리 알려지게 되었다고 기록해놓았다. 공자 자신도 재화를 늘리는 '이재' 자체를 배척한 적은 없다. 무도한 상황에서 재화를 모으거나 출세를 꾀하는 것을 비판했을 뿐이다.

『논어』「헌문」 편의 다음 대목을 보면 자공이 인물평에도 매우 뛰어났음을 알 수 있다.

하루는 자공이 여러 인물들을 비교 평가하자 공자가 말했다.

"사賜는 현명한가보구나. 나는 도무지 그럴 겨를이 없는데!"

인물평을 즐기는 자공을 은근히 질책한 것이다. 삼국시대 때 최고의 인물평을 자랑한 인물은 유비의 군사軍師로 활약한 방통龐統인데,

당시 인물평 자체가 사대부들 내에서 하나의 학문처럼 간주되고 있었다. 그런 면에서 보면 자공은 '인물평'을 개척한 선구자이기도 하다.

주목할 것은 성리학자를 포함한 후대의 유학자들이『사기』「화식열전」은 물론 자공의 이재 행보를 못마땅하게 여긴 점이다. 자공의 뛰어난 '언변'과 '인물평'도 못마땅했을 것이다. 이들 유학자들은 전국시대 후기를 풍미한 소진과 장의 등의 종횡술을 잡술雜術로 치부했다. 자공의 뛰어난 언변과 이재 행보 등이 무시되거나 폄하된 근본 배경이 여기에 있다. 지나친 명분론에 함몰된 탓이다. 그러나 21세기로 접어들면서 상황이 바뀌었다. 국가 총력전 양상으로 치닫는 경제전 시대의 관점에서 자공의 행보를 새롭게 해석하며 '글로벌 비즈니스맨'의 롤 모델로 여기기 시작한 덕분이다.

음양의 원리로 통제하라

마음을 연다는 것은 드러내 보인다는 것으로, 곧 언표言表를 뜻한다. 음양 가운데 양에 속한다. 마음을 닫는다는 것은 닫아거는 것으로, 곧 침묵을 뜻한다. 음양 가운데 음에 속한다. 음양은 조화를 이뤄야 하고, 선후는 합당한 조리가 있어야 한다. 마음을 여는 것은 상대의 허실을 변별하고, 닫는 것은 상대의 실정을 확정하는 게 목적이다.

捭之者, 開也, 言也, 陽也. 闔之者, 閉也, 默也, 陰也. 陰陽其和, 終始其義. 捭之者, 料其情也. 闔之者, 結其誠也.

_「벽합」

음양계陰陽計는 앞서 언급한 섭심계 또는 벽합계를 음양의 관점에서 파악한 계책을 말한다. 같은 곡을 달리 연주한 동공이곡同工異曲에 해당한다. 『귀곡자』는 종횡술의 기본 이치를 천지의 도와 더불어 변하는 음도와 양도의 교합交合으로 풀이했다. 많은 사람들이 종횡술을 음양술로 부른 이유이기도 하다.

마음을 여닫는 유세는 감추는 음과 드러내는 양을 적절히 섞어 사용하는 식으로 구사해야 효과를 볼 수 있다. 『귀곡자』는 구체적인 방안으로 강함과 부드러움을 겸할 것을 적극 권하고 있다. 「벽합」 편의 해당 대목이다.

"상황에 따라 아무도 모르게 하는가 하면 때론 모두 알 수 있도록 드러내고, 부드럽게 행동하는가 하면 때론 강직하게 나아가고, 마음을 열어 보이는가 하면 때론 닫아걸고, 여유로운가 하면 때론 긴장한다. 성인이 존망의 관건을 온전하게 지키고, 사안의 선후를 면밀히 살피고, 사람들이 계책을 내는 지혜와 재능을 세심히 재고, 실력과 재능의 장단을 정확히 파악한 이유다."

음양계를 설명한 것이다. 전국시대 말기에 활약한 종횡가들은 음양계의 이런 이치를 훤히 꿰고 있었다. 객관적으로 볼 때 전국시대 초기만 해도 열국에 유가가 역설하는 예제禮制가 어느 정도 통했다. 그러나 중기 이후는 상황이 일변했다. 먹느냐 먹히느냐 하는 약육강식의 법칙이 작동한 것이다. 유가를 대신해 병가와 법가 및 종횡가가 대거 활약하게 된 근본 배경이다. 말기에 들어와 가장 두드러진 역할을 한 학파는 종횡가인데, 학계 일각에서는 전국시대 말기를 '종횡가의 시대'라고 부르기도 한다. 실제로 법가사상을 집대성한 한비자韓非子가 대표적인 종횡가인 요가姚賈와 정면으로 맞부딪쳤다가 옥사하는 일도 있었다.

최상의 결과보다는 적절한 균형점을 찾아라

요가에 앞서 천하를 횡행한 대표적인 종횡가는 장의와 소진이었다. 당시 열국의 군주들은 이들이 제시한 계책을 써서 나라의 보전과 발전을 꾀했다. 장의와 소진으로 상징되는 종횡가들의 행보는 같은 시기에 활약한 병가 및 법가 등과 비교할 때 몇 가지 특징적인 면을 보였다.

첫째, 이들이 목표에 도달하는 방법은 직선적이지 않고 매우 우회적이었다. 최상의 결과보다는 객관적 정세를 고려해 적절한 균형점을 찾아내는 능력을 중시했으며, 방법이나 절차에 따른 윤리 문제는 고려하지 않았다. 이상보다 현실을 중시하는 전형적인 '현실론자'의 모습이다. 종횡가가 법가 및 병가와 맥을 같이하는 것도 이런 관점에서 이해할 수 있다. 이는 당시 종횡가들이 '협상'을 종지宗旨로 내세웠음을 의미한다. 21세기의 정치 협상이나 군사·외교 협상, 비즈니스 협상의 기본 원칙과 조금도 다를 게 없다.

둘째, 이들은 열국을 자유롭게 오가며 사적인 인맥을 적극 활용했다. 요즘 말로 최고의 정보네트워크를 구축한 것에 비유할 수 있다. 이들은 당시의 기준에서 볼 때 풍부하고도 참신한 정보를 보유하고 있었다. 서로 우의를 다지면서 각자의 지식과 정보를 교환했기 때문이다. 군주가 마음에 들지 않거나 자신을 제대로 대접해주지 않으면 이내 다른 나라로 옮겨가 세 치 혀로 열국 군주의 기대에 부응할 수 있었던 이유가 바로 여기에 있다.

당시 열국의 군주는 종횡가인 유세객을 비롯해 관작을 얻기 위해 열국을 돌아다니는 책사의 입국을 제한하지 않았다. 유능한 책사의

확보가 부국강병의 관건이라는 사실을 통찰했기 때문이다. 열국의 군주는 이들로부터 각 지역의 지리와 풍속은 물론이고 일반 정세에 이르기까지 폭넓은 견문을 전해들을 수 있었다. 이들 유세객들을 평가할 때 단순히 그들이 지닌 지식과 정보, 변설의 기교뿐만 아니라 열국 내에 구축된 정보망의 규모까지 아울러 감안해야 하는 이유다. 외교 사절의 현대판 버전인 정통 외교관을 포함해 정상 외교와 의원 외교의 당사자인 위정자, 막후 접촉을 통해 M&A를 추진하는 기업 CEO 등이 유의해야 할 대목이다.

셋째, 이들은 비공식적인 사행使行을 전담했다. 군주의 명을 좇아 사행에 나설지라도 비공식적 사행이 일반적이었고, 그들 스스로 사행을 자처한 경우가 많았다. 현대의 '막후 협상'을 방불케 한다. 이는 당시의 외교가 군사 작전의 일환으로 행해진 사실과 무관치 않았다. "전쟁이 결정되면 국경의 관문을 막고 통행증을 폐지하고, 기밀 누설을 막기 위해 적국 사절의 왕래를 허락지 말아야 한다"라는 『손자병법』「구지」의 대목이 이를 뒷받침한다. 『사기』「범수채택열전」을 보아도 당시 최강국인 진나라가 정보 유출을 우려해서 외국 사절에 대해 매우 엄한 규제를 가한 사실을 알 수 있다.

강함과 부드러움을 겸비하고 원칙을 재확인하라

장의와 소진의 뒤를 이어 전국시대 말기를 화려하게 수놓은 대표적인 종횡가로는 위魏나라 출신 범수范雎를 들 수 있다. 원래 그는 위나라 재상의 아전으로 있었다. 유세에도 뛰어난 재능을 보였으나 이게

그에게는 재앙으로 작용했다. 질시의 대상이 된 나머지 제나라와 내통했다는 모함에 걸려 죽기 일보 직전까지 몰리게 됐다. 불행 중 다행으로 마침 진秦나라 사자 왕계王稽를 좇아 함양으로 탈출해 목숨을 구할 수 있었다. 왕계는 진나라 소양왕昭襄王에게 사자로 갔다 온 경과를 보고하는 자리에서 곧바로 범수를 천거했다.

"위나라에서 지모가 출중한 천하의 기재를 만났습니다. 그가 말하기를, '계란을 쌓아 놓은 것 같은 위기의 진나라를 구할 비책이 있으나 이는 글로 써서 전할 수 있는 게 아니다'라고 했습니다. 신이 데리고 왔으니 대왕이 한번 불러서 보십시오."

누란지위累卵之危라는 사자성어가 여기서 나왔다. 「범수채택열전」은 소양왕이 탐탁지 않게 생각해 범수를 객사에 머물도록 한 뒤 하객下客의 대우를 베풀게 했다고 기록해놓았다. 소양왕은 왜 범수를 탐탁지 않게 생각한 것일까? 사마천의 분석에 따르면 당시 진나라 소양왕은 잇단 승전으로 인해 커다란 자부심을 갖고 있었기 때문에 내심 무력이 뒷받침되지 않은 종횡가의 외교 책략을 하찮게 여겼던 것이 크게 작용했다. 하지만 당시의 진나라 내부 사정에 비춰볼 때 이는 매우 위험한 것이었다. 당시 소양왕은 양후穰侯를 포함해 동복동생인 경양군涇陽君 등 친인척들이 왕권을 잠식하고 있다는 사실을 간과하고 있었다. 이들을 철저히 다스리지 않는 한 천하통일 행보는 시작부터 삐걱거릴 수밖에 없었다. 종횡가인 범수는 이러한 상황을 읽고 있었던 것이다. 실제로 소양왕이 범수의 왕권 강화책을 받아들이지 않았다면 진시황의 천하통일은 적잖은 어려움을 겪었을 공산이 컸다.

기원전 271년, 소양왕의 모후인 선태후宣太后의 동생 양후가 제나라의 강剛과 수壽 땅을 공략해 자신의 영지인 도陶 땅을 넓히고자 했다. 소양왕으로부터 아무런 연락이 오지 않아 적잖이 낙담하고 있던 범수는 곧바로 상소문을 올렸다.

"양의良醫는 병자의 생사를 미리 알고, 성군은 일의 성패를 미리 헤아립니다. 이익이 있으면 행하고, 해가 있으면 그치고, 의심스러우면 시험해보면 됩니다. 이는 요순이 다시 태어난다 해도 바꿀 수 없는 원칙입니다. 신이 어리석어 대왕의 마음에 들지 않는 것입니까? 그렇지 않으면 신을 천거한 사람이 비천해 들을 만한 가치가 없다고 여기는 것입니까? 그것도 아니라면 잠시 신에게 알현한 시간을 허락해주십시오. 그러면 당면한 문제를 말씀드리도록 하겠습니다."

소양왕이 곧 좌우에 분부했다.

"곧 전거傳車를 보내 이궁離宮으로 모셔오도록 하라."

'전거'는 왕명 등을 전할 때 사용하는 쾌속 수레를 말한다. 범수가 소양왕을 알현하는 자리에서 이같이 말했다.

"진나라가 용맹스런 군사와 수많은 거기車騎를 가지고 제후들을 대적하는 것은 마치 한나라의 명견인 한로韓盧를 풀어 절뚝거리는 토끼인 건토蹇兎를 사냥하는 것과 같습니다. 진나라가 관문을 닫은 지 15년 동안 감히 산동으로 출병하지 못한 것은 승상 양후의 계책이 충성스럽지 못했기 때문입니다. 대왕은 패왕의 대업을 쉽게 실현할 수 있는 여건을 구비하고 있는데도 지금 정반대로 함곡관을 굳게 닫은 채 감히 산동의 제후국들에게 무위武威를 드러내지 못하고 있는 것입니다."

　　　　　　　　　　　　　　상대를 열광케 하라 – 귀곡자처럼

양후가 사적인 이익을 도모하기 위해 함곡관을 굳게 닫은 채 진나라의 천하통일 행보를 가로막고 있다는 지적이다. 당시 진나라에는 사자를 수행한 관원이 돌아오지 않을 경우 일족을 엄벌에 처하는 규정이 있었으며, 기생충의 전파를 막기 위해 외국 사절이 타고 온 수레의 바퀴 등에 연기를 쏘여 예방키도 했다. 이는 진나라가 국경을 철저하게 봉쇄하고 외국 사절 및 그 행장에 대해 얼마나 엄격한 검색을 시행했는지를 짐작하게 해준다.

애초에 소양왕은 어린 나이에 보위에 올랐다. 모후인 선태후에게는 아버지가 다른 위염魏冉이라는 동생이 있었는데, 그는 훗날 지금의 하남성 등현인 양穰 땅에 봉해져 '양후'로 불렸다. 양후가 함곡관을 틀어막은 것은 정보 유출에 대한 진나라의 엄격한 규제를 악용한 것이기도 했다.

당시 범수가 제시한 가장 뛰어난 계책은 이른바 원교근공遠交近攻 계책이다. 먼 나라와는 친교를 맺고 가까운 나라를 치는 군사 외교 책략을 말한다. 이는 장의와 소진의 연횡책 및 합종책에 비유할 만한 것이다. 범수는 소양왕에게 이같이 건의했다.

"양후가 한과 위 두 나라를 건너뛰어 제나라의 강과 수 땅을 공격하는 것은 잘못된 것입니다. 동원되는 병력이 적으면 제나라에 타격을 줄 수 없고, 많으면 진나라에 손상을 입히게 됩니다. 얼마 안 되는 병력을 동원하면서 한과 위 두 나라의 병력을 이용하고자 하는 것은 적절한 계책이 아닙니다. 지금 한과 위 두 나라는 비록 동맹국이라고는 하나 서로 친하지 않은데, 그런 동맹국을 건너뛰어 다른 나

라를 치는 것이 과연 가능하겠습니까? 전에 제나라 군신이 화목하지 못하고 백성이 피폐하자 제후들이 합세해 제나라로 쳐들어갔습니다. 결국 제나라 왕은 욕을 당하고 군사는 여지없이 무너져 천하인의 웃음거리가 되었습니다. 이는 제나라가 멀리 있는 초나라를 치면서 가까이 있는 한과 위 두 나라의 국력을 비대하게 만들어주었기 때문입니다. 이를 두고 바로 '도적에게 무기를 빌려주고 도둑에게 식량을 준다'라고 하는 것입니다. 대왕이 원교근공遠交近攻의 계책을 쓰면 한 치의 땅을 얻어도 대왕의 것이 되고 한 자의 땅을 얻어도 대왕의 것이 됩니다. 지금 이런 계책을 버리고 오히려 정반대로 원공근교遠攻近交를 고집하는 것은 잘못이 아니겠습니까? 지금 한과 위 두 나라는 중원에 위치해 가히 천하의 중추라고 이를 만합니다. 대왕이 패업을 이루고자 하면 먼저 중원의 이들 두 나라를 취해 천하의 중추로 삼은 뒤 초나라와 조나라를 제압해야 합니다. 조나라가 강해지면 초나라가 우리 진나라에 가까이 다가올 것이고, 초나라가 강해지면 조나라가 다가올 것입니다. 초나라나 조나라가 진나라에 다가오면 제나라는 틀림없이 진나라를 두려워할 것입니다. 제나라가 두터운 예로 진나라를 섬기면 한과 위 두 나라는 이내 무력해지고, 이내 천하의 중추를 쉽게 손에 넣을 수 있습니다."

현재 학계에서는 범수의 원교근공책에 대한 반론이 만만치 않다. 원교근공의 계책은 범수가 새롭게 주창한 것이 아니라 전국시대 초기 이래 진나라 외교의 기본 원칙이었다는 것이 반론의 요지이다. 양후가 한과 · 위 두 나라를 가로질러 제나라의 강과 수 땅을 공략했

을 때 이미 강한 비판이 제기되었고, 범수가 이를 언급한 것은 전통적인 원교근공의 외교 원칙을 재확인한 것에 불과하다는 게 이들의 지적이다.

과연 이런 지적이 타당한 것일까? 설령 기존의 외교 기본 원칙을 재확인한 것에 불과하다고 할지라도 당시 범수가 이를 소양왕에게 새삼 깨우쳐준 사실을 결코 과소평가해서는 안 된다. 고양이 목에 방울을 달아야 한다는 사실을 알고 있는 것이 중요한 게 아니라 실행에 옮기는 게 중요하다는 얘기다. 승상 양후가 막강한 위세를 부리고 있던 당시 상황에서 진나라의 대신들 중 과연 누가 이를 행할 수 있었을까? 아무도 없었다. 그럼에도 범수는 소양왕을 설득해 고양이 목에 방울을 단 것이다.

결국 양후는 쫓겨나고 범수가 그 자리를 차지했다. 뛰어난 언변 때문에 죽을 지경에 이르렀다가 소양왕을 만나 원교근공책을 제시함으로써 최강대국인 진나라의 재상 자리에 오른 범수는 여러모로 장의의 복사판이다. 장의 역시 죽을 고비를 넘긴 뒤 진나라 혜문왕 앞에서 연횡책을 진언한 덕분에 재상 자리에 올랐다. 두 사람 모두 말년에 이르러 각각 위나라와 연나라 등 외국에서 여생을 보낸 것도 닮았다. 『귀곡자』의 관점에서 보면 양자 모두 음양계의 대가에 해당한다. 이들이 보여준 다양한 유형의 음양계는 21세기 경제전에서 맞닥뜨리는 모든 협상 테이블에서 그대로 적용할 만한 것들이다.

경 청 계
傾聽計

03

상대의 말에 귀를 기울여라

모든 사물은 저절로 그러한 이치가 있고, 모든 일은 통합과 분열의 시기가 있다. 가까이 있어도 보지 못하는 것이 있는가 하면, 멀리 있어도 알 수 있는 경우가 있다. 가까운데도 보지 못하는 것은 상대방의 말을 잘 살피지 못하기 때문이다. 멀리서도 잘 알 수 있는 것은 지난 일을 검토해 교훈을 얻고, 이를 토대로 오늘을 읽고 앞날을 증험해내기 때문이다.

物有自然, 事有合離. 有近而不可見, 有遠而可知. 近而不可見者, 不察其辭也, 遠而可知者, 反往以驗來也.

_「저희」

경청계傾聽計는 유세의 책략을 구사하기 전에 반드시 지켜야 할 기본 계책을 언급한 것이다. 상대가 하는 말을 경청해야만 상대의 심경에 부합하는 유세를 펼칠 수 있고, 나아가 상대가 바라는 계책을 제시할 수 있기에 이는 당연한 주문이기도 하다. '감성적 접근법'을 창안한 다이아몬드는 『어떻게 원하는 것을 얻는가』에서 경청의 중요성

을 다음과 같이 역설했다.

"모든 협상의 전제는 '경청'이다. 극단적으로 말하면 오직 경청하는 것만으로도 능히 협상의 목적을 이룰 수 있다. 상대방이 자신의 얘기를 들어준 것에 감복하기 때문이다. 이는 상대방을 일거에 무력화시킬 때도 유용하다.

경청만 잘해도 능히 협상의 목적을 이룰 수 있다

이를 철저히 이행한 대표적인 인물로 삼성의 창업주인 이병철 전 회장을 들 수 있다. 그는 생전에 『논어』를 즐겨 읽은 것으로 유명하다. 이 때문인지는 몰라도 그는 평소 말을 많이 하는 사람을 싫어했다. 그의 아들 이건희 회장은 한 술 더 떠서 어쩌다 입을 열더라도 주어를 생략한 채 짧게 술어만 언급하는 식으로 어눌하게 말했다. 선방禪房의 묵언참구默言參究를 연상케 한다. 공자가 그러했다. 이를 뒷받침하는 구절이 『논어』 「이인」 편에 나온다.

"군자는 말을 하는 데에는 어눌語訥하나 행하는 데에는 민첩하다."

이병철이 아들 이건희에게 '경청'을 평생 지켜야 할 금언으로 내려준 것도 이런 맥락에서 이해할 수 있다.

이건희는 부친이 내려준 '경청'이라는 금언을 다섯 가지 덕목으로 세분했다. 소위 지知, 행行, 용用, 훈訓, 평評이 그것이다. 본인 스스로 많이 배워 알고, 직접 물건을 다룰 줄 알고, 사람을 적절히 운용할 줄 알고, 부하들을 지도할 줄 알고, 경영을 총체적으로 평가할 줄 알아야 한다는 뜻이다. '지知'의 취지는 그가 이공계 출신 CEO에게는

문학과 철학의 습득을 주문하면서, 인문계 출신 CEO에게는 전공자 못지않은 기술 습득을 요구하고 있는 데서 잘 드러난다. 그가 기업 CEO를 두고 '종합예술가'라고 부르는 이유이다.

카이스트에 '테크노경영대학원'이 세워진 것도 이와 같은 그의 경영 철학에서 비롯되었다.

정원의 절반 이상을 삼성맨으로 채우겠다는 이건희의 제안에 카이스트는 '테크노 MBA' 과정을 개설했고, 이건희는 100명의 과장급 간부를 보내 교육시켰다. 인문학과 이공계 학문을 두루 아는 차세대 리더를 키우고자 한 것이다.

이는 와세다 대학에서 경제학을 전공했지만 전자제품을 분해해 역으로 조립할 수 있을 정도로 뛰어난 기술을 지녀 우스갯소리로 '와세다 대학 상학부 전자공학과 출신'으로 불리는 그의 전력과 무관하지 않다. 많은 것을 두루 알고 깨달아야 회사의 비전을 설정하고 앞을 내다보는 선견력을 가질 수 있다는 게 그의 지론이다. 이는 동양 전래의 소위 '박학군자博學君子' 취지와 맥을 같이 하는 것이다. 『논어』「옹야」편의 해당 구절이다.

"군자가 인문에 박학하면서 예로써 요약할 줄 알면 또한 도에 어긋나지 않다고 할 수 있다."

동양이 수천 년 동안 '제왕학'을 문文·사史·철哲로 상징되는 인문학과 동일한 개념으로 받아들인 이유다. 사실 인문학의 소양이 없으면 사물의 본질을 꿰면서 멀리 내다보는 일 자체가 불가능하다. 이건희가 창안한 '테크노 MBA' 과정이 바로 이런 전통과 맥이 닿는다. 그는 21세기에 들어와 세계의 모든 기업이 '스페셜리스트'보다

'제너럴리스트'를 찾게 되리라는 것을 미리 읽었는지 모른다.

이건희가 CEO 리더십의 덕목으로 제시한 '지·행·용·훈·평'은 결코 만만한 수준의 것이 아니다. '행'의 차원에서 실시한 일련의 개혁이 그 증거다. '신경영 선언' 당시 그는 개혁의 첫 번째 대상으로 관리본부장들을 꼽았다. 당시만 해도 삼성은 '관리의 삼성'으로 불린 데서 알 수 있듯이 합리 경영과 완벽 경영을 트레이드마크로 삼고 있었다. 돌다리도 두드려보고 건너는 선친 이병철의 경영 스타일 때문이었다. 그러나 이는 긍정적인 면도 있지만 상대적으로 위기를 기회로 만드는 도전적인 공격 경영, 혁신 경영과는 거리가 멀어질 수밖에 없다.

이런 사실을 잘 알고 있었던 이건희는 1993년 9월에 '21세기 CEO 과정 연수'라는 구실로 계열사 관리본부장들을 모두 용인 연수원에 집결시켰다. 이들 모두는 자신들이 없으면 회사가 돌아갈 수 없다는 식의 착각에 빠져 있었다. 회사에 전화를 못하게 하자 이들은 다양한 수단을 동원해 나름대로 회사 돌아가는 상황을 수시로 파악했다. 열흘이 지나고 한 달이 지나면서 자신들이 자리를 비우자 오히려 회사가 더 잘 돌아간다는 사실을 알게 된 이들은 충격에 빠질 수밖에 없었다. 관리본부장의 얼굴만 바라보던 직원들도 자신이 해야 할 일을 스스로 찾아가며 창조적인 마인드를 갖게 된 건 말할 것도 없다.

관리본부장들을 대상으로 한 혹독한 '행'의 실험은 스태프와 임원들로 하여금 용인술의 요체인 '용'과 '훈'의 의미를 자각하게 만드는

계기로 작용했다. 그가 스태프 및 임원들에게 『한비자』를 필독서로 권유하는 이유다. 전국시대 말기에 법가사상을 집대성한 『한비자』 「팔경」편에 이런 대목이 나온다.

"군주 한 사람의 힘과 지혜로 나라를 다스리는 것보다 온 나라의 힘과 지혜를 모아서 쓰는 게 더 낫다. 한 사람의 힘과 지혜를 쓰면 계략이 적중할지라도 자기 홀로 고단해지고, 들어맞지 않으면 그 허물을 모두 뒤집어쓰게 된다."

그가 스태프 및 임원들에게 '용'과 '훈'을 역설하는 이유다. 잘해봐야 홀로 고단해지고 잘못하면 모든 허물을 뒤집어쓰는 하책을 쓰지 말라고 지적한 것이다. 사실 CEO는 부하 직원들이 각자 자신의 능력을 최대한 발휘토록 만들어주는 게 가장 중요한 책무 중 하나다. 그러나 이는 말처럼 쉬운 게 아니다. 스스로 터득하는 수밖에 없다.

'평'은 경영 평가를 뜻한다. 사장단에 대한 평가는 경영 성과와 경영 능력, 관리 능력 등 크게 세 가지로 이뤄지고 있다. 경영 성과는 주가, 이익, 실책 등을 평가한다. 경영 능력은 경영자의 도덕성과 리더십 등을 본다. 그리고 관리 능력은 핵심 인재의 확보, 유지 등을 체크한다. 이들 세 부문을 평가해 100점 만점으로 점수화하고 있다.

그는 단기적인 성과에 연연하지 않고 한 번 믿고 맡기면 일단 꾸준히 지켜본다. 수십 명의 계열사 사장단이 한자리에서 통상 3~5년 이상 경영 능력을 검증받는 이유다. 사람이 항상 잘할 수는 없는 만큼 장기간에 걸쳐 다각도로 평가해야 한다는 게 그의 지론이다.

핵심을 파악하고 대국을 읽어라

주의를 기울여 제대로 경청하지 않으면 세상에 하나밖에 없는 보물도 알아보지 못하게 된다.

전국시대 중엽 일세를 풍미한 당대의 종횡가 장의는 이름을 떨치기 전에 초楚나라 재상 소양昭陽 밑에 있었다. 소양이 장의의 재주를 높이 사 자신의 문하에 두었다. 이후 소양은 군사를 이끌고 가 위나라를 크게 이기고 양릉襄陵 등 7개 성읍을 빼앗았다. 초 위왕威王이 소양의 공을 치하해 당대의 보물인 '화씨벽和氏璧'을 하사했다. 이는 초나라에서 산출된 옥 덩이라는 의미에서 형박荊璞이라고도 불렸다. 훗날 진나라 소양왕이 15개의 성과 교환하려 했다는 의미에서 연성벽連城璧으로 불리기도 했다.

당시 초나라의 위왕이 영윤 소양에게 하사한 화씨벽에는 다음과 같은 일화가 전해져 내려오고 있다.

춘추시대 초엽 초나라 여왕厲王 때 변화卞和라는 사람이 있었다. 그는 형산荊山에서 옥돌 하나를 주워 여왕에게 바쳤다. 여왕이 옥장玉匠에게 옥돌을 보이자 옥장이 한참 보더니 이같이 말했다.

"이것은 옥돌이 아니라 보통 돌입니다."

대로한 여왕이 변화를 잡아들였다.

"군주에게 보통 돌을 옥돌이라고 속였으니 그 죄를 어찌 면하겠는가? 당장 저자의 왼쪽 다리를 끊어라."

변화는 왼쪽 다리를 잃고 말았다. 여왕이 죽고 무왕武王이 즉위하자 변화는 무왕에게 그 옥돌을 바쳤다. 무왕이 이를 옥장에게 보이자 이번에도 옥장은 보통 돌이라고 했다. 무왕이 변화의 오른쪽 다

리마저 끊었다. 이후 무왕이 죽고 문왕楚文王이 즉위했다. 변화는 옥돌을 바치고 싶었으나 두 다리가 없어서 움직일 수가 없었다. 형산 아래에서 옥돌을 가슴에 품고 사흘 밤낮을 통곡했다. 눈에서는 눈물이 마르고 피가 흘렀다. 변화의 친구가 와서 말했다.

"그대는 두 번씩이나 옥돌을 바치고 두 다리를 잃었다. 다시 옥돌을 바쳤다가는 목숨을 부지하기 어려울 것이다. 그런데도 그대는 왜 울기만 하는가? 아직도 그 옥돌을 바치고 많은 상을 타고 싶은 것인가?"

변화가 정색을 하고 말했다.

"나는 상을 타기 위해 이 옥돌을 바치려는 것이 아니다. 이렇듯 좋은 옥돌을 보고 보통 돌이라고 한 자들을 원망할 뿐이다. 나는 정직한데도 그들은 나를 거짓말쟁이로 몰았다. 옳은 것을 그르다 하고 그른 것을 옳다 하니 어찌 원통하지 않겠는가? 나는 내가 옳고 그들이 그르다는 것을 밝히지 못해 슬퍼하는 것이다."

이 소식을 들은 문왕이 사람을 보내 그 옥돌을 가져오게 한 뒤 옥장을 불렀다. 옥장이 옥돌을 쪼개고 보니 하자假疵 하나 없는 천하의 보배였다. 문왕이 옥장을 시켜 둥근 고리 모양의 벽璧을 만들게 했다. 화씨벽이 세상에 나온 배경이다. 문왕은 앉은뱅이가 된 변화의 지조에 감동해 대부의 벼슬을 내렸다고 한다.

화씨벽에 관한 일화는 경청의 중요성을 일깨워주고 있다. 『귀곡자』가 경청을 역설한 것도 같은 맥락이다. 「양권」편에 이를 뒷받침하는 대목이 나온다.

"인지상정人之常情을 보면 사람이란 늘 상대가 자신의 말을 들어주기를 바라고, 무슨 일이든 하면 반드시 성공을 기약기 마련이다. 그래서 지혜로운 자는 자신의 단점을 쓰지 않고 어리석은 자의 장점을 이용한다. 자신의 서투름을 쓰지 않고 어리석은 자의 정교함을 쓴다. 어떤 경우든 곤경에 빠지지 않는 이유다."

대국적인 관점에서 전체 국면을 읽을 줄 알아야 한다는 말인데, 권權에 대한 해석에 따라 크게 두 가지 경우로 나눠볼 수 있다. 하나는 '권'을 본래 의미인 저울 또는 저울질한다는 뜻의 권형權衡으로 풀이하는 경우이다. 이는 상대의 능력과 자질 등을 파악하는 것을 의미한다. 미시적인 접근이다. 다른 하나는 권세權勢와 권변權變, 권모權謀 등의 명사로 풀이하는 경우이다. 거시적인 접근에 해당한다. 이해관계의 득실을 헤아리는 게 요체이다.

상대를 조리 있게 설득할 수 있는 언변을 지녔을 경우 유세의 효과가 크다. 그러기 위해서는 평소 사물을 대할 때 평정한 마음을 지니고 객관적으로 바라보는 훈련을 할 필요가 있다. 그래야만 사적인 호불호의 감정에 휩쓸려 자신이 보고 싶은 바대로 사물을 해석하는 오류를 최소화할 수 있기 때문이다.

바둑에 비유하면 입신의 경지에 오른 고수가 사소한 국지전의 승패에 연연하지 않고 늘 전체의 국면을 바라보며 상대의 응수에 따라 전략을 수시로 바꾸는 것과 같다. 비즈니스도 하등 다를 게 없다. 작은 싸움에 이길지라도 대국을 제대로 읽지 못하면 결코 최후의 승리자가 될 수 없다. 모든 유세 책략은 상대의 얘기를 잘 들으면서 그 핵심을 파악하는 경청계에서 시작한다는 점을 잊어서는 안 된다. 이

는 그저 되는 게 아니다. 강한 인내심과 고도의 훈련이 필요하다. 경청계를 제대로 이행하지 못하면 『귀곡자』가 말하는 모든 계책이 이내 수포로 돌아갈 수밖에 없다.

중지계
衆智計

04

여러 사람의 지혜를 모아라

계모計謀는 일의 성패를 가르는 관건이다. 서로 의견을 교환하지 않으면 상대
의 말을 모두 자세히 듣지 않게 되고, 그리 되면 계모가 실패하게 된다.

計謀者, 存亡樞機. 慮不會, 則聽不審矣, 候之不得. 計謀失矣.

_ 「실의법둥사」

중지계衆智計는 여러 사람의 지혜가 한 사람의 뛰어난 지혜보다 낫다
는 지극히 당연한 이치에 기초한 계책이다. '스마트 혁명'으로 불리
는 21세기에 들어와 '중지계'의 중요성은 더욱 커지는 양상이다. 모
두 IT 기술의 급속한 발전 덕분이다. 실제로 지식 정보의 생산과 소
비 패턴에 일대 격변이 일어나면서 최근 새로운 양상이 빚어지고 있
다. 바로 '빅데이터 혁명'이다. 이는 '스마트 혁명'이 빚어낸 걸작에
해당한다.

우리 주위의 모든 것이 디지털화하면서 하루에 생산되는 온갖 정

보 데이터는 지금까지 축적해온 기존 데이터의 총량을 훨씬 상회하고 있다. 양뿐만 아니라 내용 또한 훨씬 다양해졌고, 순환 속도 역시 전례 없이 빨라졌다. 기존의 데이터 처리 방식으로는 도저히 감당할 수 없는 지경에 이르게 된 것이다. 이처럼 완전히 새로워진 정보 환경을 통상 '빅데이터'라고 한다.

빅데이터의 요체는 방대한 분량의 데이터 홍수 속에서 혁신적인 방식으로 그 내용을 가공하고 분석해 의미 있는 정보를 추출하는 데 있다. 과거에는 상상도 하지 못했던 일이 눈부신 과학기술의 발전 덕분에 가능해졌다. 숲보다 나무를 보는 데 익숙한 아날로그 시대가 퇴조하고 숲 전체를 보는 디지털 방식이 보편화하게 된 배경이다.

이는 아편전쟁을 계기로 2백여 년 동안 지속된 서구 우위 시대가 저물고 동양의 시대가 다가오고 있음을 상징한다. 천하를 이끌고 가는 주도권을 둘러싸고 동서의 역전극이 조만간 펼쳐질 공산이 커졌다. G1 미국의 쇠락이 이를 방증한다.

여기에는 디지털 문화에 훨씬 친화적인 동양의 직관적이고 종합적인 사고방식이 크게 작용하고 있다. 일본은 동아시아 3국 안에서도 상대적으로 직관보다는 분석이 뛰어나 지난 세기에 세계경제를 주름잡을 수 있었다. 그러나 21세기의 디지털 시대로 접어들면서 상황이 바뀌기 시작했다. 21세기에 들어와 한국의 전자산업이 일본을 제압한 것도 결코 우연으로 볼 수 없다. 역사문화 관점에서 볼 때 한국은 일본에 비해 훨씬 종합적이면서도 직관적인 문화를 보유하고 있다. 중지계의 계책을 더욱 면밀히 구사할 필요성이 커진 것이다. 한국이 동아시아의 '허브 국가'로 우뚝 서고 있는 비결도 여기서 찾을 수 있다.

빅데이터로 미래를 예측하라

미국 과학아카데미 회원인 리처드 니스벳 교수는 지난 2003년에 출간한 『생각의 지도』에서 동서양의 차이는 문화권의 사고방식 차이에서 비롯됐다고 주장한 바 있다. 그의 연구 결과에 따르면 한국과 일본, 중국 등 동아시아 3국인은 직관력이 탁월한 반면에 미국인은 분석력이 뛰어나다. 동아시아 3국인은 늘 사물을 그 배경과 관련시켜 생각함으로써 모순을 잘 수용하고 매사를 종합적으로 판단해 처결하는 경향이 강하다. 이에 반해 미국인을 포함한 서구인은 사물을 배경에서 완전히 떼어내 독립된 실체로 간주하는 까닭에 모순을 매우 싫어하고 매사를 이분법적으로 판단하는 경향이 강하다.

한때 분석적 사고는 과학적이고 직관적 사고는 비과학적이라는 식의 주장이 나돌기도 했으나 21세기에 들어와 그런 엉터리 주장을 펼치는 사람은 이제 없다. 오히려 정반대의 상황이 빚어지고 있다. 21세기의 디지털 시대에는 이성의 회로를 순차적으로 밟는 서양의 분석주의보다 순간적으로 사물의 실체를 파악하는 직관주의가 더 적합하기 때문이다.

21세기 경제전 시대로 진입하면서 중지계가 새삼 각광을 받게 된 것은 '빅데이터'의 부상과 무관치 않다. 아날로그 시대의 데이터 활용은 주로 과거의 현상을 파악하고 이해관계를 규명하는 후향적後向的 분석에 치우쳤다. 그러나 디지털 시대에는 빅데이터의 등장으로 인해 데이터에 숨겨진 패턴을 추출하고 이를 기반으로 미래를 예측하는 전향적前向的 전망이 가능해졌다. 과거에는 상상도 못한 유형의 새로운 비즈니스 혁신과 새로운 모델 창안이 계속 등장하는 이유다.

대표적인 예로 '구글의 독감 트렌드'를 들 수 있다. 이는 검색 광고의 최적화를 꾀하는 과정에서 나왔다. 검색 키워드는 핵심적인 데이터 자산이다. 이를 분석하면 검색 엔진 사용자의 성향을 능히 파악할 수 있다. 구글은 데이터 분석을 통해 독감 관련 검색 키워드 빈도 추이와 독감 환자 추이 사이에 커다란 상관관계가 있다는 사실을 확인하고 이를 사업화했다. 미국 질병통제예방센터의 예보보다 1~2주 빨리 독감을 예측할 수 있는 '구글 독감 트렌드' 서비스가 등장한 배경이다.

애초에 이는 독감 증세를 보이는 환자가 늘어나면 자연스레 독감 관련 검색이 늘어날 것이라는 가정에서부터 출발한 것이다. 그리 특이할 것도 없는 발상이지만 문제는 고양이 목에 누가 방울을 다는가이다. 여기서 '발상의 전환'이 필요하다. 빅데이터 자산을 창조적으로 활용해 비즈니스 혁신을 이끌어내는 게 관건이다.

최근 빅데이터의 활용 가능성에 눈을 뜬 기업들이 많아지고 있다. 모바일 혁명으로 데이터가 폭발적으로 증가하는 추세에 적극 올라타 빅데이터로 재미를 본 구글과 아마존 등의 성공담이 자극제로 작용한 결과다. 여기에는 경기 침체와 회복의 주기가 짧아져 급변하는 경제·경영 환경 속에서 빅데이터를 통해 미래를 신속히 예측하고 새로운 기회를 찾고자 하는 현실적인 요구도 크게 작용했다.

21세기 경제전 상황에서 빅데이터의 활용 가능성은 무궁무진하다. 자동차 개발, 소매업의 진열 최적화, 쇼핑몰의 추천 제품 목록 작성, 심지어는 석유가격의 예측에 이르기까지 기존의 비즈니스 대상

이 모두 빅데이터의 수혜를 입을 수 있다. 창의적인 분석 방법 개발이 요체이다.

빅데이터에서 중요한 것은 데이터의 크기가 아니라 해독 능력이 알파이자 오메가다. 이를 위해서는 콜럼버스가 달걀을 세운 것처럼 창조적인 발상이 절실히 필요하다. 똑같은 통계 분석 방법과 기존의 분석 도구로는 무의미한 결과밖에 얻지 못한다. 집요하게 파고들고 창의적으로 데이터에 접근해야 의미 있는 결과를 얻을 수 있다.

주의할 것은 빅데이터는 소프트웨어를 개발하는 것과는 다르다는 점이다. 데이터를 수집해 정밀하게 분석하기 전까지는 어떤 결론을 얻을 수 있을지 알 길이 없다. 가설 자체가 오류로 판명될 가능성도 있다. 빅데이터에 관한 프로그래밍 기술 외에도 통계학을 비롯해 사업 전반에 관한 폭넓은 이해가 전제되어야 하는 이유다. 기업 CEO들의 빅데이터에 대한 새로운 인식이 절실히 요구되는 대목이다.

『귀곡자』의 관점에서 보면 빅데이터는 종횡술과 불가분의 관계를 맺고 있다. 뉴욕 대학교 정치학과 석좌교수 브루스 부에노 데 메스키타가 대표적인 인물이다. 그는 지난 2009년 『프리딕셔니어 미래를 계산하다』에서 상대의 호오好惡와 친소親疎 등에 관한 데이터를 통해 상대의 향후 행보를 정확히 예측할 수 있다고 주장했다. 그는 그 논거로 지난 30년 동안 중동과 북한 등 국제정치에서부터 천안문 사태, 엔론의 대규모 회계 부정, 메이저리그 야구선수 파업에 이르기까지 다양한 분야의 예측을 내놓았다.

예컨대 '누가 김정일의 후계자가 될 것인가'라는 주제와 관련해

우선 후계자 문제에 영향력을 미칠 수 있는 인사들의 리스트를 작성한 뒤 그들 사이의 권력 관계, 선호도, 영향력 등을 조사했다. 이어서 앞으로 전개될 수 있는 다양한 '경우의 수'를 감안해 모델링을 하고 해당 정보를 수치로 환산해 컴퓨터에 입력했다. 시뮬레이션의 준비 과정이다. 확률과 게임 이론을 적용한 예측의 효과는 놀라웠다. 90퍼센트의 적중률을 보인 것이다. 그가 '현대판 노스트라다무스'로도 불리게 된 배경이다. 메스키타는 자신을 '미래를 과학적으로 예측하는 자'를 뜻하는 신조어 '프리딕셔니어Predictioneer'로 소개하고 있다.

주목할 점은 메스키타가 빅데이터 기법을 통해 종횡술에 접근하고 있다는 점이다.『귀곡자』를 접한 적도 없는 그가『귀곡자』에서 제시한 종횡술과 별반 차이가 없는 접근을 시도한 것은 놀라운 일이다. 실제로 그가 컴퓨터 시뮬레이션을 위해 진행하는 일련의 과정은『귀곡자』「비겸」편의 다음 대목과 정확히 일치하고 있다.

"무릇 권세와 능력을 파악하고자 할 경우는 반드시 먼저 광범위하게 원근의 모든 정보를 그러모아야 한다. 세력을 만들어 일을 성사시키고자 할 경우는 반드시 먼저 나와 상대의 동이同異를 살피고, 시비是非의 말을 구별하고, 말의 내외內外를 살펴 함의를 찾아내고, 술수의 유무有無를 알고, 안위安危에 대한 계책을 결단하고, 앞으로의 친소親疎 여부를 정해야 한다. 그런 연후에 다시 실천하는 과정에서 깊이 검토하고 헤아리면서 동이, 시비, 내외, 유무 등의 방법을 동원해 조정하고 수정해나간다. 이런 과정을 거쳐 최종적으로 어떤 식으로 취사선택하고 사용할 것인지 여부를 결정한다."

『귀곡자』가 제시하고 있는 종횡술은 난세의 각박한 현실에 대한

상대를 열광케 하라 - 귀곡자처럼

냉철한 통찰 위에서 나온 것이다.『손자병법』등의 병서에 나오는 전략 전술은 물론이고『한비자』와『상군서』등 법가서가 제시한 제왕지술帝王之術과도 아무런 차이가 없다. 모두 21세기 경제전 시대에 그대로 적용할 수 있는 것들이다. 그만큼 객관적이면서도 과학적이다.

기본 정보를 두루 수집하여 해답을 찾아라

기원전에 출현한 종횡술이 21세기의 화두로 등장한 빅데이터의 미래 예측 기법과 궤를 같이하고 있는 것은 암시하는 바가 크다. 데이터의 홍수 속에 살면서 어느 것이 자신에게 유용한 정보를 담고 있는지 판단키가 쉽지 않기에 더욱 그렇다. 결국 빅데이터와『귀곡자』의 종횡술 모두 각종 사안을 접했을 때 이를 어떻게 정확히 읽고 의미 있게 활용할 것인가 하는 문제로 귀결된다.『귀곡자』「결물」편의 다음 구절이 그 증거다.

"결단을 잘하는 사람은 상대를 잘 유인해 실정을 정확히 파악한 연후에 결단하는 까닭에 미혹되거나 편견을 갖는 일이 없다."

빅데이터와『귀곡자』의 종횡술은 기본 정보를 두루 수집한 뒤 이를 면밀히 분석해 최종적으로 의미 있는 해답을 찾아낸다는 점에서 전혀 차이가 없다. 아무리 빅데이터 기법이 발전할지라도 애초에 단추를 잘못 끼우면 아무런 소용이 없다. 잘못된 결론을 토대로 사업을 추진하면 패망할 수도 있다. 21세기에 들어와 빅데이터의 중요성이 날로 커지면서 많은 사람들이『귀곡자』의 종횡술에 새삼 관심을 기울이기 시작한 것도 이와 무관치 않을 것이다. 옥스퍼드 대학

교 인터넷규제학과 교수 빅토르 마이어 쇤베르거는 빅데이터 혁명을 이같이 요약했다.

"빅데이터는 새로운 시각으로 세상을 보게 해주는 도구이다. 현미경을 통해 사물을 보면 우리의 육안으로는 보이지 않는 미생물 등 작은 세상을 볼 수 있다. 이전에 미생물이 존재하지 않았던 건 아니다. 다만 육안으로 볼 수 없었을 뿐이다. 빅데이터는 우리가 그동안 보지 못했던 세상을 보게끔 해주는 데 의미가 있다. 세상을 더 잘 이해할 수 있는 새로운 방식이라고 할 수 있다. 실제로 빅데이터는 모든 기업의 중요 자산이자 새로운 비즈니스 모델의 기반이 되고 있다."

빅데이터의 대가인 그는 빅데이터가 단순한 기술이 아니라 인간의 사고방식 자체를 바꿀 것으로 전망하고 있다. 향후 경제활동은 빅데이터를 중심으로 발전하고, 빅데이터가 기업 재무제표에 표시되는 것도 시간문제로 보고 있다. 2015년 초에 방한한 그는 국내 유수 일간지와 가진 인터뷰에서 빅데이터의 활용 가능성을 이같이 전망했다.

"과거의 CEO들은 직관에 기반을 둔 결정을 내렸다. 그 직관이 맞을 경우 성공했지만, 틀리면 큰 실패를 겪기도 했다. 이제 빅데이터를 기반으로 결정을 내리면 성공할 확률을 크게 높일 수 있다. 앞으로 많은 회사에 빅데이터가 경쟁 우위의 원천이 되면서 전체 산업의 구조가 재편될 것이다. 모든 CEO는 지금부터라도 데이터에 대한 전략을 짜야 한다. 자신의 회사만이 생성할 수 있는 데이터가 무엇이고, 이 데이터로 어떤 비즈니스 모델을 구현할 것인지 등에 관해

고민해야 한다. 그렇지 못할 경우 경쟁에서 패하고 말 것이다."

실제로 산업 현장에서 빅데이터는 혁명을 일으키고 있다. 최근 비행기 엔진 제조업체인 영국의 롤스로이스는 자사 제품에서 얻은 데이터를 분석해 획기적인 애프터서비스 시스템을 구축했다. 고장이 일어나기 전에 미리 문제를 감지해서 교체해주는 게 그것이다. 영국 더비 시에 있는 운용본부에서 전 세계에 산재한 3,700여 개의 제트엔진 성능을 지속적으로 모니터링하고 있다. 수십 년 동안 축적된 데이터를 기반으로 어떤 엔진이 고장 날지를 미리 알 수 있게 된 것이다. 이 엔진 모니터링 서비스는 현재 민간 항공기 엔진 부문 연매출의 70%를 차지하고 있다. 쇤베르거는 빅데이터 혁명이 장차 인간의 사고방식까지 바꾸게 될 것이라고 예측하며 다음과 같이 당부하고 있다.

"빅데이터를 활용하기 위해서는 인과관계라는 오래된 습관에서 멀어져야 한다. 인과성causality에 대한 집착을 포기하고 상관성correlation에 만족해야 한다는 뜻이다. 우리는 지금까지 원인을 찾도록 길들여져 왔다. 그러나 빅데이터 세상에서는 인과관계에 얽매일 필요가 없다. 그 대신 패턴이나 상관성을 찾아내는 데 집중해야 한다. 그래야 새로운 이해와 귀중한 통찰을 얻을 수 있다."

빅데이터에서 중요한 것은 결론이지 이유가 아니라는 주장이다. 동기와 배경 등을 중시한 기존의 사고방식에 일대 반기를 든 셈이다. 사상사적으로 보면 동기와 배경을 중시한 맹자와 플라톤을 버리고 결과를 중시한 한비자와 마키아벨리에 초점을 맞추라고 주문한 것이나 다름없다. 쇤베르거의 다음 주장이 이를 뒷받침한다.

"수세대 동안 과학자들은 천체 위치나 현미경 위 물체의 크기를 확정할 때 좀 더 정확한 측정을 원했고 이에 맞게 장비들을 최적화해 왔다. 수치 몇 개를 뽑아 통계를 내는 스몰 데이터는 정밀성을 고수하는 게 매우 중요하다. 작은 오류도 증폭돼 전체 결과의 정확성을 떨어뜨릴 수 있기 때문이다. 그러나 빅데이터는 이와 정반대이다. 데이터 측정에 관한 전통적 사고방식으로 21세기 디지털 세상을 바라보면 결정적 부분을 놓치게 된다. 21세기 디지털 시대는 어느 현상의 작은 조각이 아니라 전체를 포착할 수 있다. 옛날처럼 개별 데이터가 전체 분석을 망치지 않을까 노심초사할 필요는 없다."

그의 이런 주장은 확률 이론과 매우 닮아 있다. 개개인이 동전을 던질 때 앞면과 뒷면이 나올 확률은 가지각색이다. 극단적으로 말해 어떤 사람은 1백 번까지 앞면만 나올 수도 있다. 정반대의 경우도 가능하다. 그러나 수많은 사람을 동시에 관찰하면 결국 앞면과 뒷면이 나올 확률은 2분의 1이라는 사실이 드러나게 된다. 빅데이터가 이를 가능케 해주고 있는 것이다.

주목할 것은 과거의 확률 이론은 미적분의 수렴과 발산 이론을 통해 시간적 제약은 극복할 수 있었으나 공간적 제약은 넘지 못한 반면, 이제는 빅데이터로 공간적 제약마저 뛰어넘을 수 있게 됐다는 점이다. 비약적인 IT 기술 덕분에 지구상의 70억 인구가 동시에 동전을 던졌을 때의 확률을 구하는 게 가능해졌다는 얘기다. 개별 또는 소수 집단을 대상으로 분석할 때 빚어지는 작은 오류를 전혀 괘념할 필요가 없게 된 것이다. 중지계의 중요성이 바로 여기에 있다.

극단적으로 말하면 전 세계의 70억 인구가 동시에 움직이는 상황을 염두에 둔 일련의 계책이 바로 중지계에 해당한다.

빅데이터 시대에는 인과관계의 틀에서 벗어나 상관관계에 주목해야 한다는 쇤베르거의 주장은 사실 동양 전래의 사고방식에 부합한다. 실제로 춘추시대 말기 공자가 유가를 창립한 이래 제자백가를 비롯한 동양의 모든 사상가는 인간의 상호관계에 늘 초점을 맞춰 왔다. 개개인에 초점을 맞춘 서양과 극명하게 대비된다. 빅데이터 시대 이전의 스몰 데이터 시대에는 쇤베르거가 지적했듯이 인과관계의 분석틀이 전가의 보도로 작용했다. 과학의 모든 것이라고 해도 과언이 아니었다. 덕분에 시간의 제약을 극복할 수 있었다.

그러나 협소한 범위를 분석 대상으로 삼은 스몰 데이터는 일정한 한계를 드러낼 수밖에 없다. 인과관계로는 공간적 제약 때문에 광대한 범위의 구성원을 대상으로 한 의미 있는 실험이나 분석이 불가능하기 때문이다. 그러나 이제 놀라운 IT 기술의 발전 덕분에 이게 가능해졌다.

역사문화 차원에서 볼 때 서양은 인과관계의 분석에 뛰어난 면모를 보여주었다. 특이하게도 동양에서는 일본만이 유독 서양과 유사한 모습을 보이며 21세기 현재까지도 독일과 더불어 아날로그 시대의 강자로 군림하고 있다. 하지만 동양의 강점은 상관관계의 분석에 뛰어났다는 점이다. 빅데이터 시대가 찾아오면서 상관관계 분석에 뛰어난 면모를 보인 한국과 중국 등이 새로운 과학의 강자로 부상할 가능성이 높아진 것이다.

지난 2015년 6월 6일 미국 캘리포니아에서 열린 세계 재난로봇대회에서 카이스트의 오준호 교수가 만든 한국 최초의 인간형 로봇 휴보가 우승을 차지한 사실이 이를 뒷받침한다. 미 국방부 산하 방위고등연구계획국 주최로 열린 이 대회에서 휴보는 8가지 재난구조 과제를 가장 신속하고 완벽하게 수행해냈다. 로봇 분야 세계 최강국을 자부하는 미국과 일본의 쟁쟁한 경쟁자들을 물리치고 거둔 성과라 더욱 놀랍기만 하다.

'휴보 아버지'로 불리는 오 교수는 지난 1997년 일본의 혼다가 선보인 '아시모'를 보고 2001년부터 로봇 개발에 뛰어들어 3년 만인 2004년에 휴보를 만들어냈다. 휴보가 한국의 첫 인간형 로봇으로 알려졌을 때만 해도 일본의 아시모와 자주 비교됐다. 당시 아시모는 시속 3km로 걷고 골프 퍼팅까지 하는 반면, 휴보는 기본적인 보행만 가능한 초보적인 수준의 로봇이었다. 일본은 아시모를 필두로 세계 최고의 로봇 강국으로 꼽혔다. 오 교수는 제자들과 함께 휴보의 개선에 매진했다.

2014년에 진행된 예선에서 휴보는 안정적으로 걷는 능력에서 세계 최고 수준을 인정받았다. 하드웨어의 개가였다. 다만 사물을 인식하는 능력은 미국과 일본 기업들에 다소 뒤지는 것으로 나타났다. 이를 개선하기 위해 오 교수는 이미지 전문가인 권인소 교수에게 도움을 청했다. 권 교수의 참여로 휴보는 주변 사물을 좀 더 구체적이고 명확하게 인지할 수 있게 됐다. 이처럼 아시모가 각광을 받을 때 웃음거리에 지나지 않았던 휴보가 11년 뒤 최고 수준의 재난구호용 로봇으로 우뚝 서게 된 것도 빅데이터 기술을 접목한 덕분이다.

빅데이터 시대는 새로운 시대를 예고하고 있다. 수백 년 동안 비현실적인 성리학의 사변론에 찌들어 망국의 참변을 당한 한국이 이제 21세기 디지털 시대의 명실상부한 '허브 국가'로 우뚝 설 날이 멀지 않았다. 휴보가 이를 웅변한다. 휴보의 진화는 권 교수가 참여하지 않았으면 불가능했다. 권 교수의 참여는 중지계의 중요성을 상징적으로 보여준다. 휴보의 세계대회 우승은 그 결과물에 해당한다.

05

신중하게 말하라

입은 말이 드나드는 핵심 기관으로 실정과 의도를 감추는 역할을 한다. 옛사람의 말 가운데 '입으로 먹을 수는 있지만 마음대로 말할 수는 없다'라는 말이 있다. 말에는 꺼리고 피해야 할 게 많다는 뜻이다. '여러 사람이 입을 맞추면 쇠도 녹일 수 있다'라는 뜻의 중구삭금衆口鑠金이 그 실례다. 이구동성으로 떠들면 능히 있는 것도 없는 것으로, 없는 것도 있는 것으로 왜곡할 수 있기 때문이다.

故口者, 機關也, 所以關閉情意也. 古人有言曰 '口可以食, 不可以言' 言者, 有諱忌也. 衆口鑠金, 言有曲故也.

_「양권」

신구계慎口計는 말 그대로 입을 신중히 놀려야 한다는 취지에서 나온 것이다. 군이 따지면 계책이라고 할 것도 없다. 그럼에도 『귀곡자』가 이를 중시한 것은 나름의 이유가 있다. 아무리 좋은 계책을 세울지라도 비밀이 유지되지 않으면 모든 것이 허사가 되고 만다. 지극히 간명하면서도 엄중한 이치이다 '구슬이 서 말이라도 꿰어야 보배'라

는 우리말 속담과 취지를 같이한다. 비밀을 유지해야만 구슬을 차질 없이 하나로 꿸 수 있다는 취지이다.

주의할 것은 신구계가 '사촌이 땅을 사면 배 아파한다'라는 우리말 속담과도 불가분의 관계를 맺고 있다는 점이다. 인간의 기본 심리는 남이 잘되는 것을 기뻐해주기보다는 질투하고 시기하는 쪽에 가깝다. 동서고금의 차이가 없다. 큰일을 하고자 할 때 반드시 입을 조심해야 하는 이유이다. 시기하는 사람은 곳곳에 널려 있다. 가까운 사람일수록 더욱 그렇다. '낮말은 새가 듣고 밤말은 쥐가 듣는다'라는 우리말 속담도 새겨들어야 한다.

일을 성사시키기 위해서는 비밀 유지가 관건이다

실제로 이를 어길 경우 작게는 일을 망치고, 크게는 목숨을 잃는 경우가 비일비재하다. 사서에는 그런 일화가 부지기수로 실려 있다. 대표적인 사례로 춘추시대 중엽 천하를 호령하던 초나라 성왕成王의 횡사를 들 수 있다.

객관적으로 볼 때 그는 명군에 속했다. 그러나 최후만큼은 춘추시대 첫 패업을 이룬 제 환공의 죽음 못지않게 매우 비극적이다. 두 사람은 생전에 지나치게 색을 밝히는 바람에 많은 자식을 두었고, 이는 후사를 둘러싼 궁중의 암투로 이어져 마침내 자신들도 그 희생양이 되고 말았던 것이다.

성왕이 횡사하게 된 빌미는 엉뚱한 데서 비롯됐다. 기원전 627년 겨울에 진晉, 진陳, 정鄭 3국이 허許나라를 친 게 발단이다. 3국이 허

나라를 친 것은 허나라가 중원의 패자인 진晉나라와 남방의 패자 초나라 사이를 오가며 두 마음을 가졌기 때문이다.

『춘추좌전』에 따르면 당시 허나라가 초나라에 급히 구원을 청하자 초나라 성왕이 재상 투발鬪勃을 시켜 허나라를 구하게 했다. 투발이 정나라로 쳐들어가자 진나라 장수 양처보陽處父가 문득 방향을 바꿔 허나라에 대한 공격을 멈추고 초나라와 화친한 채나라를 쳤다. 초나라와 진나라 모두 성동격서聲東擊西의 기만술을 구사한 셈이다. 이 소식을 들은 투발이 다시 채나라를 구원하기 위해 정나라에서 급히 군사를 돌려 채나라로 달려갔고, 두 나라 군사는 지금의 하남성 노산현에 있는 치수泜水를 사이에 두고 대치하게 됐다. 양처보는 교전이 빚어질 경우 커다란 피해가 날 것을 우려해 곧 사람을 투발에게 보냈다.

"내가 듣건대 '문덕文德을 지닌 자는 순리에 따르는 사람을 범하지 않고 무덕武德을 지닌 자는 적을 피하지 않는다'라고 했소. 그대가 만일 싸우고자 한다면 나는 30리를 물러나 진세를 펼칠 터이니 그대는 치수를 건너와 진을 치도록 하시오. 시기는 그대가 원하는 대로 잡겠소. 만일 그렇지 않으면 내가 치수를 건널 수 있도록 허락해주시오. 군사를 피로하게 만들고 물자를 허비하는 것은 서로에게 무익한 일이오."

투발이 이에 동의해 치수를 건너려고 하자 초나라 장수 성대심成大心이 만류했다.

"진나라를 믿을 수 없습니다. 우리가 반쯤 건넜을 때 공격해오면 후회한들 무슨 소용이 있겠습니까? 차라리 저들이 도하하도록 놓아

상대를 열광케 하라 – 귀곡자처럼

두느니만 못합니다."

투발이 이를 좇아 30리를 물러났다. 그러자 양처보가 병사들에게 이같이 선언했다.

"초나라 군사가 달아났다."

그러고는 곧바로 회군해버렸다. 명분과 실리를 모두 챙긴 셈이다. 문득 닭 쫓던 개 지붕 쳐다보는 격이 된 초나라 군사들도 이내 철군할 수밖에 없었다. 이때 초나라 태자 상신商臣이 성왕에게 이같이 머함했다.

"투발이 진나라로부터 뇌물을 받고 진나라 군사를 피했으니 이는 초나라의 치욕입니다. 이보다 더 큰 죄는 없을 것입니다."

성왕이 이 말을 곧이들었다. 태자 상신이 투발을 모함하고 나선 데에는 나름의 사연이 있었다. 성왕이 상신을 태자로 세울 때 투발과 상의한 적이 있었는데, 이때 투발이 이같이 반대했다.

"군왕은 춘추가 아직 많지 않고 사랑하는 자제들 또한 많습니다. 태자를 미리 정했다가 훗날 내치게 되면 화란禍亂이 일게 됩니다. 초나라는 줄곧 태자를 세울 때 나이 어린 왕자를 택했습니다. 특히 상신은 관상을 보건대 눈이 벌과 같고 목소리는 승냥이와 같습니다. 이것만 보아도 그의 성정이 매우 잔인하다는 것을 알 수 있습니다. 그를 태자로 세워서는 안 됩니다."

그러나 성왕은 이를 따르지 않고 상신을 태자로 낙점한 뒤 대부 반숭潘崇을 상신의 사부로 삼았다. 상신은 태자의 자리에 오른 뒤 자신을 반대한 사람이 투발이었다는 사실을 알고는 커다란 원한을 품었는데, 투발이 접전도 하지 않은 채 철군하자 이를 핑계로 복수를

하고자 한 것이다.

주목할 것은 일세를 풍미한 성왕이 상신의 말만 믿고 투발을 만나지도 않음으로써 투발은 물론 자신마저 비명에 횡사케 된 점이다. 당시 화가 난 성왕이 사람을 시켜 보검 한 자루를 투발에게 보냈고, 투발은 이내 자신의 목을 찌르고 자진했다.

얼마 후 성왕은 뒤늦게 태자 상신의 말만 믿고 명장을 잃게 된 사실을 알고는 크게 노해 상신을 내쫓은 뒤 서자인 왕자 직職을 태자로 삼고자 했다. 태자가 모반할까 우려한 그는 먼저 태자를 제거할 구실을 이리저리 찾기 시작했다. 문제는 이를 은밀히 진행하지 못한 데 있었다. 이내 궁중에서는 성왕이 태자를 미워한다는 소문이 나돌아 태자 상신의 귀에도 들어갔다. 상신이 스승인 반숭潘崇을 찾아가 물었다.

"요즘 대왕이 나를 태자 자리에서 쫓아내려 한다는 소문이 파다하오. 불안해서 잠을 못 잘 지경이오."

"우선 그 소문이 진실인지 여부를 알아야 할 것입니다."

"어찌 하면 그것을 알아낼 수 있겠소?"

"강江나라로 출가한 대왕의 여동생인 고모 강미江羋가 친정인 초나라로 온 지 오래 되었음에도 아직 강나라로 돌아가지 않고 있습니다. 누구보다도 강미가 이 소문에 대해 잘 알고 있을 것입니다. 그러니 연회를 베풀어 고모를 초대하도록 하십시오. 이후 고모가 오거든 고의로 불경스런 태도를 취하십시오. 그러면 성미가 급한 고모가 화를 내며 뭐라고 말할 것입니다. 여인은 화가 나면 바른 말을 하는 법입니다."

상신은 곧 연회를 베풀어 고모 강미를 청했다. 그는 강미에게 술 석 잔을 바친 뒤 문득 태도를 바꿔 시종 대신 포인庖人 주방장을 불러 강미를 시중들게 했다. 강미가 말을 걸어도 못들은 체하며 대답도 하지 않았다. 마침내 강미가 크게 화를 냈다.

"참으로 천하기 그지없구나. 군왕이 너를 죽이고 왕자 직을 세우려고 하는 것이 결코 이상한 일이 아니다."

강미는 뒤도 돌아보지 않고 곧바로 수레를 타고 가버렸다. 상신이 반숭을 찾아갔다.

"소문이 사실이오. 이를 어찌 하면 좋겠소?"

"태자는 능히 직을 왕으로 섬길 수 있습니까?"

"그리할 수 없소."

"그러면 외국으로 도망갈 수 있습니까?"

"그리할 수 없소."

"그러면 큰일을 해낼 수 있습니까?"

"해낼 수 있소."

상신이 마침내 야음을 틈타 태자궁을 지키는 위사衛士들을 이끌고 가 성왕이 머무는 왕궁을 포위하자 반숭이 칼을 들고 장사들과 함께 궁 안으로 들어가 성왕을 깨웠다. 성왕이 크게 놀랐다.

"나에게 무엇을 원하는 것인가?"

"대왕이 왕위에 있은 지 이미 45년이나 되었으니 이제 물러날 때가 되었습니다. 백성들은 새 왕을 모시고자 합니다. 보위를 태자에게 전하고 자진토록 하십시오."

성왕이 말했다.

"그리하겠다. 내가 조금 전에 주방에 명해 웅번熊蹯을 삶아오도록 했다. 그것이나 먹은 뒤 죽으면 원이 없겠다."

본래 곰 발바닥인 웅번은 삶는 데 매우 시간이 많이 걸리기 때문에 성왕이 이 틈을 타 반격하려고 한 것이다. 반숭과 상신은 성왕의 속셈을 읽고 이를 허락지 않았다. 결국 성왕은 목을 매 자진하고 말았다. 기원전 626년 10월 10일에 일어난 비극이었다.

성왕이 횡사했다는 소식을 들은 강미는 "내가 경솔히 말 한 번 잘못해 오라비를 죽였다"라고 통곡하며 대들보에 목을 매 자진했다. 사실 강미는 아무런 잘못이 없다. 이미 수많은 사람들이 '공공연한 비밀'로 알고 있었던 사실을 확인시켜 준 것에 불과하기 때문이다. 그러나 그녀는 자신이 홧김에 내뱉은 말로 인해 오라비가 횡사했다는 자책감을 떨치기 어려웠을 것이다.

당시 초 성왕은 제 환공의 비참한 죽음을 익히 알고 있었던 게 확실하다. 투발의 만류에도 불구하고 상신을 태자로 삼은 게 그렇다. 후사를 정하지 않는 것은 설령 미욱한 자라 할지라도 후사를 둔 것만 못하다. 실제로 상신은 나름대로 뛰어난 면모를 지니고 있었다. 투발의 만류를 뿌리치고 상신을 태자로 삼은 것 자체를 문제 삼을 것은 없다.

정작 문제는 그 다음이다. 재위 말기에 후계자를 교체하고자 한 것도 나름 일리가 있는 만큼 수긍할 수 있다. 그러나 이를 은밀히 진행하지 못해 궁 안에 소문이 파다하게 퍼지게 만든 것은 크나큰 실수였다. 설령 강미가 발설하지 않았을지라도 태자 상신은 반드시 소문

상대를 열광케 하라 – 귀곡자처럼

의 진위를 알아내고야 말았을 것이다. 그에게는 생사가 걸린 문제이기 때문이다. 초 성왕은 뛰어난 명군의 자질을 지녔음에도 불구하고 태자 폐위와 같은 중차대한 일을 허술하게 다룬 책임을 면할 길이 없다. 그의 죽음은 스스로 초래한 측면이 강하다.

태자 상신 역시 비록 패륜적인 방법으로 보위에 오르기는 했으나 결코 미치광이 군주는 아니었다. 초나라의 입장에서 보면 오히려 그의 치세 때 국세를 크게 떨쳤다. 상신은 부왕인 성왕이 자진하자마자 곧바로 발상한 뒤 보위에 올랐다. 바로 초 목왕穆王이다. 후대인들은 부왕인 성왕을 비참한 죽음으로 몰아간 태자 상신을 일방적으로 비난했으나 사실 이는 지나친 감이 있다.

물론 부왕을 죽음에 이르게 한 것은 패륜이다. 그러나 '폐태자'의 소문을 확인한 당사자의 심중을 헤아릴 필요가 있다. 상신과 같이 야심 많은 인물이 사부 반숭까지 적극 부추기고 나서는 상황에서 자신의 폐위를 감내하리라고 기대하는 것은 지나치다.

이 일화는 신구계의 중요성을 일깨워주는 사례에 해당한다. 사실 신구계는 모든 제자백가가 하나같이 역설한 계책이다. 인의예지를 중시하는 유가도 예외가 아니다. 『논어』 「자장」 편에 나오는 다음 구절이 이를 뒷받침한다.

"군자가 말 한마디라도 옳게 하면 사람들은 지혜로운 자로 여기고, 말 한마디라도 잘못 하면 곧 지혜롭지 않은 자로 여기니 말은 조심하지 않을 수 없다."

객관적으로 볼 때 초 성왕의 횡사는 신중하지 못한 입에서 비롯됐다. 『귀곡자』가 입을 극도로 조심하는 신구계를 역설한 것도 바로 이

때문이다. 수많은 임직원을 거느린 기업의 CEO가 명심해야 할 일이다. 특히 새로운 사업을 시작하거나 계획하고 있을 경우엔 더욱 그렇다. 경쟁업체가 이를 그대로 방치할 리 없기 때문이다. 21세기 경제전이 국가 간 총력전의 양상을 보이고 있기에 더더욱 신구계의 이치를 통찰할 필요가 있다.

06

인의를 전면에 내세워라

수의계守義는 인의仁義를 삼가 지키는 계책을 말한다. 소인은 이익을 앞세워 사람들과 결속하는 까닭에 인의 대신 삿된 좌도左道로 상대의 내심에 영합한다. 소인의 유세에 넘어간 자의 나라나 가문이 패망의 화를 당하는 것은 바로 이 때문이다. 원래 현자賢者와 지자知者가 아니면 인의로 가문을 지키거나 치도治道로 나라를 다스리는 일이 불가능하다. 성인이 천지만물의 변역 이치에 입각한 치도를 귀하게 여기는 이유다. 성심을 다해 위기를 안정으로 바꾸는 전위위안轉危爲安과 패망하는 나라를 구해내 존속하게 하는 구망사존救亡使存을 행하는 것도 같은 맥락이다.

守義者, 謂守以人義. 故小人比人, 則左道而用之, 至能敗家奪國. 非賢智, 不能守家以義, 不能守國以道. 聖人所貴道微妙者, 誠以其可以轉危爲安, 救亡使存也.

_ 「중경」

수의계守義計는 계책을 낼 때 인의를 전면에 내세우는 것을 의미한다. 말할 것도 없이 명분을 선점하기 위한 조치이다. 예나 지금이나

어떤 계책이든 명분에서 밀리면 추동력을 얻기 힘들다. 공자는 이를 『논어』「자로」편에서 정명正名으로 표현했다.

하루는 제자 자로가 스승에게 물었다.

"위나라 영공靈公이 스승님을 맞이해 정치를 하려고 합니다. 스승님은 장차 무엇을 먼저 하려는 것입니까?"

공자가 대답했다.

"반드시 먼저 명분을 확립하는 정명正名부터 하겠다."

자로가 물었다.

"세상 사람들이 스승님을 절실하지 못하고 우원迂遠하다고 하더니 정말 그렇습니다. 무슨 명분을 바르게 한다는 것입니까?"

'우원'은 생각 따위가 현실과 거리가 먼 것을 말한다. 스승인 공자를 정면으로 비판한 것이다. 공자가 대답했다.

"정말 거칠구나, 유由야. 군자는 자신이 알지 못하는 것에 대해서는 대체로 가만히 있는 것이다. 명분이 바르지 못하면 말이 순조롭지 못하고, 그러면 일이 이뤄지지 못하고, 그러면 예악이 일어나지 못하고, 그러면 형벌이 형평을 잃고, 그러면 백성들이 몸을 의탁할 곳이 없게 된다. 군자가 명분을 확립하면 반드시 이에 대해 언급하고, 언급하면 반드시 실행하는 이유다. 군자가 하는 말에 구차한 게 없는 것은 바로 이 때문이다."

공자가 역설한 정명이 바로 『귀곡자』「중경」에 나오는 수의계와 같다는 점에 주목할 필요가 있다. 일을 벌이기 전 명분부터 확립하는 것은 고금의 기본 원칙이다. 치세에 방점을 찍고 있는 유가와 묵

가는 말할 것도 없고 난세에 초점을 맞추고 있는 종횡가와 법가 및 병가 모두 극도로 명분을 중시한 이유다.

본심은 그렇지 않더라도 겉으로는 어진 척하라

서양의 마키아벨리도 불후의 명저 『군주론』에서 『귀곡자』의 수의계와 유사한 계책을 제시한 바 있다. 겉으로 어진 척하는 이른바 가인계假仁計가 그것이다. 『군주론』 제18장의 해당 대목이다.

"군주가 선한 품성을 구비해 행동으로 옮기면 늘 해롭지만, 구비한 것처럼 가장하면 오히려 이롭습니다. 자비롭고, 신의가 있고, 인간적이면서도 정직하고, 신앙심이 깊은 것처럼 보일 필요가 있습니다. 실제로 그리하는 게 좋습니다. 그러나 상황에 따라서는 달리 행동할 자세를 갖춰야 하고, 나아가 그리 행동할 수 있어야 합니다. 군주, 특히 신생 군주는 사람이 선하다고 평하는 덕목을 모두 따를 수 없다는 사실을 명심해야 합니다."

마키아벨리는 여기서 겉으로는 인간적이며 정직한 것처럼 보일 것을 주문하고 있다. 민국시대 당시 이종오李宗吾가 『후흑학厚黑學』에서 반식민지로 전락한 중국을 구하기 위한 계책으로 후흑술厚黑術을 제시한 것과 같은 취지이다. 얼굴이 두꺼운 면후面厚와 마음이 시커먼 심흑心黑의 계책을 구사할 줄 모르는 자는 결코 천하를 거머쥘 수 없다는 게 골자이다. 이종오의 후흑술에 따르면 삼국시대 당시 가인계를 절묘하게 구사한 사람은 유비이다.

유비가 구사한 면후의 정수인 가인계는 조조가 구사한 심흑보다

훨씬 위력적이다. 원래 정사 『삼국지』의 저자 진수陳壽는 조조를 '초세超世의 영웅'으로 극찬했다. 그러나 이종오는 조조를 속이 시커먼 심흑의 대가로 평했다. 면후의 대가로 평한 유비와 비교된다.

동서고금을 막론하고 난세에 사람들을 그러모을 때 인자仁者를 가장하는 것보다 더 유효한 것은 없다. 유비가 비록 재주 면에서는 조조에 미치지 못하고, 선대로부터 물려받은 유산은 손권만 못했지만 두 사람과 더불어 천하를 3분한 배경이 여기에 있다. 인자를 가장한 가인술을 철저히 구사한 덕분이다. 삼고초려三顧草廬로 상징되는 제갈량의 등용을 대표적인 사례로 꼽을 수 있다.

원래 유비는 명문名門과 대비되는 한문寒門 출신이다. 실제로 출발 때부터 일정한 자산을 갖고 레이스를 시작한 조조 및 손권과 달리 그는 아무런 자산이 없었다. 말 그대로 손에 든 게 아무것도 없는 적수공권赤手空拳의 신세였다. 자신의 입으로 '중산정왕의 후예'라고 떠벌였으나 이를 믿은 사람은 거의 없었다.

그렇다면 꾀주머니 제갈량은 이런 허풍을 액면 그대로 믿고 유비를 좇은 것일까? 아니면 허풍인 줄 알고도 좇은 것일까? 당대의 지낭智囊이라는 칭송을 들은 점에 비춰볼 때 후자일 공산이 크다. 유비를 도와 천하통일의 대업을 이룰 생각이 지나친 나머지 이를 사실로 간주하는 자기암시 또는 자기최면을 걸었을지도 모를 일이다.

객관적으로 볼 때 당시 유비에게는 불굴의 의지만 있었다. 그가 젊었을 때 연이어 실패한 것은 필연지사였다. 아무런 밑천도 없고 재주도 없는 사람이 흔히 뜻만 높을 경우 삐딱하게 나가기 십상이다.

『수호지』에 나오듯이 양산박과 같은 도적떼의 우두머리로 살다가 군웅 밑으로 들어갈 공산이 컸다. 초한전 당시 팽월과 경포 등이 그런 경우다.

그러나 유비는 확실히 이들과는 다른 점이 있었다. 그는 천하를 거머쥐겠다는 강고한 의지를 지니고 있었다. 결코 남의 밑에 들어가지 않으려고 한 것이다. 그가 숱한 좌절의 과정을 거치면서도 이를 오히려 스스로를 채찍질하는 자강불식自强不息의 계기로 삼은 이유다. 관우와 장비를 비롯해 미축, 손건, 간옹 등 초기부터 유비를 따라다닌 인물은 물론이고 후에 가세한 제갈량과 방통, 법정 등이 유비와 생사고락을 같이하게 된 것도 바로 이 때문이다. 최고지도자의 강력한 의지에 모두 감복한 경우에 해당한다. 어느 집단이든 지도자가 강력한 의지를 지니고 있으면 추종자들은 동화되기 마련이다. 결속력이 그만큼 강하다.

여기에는 유비의 뛰어난 자질이 크게 작용했다. 그는 상대가 훌륭한 인재라고 생각되면 기꺼이 자신을 낮추는 미덕을 지니고 있었다. 비록 뛰어난 지략과 재주는 없었지만 인재를 휘하에 둘 수 있는 넓은 아량이 있었던 것이다. 주류에서 밀려난 관우와 장비 등의 협객俠客들이 자신을 알아주는 은혜인 이른바 지우지은知遇之恩으로 여기며 절대적인 충성을 바친 이유다. 남들에게 인정을 받지 못한 상황에서 장상將相의 직책을 척척 내려주는 유비에게 감복하지 않을 도리가 없다.

인재를 끌어들여 내 사람으로 만들어라

주목할 점은 당시 조조가 인재를 구하기 위해 구현령求賢令에서 밝힌 천하통일의 포부와 유비가 추종자들에게 내보인 넓은 아량은 질적으로 다르다는 점이다. 조조는 공의公義에 입각한 '구현求賢'을 추구한 데 반해, 유비는 사의私義에 입각한 '인현引賢'을 신봉한 것이다. 조조가 큰길가의 사거리 게시판에 '천하 인재 공채'의 광고를 게재했다면, 유비는 알음알음 알게 된 인재를 자신의 지하 벙커로 불러 놓고 자신의 포부와 심경을 절절히 토로하면서 도움을 구하는 방식을 취한 것이다.

이는 중국공산당이 창당 초기 상하이 조계에 비밀 아지트를 구해 놓고 당원을 포섭한 것과 닮았다. 당연히 그 숫자가 적을 수밖에 없다. 조조의 휘하에는 천하의 인재들이 기라성처럼 포진한 반면, 유비 휘하에는 늘 사적으로 인연을 맺은 소수의 인재들만 존재한 까닭이다. 그러나 이는 사천에 둥지를 틀고 촉한蜀漢을 세운 후에도 그의 발목을 잡는 결정적인 요인으로 작용했다. 촉한이 늘 인재 기근에 시달렸기 때문이다.

많은 사람들이 유비의 '삼고초려'를 유비가 인재를 구하는 데 있어서 자신을 낮춘 대표적인 사례로 들고 있으나 그 속을 들여다보면 적잖은 문제가 있다. 당시 제갈량은 27세의 백면서생이었다. 제갈량의 입장에서 볼 때 조조의 공의에 입각한 구현에 응할 수도 있었다. 그러나 그렇게 해서는 빛을 발하기가 어려웠다. 조조 휘하에는 뛰어난 인재들이 너무 많았기 때문이다. 객관적으로 볼 때 유비와 제갈량의 만남은 비슷한 처지에 놓여 있던 두 사람이 의기투합한 결과로

보는 게 옳다.

일각에서는 유비가 제갈량에게 아들 유선劉禪을 부탁하는 탁고유
명託孤遺命을 행한 점 등을 들어 신하들을 전폭 신뢰하는 통 큰 리더
십을 발휘했다고 주장하고 있다. 그러나 이는 겉만 보고 판단한 것
이다. 정사 『삼국지』와 『자치통감』을 보면 오히려 정반대에 가까웠
다. 유비는 자신을 따르는 그 어떤 사람에게도 절대적인 신임을 주
지 않았다. 제갈량도 예외가 아니었다. 이종오가 유비를 얼굴이 철판
처럼 두꺼운 면후의 대가로 꼽은 근본 이유가 바로 여기에 있다.

이종오가 제시한 후흑술의 관점에서 볼 때 유비의 '탁고유명'은
고도로 계산된 발언이었다. 유비는 임종 직전 자신의 아들 유선이
과연 보위를 지켜나갈 수 있을지 크게 우려했다. 당시 촉한은 유비
의 무모한 출정이 빚어낸 이릉대전夷陵大戰의 참패로 인해 국력이 피
폐해진 상황이었다. 게다가 자신을 새로이 모시게 된 사천 일대의
토착세력과 이전부터 자신을 따랐던 구신舊臣들 사이에 보이지 않는
알력까지 존재하고 있었다. 유비가 임종 직전 제갈량을 부르면서 동
시에 토착세력의 대표 격인 이엄까지 부른 이유다.

여기에는 두 가지 속셈이 담겨 있었다. 첫째, 제갈량을 통해 이엄
등 새로 귀부한 세력을 견제하고자 했다. 토착세력은 2대에 걸쳐 유
언과 유장을 주군으로 모셨던 자들이다. 이들이 유비의 후덕厚德에
감복해 충절을 다하리라는 보장이 없었다. 원래 유비의 '후덕'은 후
대인들이 만들어낸 허상에 가깝다.

둘째, 궁극적인 노림수는 제갈량을 견제하고자 한 것이다. 객관적
으로 볼 때 유사시 가장 위험한 인물은 제갈량이었다. 유비가 임종

직전 제갈량을 불러 거듭 충성을 확인한 것은 만에 하나 있을지도 모를 불미스런 행동을 미리 차단하기 위한 복선이었다. 당시 유비는 자신의 목숨이 얼마 남지 않은 것을 알고 신하들을 모두 전각 안으로 불러들인 뒤 종이와 붓을 가져다 유조遺詔를 쓰게 해 제갈량에게 주었다. 그러고는 이같이 탄식했다.

"짐이 글을 읽지는 않았으나 대략은 알고 있소. 성인이 이르기를 '새가 장차 죽으려 하니 그 울음소리가 슬프고 사람이 장차 죽으려 하니 그 말이 착하다'고 했소. 짐이 본디 경들과 함께 조조를 멸하고 또한 함께 한실을 붙들어 세우려 했으나 불행히 중도에 헤어지게 되었소. 승상은 부디 유조를 태자 유선에게 전해주오. 이를 예삿말로 여기지 말고 모든 일을 승상이 가르쳐주기 바라오."

제갈량이 엎드려 울며 말했다.

"바라건대 폐하는 용체를 편히 하십시오. 신 등이 견마의 수고를 다해 폐하의 지우지은에 보답하겠습니다."

유비가 내시에게 분부해 제갈량을 붙들어 일으키게 한 후 한 손으로 눈물을 닦고 또 한 손으로 그의 손을 잡으며 말했다.

"짐은 이제 죽거니와 짐의 심중에 있는 말을 한마디 하려고 하오."

"무슨 말씀이십니까?"

"그대의 재주가 조비보다 열 배나 나으니 반드시 나라를 안정시키고 대사를 마무리 지을 수 있을 것이오. 만약 짐의 아들이 도울 만하거든 돕고 만일 그럴 만한 자질이 못 되거든 당신이 스스로 성도의 주인이 되시오."

이 말을 듣자 제갈량은 온몸에 진땀을 흘렸다. 그가 울며 말했다.

"신이 어찌 감히 고굉의 노력과 충절을 다하지 않겠습니까? 죽어도 그치지 않을 것입니다."

말을 마치고는 머리를 땅에 부딪쳐 피를 흘렸다. 유비는 다시 제갈량을 청해 침상 위에 앉게 하고 자식들을 앞으로 나오게 한 뒤 이같이 분부했다.

"너희들은 모두 짐의 말을 명심해라. 짐이 세상을 떠난 뒤 너희들 형제 세 명은 모두 승상을 부친으로 섬기고 태만하지 말라."

분부를 마친 유비는 아들들에게 명하여 제갈량에게 절을 시켰다. 제갈량이 울먹이며 말했다.

"신이 비록 간뇌도지肝腦塗地한다 한들 어찌 이 지우지은에 보답할 수 있겠습니까?"

'간뇌도지'는 참혹한 죽임을 당하여 간과 뇌수가 땅에 널려 있다는 뜻이다. 나라를 위하여 목숨을 돌보지 않는 것을 말한다. 그제야 유비가 모든 신하들을 돌아보며 이같이 당부했다.

"짐은 이미 승상에게 자식들을 부탁하고 아들들에게 그를 아비로 섬기게 하였소. 경들은 조금이라도 태만하여 짐의 소망을 저버리는 일이 없도록 하시오."

유비가 제갈량에게 '성도의 주인' 운운한 것은 만일 그런 일을 벌였다가는 결코 성하지 못할 것이라는 경고이다. 반드시 거꾸로 해석해야 하는 대표적인 반어법에 해당한다. 이 대목은 유비가 면후는 물론이고 심흑에도 얼마나 밝았는지를 잘 보여주고 있다.

가인술로 표현된 유비의 후흑술은 그 종류가 매우 많다. 가장 대표적인 예로 형주를 포기하면서 인의를 내세운 경우를 들 수 있다. 당

시 제갈량은 혼란을 틈타 형주를 빼앗아버릴 것을 권했다. 이에 유비는 이같이 말했다.

"유표가 은혜를 베풀고 예를 극진히 하여 나를 대해주는데 내가 어찌 그의 위기를 틈타 그의 땅을 빼앗을 수 있겠는가?"

유비의 이 말을 액면 그대로 믿는 것은 너무 순진하다. 형주를 취할지라도 조조의 대군으로부터 지켜내는 것이 어렵다는 냉정한 계산이 있었기 때문이라고 보는 게 옳다. 당시 유비가 많은 사람들로부터 명성과 신뢰를 얻을 수 있었던 것은 은혜와 의리를 전면에 내세운 그의 행보와 무관치 않았다. 조조의 남하를 두려워했던 형주의 인사들 가운데 다수는 유비를 신뢰할 수 있는 인물로 보고 그와 거취를 함께했다. 그의 가인술이 높은 경지에 이르렀음을 반증한다. 비록 『삼국연의』에만 나오는 것이지만 당시 조운趙雲이 적진을 뚫고 유선을 구해왔을 때 유비가 젖먹이 유선을 땅바닥에 내던진 것도 같은 맥락에서 이해할 수 있다.

그런 점에서 유비는 확실히 이종오가 지적했듯이 다혈질의 인간이며, 면후는 다혈질의 또 다른 표현이다. 온갖 풍상을 겪으면서 자연스레 면후를 터득한 결과다.

난세에는 자산과 뛰어난 지략이 없는데도 사람을 끌어들여 창업에 성공하는 자들이 대거 속출한다. 대표적인 인물이 바로 한 고조 유방劉邦이다. 유방 역시 모든 면에서 항우에 미치지 못했지만 그의 밑에는 한신, 장양, 소하라는 뛰어난 신하가 있었다. 송 태조 조광윤趙匡胤도 인물 자체는 크게 볼품없었지만 죽음을 같이하려는 10명의 공신이 그의 뒤를 받쳐주었다. 명 태조 주원장朱元璋도 유기와 송렴

등을 얻어 예악제도를 정비하고 제국의 기틀을 닦았다. 유비도 이들과 비슷한 길을 걸은 셈이다.

이종오는 유비가 면후에는 뛰어났지만 심흑에는 한계가 있었다고 평가했으나, 앞에서 본 것처럼 사실 유비는 심흑에도 밝았다. 그가 삼국정립의 한 축을 이룬 것도 그 덕분이다.

난세는 후흑의 대가들이 일대 접전을 벌이는 무대에 해당한다. 후흑의 수준이 적나라하게 드러날 수밖에 없다. 조조는 비록 환관 집안이라는 탁류濁流 출신이기는 했으나, 자산도 있었고 그 자신이 어느 누구보다 탁월했다. 후흑술을 깊이 이해하고 있었음에도 용병의 경우를 빼고는 이를 적극 구사할 필요가 없었다. 이에 반해 자산과 별다른 재능이 없었던 유비는 수시로 후흑술을 구사했다. 면후는 물론 심흑에도 밝지 않으면 안 되었다. 그의 심흑은 가인술로 상징되는 면후가 너무 탁월했던 까닭에 상대적으로 가려져 있었을 뿐이다.

공교롭게도 유비가 구사한 후흑술은 마키아벨리가 『군주론』 제18장에서 역설한 가인계와 정확히 일치한다. 결과적으로 유비는 『귀곡자』와 『군주론』을 관통하는 가인계의 이치를 꿰고 있었던 셈이다. 원래 이종오가 제시한 후흑술 이론은 『도덕경』과 『한비자』를 관통하는 천하통일의 이치를 깊이 파고든 데서 비롯됐다. 마키아벨리도 유사한 경우다. 조국 이탈리아의 조속한 통일과 옛 로마 제국의 영광 재현을 고대한 까닭에 다양한 계책을 제시케 된 것이다. 『귀곡자』의 수의계와 『군주론』의 가인계 및 이종오가 제시한 후흑술은 같은 곡을 달리 연주하는 동곡이곡에 지나지 않는다.

02

설복

스스로
털어놓게 만드는
설득술

說服

07

잘 꾸며진 말로 설득하라

흔히 말하기를, '남의 심정을 미루어 헤아리는 췌정揣情이야말로 가장 행하기 어렵다. 유세할 때는 반드시 상대의 움직임에 따라 수시로 계책을 달리하며 세심히 응대해야 한다'라고 한다. '췌정'은 말을 잘 꾸민 뒤 완성된 문장으로 유세해야 소기의 성과를 거둘 수 있다.

故曰, '揣情最難守司. 言必時其謀慮.' 故觀蜎飛蠕動, 無不有利害. 此揣情飾言成文章, 而後論之也.

_「췌정」

식언계飾言計는 잘 꾸며진 말로 유세하는 것을 말한다. 요리로 치면 맛을 보기 전에 눈부터 즐겁게 만드는 것과 같다. 이는 먼저 남의 심정을 미루어 헤아리는 췌정揣情에서 시작한다. '췌정'이 잘못되면 엉뚱한 말을 하게 되어 오히려 역효과를 낳을 수 있다. 전제가 잘못된 결론이 초점에서 벗어나는 것과 같다. 상대의 심경과 속마음을 소상

히 파악하는 게 유세와 설득의 대전제에 해당한다.

역사상 정확한 췌정을 바탕으로 뛰어난 식언계를 구사한 인물로는 전국시대 중기에 활약한 장의와 소진을 들 수 있다. 현재 시중에 나와 있는 대다수의 전국시대 관련 서적들이 『사기』의 기록을 좇아 두 사람의 상호관계를 파악하고 있다. 예컨대 두 사람 모두 귀곡자 밑에서 함께 공부했고, 소진은 자신의 실력이 장의보다 못한 것을 절감해 학업을 일찍 끝내고 재빨리 입신양명에 성공했으며, 뒤이어 장의를 격분케 만들어 진나라로 들어가 입신토록 배후에서 조종했다는 식이다. 모두 『사기』 「소진열전」을 맹신한 결과다.

「소진열전」의 기록은 『전국종횡가서戰國縱橫家書』의 기록과 정면으로 배치된다. 지난 1973년에 장사에 있는 마왕퇴 한묘 3호에서 출토된 다량의 백서帛書를 정리하여 펴낸 것이 바로 『전국종횡가서』이다. 전체가 27장으로 이루어져 있는데, 그중 60% 정도가 현존 『전국책』이나 『사기』에 없는 내용이다. 『전국종횡가서』의 내용이 역사적 사실에 가까운 것임은 말할 것도 없다.

『전국종횡가서』의 기록에 따를 경우 두 사람은 귀곡자 밑에서 함께 공부한 적도 없고, 따라서 소진이 장의를 격분케 만들어 진나라로 들어가 입신토록 배후에서 조종할 일도 없었으며, 활동 역시 장의가 소진에 앞서 종횡가로 활약하면서 명성을 떨친 게 된다. 『사기』의 기록과는 정면으로 배치된다. 『사기』는 「소진열전」과 「진세가」등에서 소진이 진나라 혜문왕惠文王에게 유세를 시도했다가 실패한 뒤 곧바로 장의를 조종해 혜문왕을 찾아가 유세토록 만든 것으로 묘사해놓았다. 또, 「연표」에서는 장의가 진 혜문왕 10년인 기원전 328

년에 공손연公孫淵을 대신해 진나라의 재상이 되었다고 했다. 소진이 장의보다 먼저 이름을 떨쳤다는 일화가 역사적 사실인 양 후대에 전해진 근본 배경이다.

『전국종횡가서』의 기록에 따르면 장의와 소진은 전혀 만난 적도 없고, 장의가 병사한 이듬해에 소진은 비로소 연燕나라 문공文公에게 유세해 재상이 되었다. 이런 역사적 사실을 토대로 장의의 활약상을 통해 식언계의 구체적인 사례를 살펴보기로 하자.

상대의 마음을 헤아려 설득하라

『사기』「장의열전」은 장의가 언제 태어났는지 입을 다물고 있다. 단지 "위나라 출신으로 일찍이 소진과 함께 귀곡 선생을 섬기며 종횡술을 배웠다"라고 기록해놓았을 뿐이다. 소진의 경우도 마찬가지다. "낙양 출신으로 동쪽 제나라로 가 스승을 찾아 섬기면서 귀곡 선생 밑에서 배웠다"라는 내용이 전부다. 귀곡자 밑에서 함께 종횡술을 연마했다는 대목을 빼면 소진과 장의 모두 이리저리 다니며 학업을 연마했을 공산이 크다.

그렇다면 장의는 언제쯤 태어나 종횡술을 연마한 것일까? 사망 시점과 당시의 상황, 사서의 기록 등을 종합해서 판단해볼 때 50여 세에 사망했다고 가정할 경우 대략 기원전 360년 어름으로 추정된다. 「장의열전」은 장의가 귀곡자 밑에서 종횡술을 연마한 후 여러 제후들을 찾아다니며 유세하던 중 초나라로 갔다가 커다란 봉변을 당한 것으로 기록해놓았다. 이는 상당 부분 역사적 사실에 기초한 것으로

보인다.

당시 장의는 귀곡자 문하를 떠난 뒤 곧바로 자신의 고국인 위나라로 돌아갔다. 얼마 안 되는 가재家財를 모두 팔아 노자를 마련한 뒤 위나라에서 벼슬을 얻기 위해 백방으로 노력했으나 위나라 혜왕惠王은 그를 등용하지 않았다. 장의는 위나라를 떠나 초나라로 가 재상 소양 밑에서 일했다. 소양이 군사를 이끌고 가 위나라를 크게 이기자 초 위왕이 그의 공을 높이 사 화씨벽을 하사했다. 늘 자랑스럽게 화씨벽을 차고 다니던 소양은 어느 날 수행원들과 함께 밖으로 놀러 갔다가 이를 잃어버리고 말았다.『사기』「장의열전」에 따르면 당시 소양을 따라간 빈객들과 수행원 모두 장의를 범인으로 지목했다.

"장의는 원래 가난하게 산 데다 특별히 생업 활동을 한 적도 없습니다. 그 도적이 틀림없이 영윤의 구슬을 훔쳐갔을 것입니다."

소양이 이를 곧이듣고 장의를 잡아들였다. 장의는 훔친 일이 없으니 내놓을 게 없었다. 결국 곤장 수백 대를 맞고 기절했다. 소양은 장의가 거의 죽어가는 것을 보고서야 매질을 중지시켰다. 그날 밤 장의는 겨우 의식을 회복했다. 아내가 눈물을 흘리며 말했다.

"아, 당신이 글을 읽고 유세를 하는 일이 없었다면 어찌 이런 곤욕을 치르겠습니까?"

장의가 입을 벌려 아내에게 보이며 물었다.

"자세히 보시오. 내 혀가 아직 붙어 있소?"

그의 아내는 어이없다는 표정으로 웃으며 대답했다.

"아직 붙어 있기는 합니다."

장의가 정색했다.

"그러면 됐소."

종횡가의 밑천은 권력도 금력도 아닌 '혀', 즉 언변에 있다는 장의의 이 한마디는 훗날 많은 유세객들을 격려하는 일화로 전해졌다.

「장의열전」은 몇 달 후 장의의 몸이 완쾌되자 조나라에서 출세한 소진의 가신이 장의를 찾아와 진나라로 들어가 유세하도록 부추겼다고 기록해놓았다. 그러나 이는 앞서 언급한 것처럼 믿을 바가 못된다. 장의 스스로 진나라로 가서 유세를 한 것으로 보는 게 자연스럽다. 장의가 마침내 진나라 혜문왕을 만나 유세하자 혜문왕은 크게 놀라 곧바로 그를 객경客卿에 임명했다.

천하의 정세를 헤아려 설득하라

『전국책』「진책」에는 당시 진 혜문왕을 상대로 한 장의의 유세 내용이 그대로 실려 있다. 장의의 유세는 천하 정세에 대한 정밀한 분석 위에서 나온 게 특징이다.

장의가 구사한 식언계는 초나라 회왕을 속인 데서 절정을 이룬다. 진나라 소양왕이 즉위하기 6년 전인 기원전 313년, 소양왕의 부친인 혜문왕은 제나라를 치고자 했다. 그러나 제와 초 두 나라가 남북으로 합종할 것을 걱정한 그는 당대의 유세가인 장의를 이용해 이간책을 구사했다. 초나라로 간 장의가 초 회왕에게 이같이 유세했다.

"오늘날 세상에 7국이 있다고 하나 사실 강국은 오직 초, 제, 진 3국뿐입니다. 우리 진나라는 지금이라도 동쪽 제나라와 손을 잡을 수 있고, 남쪽 초나라와도 손을 잡을 수 있습니다. 그러나 과군寡君이 호

의를 가지는 분으로는 대왕밖에 없습니다. 지금 제나라 군주가 과군에게 지은 죄는 무겁기 그지없습니다. 만일 대왕이 능히 관문을 닫고 제나라와 관계를 끊을 수 있다면 신은 과군에게 주청해 과거 상앙의 봉지封地였던 상어商於 땅 사방 6백 리를 헌상하고, 진나라 여인을 대왕의 첩으로 바치겠습니다. 그리고 진과 초 두 나라가 서로 딸을 시집보내 부인으로 받아들임으로써 영원히 형제지국이 되도록 하겠습니다. 그리되면 제나라는 필시 약해질 것이고, 제나라가 약해지면 그들은 틀림없이 대왕을 받들 것입니다. 이는 북쪽으로 제나라를 약하게 만들고, 서쪽으로 진나라에 은혜를 베풀고, 사적으로는 상어 땅을 얻는 것입니다."

초 회왕이 이를 그대로 믿었다.

"진나라가 우리 초나라에 상어 땅을 떼어 준다면야 과인은 즉시 제나라와 손을 끊겠소."

그러고는 이튿날 조정에서 이같이 선언했다.

"과인은 상어 땅 6백 리를 얻었소."

군신들이 모두 이 말을 듣고 축하했다. 초 회왕은 곧 사자를 보내 제나라와의 관계를 끊었다. 장의는 귀국하자마자 제나라에 사자를 보내 은밀히 국교를 맺었다. 이런 사실도 모르고 회왕은 사자를 진나라로 보내 상어 땅을 받아오게 했다. 그러나 장의는 귀국 직후 짐짓 수레에서 떨어진 뒤 병을 핑계로 세 달 동안 조회에 나오지 않았다. 이때 화가 난 제 민왕이 진나라에 사자를 보내 장차 섬길 뜻을 밝히자 장의가 비로소 초나라 사자를 만났다.

초나라 사자가 말했다.

"당장 진왕에게 보고해 상어 땅 경계를 정해주십시오. 속히 돌아가 보고해야만 합니다."

"진왕에게 보고할 필요도 없소. 내가 초나라에 주기로 한 것은 국록으로 받고 있는 사방 6리의 고을이오."

초나라 사자가 크게 놀랐다.

"제가 듣기론 6백 리라고 했습니다. 6리는 들어본 적도 없습니다."

"초왕이 잘못 들었을 것이오. 나에게 어찌 6백 리나 되는 땅이 있을 리 있겠소?"

초나라 사자가 귀국해 이를 보고하자 초 회왕이 대로했다.

"내가 반드시 그자를 산 채로 잡아 살을 뜯어먹고 말 것이다. 곧바로 진나라를 칠 터이니 즉시 군사를 일으키도록 하라."

이듬해인 기원전 312년 봄, 진·초 두 나라 군사가 지금의 섬서와 하남 사이를 흐르는 단강丹江 서북쪽 단양丹陽에서 접전했다. 이 싸움에서 초나라는 대패해 병사 8만 명을 잃었을 뿐만 아니라 지금의 섬서성 한중시인 한중군漢中郡까지 상실했다. 대로한 초 회왕은 전 군사를 동원해 다시 진나라로 쳐들어가 지금의 호북성 종상현인 남전藍田에서 교전했지만 또다시 완패하고 말았다. 설상가상으로 한·위 두 나라가 이 틈을 타 초나라를 습격했다. 결국 초 회왕은 굴욕적인 조건으로 진나라와 강화할 수밖에 없었다. 결과적으로 초 회왕은 장의의 식언계에 속절없이 놀아난 셈이다.

『사기』「연표」는 장의가 진 혜문왕 10년인 328년에 진나라의 상국이 됐다고 기록해놓았다. 『자치통감』에 따르면 이해에 그는 진나라 공자 화華와 함께 군사를 이끌고 가 지금의 산서성 습현인 위나라의

포양蒲陽을 공략했다. 이때 장의는 혜문왕에게 포양을 다시 위나라에 돌려주고 진나라 공자 요繇를 위나라에 인질로 보내는 방안을 제시했다. 더 큰 것을 손에 넣고자 한 것이다. 그가 위나라 혜왕을 만나 유세한 내용이 이를 뒷받침한다.

"진왕은 빼앗은 땅을 돌려주고 공자까지 볼모로 보냈습니다. 이러한 은덕이 또 어디에 있겠습니까? 그러니 대왕도 진나라에 예의를 차리지 않을 수 없습니다. 진왕은 다른 무엇보다도 땅을 좋아합니다. 그러니 상군上郡의 15개 현을 진왕에게 바치도록 하십시오. 진왕이 틀림없이 크게 기뻐하며 위나라에 보답하고자 할 것입니다. 진·위 두 나라가 서로 연합해 중원의 제후국들을 도모하면 장차 대왕은 진나라에 바친 땅보다 훨씬 많은 땅을 차지할 수 있을 것입니다."

위 혜왕은 장차 더 많은 땅을 차지할 수 있다는 말에 귀가 솔깃했다. 이에 상군의 땅을 진나라에 바치면서 공자 요를 진나라로 돌려보냈다. 장의가 진나라로 돌아와 경과를 보고하자 혜문왕이 크게 기뻐하며 공손연 대신 장의를 상국相國으로 삼았다. 장의가 상국이 되자 공손연은 이내 진나라를 떠나 위나라로 갔다. 원래 공손연도 뛰어난 종횡가였으나 결과적으로 장의에게 밀린 셈이다. 장의는 말 그대로 오직 세 치 혀만으로 당대 최강국인 진나라의 재상이 된 것인데, 『귀곡자』의 관점에서 볼 때 식언계의 개가에 해당한다. 장의의 진나라 상국 취임은 '종횡가 시대'의 본격 개막을 알리는 사건이기도 했다.

깊이 감춰진 것을 헤아려라

상대가 매우 기뻐할 때는 곁으로 다가가 그의 욕망을 극도로 부채질한다. 욕망
이 있으면 속마음을 숨길 길이 없다. 상대가 크게 두려워할 때는 곁으로 다가
가 그의 두려움과 증오를 극도로 자극한다. 두려움과 증오가 있으면 속마음을
숨길 길이 없다. 내면의 정서와 욕망은 반드시 그에 상응하는 변화 양상을 겉
으로 드러내게 된다.

必以其甚喜之時, 往而極其欲也, 其有欲也, 不能隱其情. 必以其甚懼之時, 往而極其惡
也, 其有惡者, 不能隱其情. 情欲必出其變.

_「췌정」

췌정계揣情計는 상대방의 속셈을 정확히 헤아리는 게 목적이다. 열국
의 군주에게 유세하려면 천하대세에 대한 정확한 통찰이 필요하다.
그러나 사람의 속마음을 일정 수준 이상으로 깊이 파고드는 것은 불
가능하다. '열 길 물속은 알 수 있어도 한 길 사람의 속은 모른다'라
는 우리말 속담이 이를 웅변한다. 나머지는 추정할 수밖에 없다. 췌

상대를 열광케 하라 – 귀곡자처럼

정계는 바로 그 계책을 언급한 것이다.

췌정계는 뒤에 나오는 마의계摩意計와 불가분의 관계를 맺고 있다. 췌정계는 상대의 속마음을 헤아리는 데 중점을 두지만 마의계는 상대가 스스로 말하도록 하는 데 방점을 찍고 있는 게 다를 뿐이다.

겉으로 드러나는 감정의 변화를 헤아려 속사정을 파악하라

춘추시대 중엽 중원 진晉나라의 역사를 뒤바꾼 진 헌공獻公의 부인 여희驪姬는 췌정계의 대가로 평할 만하다. 원래 춘추시대 전 시기를 통틀어 북쪽에서 가장 중요한 위치에 있던 나라는 중원의 진나라였다. 『춘추좌전』과 더불어 춘추시대 열국의 역사를 다루고 있는 『국어國語』는 진나라에 관한 내용이 전체의 3분의 1에 달할 정도로 많고 그 내용 또한 매우 소상하다. 『국어』를 진사晉史로 보아도 무방하다는 주장이 나오는 이유다.

삼국시대 당시 동오의 위소韋昭는 『국어』에 주석을 가하면서 『춘추좌전』을 '춘추내전春秋內傳', 『국어』를 '춘추외전春秋外傳'으로 규정한 바 있다. 춘추시대에 관한 종합적인 고찰을 위해서는 반드시 '내전'인 『춘추좌전』과 '외전'인 『국어』를 함께 읽어야만 한다는 뜻이다. 춘추시대에 관한 한 두 고전은 상호보완적인 관계에 있다.

『국어』가 춘추시대 두 번째 패자인 진 문공文公에 관해 많은 지면을 할애한 것도 이런 맥락에서 이해할 수 있다. 실제로 진 문공은 숱한 우여곡절을 겪고 보위에 오른 입지전적인 인물이다. 이는 진나라가 오랫동안 후사를 둘러싼 내란에 휩싸였기 때문인데, 이러한 후사

를 둘러싼 내란의 단초를 연 사람이 바로 여희였다.

　진 문공의 아버지 진 헌공은 초기엔 나름 부국강병을 추구해 사방으로 영토를 넓히는 등 정복 군주의 면모를 보였다. 인구에 회자되는 가도멸괵假道滅虢이라는 말도 그의 치세 때 나온 것이다. 그러나 그는 여색에 약했다.

　헌공에게는 태자 신생申生을 비롯해 공자 중이重耳와 이오夷吾 등 몇 명의 아들이 있었다. 이후 여희를 총애한 나머지 무리하게 태자 교체를 시도한 데서 비극이 빚어졌다. 진 문공 중이가 무려 19년간에 걸친 망명 생활을 해야만 했던 이유가 여기에 있다.

　사서는 여희를 주나라 유왕幽王의 후궁이었던 포사褒姒에 필적하는 천하의 요녀로 기록해놓았다. 그러나 그녀는 역사의 희생자였다. 그녀의 소생이 무난히 보위를 이었다면 결코 그런 식으로 매도되지는 않았을 것이다. 『사기』「진세가」는 태자 신생이 여희에게 빠져 있는 부친 헌공을 위해 중이, 이오와는 달리 망명을 거부하고 자진한 것으로 기록해놓았다. 대략 『춘추좌전』의 기록과 일치한다.

　문제는 신생의 죽음을 전적으로 여희에게 덮어씌운 데 있다. 당시 헌공은 태자 신생을 멀리하기는 했으나 주 유왕처럼 정실부인과 태자를 일거에 내치는 식으로 태자의 자리에서 끌어내린 적이 없다. 신생이 자진을 택한 것은 비록 궁지에 몰린 탓이라고는 하나 자진을 명받은 적도 없는 상황에서 아무래도 지나쳤다. 어찌 보면 군명君命을 무력화시키기 위해 반기를 든 것이나 다름없다. 당시의 상황에 대해 전반적인 재검토가 요구되는 이유다.

　진 헌공은 공자 시절 가賈나라에서 부인을 맞이했다. 둘 사이에는

상대를 열광케 하라 – 귀곡자처럼

아들이 없었다. 이 와중에 헌공은 부친인 무공이 멀쩡히 살아 있는 데도 부친의 애첩인 서모 제강齊姜과 은밀히 사통해 아들 신생을 낳았다. '신생'이라는 이름은 서모와 사통해 낳은 아이를 '신씨'라는 백성의 집에 주어 기르게 한 데서 나온 것이다. 헌공은 즉위 직후 제강을 정실로 삼으면서 신생도 궁으로 불러들여 태자로 삼았다. 당시 정실이었던 가희賈姬는 이미 죽고 없었다.

헌공은 신생을 얻기 전에 이미 융국戎國의 두 여인을 첩으로 맞아들여 두 아들을 두고 있었다. 대융大戎 출신 호희狐姬가 낳은 아들이 바로 중이이며, 소융小戎 출신 여인도 이오를 낳았다. 이오는 중이에 앞서 보위에 올랐다가 이내 인심을 잃어 그의 자손들이 모두 비명에 횡사했는데, 그가 진 혜공惠公이다. 중이는 신생보다 나이가 세 살이나 많았고 이오는 중이보다도 나이가 더 많았다. 신생의 모친 제강은 훗날 진秦나라 목공穆公의 부인이 되는 딸을 낳은 뒤 이내 산후 후유증으로 숨을 거뒀다.

이로부터 얼마 안 돼 헌공은 군사를 일으켜 지금의 섬서 임동현 동쪽에 살던 여융驪戎을 쳤다. 융족의 한 갈래인 여융은 남작의 작위를 받고 진나라 부근에 둥지를 튼 소국이다. 여융의 군주는 진나라 군사의 공격을 막을 길이 없자 이내 두 딸을 바치며 강화를 청했다. 장녀의 이름은 여희이고 차녀는 소희小姬였는데, 여희는 절세미인이었다. 헌공은 여희를 총해한 나머지 그녀의 말을 모두 들어주었다. 여희도 시집 온 이듬해에 아들 해제奚齊를 낳았고 이듬해에는 소희도 아들 탁자卓子를 낳았다.

비어 있는 정실의 자리를 꿰찬 여희는 자신의 아들 해제를 후계자

로 세우고자 헌공의 총신인 양오梁五와 동관오東關五를 끌어들여, 헌공에게 이같이 건의케 했다.

"곡옥曲沃 땅은 진나라 시조가 출생한 종읍宗邑이고, 포성蒲城과 이굴二屈 땅은 군주의 변경입니다. 종읍을 유력한 인물이 다스리지 않으면 백성들이 두려워할 줄 모르게 됩니다. 변경 역시 유력한 인물이 다스리지 않으면 융적이 야심을 품게 됩니다. 융적이 침략 야욕을 품고, 백성들이 군주의 영을 가벼이 여기면 나라가 위험해집니다. 태자 신생으로 하여금 곡옥을 다스리게 하고, 중이와 이오 두 공자로 하여금 포성과 이굴을 지키게 하면 백성들이 두려워해 따르고, 융적 또한 두려움에 떨게 될 것입니다. 이는 군주의 공적을 크게 선양하는 길이기도 합니다."

헌공이 곧 태자 신생을 곡옥, 공자 중이를 포성, 공자 이오를 굴 땅으로 보내 다스리게 했다. 나머지 공자들도 모두 변경으로 내보냈다. 도성인 강도絳都에는 오직 여희의 아들인 해제와 소희의 아들인 탁자만 남았다. 이는 모두 해제를 후계자로 삼기 위한 조치였다.

객관적으로 볼 때 여인들이 자신의 아들을 후계자로 삼고자 한 것 자체를 탓할 수는 없다. 인지상정이기 때문이다. 군주가 총애하는 여인의 아들을 후계자로 삼고자 하는 것도 자연스런 일이다. 다만 이미 태자가 있을 때는 신중할 필요가 있다. 엄청난 혼란이 뒤따르기 때문이다. 헌공도 나름 신중을 기하기는 했으나 방법이 서툴렀다.

가장 큰 문제는 역시 태자 신생의 자진이다. 『춘추좌전』과 『사기』는 기원전 656년 겨울에 진 헌공이 태자 교체를 결심했다고 기록해

놓았다. 그러나 그 다음의 기록이 쉽게 납득이 가지 않는다. 이에 따르면 하루는 진 무공의 사당에 제사를 올리게 되었는데, 헌공이 병으로 인해 가지 못하고 해제를 보내 제사를 주재케 했다. 이로부터 한 달 뒤 여희가 사람을 태자 신생에게 보내 이같이 명했다.

"군왕이 꿈속에서 태자의 생모인 제강을 보았다고 하니 태자는 속히 가서 제사를 지내도록 하시오."

태자가 곡옥에서 생모인 제강을 제사지낸 뒤 도성으로 돌아와 제상에 올렸던 술과 고기를 바쳤다. 마침 이때 진 헌공은 사냥하러 나가고 없었다. 여희는 술과 고기를 엿새 동안 궁중에 둔 뒤 헌공이 돌아오자 짐독鴆毒을 술에 타고 오두독烏頭毒을 고기 속에 넣었다. 주방을 관장하는 재인宰人이 술과 고기를 내오자 여희가 말했다.

"음식이 먼 곳에서 왔기 때문에 반드시 먼저 검사해보아야 한다."

술을 땅에 붓자 곧바로 흙이 덩어리처럼 부풀어 올랐다. 고기를 개에게 먹이자 개가 쓰러져 죽고 시중드는 환관에게 먹이자 그 또한 곧바로 죽었다. 여희가 짐짓 애통해했다.

"태자가 이토록 잔인할 줄 몰랐습니다. 군주는 늙어 머지않아 돌아가실 분인데도 이를 참지 못하고 시해하려 하니 참으로 잔인하기 그지없는 사람입니다."

그러고는 이같이 하소연했다.

"태자가 이렇게 하는 것은 소첩과 해제 때문입니다. 저와 해제 두 사람은 다른 나라로 망명할까 합니다."

이 소식을 들은 태자 신생은 곡옥으로 몸을 피했고, 화가 난 헌공이 태자의 스승인 두원관杜原款을 죽였다. 태자 신생의 가신이 이렇

게 간했다.

"어찌하여 진나라를 떠나지 않으려는 것입니까?"

"진나라를 떠나는 것은 그 죄를 군주에게 돌리는 것이다. 그러면 제후들의 비웃음을 사게 된다. 안에서 부모의 핍박을 받고 밖에서 제후들로부터 비웃음을 당하면 이중으로 곤경에 처하게 된다. 달아나서 오히려 죄를 가중시키면 이는 지혜로운 행동이 아니고, 원망을 군부君父에게 돌리면 이는 어진 행동이 아니며, 죄가 있는데도 죽지 않으려고 하면 이는 용감한 행동이 아니다. 어차피 죽음을 피할 수 없다면 차라리 여기에서 군명을 받드느니만 못하다."

"사실을 간곡히 해명하면 군주는 반드시 이를 분별할 것입니다."

"군부는 여희가 없으면 잠을 자도 편치 않고 음식을 먹어도 배부르지 않다. 내가 해명하면 여희의 죄가 반드시 드러나게 된다. 게다가 군왕은 이미 늙었으니 그러한 일을 원치 않을 것이다. 나 또한 그리하는 것을 달갑게 생각지 않는다."

그러고는 이내 곡옥의 종묘에서 목을 매 자살했다. 기원전 656년 12월의 일이다.

이상은 『사기』「진세가」에 나오는 얘기로 여희가 악녀로 등장하고 있다. 그러나 여희가 제사를 지낸 고기와 술 등에 독약을 풀었다는 식의 이야기 전개는 상식에 어긋난다. 후대인의 가필로 보는 게 옳다. 이를 뒷받침하는 내용이 『국어』「진어」에 나온다. 여기에는 여희가 태자 신생을 찾아가 이같이 말한 것으로 되어 있다.

"태자는 모질게도 자신의 부친을 해치고자 했는데, 그러고도 백성

들을 사랑할 수 있겠소? 부친을 해치면서 좋은 사람이 되려고 생각하니 백성들 가운데 누가 태자를 좋아할 수 있겠소? 부친을 죽여 사리私利를 취하고자 했으니 국인들 가운데 누가 태자를 위해 이익을 도모하고자 하겠소? 태자가 한 것은 모두 백성들이 싫어하는 것이오. 태자는 오래 살 생각을 하지 마시오!"

이는 다른 사서에는 전혀 나오지 않는 내용이다. 「진어」의 기록이 사실이라면 전혀 다른 해석이 가능하다. 여희가 말했듯이 태자 신생이 헌공을 제거하기 위해 추종 세력과 음모를 꾸몄다가 도중에 발각됐을 가능성을 시사한다.

진 헌공은 그리 무지막지한 군주가 아니었다. 그가 여희의 말만 믿고 곧바로 태자 신생을 죽이려 했다는 기록 또한 상식에 부합하지 않는다. 여희의 난으로 인해 19년 동안 망명생활을 했던 문공이 보위에 오를 당시 이미 여희에 관한 항간의 얘기가 심하게 왜곡되어 나돌았을 공산이 크다.

「진어」의 기록은 죽는 순간까지도 부친 헌공에게 충순하기 그지없는 인물로 신생을 묘사한 여타 사서의 기록과 커다란 차이가 있다. 「진어」의 기록을 역사적 사실로 간주할 경우 여희는 탁월한 췌정계를 구사한 당사자가 된다.

여희는 신생에게 부친을 해치면서 좋은 사람이 되려고 생각한 점을 지적하며 백성들 가운데 어느 누구도 신생을 좋아하지 않을 것이라고 주장했다. 이는 「췌정」에서 "상대의 두려움과 증오를 극도로 자극한다"라고 언급한 것과 취지를 같이한다. 「진어」에 자세한 내용은 나오지 않지만 신생은 여희의 이런 췌정계에 걸려 속마음을 그대

로 드러냈을 공산이 크다. 이복동생인 중이와 이오 등이 모두 망명을 택했는데도 본인 홀로 자진을 택한 것도 바로 이 때문이라고 보아야 한다.

당시 태자 신생을 폐하려는 생각을 가장 먼저 품은 사람은 헌공이었다. 여희는 오히려 이를 말렸다. 설령 가장된 행위일지라도 여희가 표면적으로 태자 신생의 폐위를 만류한 것만은 분명하다. 여희의 입장에서 볼 때 나이 많은 헌공이 급작스레 죽고 태자 신생이 즉위할 경우 자신과 해제의 앞날을 보장할 길이 없었다.

예로부터 전처소생의 장자가 보위에 올랐을 경우 총희와 그녀의 자식들은 명대로 살기가 어려웠다. 실제로 나이 많은 군주의 총애를 받은 총희치고 자신과 자식의 앞날을 걱정하지 않은 사람은 아무도 없었다. 그녀들이 자신의 소생을 보위에 앉히기 위해 백방으로 노력하는 것은 당연지사다. 그런 사례는 너무 많아 일일이 거론하기도 어렵다.

한평생을 살아가는 사람들 가운데 칼로 두부를 자르듯 미행美行과 추행醜行의 어느 한쪽으로만 편향된 인간은 존재하지 않는다. 여희를 악녀로 몰아간 사서의 기록에 의심을 품는 이유다. 그렇다고 여희를 어질고 사리에 밝은 현명한 여인으로 보자는 것은 아니다. 「진어」의 기록을 토대로 당시의 상황을 객관적으로 추론해 역사적 사실을 찾아내자는 얘기다. 「진어」의 기록은 여희가 높은 수준의 췌정계를 구사해 자신과 소생의 앞날을 탄탄히 하고자 했음을 증언한다.

췌정계는 상대방의 심사를 정확히 헤아리는 게 목적이다. 천하대

세에 대한 정확한 통찰이 필요하다. 시세時勢만큼 사람의 심기를 좌우하는 외부 요인도 없기 때문이다. 천하대사를 훤히 꿰면 상관은 물론 제왕을 비롯한 그 누구라도 쉽게 만날 수 있다. 주의할 것은 아무리 췌정계에 능할지라도 상대의 마음을 속속들이 알 수는 없다는 점이다. 사람은 자신조차 자신의 속마음을 바닥까지 헤아리지 못하는 존재이다. 그만큼 가변적이기 때문에 매사에 췌정계가 필요하다. '췌'는 남의 마음을 미루어서 헤아린다는 췌탁揣度을 뜻한다. 사전에 반드시 상대방의 취향과 욕망, 현황, 능력 등 여러 요소를 종합적으로 파악하고 있어야 '췌탁'의 정확도를 높일 수 있다. 정보의 질이 낮으면 췌탁도 수준이 떨어질 수밖에 없고, 그럴 경우 효과적인 계책 마련도 어렵게 된다.

마의계
摩意計

09

다독여서 털어놓게 하라

마의摩意는 췌정揣情의 일종이다. 내면의 진심은 반드시 밖으로 드러나기 마련이다. 상대의 마음을 부드럽게 어루만지는 마의계로 상대의 심리를 자극해 속셈을 털어놓도록 유도한다. 마의계의 목적이다. 마의계를 구사할 때는 반드시 상대가 눈치채지 못하게 은밀히 진행해야 한다. 은밀히 상대의 욕망을 자극하면서 본심을 탐지해나가면 반드시 그에 상응하는 반응이 밖으로 드러나기 마련이다.

摩者, 符也. 內符者, 揣之主也. 用之有道, 其道必隱. 微摩之, 以其索欲, 測而探之, 內符必應.

_「마의」

마의계摩意計는 상대의 의지와 지향하는 바를 알아내고자 할 때 사용하는 계책이다. 젖소의 젖을 짤 때 마사지를 한 뒤에 짜듯 부드럽게 접근하는 것이 관건이다. 부드럽게 쓰다듬는다는 뜻의 마摩를 쓴 이유다. 사람은 누구나 부드럽게 접근하면 경계심을 풀기 마련이다.

마의계는 여기서 한 발 더 나아가 상대가 스스로 속셈을 털어놓게 만들라고 충고하고 있다. 문제는 상대가 체제를 전복하는 등의 모반을 꾀하는 경우처럼 속셈을 마음속에 깊이 감추고 있는 경우이다. 이때는 부드럽게 대하는 것만으로는 한계가 있다. 큰 이익을 미끼로 내거는 등의 비상수단이 필요하다. 상대를 직접 접촉하기보다는 상대가 늘 편히 대하는 부인과 친구 등을 적극 활용하는 것도 한 방법이다. 『손자병법』「반간」편에서 반간계反間計를 높이 평가하며 적의 첩자를 회유하기 위해 모든 수단을 동원하라고 주문한 이유 또한 여기에 있다. 마의계는 상황에 따라 부드러움의 수위를 임의로 조절할 줄 알아야 기대한 만큼의 효과를 얻을 수 있다. 상대의 심경이 수시로 바뀌기 때문이다.

은밀히 상대의 심리를 자극하라

조선 5백년의 역사 속에도 뛰어난 마의계를 구사해 불리한 국면을 일거에 역전시킨 인물이 있다. 바로 수양대군의 오른팔 역할을 한 당대의 책사 한명회韓明澮이다. 수양대군이 보위에 오르게 된 것은 전적으로 그가 구사한 '마의계' 덕분이라고 해도 과언이 아니다.

21세기 현재에 이르기까지 세조는 사육신을 도륙하고 조카인 단종을 쫓아내는 등 강압적인 수단을 통해 보위에 오른 까닭에 후대인들로부터 많은 비판을 받아왔다. 그러나 이는 한 면만을 본 것이다. 건국한 지 얼마 안 된 시점에서 복잡하게 돌아가던 안팎의 정세를 종합적으로 감안할 필요가 있다.

조선이 건국한 지 반세기가량 지난 1449년, 몽골의 야선也先이 명나라를 침공해 황제인 정통제正統帝를 포로로 잡아가는 이른바 '토목土木의 변變'이 일어났다. 명나라는 급히 사신을 보내 정병 10만 명을 파견해 합동 작전을 펼 것을 요구했는데, 세종은 삼면이 바다와 붙어 있어 왜구의 침입이 우려되고 북쪽도 여진족과 맞붙어 있어 방어가 필요하다는 이유로 간곡히 거절했다. 탁월한 종횡술이었다.

이듬해인 1450년에 명나라는 용병엔 말보다 급한 것이 없다며 2~3만 마리의 말을 요구했고, 조선 조정은 관마색官馬色을 설치해 말 5천 마리를 징발했다. 세종은 이처럼 중차대한 시기에 병사하는데, 죽기 전에 두 아들인 문종과 수양대군을 불러 이같이 유언했다.

"대개 신하들은 왕이 죽고 난 뒤 형제들의 과오를 공격한다. 내가 죽은 뒤 형제들의 과오를 말하는 자가 반드시 많을 것이다. 부디 내 말을 잊지 말고 항상 친애하는 마음을 위주로 하면 외부에서 능히 이간질을 하지 못할 것이다. 내가 즉위한 초기에도 효령대군을 공격하는 자가 많았다. 내가 아니었다면 능히 보전하지 못했을 것이다."

세종은 병약한 문종의 뒤를 이어 어린 단종이 즉위하면 수양대군을 공격하는 자들이 부쩍 늘어날 것을 미리 짐작하고 이같이 당부한 것이다. 당시 문종도 신병身病이 위중했다. 문종은 부왕인 세종을 닮아 학문을 좋아하면서도 국방을 강화한 인물이다. 그의 신병은 대외적으로 중국의 급격한 변화와 더불어 커다란 동요를 일으킬 만했다. 실제로 그는 부왕인 세종이 죽은 지 2년 뒤인 1452년에 요절하고 말았다. 당시 39세였다.

문종이 급서하자 12세의 어린 나이로 단종이 즉위했다. 문종이 2

년여의 재위 기간 동안 그랬던 것처럼, 단종의 극히 짧은 재위 기간 역시 문종의 3년 국상 기간과 겹쳤다. 연이은 국상으로 왕실과 온 나라의 분위기는 크게 가라앉았다. 새 왕조가 들어선 지 얼마 안 된 까닭에 자칫 권신들의 발호가 크게 우려되는 시점이었다.

실제로 단종의 즉위를 계기로 국사의 결재권은 좌의정 김종서를 중심으로 한 의정부에 넘어갔다. 당시 의정부에는 영의정 황보인과 좌의정 남지, 우의정 김종서 등이 있었으나 좌의정 남지는 몸이 아파 쉬고 있었다. 황보인과 김종서는 정사를 도맡아서 보며 자식과 사위를 비롯한 일족을 대간臺諫에 임명하는 등 정실 인사를 일삼았다. 사헌부와 사간원은 재상권宰相權과 더불어 신권臣權의 막강한 축을 형성하는 언론권言論權의 중추기관이다. 대간이 재상의 수중에 들어간 것은 왕권과 신권의 균형이 무너졌음을 의미한다. 더구나 군주는 12세의 어린 왕이었다. 단종 원년인 1453년에 계유정난癸酉靖難이 빚어진 근본 배경이 여기에 있다.

당시 각종 건축과 토목을 담당한 분선공감分繕工監을 일명 도청都廳이라고 했다. 도청은 의정부 대신의 지휘를 받는데, 도청에서 각종 토목공사를 주관하면서 왕의 친위군인 금군禁軍을 마음대로 사역에 동원하는 일이 빚어졌다. 말할 것도 없이 황보인과 김종서의 비호가 있었기에 가능한 일이었다. 단종의 즉위로 병조판서에 임명된 정인지는 단종이 20세가 넘어 친정을 할 수 있을 때까지 토목공사를 벌여서는 안 된다고 주장했다가 중추원 판사로 좌천됐다.

더 심각한 것은 단종이 허수아비로 전락한 일이다. 관원을 임명할

때 세 사람을 적어 올리게 돼 있었는데 이들은 의중에 둔 자의 이름 아래 누런 표지를 덧붙여 올렸다. 어린 단종은 그곳에 낙점하는 일만 했다. 이른바 '황표정사黃標政事'이다. 비판 여론이 크게 일자 얼마 뒤에는 편법으로 특명特命이 나타났다. 이는 왕이 특별 지시를 내려서 임명하는 형태로 악용되었다. 그러나 몇 달도 안 돼 다시 황표정사가 부활했다. 의정부가 관료 임면권을 완전히 장악했음을 뜻했다. 단종 원년인 1453년 7월, 의정부 좌참찬 겸 이조판서 허후가 낭관들 앞에서 탄식했다.

"주상이 성년이 돼 지금의 실정을 알면 지금 권력을 행사하고 있는 자들 모두 유명을 달리했을지라도 부관참시와 더불어 집을 헐어버리고 그 자리에 못을 만드는 형벌을 면치 못할 것이다!"

황보인과 김종서의 독선적인 정국 운영을 신랄하게 비판한 것이다. 집현전 직제학 하위지도 병을 핑계로 사직을 요청하고 고향으로 돌아가면서, 김종서를 '늙은 여우'로 지칭해 "늙은 여우가 제거된 뒤 돌아오겠다"라고 말하기도 했다. 황표정사를 방치할 경우 조선 말기에 등장한 세도정치가 수백 년 앞서 등장할 공산이 컸다. 어떤 식으로든 황표정사를 깨부술 필요가 있었다. 이때 등장한 인물이 바로 한명회다.

황보인과 김종서가 발호할 당시 안평대군 또한 이들과 결탁해 권신들의 국정 농단을 방조하고 있었는데, 안평대군의 야심을 부추긴 인물이 바로 이현로李賢老였다. 풍수학에 재주가 있었던 그는 안평대군을 배경으로 월권과 비리를 저지르면서 수양대군과 안평대군 사

상대를 열광케 하라 – 귀곡자처럼

이를 이간질했다.

한명회는 문종 때 이미 김종서와 연계된 안평대군 세력이 모반을 일으킬 것으로 내다보고 사헌부 감찰로 활동하던 권람權擥을 수양대군에게 소개했다. 권람이 은밀히 수양대군을 찾아가 말했다.

"이현로는 안평대군의 집안 노비입니다. 그는 반드시 장차 난을 일으킬 것입니다. 선왕폐하께서 승하하고 왕위를 이은 임금이 나이가 어리니 나라가 뒤숭숭한 때입니다. 안평대군은 보좌하는 사람들이 이미 이루어져서 권세가 조정의 안팎을 위협하나, 대군을 찾아오는 자는 없습니다. 만일 종사宗社와 백성을 염려하지 않으신다면 반드시 후회가 있을 것입니다."

수양대군이 말했다.

"안평대군이 비록 대신들과 결탁했을지라도 모두 재물로 사귄 것이고, 또 모두 용렬한 인재들이다. 일에는 순리와 역리가 있으니 또한 어찌 족히 두려워하겠는가!"

얼마 뒤 한명회가 찾아가자 세조가 물었다.

"역대 왕조의 운수는 혹은 길기도 하고 혹은 짧기도 했소. 우리나라는 대대로 선왕들의 깊고 두터운 은택이 백성들의 마음에 흡족하고, 주상은 비록 어리다고 하나 이미 큰 도량이 있으니 잘 보좌하면 족히 수성守成할 수 있을 것이오. 다만 한스러운 것은 대신이 간사해 어린 임금을 부탁할 수 없고 딴마음을 품어 선왕의 뜻을 저버리는 것이오. 지난번에 권람을 보고 그대가 이 세상에 뜻이 있음을 알았으니, 나를 위해 현명한 판단을 내려주시오."

한명회가 대답했다.

"안평대군이 대신들과 결탁해 장차 반역을 도모하려 하는 것은 길 가는 사람들도 알고 있습니다. 다만 아직 그 단서를 찾아내지 못한 상황에서 의병을 일으킬지라도 성공하기 어려울 듯합니다."

얼마 뒤 중국에서 단종을 국왕으로 책봉하는 고명誥命이 왔다. 고 명에는 반드시 고관인 정승을 사은사謝恩使로 파견하는 것이 관례였 다. 황보인은 얼마 전에 다녀왔고 남지는 와병 중이어서 이번에는 김종서의 차례였다. 그러나 그는 나이가 많다는 이유로 사직서를 올 려 회피했다. 수양대군이 한명회와 권람 등의 반대를 무릅쓰고 사행 을 자처했다. 이는 외교 절차를 마무리 지어 단종을 명실상부한 조 선의 군왕으로 세우고 왕실의 권위를 튼튼히 다지고자 했기 때문이 다. 수양대군의 사행은 모두 넉 달여의 시간이 걸렸다.

수양대군이 귀국한 뒤 정계의 기류는 안평대군의 심상치 않은 움 직임과 맞물려 돌아갔다. 한명회가 사행을 다녀온 수양대군에게 안 평대군과 의정부 대신들의 역모를 밝혀내는 것이 급선무라고 거듭 말했다. 수양대군이 이를 받아들여 노비 조득림趙得琳 등을 시켜 안 평대군의 집안 노비와 주변 인물들을 탐지하게 했다. 이와 동시에 한명회는 안평대군의 심복인 군기녹사軍器錄事 조번趙藩에게 접근했 다. 자주 왕래하면서 매우 친근하게 대하자 조번이 점차 마음을 열 기 시작했다. 하루는 한명회가 물었다.

"그대는 안평대군의 사람됨을 아는가? 너그럽고 어진 도량으로 사 람을 사랑하며 선비에게 몸을 낮추어 여러 사람의 환심을 얻으니, 재주와 덕을 가지고 어찌 오랫동안 남의 밑에 있을 사람이겠는가?"

조번이 대답했다.

"요행히 그대도 한번 뵙는다면, 마땅히 그대는 먼저 용납을 받을 것이다."

한명회가 기쁜 빛을 하며 함께 일을 도모하는 사람들의 이름을 묻자 조번이 이같이 대답했다.

"이미 여러 사람과 이를 도모하고 있네. 내가 판사判事와 함께 무기고를 맡고 있으니 무기를 가져오는 것이 어렵지 않네. 또 별군別軍과 장인匠人 등 수백 명을 장악하고 있으니 무슨 일인들 이루지 못하겠는가?"

한명회가 거짓으로 붙어서 따르려고 하자 조번은 더욱 교만해져서 전부 털어놓았다. 안평대군과 수양대군의 운명이 바뀌는 순간이었다.

당시 안평대군을 늘 '상전上典'이라고 불렀던 도체찰사 이양은 안평대군에게 이같이 말했다.

"주상은 어리고 병이 많으니 비록 자란다 하더라도 반드시 시원치 못할 것입니다. 만일 상전이 임금이 되신다면 진실로 사물의 이치에 화합할 것이니 저희들의 뜻은 항상 거기에 있습니다."

객관적으로 볼 때 이미 안평대군과 김종서의 모반은 되돌릴 수 없었다. 『단종실록』 단종 원년 3월 22일자의 기록이 이를 뒷받침한다. 이날 밤중에 김종서가 사람을 시켜 홍윤성을 불렀다. 홍윤성이 당도하자 이현로가 뒷문으로 가만히 나간 뒤 홍윤성을 들어오게 했다. 김종서는 비스듬히 누워 있었고 첩 셋이 뒤에 앉았으며, 강궁强弓을

잡은 호위무사 두 명이 그 곁에 서 있었다. 김종서가 홍윤성을 불러 앞으로 나오게 한 뒤 이같이 말했다.

"너를 친자식같이 대접하니 어제 우리들이 논의한 계획을 누설하지 말도록 해라."

이어 첩에게 술을 내오게 하자 첩이 작은 잔에 술을 부어서 가지고 왔다. 김종서는 웃으며 말했다.

"이 사람은 술고래다. 큰 사발에 부어 와야 한다."

이어 세 번 큰 사발에 부어 마시게 한 뒤 활을 당기게 하자 홍윤성이 힘껏 잡아당겨 활이 부러졌다. 김종서가 크게 웃으며 말했다.

"네가 술을 마시고 활을 당기는 것은 번쾌樊噲이고, 어버이를 잃은 것은 오자서伍子胥와 같다. 수양대군은 엄하고 어질지 못해 전혀 사람을 구제하지 못하니 남의 윗사람이 되기에 족하지 못한데도 너는 그를 섬기고 있다. 그러나 안평대군은 거칠고 더러운 무리를 포용해 도량이 크다. 만약 백성을 다스리게 한다면 천하에 우월할 것인데도 너는 도리어 섬기지 아니하니 무슨 까닭이냐? 이현로는 매양 안평대군을 일컬어 '끝까지 대군의 지위에서 늙을 분이 아니다'라고 했다. 하물며 지금 임금은 어리고 국가는 불안하니 마땅히 삼가야 할 것은 진퇴이다. 섬기기에 마땅한 사람을 얻게 되면 공명을 누리는 데 무슨 걱정이 있겠는가?"

홍윤성은 계유정난 때 한명회와 더불어 큰 공을 세운 인물이다. 그가 스스로 첩자가 되어 김종서 일당의 음모를 파헤친 듯하다. 한명회가 조번에게 접근한 뒤 뛰어난 마의계로 모반 계획을 알아낸 것과 닮았다. 결국 수양대군은 계유정난을 일으켜 김종서 부자와 황보인,

조번, 이현로 등을 일거에 제거했다. 단종 원년 10월 10일 저녁과 11일 새벽 사이에 벌어진 일이다.

수양대군은 곧 영의정이 되어 이조와 병조의 판서를 겸하게 되었다. 실질적으로 군사와 인사, 행정을 장악한 것이다. 안평대군의 처벌과 관련해 세종의 형인 양녕대군과 육조는 규정대로 처벌할 것을 요청했고, 우사간 성삼문 등 대간들도 처벌할 것을 요청해 안평대군은 곧 사사되었다. 곧바로 대폭적인 인사가 단행되었다.

이때 훗날 사육신으로 몰린 집현전 출신이 많이 발탁된 점에 유의할 필요가 있다. 도승지 최항, 좌부승지 박팽년, 사헌부 집의 이개, 사간원 좌사간 하위지, 우사간 성삼문 등이 그들이다. 신숙주는 우승지에 발탁되었다. 이는 계유정난이 황보인과 김종서를 주축으로 하는 황표정사에 비판적이었던 관료층의 지지와 호응을 받아 실행된 것임을 뒷받침한다.

그럼에도 훗날 이광수는 『단종애사』에서 계유정난을 수양대군이 보위를 탐해 모반을 일으킨 것으로 기술해놓았다. 사실을 기초로 하지 않은 역사소설이 역사를 얼마나 왜곡할 수 있는지를 보여주는 실례가 아닐 수 없다. 계유정난은 정난靖難이라는 표현 그대로 단종을 해치려는 역도들을 쳐서 위급한 상황을 평정했다는 뜻으로 해석하는 것이 옳다.

한명회가 조번에게 구사한 술책은 『귀곡자』「마의」편의 다음 가르침을 좇은 것으로 볼 수 있다.

"마의술은 매우 다종다양하다. 크게 10가지로 첫째는 평상심의

평平, 둘째는 솔직한 모습의 정正, 셋째는 즐겁게 말하는 희喜, 넷째는 분노를 드러내는 노怒, 다섯째는 명예심을 자극하는 명名, 여섯째는 솔선수범하여 실천하는 행行, 일곱째는 청렴한 모습을 드러내는 렴廉, 여덟째는 믿음을 안겨주는 신信, 아홉째는 실리적인 모습을 취하는 리利, 열째는 스스로를 낮추는 비卑 등의 방안이 그것이다. '평'으로 유세하면 상대가 마음을 안정시키고, '정'으로 유세하면 상대가 정직하게 말하고, '희'로 유세하면 상대가 기쁜 감정을 드러내고, '노'로 유세하면 상대가 분노를 터뜨리고, '명'으로 유세하면 상대가 공명심을 일으키고, '행'으로 유세하면 상대가 일을 성취하고자 하고, '렴'으로 유세하면 상대가 결백을 추구하고, '신'으로 유세하면 상대가 세인의 기대에 부응코자 하고, '리'로 유세하면 상대가 내심 바라던 바를 추구하려 들고, '비'로 유세하면 상대가 뭔가를 은밀히 감추려 든다. 성인이 사용하는 이런 10가지 마의술은 원래 모든 사람이 사용하는 것이다. 그럼에도 성공하지 못하는 것은 그 방식이 잘못됐기 때문이다."

한명회가 구사한 마의계도 매우 다양했다. 솔직한 모습으로 유세해 조번이 정직하게 말하도록 하고, 즐거운 모습으로 유세해 조번이 기쁜 감정을 드러내도록 하고, 명예심을 자극하는 식으로 유세해 조번이 은밀히 진행되는 거사 계획을 자랑하도록 만든 게 그렇다. 이는 마의계의 대가만이 행할 수 있는 것이며, 그만큼 한명회가 마의계에 정통했음을 보여주는 일화이다.

비양계
飛揚計

10

띄우면서 환심을 사라

칭찬으로 상대를 꼼짝 못하게 하는 구겸지사鉤箝之辭는 정세情勢에 따라 유세하는 말로, 상황 변화에 따라 다르게 구사해야 한다. 때로는 동조하다가 때로는 이견을 드러내는 식이다. 상대가 '비겸술'에 걸려들지 않을 경우 먼저 좋은 말로 불러들인 뒤 거듭 그의 명성과 지위를 들먹이며 띄워준다. 띄우면 띄울수록 밑으로 떨어뜨리기가 쉬운 까닭에 띄우는 일이 부족하다 싶을 때는 거듭 높이 칭찬한 후 비판하는 식의 수법을 구사한다. 상대의 장점을 높이 띄워주는 식으로 오히려 결점이 드러나도록 만들거나, 상대의 결점을 열거하는 식으로 오히려 상대를 띄워주는 방법도 있다.

鉤箝之語, 其說辭也, 乍同乍異. 其不可善者, 或先征之而後重累, 或先重以累而後毁之, 或以重累爲毁, 或以毁爲重累.

_「비겸」

비양계飛揚計는 쉽게 말해 상대를 띄워주는 계책이다. '비행기를 태운다'라는 말의 취지와 같다. 그러나 이는 아첨과는 질적으로 다르

다. 상대의 심기와 재능, 주변 정황 등을 두루 종합해 가장 적합한 언사를 구사하는 까닭에 그 누구도 이를 눈치채지 못한다. 아첨과 비양계는 종이 한 장 차이인데, 은밀성이 관건이다. 은밀성이 결여된 아첨은 겉으로 드러내는 '양모', 비양계는 은밀히 추진하는 '음모'에 속한다. 음모이기 때문에 그만큼 세밀한 기술이 필요하다.

큰 틀에서 볼 때 비양계는 그 자체가 목적이 아니다. 상대를 손에 넣고 임의로 조종코자 하는 겸제계箝制計의 전제 조건으로 활용되는 게 그렇다. 비양계와 겸제계를 통칭해 비겸계飛箝計라고 부른다. 비양계와 겸제계는 선후관계에 있는 까닭에 먼저 비양계가 주효해야 비로소 겸제계을 구사할 수 있다. 순서를 어길 경우 오히려 역효과를 낳을 수 있다.

심리 실험 결과 칭찬을 받은 집단이 그렇지 못한 집단에 비해 어휘와 지적 능력이 더 향상된 것으로 나타났다. 칭찬의 중요성을 보여주는 한 실례이다. 칭찬에는 몇 가지 기술이 필요하다. 첫째, 칭찬은 즉시 해야 한다. 둘째, 구체적으로 칭찬한다. 셋째, 여러 사람 앞에서 칭찬한다. 칭찬은 일종의 포상이나 마찬가지다. 즉각적이면서도 공개적으로 할수록 효과가 크다.

칭찬으로 상대를 꼼짝 못하게 하라

일본의 저명한 경영 컨설턴트 스즈키 요시유키鈴木義幸가 지난 2002년에 펴낸 『칭찬의 기술ほめる技術』에 재미난 비유가 나온다. 1백 년에 달하는 센고쿠戰國 시대를 종식시키는 데 결정적인 공헌을 한 오

다 노부나가織田信長는 칭찬에 서툴러 패망한 경우에 해당한다는 분석이 그렇다. 오다 노부나가는 아케치 미츠히데明智光秀를 자신의 후계자로 인정하고 있었지만 이를 겉으로 드러내지 않았다. 아케치가 전투에서 공을 세우면 네댓 달이 지난 뒤에야 갑자기 영토를 뚝 떼어주는 식이었다. 제때 공로를 칭찬받지 못하자 아케치는 오다가 자신의 경쟁자인 도요토미 히데요시를 더 아끼는 것으로 생각했다. 천하통일을 눈앞에 둔 1582년 6월 2일, 오다는 결국 혼노지本能寺에서 아케치의 습격을 받고 자진했다. 임진왜란이 일어나기 꼭 10년 전의 일이다.

스즈키는 이 책에서 사람의 유형에 따라 칭찬하는 방법도 달라야 한다는 점을 강조하고 있다. 그는 사람의 유형을 크게 네 가지로 나눴다. 사람이나 사물을 지배코자 하는 '수장형', 일이 잘 풀리도록 곁에서 고취하는 '장려형', 대세를 좇는 '지지형', 분석이나 전략을 세우는 '분석형'이 그것이다. 수장형은 개인적으로 칭찬을 받으면 자신을 유인하려는 것으로 생각하는 까닭에 그가 속한 팀 전체를 칭찬하는 게 효과적이다. 장려형은 열정적인 사람이 많으므로 감탄사를 붙여가며 아낌없이 칭찬하는 게 좋다. 지지형은 상대방이 자신을 인정해 주는 데 감격하는 까닭에 아무리 사소한 업적이라도 곧바로 칭찬을 해주는 게 도움이 된다. 분석형은 사물을 객관적으로 바라보는 까닭에 어떤 점이 좋은지 구체적으로 지적하면서 전문성을 평가해 주어야 효과를 거둘 수 있다. 이는 「비겸」 편의 다음 가르침과 일치한다.

"사람은 칭찬하면 누구나 좋아하기 마련이다. 우선 칭찬으로 상대

를 꼼짝 못하게 유인한 뒤 크게 띄워주며 단단히 옭아매는 비겸술을 구사한다. '구겸지사'는 정세情勢에 따라 유세하는 말로, 상황 변화에 따라 다르게 구사해야 한다."

스즈키의 분석에 따르면 아케치는 지지형에 가깝다. 사소한 일이라도 칭찬해주어야 하는 상황에서 오다는 칭찬을 아끼다가 패망한 셈이다. 남들도 자신과 같은 수장형이라고 생각해 사적인 칭찬에 인색했던 게 탈이었다.

조선에는 오다와 정반대의 비양계을 발휘해 명성을 떨친 인물이 있었다. 세종 때의 정승 황희가 그 주인공이다. 하루는 두 시비侍婢가 사소한 일로 다퉜다. 한 시비가 와서 하소연하자 황희가 말했다.

"네 말이 옳다!"

잠시 후 다른 시비가 와서 하소연하자 이번에도 똑같이 말했다.

"네 말도 옳다!"

곁에 있던 부인이 참다못해 핀잔을 주었다.

"대감, 두 사람의 말이 다 옳다면 대체 누구 말이 옳단 말입니까?"

황희가 태연하게 말했다.

"부인 말씀도 옳소!"

21세기라고 달라질 리 없다. 정계와 관계에서 명성을 떨치고 있는 내로라하는 인물 중 상당수가 이런 유형에 속한다. 사실 비겸술의 전제 조건인 비양계은 두꺼운 얼굴이 없으면 불가능하다. 그런 점에서 후흑술의 한 축을 이루고 있는 면후술面厚術과 통한다. 비겸술의 방점은 겸제계에 있다. 집게 따위로 꽉 잡는 것을 말한다. 후흑술의

또 다른 한 축인 심흑술心黑術이 바로 겸제계이다. 바늘을 솜에 감추고 웃음 속에 칼을 감춘 것이나 다름없다. 겸제계에 걸린 상대는 거미줄에 걸린 곤충처럼 빠져나가지 못한다. 한마디로 거미 밥이 되는 것이다.

상대가 빠져나가지 못하도록 옭아매라

대표적인 일화로 전국시대 중기 장의가 초나라 회왕을 농락한 사례를 들 수 있다. 장의가 연횡책을 구체화한 것은 진나라 재상이 된 이후이다. 제나라와 초나라가 남북으로 합종해 대적할 것을 우려한 진나라 혜문왕은 재위 25년인 기원전 313년에 장의를 초나라로 보내 회왕을 설득하게 했다. 초 회왕은 장의의 유세에 홀딱 넘어가 제나라와 단교할 것을 약속했다. 신하들도 이를 축하했으나 오직 장의와 쌍벽을 이루며 종횡가로 활약하고 있던 진진陳軫만이 홀로 상심한 표정을 지었다. 회왕이 진진에게 물었다.

"과인이 출병하지 않고도 6백 리의 땅을 얻게 되었는데 어찌하여 상심하는 것이오?"

"그렇지 않습니다. 제가 보건대 상어 땅을 얻을 수도 없지만 앞으로 제·진 두 나라가 연합할 것이니 그리되면 틀림없이 우환이 닥칠 것입니다."

"그 이유를 설명해줄 수 있겠소?"

진진이 대답했다.

"무릇 진나라가 우리 초나라를 중히 여기는 까닭은 제나라가 있기

때문입니다. 이제 폐관하여 제나라와 단교하고 합종의 맹약을 끊어 버리면 초나라는 고립되고 말 것입니다. 그리되면 진나라가 어찌 고립된 나라를 어여삐 여겨 상어 땅 6백 리를 주겠습니까? 장의는 진나라로 돌아가는 즉시 틀림없이 대왕을 등질 것입니다. 그리되면 대왕은 북쪽으로는 제나라와 단교하고 서쪽으로는 진나라로 인한 우환을 불러들여 틀림없이 두 나라 군사가 들이닥칠 것입니다. 군주를 위한 계책을 말씀드리면 제나라와 은밀히 교호하면서 겉으로만 단교하느니만 못합니다. 일단 장의에게 사람을 달아 진나라로 보낸 뒤 진나라가 우리에게 땅을 주면 그때 다시 제나라와 단교해도 결코 늦지 않을 것입니다."

그러나 회왕은 이를 듣지 않고 오히려 목소리를 높였다.

"다시는 그와 같은 이야기를 하지 마시오. 일단 과인이 땅을 얻는 것을 지켜보도록 하시오!"

그러고는 마침내 초나라 재상의 인장을 장의에게 주고 후하게 상을 내렸다. 또 관문을 닫아 제나라와 단교한 뒤 장군 한 사람을 딸려 보내 장의와 함께 진나라로 들어가게 했다. 그러나 장의는 진나라로 돌아가서는 초나라 사자에게 6백 리가 아닌 6리의 땅을 넘겨주겠다고 말했다. 초나라의 사자가 돌아가 회왕에게 사실대로 보고하자 대로한 회왕이 곧바로 진나라를 치고자 했다. 진진이 만류했다.

"진나라를 공격하는 것은 커다란 성읍 하나를 뇌물로 주느니만 못합니다. 그런 다음 진나라와 힘을 합쳐 제나라를 치십시오. 이는 진나라에게 잃은 땅을 제나라에서 보상받는 것입니다. 지금 대왕은 이미 제나라와 단교했습니다. 진나라에 속임수를 쓴 책임을 묻는다면

상대를 열광케 하라 – 귀곡자처럼

이는 제·진 두 나라를 서로 결속시켜줄 뿐입니다. 그리되면 천하의 군사가 몰려오게 되어 우리 초나라가 반드시 크게 상할 것입니다."

회왕은 이 말 또한 듣지 않았다. 대부 굴개屈匄에게 명해 군사를 이끌고 가 진나라를 치게 했지만 크게 패해 병사 8만 명이 참수를 당하고 굴개를 포함한 70여 명의 장수가 포로로 잡혔다. 진나라가 여세를 몰아 지금의 섬서성 한중시 일대를 손에 넣었다. 초 회왕이 전군을 동원해 다시 쳐들어가 지금의 호북성 종상현 서북쪽인 남전藍田 일대에서 교전했으나 또다시 대패하고 말았다. 초나라는 두 개의 성읍을 진나라에 할양하면서 강화를 청할 수밖에 없었다. 화를 참지 못해 설상가상의 재난을 자초한 셈이다.

이듬해인 기원전 311년, 진 혜문왕이 초 회왕에게 사람을 보내 섬서성 상락현 서남쪽 단강의 북안에 있는 무관武關 밖의 땅과 지금의 호남성 상덕시인 초나라의 검중黔仲을 바꾸자고 제안했다. 장의에게 원한을 품은 회왕이 이같이 회답했다.

"땅 교환을 원치 않소. 원컨대 장의를 우리 초나라로 보내주시오. 그러면 검중의 땅을 바치겠소."

장의가 이 말을 듣고 초나라행을 자청하자 혜문왕이 물었다.

"초나라가 그대를 잡아들여야만 만족할 터인데 어찌하여 굳이 그곳으로 가려는 것이오?"

장의가 대답했다.

"진나라는 강한데 초나라는 약하고, 게다가 대왕이 있는데 초나라가 감히 저를 어찌하겠습니까? 또한 저는 초왕의 총신 근상斬尙과 잘

사귀어두었습니다. 근상은 초왕의 총희 정수鄭袖를 섬기고 있습니다. 초왕은 정수의 말이라면 들어주지 않는 것이 없습니다."

마침내 장의가 초나라로 가자 회왕이 대뜸 그를 잡아 가둔 뒤 죽이려 했다. 근상이 정수를 찾아가 말했다.

"진왕이 장의를 심히 아낀 나머지 장차 상용上庸의 6개 현과 미녀를 바치고 장의를 귀국시키려 합니다. 우리 초왕은 이들 땅을 중시하는 것은 물론 진나라의 의사도 존중하고 있습니다. 진나라가 바치는 미녀는 반드시 총애를 받을 것이니 부인은 속히 손을 써서 미리 막기 바랍니다."

정수가 회왕 앞에서 밤낮으로 울면서 하소연했다.

"신하가 된 자는 각자 그 주군을 위해 헌신할 뿐입니다. 지금 장의를 죽이면 진나라가 반드시 대로할 것입니다. 청컨대 저희 모자가 강남으로 옮겨 가 진나라의 어육魚肉이 되지 않도록 해주십시오."

회왕이 마침내 장의를 사면하고는 후대했다.

『귀곡자』의 종횡술 관점에서 보면 초 회왕은 비겸계에 넘어가 대사를 그르친 꼴이다. 당시 장의가 회왕에게 구사한 비겸계는 「비겸」편의 다음 가르침을 충실히 좇은 결과다.

"비겸을 구사할 때는 상대가 좋아하는 재화財貨, 아름다운 구슬인 기위琦瑋, 진기한 구슬인 진주珍珠, 둥근 구슬인 옥벽玉璧, 비단, 미인 등을 동원한다. 상대의 재능을 정확히 평가해주면서 위세로 꼼짝 못하게 하거나, 상대의 언동을 살피다가 약점을 잡아 옭아매는 경우도 있다."

장의는 먼저 비양계로 초 회왕의 자만심을 만족시킨 뒤 겸제계을 발휘해 소기의 목적을 달성한 셈이다. 유가의 관점에서 보면 장의의 행보는 기만술의 연속에 불과하다. 유가가 수천 년 동안 종횡술을 잡술雜術로 치부한 이유다. 그러나 난세의 유세 책략에 초점을 맞춘 종횡가의 관점에서 보면 실로 어리석은 자는 초 회왕이었다. 장의야말로 자신이 재상으로 있는 진나라를 위해 적국의 군주를 쥐락펴락하며 소기의 목적을 달성한 셈이다.

객관적으로 볼 때 당시 진나라는 초나라보다 강하면 강했지 결코 약하지 않았다. 제나라와 합종의 맹약을 끊는 것만으로 초나라에게 6백 리의 땅을 떼어주는 식의 엄청난 보상을 할 리 없다. 초 회왕으로서는 당연히 의심해봐야 했다. 그런데도 그리하지 않았다. 눈앞의 이익에 눈이 멀고, 장의의 비양계에 홀딱 넘어가 자고자대自高自大한 후과로 볼 수밖에 없다. 초 회왕은 이후에도 또다시 진 소양왕의 꼬임에 넘어가 진나라에 억류된 채 거기서 비참하게 객사하고 말았다. 전국시대를 통틀어 처음 있는 일이었다. 자업자득으로 해석할 수밖에 없다. 비양계의 위력이 이처럼 크다.

『귀곡자』에서 말하는 모든 유세는 비양계가 전제돼야만 주효할 수 있다. 비양계에 얼마나 능통한지 여부가 유세의 성패를 좌우한다고 해도 과언이 아니다. 사물의 정면만을 응시하며 정통론을 고집하는 유가의 관점에서 보면 비양계는 아첨으로 매도되기 십상이다. 그 의도가 빤히 드러나는 아첨과 의도가 은밀히 감춰진 비양계는 겉으로는 닮은 모습을 띠고 있으나 그 내막은 천양지차다. 비양계에 걸려들면 이내 겸제계의 술수에 넘어가게 된다. 이 지경에 이르면 자신

의 목숨을 남의 손에 넘겨준 것이나 다름없다. 유가처럼 난세에 비양계를 아첨으로 매도하며 직언을 일삼다가는 수많은 적을 만들어 제명대로 살기조차 힘들게 된다.

거듭 얘기하지만 모든 정황을 헤아려 비양의 수위를 조절하며 절도를 지켜야 비로소 겸제계을 구사할 수 있다. 비양계가 먹히지 않는 상황에서 성급하게 겸제계을 구사하다가는 생각지도 못한 큰 낭패를 볼 수도 있다. 외교 협상이든 비즈니스 협상이든 협상 테이블에 앉는 자들이 극히 조심해야 할 대목이다.

겸 제 계
箝制計

11

상대를 손안에 넣어라

'비겸술'을 천하에 구사해 군주를 보좌코자 하면 반드시 먼저 군주의 권세와 능력이 어느 정도인지, 천시天時의 성쇠는 어떠한지, 지형의 광협廣狹과 산세의 험조險阻 정도는 어떠한지, 인민의 재화는 얼마나 되는지, 제후와 교류하면서 누구와 가깝고 먼지, 내심 누구를 좋아하고 증오하는지, 마음속에 품고 있는 바가 무엇인지 등을 판단해야 한다. 군주의 뜻을 잘 살펴 그가 좋아하고 싫어하는 바를 알아낸 뒤 소중히 여기는 것을 화제로 삼아 유세한다. 이때 '비겸술'의 언사로 군주가 좋아하는 바를 낚아 꼼짝 못하게 옭아맨 뒤 소기의 목적을 추구한다.

將欲用之於天下, 必度權量能, 見天時之盛衰, 制地形之廣狹, 岨嶮之難易, 人民貨財之多少, 諸侯之交孰親孰疏, 孰愛孰憎, 心意之慮懷. 審其意, 知其所好惡, 乃就說其所重, 以飛箝之辭, 鉤其所好, 乃以箝求之.

_「비겸」

겸제계箝制計는 상대방의 비위를 맞추며 옭아매는 비책을 집중 검토하고 있다. 비양계가 제대로 먹혀야만 겸제계를 구사할 수 있다.

통상 양자를 통틀어 '비겸계'로 표현하는 이유다. 비겸계의 방점은 겸제계에 찍혀 있다. 비겸계를 성공시키기 위해서는 먼저 상대를 크게 띄워 경계심을 없애는 게 필요하다. 이를 뒷받침하는 「비겸」편의 해당 대목이다.

"비겸계를 개인에게 쓰고자 하면 반드시 먼저 그의 지혜와 재능, 자질과 능력, 기세를 파악한 뒤 이를 상대방 조종의 핵심 관건으로 삼아야 한다. 상대에 영합해 따르기도 하고, 어울리면서 압박하기도 하고, 뜻으로 통해 상대의 마음을 열게도 만든다."

일을 성사시키려면 먼저 상대의 마음을 열어라

역사적으로 살펴보면 이러한 비겸계를 구사해 뜻하지 않는 복을 받은 경우가 제법 적지 않다. 대표적인 경우로 춘추시대에 세 번째로 패업을 이룬 초楚나라 장왕莊王을 들 수가 있다. 전한시대 말기 유향이 지은 『설원』「복은」편에 이를 뒷받침하는 다음과 같은 일화가 나온다.

하루는 장왕이 투초鬪椒의 반란을 평정한 뒤 공을 세운 신하들을 위로하기 위하여 성대하게 연회를 베풀었다. 이때 총희로 하여금 옆에서 시중을 들도록 했다. 밤이 늦도록 주연을 즐기고 있는데 문득 큰바람이 불어 촛불이 모두 꺼져버렸다. 이때 총희의 날카로운 비명 소리가 들렸다. 누군가 그녀의 가슴을 더듬은 것이다. 요즘으로 치면 상당히 심한 성희롱을 한 셈이다. 총희가 그자의 갓끈을 잡아 뜯었다. 그러고는 장왕에게 이같이 호소했다.

"대왕, 속히 촛불을 켜 갓끈이 없는 자를 잡아주십시오!"

그러나 장왕의 대답이 의외였다. 그는 이같이 명을 내렸다.

"오늘은 경들이 과인과 함께 즐겁게 술을 마시는 날이다. 갓끈을 끊어버리지 않는 자는 이 자리를 즐기지 않는 것으로 알겠다."

군신들이 모두 갓끈을 끊어버린 뒤 술을 마셨다. 3년 후 초나라가 진晉나라와 접전을 벌이게 됐다. 한 장수가 선봉에 나서서 죽기를 무릅쓰고 분투한 덕분에 승리할 수 있었다. 장왕이 그 장수를 불러 물었다.

"과인은 평소 그대를 특별히 잘 대우해준 것도 아닌데 어찌하여 그토록 죽기를 무릅쓰고 싸운 것인가?"

"신은 이미 삼 년 전에 죽은 목숨이나 다름없었습니다. 당시 갓끈을 뜯긴 사람이 바로 저였습니다. 그때 대왕의 온정으로 살아날 수 있었습니다. 저는 목숨을 바쳐 대왕의 은혜에 보답하고자 했을 뿐입니다."

이를 통상 절영지연絶纓之宴 또는 절영지회絶纓之會라고 부른다. 연宴과 회會 모두 연회를 의미한다. 항우와 유방의 운명을 가른 홍문지연鴻門之宴을 달리 '홍문지회'로 부르는 것과 똑같다. 당시 초 장왕이 절영지연에서 보인 일련의 행보는 「비겸」에서 말한 "상대의 지혜와 재능, 자질과 능력, 기세를 파악한 뒤 상대에 영합해 따른다"라는 원칙을 좇은 것이다. 절영지연의 일화를 통해 알 수 있듯이 그 결과는 더 큰 보답을 불러온다.

비겸술은 신하가 아닌 군주, 소국이 아닌 대국이 구사할 경우 더

큰 효과를 볼 수 있다. 높은 자리에 있는 상관이 부하 직원에게, 관원이 일반 서민에게 비겸술을 구사하는 경우도 동일한 효과를 볼 수 있다.

초 장왕이 당대의 현자 사미士亹를 초빙해 태자를 가르치게 한 것도 같은 맥락에서 이해할 수 있다. 이 일화는『국어』「초어」편에 나온다. 장왕은 현자를 현자로서 대우하는 이른바 현현賢賢의 덕목을 실천한 셈이다. 현현은 유가와 묵가가 공히 강조하는 군자의 기본 덕목이다. 춘추시대의 패자가 되기 위해서는 반드시 구비해야 할 필수 덕목이기도 했다. 현현의 자세는 21세기 경제전에서도 반드시 필요하다. 어떤 인재를 구하느냐가 문제일 뿐이다.

원래 초 장왕은 제 환공 및 진 문공을 뛰어넘는 당대 최고의 인물이었다. 훗날 춘추시대 말기에 오왕 부차와 월왕 구천이 등장하기는 했으나 이들은 춘추시대보다는 전국시대의 인물에 가까웠다. 수단과 방법을 가리지 않고 패업을 이루고자 했기 때문이다. 그런 점에서 초 장왕은 존왕양이尊王攘夷를 기치로 내세운 제 환공과 진 문공의 뒤를 이은 춘추시대 최후의 패자에 해당한다.

지나친 자부심은 대사를 그르친다

그럼에도 후세의 성리학자들은 이를 묵살해버렸다. 여기에는 이른바 문정問鼎 고사가 결정적인 역할을 했다. 기원전 606년 봄, 초 장왕이 대군을 이끌고 가 융인戎人을 친 뒤 내친 김에 낙수雒水를 건너 지금의 하남성 낙양시에 있던 주 황실의 경계에 이르렀다. 중원의 패

자를 자처한 진나라는 초나라 군사가 주 황실의 경계에 이르기까지 아무런 움직임도 보이지 않았다. 겁을 먹었거나 마찰을 의도적으로 피한 게 확실하다.

그렇다면 초 장왕은 왜 주 황실의 경계까지 쳐들어간 것일까? 융인을 친 것은 하나의 구실에 불과하고 장차 주나라 천자를 위협해 천하를 반으로 나누고자 했기 때문이다. 초나라 군사가 주 황실의 경내에서 무력시위를 하자 보위에 오른 지 얼마 안 된 주나라 천자는 크게 두려워하며 황손 만滿을 장왕에게 보내 물었다.

"대군을 이끌고 온 뜻이 무엇이오?"

장왕이 대답했다.

"과인은 옛날 하나라 우왕이 구정九鼎을 만들었는데 그것이 은나라를 거쳐 지금 주나라에까지 전해졌다고 들었소. 사람들은 구정이 천자를 상징하는 것으로 세상에 으뜸가는 보물이라고 하나 과인은 그것이 얼마나 크고 무거운지, 어떻게 생겼는지 본 적이 없소. 그래서 한번 구경하러 왔을 뿐이오."

구정의 무게를 물었다는 뜻의 문정問鼎이라는 성어는 이 고사에서 나온 것인데, 곧 보위를 노린다는 뜻이다. 그러나 당시 초나라가 볼 때 주나라 왕조는 이미 천명이 끝난 것이나 다름없었다. 초나라에 복속한 장강 일대의 수많은 제후국들이 초나라의 칭왕稱王을 공인했다. 초 장왕은 이런 분위기에서 생장했다. 그가 중원의 진나라가 쇠미한 상황을 틈 타 중원으로 진출한 것 자체를 나무랄 수는 없는 일이다. 다만 시기적으로 너무 앞선 것이 문제였다.

천하는 넓었다. 중원의 제후국들은 초나라의 패권을 인정치 않았

다. 이런 상황에서 곧바로 주 황실을 넘본 것은 득보다 실이 많았다. 주 황실은 비록 힘은 없었으나 아직 천자의 위엄이 남아 있었다. 초 장왕의 '문정'에 대한 황손 만의 통렬한 반박이 그 증거다.

"옛날 하나라는 먼 곳의 나라들이 각각 그 나라의 기이한 산천을 그림으로 그려 올리고, 9주九州의 장관들이 동銅을 바치자 '구정'을 만들었습니다. 하나라 걸桀 때 구정이 상 왕조로 넘어갔고, 다시 은나라 주紂가 포학하자 주 왕조로 넘어왔습니다. 주나라의 덕행이 아름답고 밝으면 구정이 비록 작다 하더라도 무거워서 쉽게 옮길 수 없고, 그렇지 못하면 구정이 비록 크다 하더라도 가벼워서 쉽게 옮길 수 있습니다. 주 왕조의 덕이 비록 쇠미해졌다고는 하나 아직 천명이 바뀌었다는 조짐은 나타나지 않았습니다. 천자가 되는 것은 덕행에 있지 '구정'의 대소경중大小輕重에 있는 것이 아닙니다."

사서는 초 장왕이 부끄러운 나머지 이내 철군한 것은 물론이고 이후 불측不測한 생각을 버리게 되었다고 기록해놓았다. 이러한 기록이 사실일까? 상황이 여의치 못해 부득이하게 철군했다고 보는 게 옳다. 중원을 제패하지 못한 상황에서 구정을 초나라로 옮기는 것은 불가능했다. 주 황실을 대신하여 천하를 취하고자 했다면 굳이 구정을 옮길 이유도 없었다. 실제로 초 장왕은 황손 만에게 이와 같이 말했다.

"그대는 '구정'을 믿지 말라. 구정은 초나라의 부러진 창만을 녹일지라도 얼마든지 만들 수 있다."

고철을 녹여 얼마든지 구정을 만들 수 있다고 일갈한 것은 무력으

로 천하를 장악하겠다는 뜻을 밝힌 것이나 다름없다. 그는 배포가 크고 기개가 웅혼한 인물이었다. 구정의 대소경중을 물은 것은 주나라가 '천명' 운운하는 것을 가소롭게 여긴 결과다. 천명은 하늘이 내리는 게 아니라 인간이 만드는 것이다. 그가 '문정' 직전 무력시위를 벌인 사실이 이를 뒷받침한다.

문정 고사는 초 장왕이 하늘을 찌를 만한 기개를 지닌 사실을 보여주었음에도 불구하고 『귀곡자』의 관점에서 보면 비겸계에 실패한 대표적인 사례로 꼽을 만하다. 절영지연 고사에서 절묘한 비겸계를 구사한 것과 정반대이다. 자부심이 지나친 나머지 『귀곡자』의 계책을 무시하거나 소홀히 한 것으로 해석할 수밖에 없다.

고금을 막론하고 자부심을 지니는 것은 좋으나 자부심이 지나쳐 자만심으로 흐르면 대사를 그르치게 된다. 천하통일의 문턱에서 자만심으로 인해 적벽대전의 패배를 자초함으로써 삼국 통일의 위업을 이루지 못한 조조가 대표적이다.

『자치통감』에 따르면 당초 익주목 유장은 조조가 형주를 점령했다는 소식을 듣고는 무척이나 놀랐다. 다음의 목표는 가까운 곳에 있는 익주의 자신일 수밖에 없다고 판단한 것이다. 곧 별가別駕로 있는 장송張松을 조조에게 보내 경하하는 뜻을 전했다. 장송은 몸이 왜소하고 행동이 제멋대로였으나 식견이 매우 높고 과단성이 있었다. 유장은 장송을 보내 조조의 속마음을 탐색하고자 한 것이다. 그런데 조조는 내심 상황을 보아 익주를 들어다 바치려는 마음을 품고 있던 장송을 가벼이 대하는 바람에 장송을 유비에게 보내는 결과를 낳고

말았다. 『삼국연의』는 상상력을 발휘해 당시 상황을 이같이 묘사해 놓았다.

"장송은 자가 영년永年으로 성도成都 출신이었다. 그는 몸이 왜소하고 행동이 제멋대로였으나 식견이 매우 높고 과단성이 있었다. 장송은 이마가 나오고 머리가 뾰쪽하고 코가 들창코이고 이가 뻐드러졌으며 5척이 채 못 되는 작은 체구에 목소리는 구리종을 울리는 것 같았다.

조조가 있는 형주에 이른 장송은 곧 관역에 들어가 여장을 푼 뒤 매일 상부에 찾아가 조조를 만나게 해달라고 했다. 그러나 조조는 유비를 깨뜨린 후 잔무를 처리하느라 매우 바빴다. 장송은 사흘을 기다린 후 비로소 성명을 통할 수가 있었다. 조조가 장사에 앉은 채 장송의 절을 받고 물었다.

'유장이 여러 해를 두고 공물을 바치지 않으니 어쩐 일인가?'

'길이 멀고 험한 데다가 도적이 자주 출몰하므로 공물을 바치러 오지 못했습니다.'

장송의 대답에 조조가 발끈 화를 냈다.

'내가 중원을 다 평정했는데 무슨 도적이 있단 말인가?'

장송이 지지 않았다.

'남쪽에는 손권이 있고 북쪽에는 장로가 있으며 동쪽에는 유비가 있습니다. 그들 중 군사가 적은 자도 10여 만이나 되니 어찌 태평하다고 하겠습니까?'

조조는 처음부터 장송의 인물이 추한 것을 보고 별로 탐탁하게 여기지 않는데 말도 함부로 하는 것을 보고는 아예 소매를 떨치고

일어나 후당으로 들어가버렸다."

결과적으로 보면 이게 천하통일을 무산케 만든 단초가 됐다고 해도 과언이 아니다. 『귀곡자』의 관점에서 볼 때 당시 조조는 자부심이 지나친 나머지 자만심에 빠져 있었던 탓에 비양계의 기본 이치를 망각했던 것이다. 상식적으로 볼지라도 형주에 이어 익주를 손에 넣을 양이면 장송을 높이 띄우며 익주 탈취 계책을 마련하는 게 당연한 수순이었다. 그런데도 조조는 형주를 손쉽게 점령한 사실에 고무된 나머지 장송을 홀대하고 만 것이다.

그 대가는 너무나 컸다. 익주가 유비에게 넘어간 것이다. 당시 주부主簿 양수楊修가 조조에게 장송을 불러들이는 방안을 건의했지만 조조는 이 또한 받아들이지 않았다. 장송이 이에 원한을 품고 돌아가 유장에게 조조와 관계를 단절하고 유비와 동맹을 맺을 것을 권했다. 유장이 이를 따르면서 결국 익주는 유비의 손안에 들어가고 말았다. 조조의 입장에서 볼 때 천려일실千慮一失에 해당한다. 이를 두고 훗날 남북조시대 남조 동진의 역사가 습착치習鑿齒는 『한진춘추漢晉春秋』에서 이같이 비판했다.

"제 환공이 일단 공을 세우고 자만하자 9개 제후국이 이반했다. 조조도 잠시 득의하여 자만한 나머지 천하가 3분되고 말았다. 수십 년 동안 어렵게 근면히 쌓아온 대업이 일순간에 훼손된 셈이다. 이 어찌 가석可惜한 일이 아니겠는가!"

이종오가 『후흑학』에서 지적했듯이 조조가 심흑의 달인인 것은 확실하다. 그러나 면후의 지극한 경지를 체득하지 못하여 천하통일의 마지막 문턱에서 좌절하고 만 셈이다. 지나친 자부심이 자만심으로

진행한 결과다. 『귀곡자』의 관점에서 보면 비양계를 소홀히 하는 바람에 천하통일의 문턱에서 좌절했다고 해도 과언이 아니다. '벼 이삭은 익을수록 고개를 숙인다'라는 우리말 속담이 새삼 상기되는 대목이다.

12

상대와 굳게 결속하라

군신君臣의 상하관계를 보면 소원한 것 같으면서도 친밀한가 하면, 친근한 것 같으면서도 소원한 경우가 있다. 곁에서 충심으로 보필하는데도 중용되지 못하는가 하면, 조정을 떠났는데도 오히려 부름을 받는 경우도 있다. 매일 군주 곁에 있지만 발탁되지 못하는가 하면, 멀리서 명성만 듣고도 군주가 크게 사모하며 발탁하고자 하는 경우도 있다. 이는 마음으로 굳건하게 결합하는 이른바 내건內揵의 정도 차이에 따른 것이다. 평소 군신이 서로 맺고 있는 결속의 수준이 이런 차이를 만든다.

君臣上下之事, 有遠而親, 近而疏. 就之不用, 去之反求. 日進前而不御, 遙聞聲而相思. 事皆有內揵, 素結本始.

_「내건」

내건계內揵計는 유세하는 자가 유세의 대상과 굳건히 결속하는 것을 말한다. 이는 유세의 성공을 보장하는 기본 전제에 해당한다. 이게 전제되지 않으면 아무리 화려한 언변을 자랑할지라도 설득은커녕

오히려 의심을 살 수도 있다. 역효과만 낳을 뿐이다.『한비자』「세난」은 이같이 경고한 바 있다.

"유세자가 군주와 친하지도 않고 은총이 두텁지도 않은데 아는 계책을 모두 말해 실행에 옮겨지는 경우가 있다. 일이 제대로 행해져 공을 세우게 되면 곧 잊혀지고, 제대로 행해지지 않아 실패하면 의심만 사게 된다. 그리되면 유세자의 신변이 위험하다."

『귀곡자』에서 내건계를 역설한 이유가 바로 여기에 있다. 유세 대상과 굳게 결속하고 있어야 설령 유세 책략에 실패할지라도 다음 기회를 노릴 수 있다는 취지이다. 내건계를 통해 입신양명을 이루고 건국의 기틀을 확고히 다진 대표적인 인물로 전한 초기에 한 고조 유방의 책사로 활약한 숙손통叔孫通을 들 수 있다.

상대가 간절히 원하는 것을 헤아려라

유방은 원래 시골 아전 출신에 지나지 않는다. 그가 초나라 명문가 출신인 항우와 천하의 패권을 놓고 다툰 끝에 사상 두 번째로 천하통일의 위업을 이루게 된 데에는 장양張良과 소하蕭何와 한신韓信 등의 보필이 결정적인 공헌을 했다. 이들을 흔히 한나라 창업의 '3대 공신'이라고 한다. 이들 중 최고의 책사 역할을 한 인물은 장양이다. 법가를 비롯해 병가와 종횡가 등 난세의 제왕지술을 모두 터득한 덕분이다. 수천 년 동안 많은 사람들이 그를 최고의 지낭智囊으로 손꼽는 이유다. 난세에는 『한비자』의 제왕지술과 『귀곡자』의 종횡술이 유가의 덕치술보다 훨씬 유용하다는 사실을 입증한 셈이다.

주목할 것은 전한 초기에 제국의 통치 이념과 체제를 정비한 숙손통의 역할이다. 엄밀히 따지면 한 제국이 전한과 후한을 합쳐 중국 역사상 가장 긴 4백 년의 왕업을 이을 수 있었던 데에는 그의 공이 매우 컸다. 숙손통은 유방 진영에 합류하기 전까지 여러 명의 군주를 섬겼다. 유가는 종횡가를 흉내 낸 그의 이런 행보를 못마땅하게 생각했다.

『사기』「숙손통열전」에 따르면, 지금의 산동성 등현인 설薛 땅 출신이다. 진시황이 갑자기 죽고 뒤이어 진승이 거병하자 2세 황제 호해胡亥가 그를 포함한 여러 명의 박사와 유생들을 소집했다.

"초 땅의 수자리를 서던 병사들이 진陳 땅에 이르렀다고 하니 공들은 이를 어찌 생각하시오?"

박사를 포함한 여러 유생들이 앞으로 나와 이같이 말했다.

"신하가 감히 군사를 일으킨 것은 반역이고, 그 죄는 죽어 마땅하며 결코 사면할 수 없습니다. 원컨대 폐하께서는 급히 발병發兵하여 그들을 치십시오."

2세 황제 호해의 안색이 문득 붉게 변했다. 숙손통이 앞으로 나서서 이같이 말했다.

"저들의 말은 모두 틀렸습니다. 이미 진 제국을 세우면서 천하를 하나로 통합해 일가를 이루고, 각 군현의 성을 허물고 무기를 녹여 다시는 그것을 사용치 않겠다는 뜻을 천하에 보였습니다. 게다가 위로 영명한 군주가 있고, 아래로 법령이 구비되어 있어 모든 것이 중앙으로 몰려들고 있습니다. 어찌 감히 반기를 드는 자가 있을 수 있겠습니까? 지금 저들 도적들이 일어난 것은 마치 쥐새끼가 곡식을

훔치고 개가 물건을 물어간 것에 불과합니다. 어찌 언급할 가치가 있겠습니까? 현재 각 군의 군수와 군위郡尉가 그들을 잡아들여 논죄하고 있으니 어찌 우려할 일이겠습니까!"

숙손통의 말이 끝나기 무섭게 박사와 유생들이 '반역설'과 '도적설'로 나뉘어 치열한 논쟁을 벌였다. 2세 황제 호해는 자신의 시대를 태평성대로 규정한 숙손통의 도적설을 지지했다. 곧 어사에게 명해 반역설을 주장한 자들은 형리에게 넘겨 조사케 하고, 숙손통에게는 비단 20필과 옷 한 벌을 하사하고 박사에 제수했다. 숙손통이 출궁하여 숙사로 돌아오자 유생들이 그를 맹렬하게 비판했다.

"선생은 어찌하여 그토록 아첨하는 말을 한 것이오?"

숙손통이 대답했다.

"그대들은 모르고 있소? 나는 하마터면 호구虎口를 빠져나오지 못할 뻔했소!"

그러고는 이내 설 땅으로 달아났다. 그러나 설 땅은 이미 항량項梁이 이끄는 초나라 군사에게 항복한 뒤였다. 설 땅에 항량이 들어오자 숙손통은 곧 그의 뒤를 따랐다. 얼마 후 항량이 정도定陶에서 패하여 죽자 반군의 상징적 지도자인 초 회왕을 섬겼다. 유방과 항우모두 회왕의 휘하 장수로 있었던 까닭에 반드시 회왕을 섬겼다고 보기도 어렵다. 초 회왕이 항우에 의해 명목상 의제義帝로 받들어져 장사로 옮기게 되었을 때 회왕을 따르지 않고 그대로 남아 항우를 섬긴 사실이 이를 뒷받침한다.

이후 유방이 5제후를 이끌고 지금의 강소성 서주시인 항우의 본거지 팽성彭城에 입성하자 숙손통은 곧바로 유방에게 항복했다. 주목

할 것은 유방이 전투에서 패해 서쪽으로 퇴각하자 이번에는 항우를 좇지 않고 끝까지 유방을 따른 점이다. 유방의 최후 승리를 점친 까닭이다. 사실 다시 항우를 따를 경우 그간의 전력으로 인해 제대로 된 대우를 받기도 어려울 뿐더러 자칫 목숨을 잃을지도 모를 일이었다.

숙손통의 휘하에는 많은 제자들이 있었는데, 그가 유방에게 항복했을 당시 그를 따르는 유생 및 제자가 100여 명이나 되었다. 숙손통은 그들을 유방에게 천거하지 않고 오로지 전에 도적떼에 몸담았던 자와 힘센 장사들만 천거했다. 제자들 모두 숙손통을 뒤에서 욕했다.

"우리는 선생을 섬긴 지 여러 해가 지났다. 다행히 한왕 유방에게 항복해 따르게 되었는데 선생은 우리들을 천거하지 않고 오로지 교활한 자들만을 천거하고 있다. 어찌 이런 일이 있을 수 있는가?"

이 말을 전해 듣고 숙손통이 이같이 말했다.

"한왕은 지금 화살과 돌을 뒤집어쓰며 천하를 다투고 있다. 유생들이 어찌 능히 전장에서 싸울 수 있겠는가? 그래서 우선 적장을 베고 적기를 뽑아낼 수 있는 자를 천거한 것이다. 그대들은 잠시 기다리도록 하라. 나는 그대들을 잊지 않고 있다."

유방이 곧 숙손통을 박사로 임명한 뒤 '직사군稷嗣君'으로 호칭했다. 숙손통의 도덕과 학문이 전국시대를 풍미한 제나라 직하학당稷下學堂의 학풍을 계승할 정도로 뛰어나다는 취지에서 나온 것이다.

기원전 202년, 유방이 항우를 제압한 뒤 명실상부한 전한 제국의 황제 자리에 오르자마자 진나라의 가혹한 의례를 모두 없애고 법률도 간략하게 했다. 그러나 예제禮制가 아직 정립되지 않은 까닭에 궁

정은 그야말로 가관이었다. 공신들은 술을 마시다 공을 다툴 때면 마구 외치며 칼을 뽑아 궁궐의 기둥을 때리곤 했다. 유방이 이를 크게 혐오하자 숙손통이 유방에게 건의했다.

"무릇 유자는 천하를 거머쥐는 진취進取를 함께하기는 어려우나 천하를 지키는 수성守成은 함께할 수 있습니다. 원컨대 신은 공자의 고향인 옛 노나라 땅의 유생들을 불러들여 신의 제자들과 함께 조정의 의례를 만들고자 합니다."

"어렵지 않겠소?"

"오제五帝는 서로 다른 음악을 사용했고, 삼왕三王도 동일한 예제를 쓰지 않았습니다. 예제는 시대와 인정에 따라 형식을 자르거나 보태는 것입니다. 원컨대 고례古禮를 두루 채택한 뒤 진나라의 의례를 섞어 새롭게 만들고자 합니다."

"한번 만들어보시오. 다만 알기 쉽고 내가 능히 실행할 수 있는지를 헤아려 만들도록 하시오!"

숙손통이 노나라 땅의 유생 30여 명을 불러들였는데 그중 두 명의 유생이 이를 거부했다.

"그대는 진시황에서 지금의 황제에 이르기까지 섬긴 군주만도 일곱 명이나 되오. 매번 면전에서 아부하여 군주의 친애와 존경을 받았소. 지금 천하가 막 안정되었으나 죽은 자의 장례도 아직 치르지 못하고 부상당한 자 또한 아직 일어나지 못하고 있소. 이런 상황에서 다시 예악을 일으키려 하는 것이오? 원래 예악이 일어나려면 덕을 쌓은 지 백 년이 지나야 가능한 것이오. 나는 차마 공이 한 일을 하지 못하겠소. 공은 이곳을 떠나 더는 나를 더럽히지 마시오."

숙손통이 웃으며 말했다.

"그대들은 실로 비루한 유생이오. 시변時變의 이치를 전혀 깨닫지 못하고 있소."

마침내 숙손통은 부름에 응한 30명의 유생을 데리고 서쪽으로 간 뒤 황상의 좌우 학자와 자신의 제자 100여 명과 함께 야외에서 예제를 실습했다. 한 달쯤 뒤 유방에게 고했다.

"가히 시험 삼아 관찰할 수 있습니다."

관람 후 만족감을 표한 유방은 군신들에게 이를 열심히 익히게 했다. 기원전 200년 10월, 장락궁長樂宮이 완성되자 유방은 제후와 군신들에게 모두 찾아와 하례케 했다. 다음날 문무백관이 도열한 가운데 황제가 궁궐에 들어오는 의식이 엄숙하게 진행됐다. 먼저 신하들이 서열에 따라 전문殿門 안으로 들어간 뒤 차례로 시립했다. 호위 군사가 섬돌 양쪽에 늘어섰는데 이들의 손에는 모두 무기가 들려 있어 마치 깃발을 벌려 세운 듯했다. 이어서 유방이 행차해 유유히 수레 밖으로 나왔고, 알자謁者가 제후왕 이하 녹봉이 6백 석에 이르는 관원들을 차례로 이끌어 경하케 했다. 사마천은 엄숙한 분위기에 두려워하지 않는 자가 없었다고 기록해놓았다.

의례가 끝나자 법주法酒가 차려졌다. 법주는 취하지 않게 마시는 예주禮酒를 말한다. 모두 땅 위에 엎드려 머리를 숙인 뒤 신분이 높은 순서대로 일어나 술잔을 올렸다. 여러 순배가 행해진 뒤 알자가 주연이 끝났음을 전했다. 이때 의례를 따라하지 않는 자는 어사가 곧바로 밖으로 끌어냈다. 의례가 끝나고 주연이 진행되는 동안 감히 시끄럽게 떠들거나 예를 잃는 자가 없었다. 유방이 크게 기뻐하며

말했다.

"내가 오늘에야 비로소 황제가 귀하다는 사실을 알게 되었다!"

이내 숙손통을 예제를 담당하는 태상太常에 제수하고 황금 500근을 하사했다. 그러자 숙소통이 유방에게 이같이 진언했다.

"신의 제자 및 유생들이 신을 따른 지 이미 오래되었습니다. 그들은 신과 함께 의례를 만들었습니다. 원컨대 그들에게도 관직을 내려주십시오."

유방이 이들을 모두 황제를 곁에서 시봉하는 낭관郎官에 임명했다. 숙손통은 출궁한 후 하사받은 황금 500근을 노나라 땅에서 초빙한 유생 및 제자들에게 고루 나눠주었다. 이들이 크게 기뻐하며 이같이 칭송했다.

"선생이야말로 실로 성인이다! 당대의 중요한 일을 모두 알고 있으니 말이다."

변절과 아부를 일삼은 숙손통에 대해 내심 못마땅하게 생각했는데 그가 노력한 덕분에 벼슬을 하게 되자 모두 입에 침이 마르도록 칭송하고 나선 것이다. 유방이 죽기 1년 전인 기원전 196년 말, 숙손통은 태자인 한 혜제 유영劉盈의 태자태부太子太傅로 있었다. 장양은 임시로 태자소부太子少傅의 직책을 맡았다. 장양이 숙손통의 밑에 있었던 것이다. 이는 말년에 이르러 유방의 숙손통에 대한 신임이 장양보다 컸음을 시사한다.

당시 유방은 총희인 척희戚姬의 소생 유여의劉如意를 태자로 세우려고 했다. 기원전 195년 말, 유방이 경포黥布를 격파하고 귀경한 뒤 병이 더욱 깊어지자 태자를 바꾸려는 생각이 더 심해졌다. 장양이

간곡히 간했으나 유방이 듣지 않자 장양은 병을 칭하며 두문불출했다. 이 문제를 궁극적으로 해결한 사람은 숙손통이었다. 이는 유방의 두터운 신임이 있었기에 가능할 수 있었다.

『귀곡자』의 관점에서 보면 숙손통은 내건계를 통해 유방의 신임을 확고히 하고 있었다. 내건계는 숙손통처럼 군주에게 간언을 하거나 계책을 올리는 방식으로 구사하는 게 효과적이다. 믿음이 결여된 상황에서 함부로 간하거나 헌책했다가는 오히려 낭패를 보게 된다. 상대가 간절히 원하는 게 무엇인지 제대로 헤아리지 못할 경우 위급할 때 출구를 찾기 힘들다. 비즈니스 세계도 마찬가지다. 아무리 뛰어난 계책을 세웠더라도 전체의 흐름을 파악한 가운데 상관과 부하 직원, 회사 안팎의 상황을 정확히 읽을 줄 알아야 계책을 성사시킬 수 있다. 유사시 진퇴를 분명히 하기 위해서라도 반드시 상대와의 굳건한 내부 결속이 전제돼야 한다. 상대에 대한 분석이 정확하면 정확할수록 곤경에 처할 가능성이 줄어든다. 21세기 경제전 시대에 내건계가 더욱 위력을 발휘하는 이유다.

03

통제

지피지기로
상황을 통제하는
설득술

統
制

13

천의 얼굴을 지녀라

상대를 아는 지피知彼는 자신을 아는 지기知己로부터 시작한다. '지기' 이후에
비로소 '지피'를 할 수 있다. 내가 남에게 제공하는 정보는 적고, 내가 남의 실
정을 알아내는 정보는 양도 많고 신속해야 한다. 은밀히 감춰진 음陰 또는 겉
으로 드러난 양陽의 정황에 적용하든, 둥근 원圓 또는 각진 방方의 모습을 지닌
사물에 적용하든 모두 그 핵심을 꿰어 적절히 대응할 수 있다.

故知之始己, 自知而後知人也. 其與人也微, 其見情也疾. 如陰與陽, 如陽與陰, 如圓與方.
如方與圓.

_「반응」

반응계反應計는 통상적인 흐름을 뒤집어서 상대가 반응하는 내용을
토대로 상대의 속셈을 읽는 계책을 말한다. 대화 밖의 얘기를 들을
줄 아는 이른바 반청反聽과 말없이 말하는 반사反辭 등이 구사되는
이유다. 주목할 것은 반응계가 지기知己와 지피知彼를 같은 비중으
로 취급한 『손자병법』과 달리 지기가 지피보다 앞서야 한다고 역설

하고 있는 점이다. 지기를 토대로 지피를 행하는 것이 정응正應, 지피 위에 지기를 가미하는 것이 바로 반응反應이다.

반응계는 병법에서 적의 허를 찌르는 출기불의出其不意를 역설한 것과 취지를 같이한다. 이에 성공하기 위해서는 상대가 겉과 속을 다르게 표현하는 허허실실을 정확히 읽을 줄 알아야 한다. 상대의 시선을 딴 곳으로 돌리고 나서 은밀하게 그물을 치고 상대가 그물에 걸려들기를 기다린다는 점에서는 병법의 성동격서聲東擊西와 닮은꼴 이다.

백 번 싸워 백 번 다 이길 수 있는 조건을 갖추어라

『손자병법』과 『오자병법』 등 모든 병서는 전략 전술의 대원칙을 '지 피지기'에 두고 있다. 이를 뒷받침하는 『손자병법』 「모공」 편의 해당 구절이다.

"적을 알고 나를 알면 매번 싸워도 위태롭지 않다. 적을 알지 못하 고 나를 알면 승부를 예측할 수 없다. 적도 모르고 나도 모르면 매번 싸울 때마다 위험에 처하게 된다."

「모공」은 크게 지피지기知彼知己, 부지피지기不知彼知己, 부지피부지 기不知彼不知己 등 세 가지 경우로 나눠 얘기하고 있다. 주목할 것은 상대를 모르고 자신을 아는 '부지피지기'의 경우인데, 승부를 예측 할 수 없다는 구절의 원문은 '일승일부一勝一負'이다. 당나라 때의 두 우杜佑를 포함한 많은 주석가들이 이를 두고 승률이 절반이라고 풀 이했다. 21세기 현재까지 대다수 주석가들이 이를 '한 번 이기고 한

번 패한다'라는 식으로 해석하고 있다. 이는 『손자병법』이 말하고자 하는 취지와 동떨어진 것이다.

동전을 던졌을 때 앞 또는 뒤가 나올 확률은 각각 2분의 1이지만 막상 실험을 하면 열 번 내리 앞면만 나올 수도 있다. 동전이 땅에 떨어졌을 때 어떤 면이 위로 향할지는 아무도 확언할 수 없다. 확실히 말할 수 있는 건 동전을 100만 번쯤 던지면 거의 절반은 앞면이 나오고 거의 절반은 뒷면이 나온다는 사실이다. 횟수를 많이 하면 할수록 그 확률은 더욱 정밀해진다.

하지만 전쟁은 동전 던지기가 아니다. 100만 번이나 치를 수는 없다. '일승일부'를 결코 한 번 이기고 한 번 진다고 해석해서는 안 되는 이유가 바로 여기에 있다. 바꿔 말하면 적을 모를 경우 승패의 확률이 통계학적으로는 2분의 1이지만 현실에서는 열 번 내리 패할 수도 있다는 것이다. 마오쩌둥도 「지구전론持久戰論」에서 다음과 같이 경계한 바 있다.

"우리들은 전쟁현상이 다른 어떤 사회현상보다 더 파악하기 힘들고 승률의 개연성이 적다는 것을 인정해야만 한다. 전쟁은 신이 하는 게 아니다. 『손자병법』이 '지피지기' 운운한 것은 여전히 과학적 진리이다. 그러나 전쟁은 속성상 여러 상황 등으로 인해 상대방을 완전히 아는 게 불가능하고, 단지 대체적인 것만을 알 뿐이다. 여러 번의 정찰을 통해, 그리고 지휘관의 총명한 추론과 판단에 의해 과오를 최소화하는 게 승리의 관건이다."

마오쩌둥의 지적은 현실에서 동전을 열 번 던졌을 때 매번 앞면 또는 뒷면만 나올 수 있는 가능성을 언급한 것이나 다름없다. 전쟁

터에서 장수가 늘 세심한 정찰을 통해 적정敵情의 상황 변화를 면밀히 파악하고, 여러 정황을 종합해 적장敵將의 의도를 추리하고 판단해야 하는 이유다. 그런 점에서 마오쩌둥이 "과오를 최소화하는 게 승리의 관건이다"라고 지적한 것은 탁견이다. 20세기 최고의 군사전략가다운 면모를 유감없이 드러낸 대목이다.

지난 2007년 응용수학자 데이비드 오렐도 『거의 모든 것의 미래 Apollo's Arrow』에서 동전의 확률에 기초한 투자 및 수익 모형 자체가 잘못됐다고 지적한 바 있다. 그는 기상 예측이 자주 빗나가는 이유를 나비효과에서 찾는 기존의 견해를 비판하면서 날씨 예측의 모형 자체가 잘못됐다고 지적했다. 자연현상조차 이러한데 수많은 상황 변수에 휘둘릴 수밖에 없는 인간의 투자 행태를 동전의 확률 이론에 의해 분석하고 전망하는 것 자체가 잘못이라고 지적한 것이다.

예측이 우리가 기대한 것만큼 정확하지 않다면 불확실한 미래 앞에서 이제 어디로 가야 하는가? '우리는 모른다'가 답이다. 그는 예측 불가능한 게 결코 나쁜 일이 아니고 오히려 살아 있는 생명의 본질이자 창의성의 원천이라고 역설한다. 비록 정확성은 떨어질지라도 예측 모형은 그 나름대로 현재를 이해하고 미래를 설계하는 데에 유용하다는 것이다. 예측 모형의 오류를 인정하고 겸손해지자는 게 요지이다.

마오쩌둥과 오렐의 지적 모두 『손자병법』의 '일승일부'를 한 번 이기고 한 번 진다는 식의 산술적인 확률로 해석해서는 안 된다는 것을 경고한 셈이다. '일승일부'는 한 치도 승부를 예측할 수 없다는 의

미로 풀이하는 게 옳다.

주목할 것은 『손자병법』이 승리를 견인하는 가장 확실한 조건인 지피지기조차도 불완전한 것으로 보고 있는 점이다. 지피지기에 따른 승부의 전망을 '매번 싸워도 위태롭지 않다'라는 뜻의 백전불태百戰不殆로 표현한 게 그렇다. 아무리 지피지기를 행할지라도 위태로운 상황에 빠지지 않을 가능성만 높을 뿐 확실한 승리를 담보하는 것은 아니라고 언급한 것이다.

사실 전쟁터에서는 모든 것이 급변하는 까닭에 만반의 지피지기를 행할지라도 패할 수 있다. 스포츠경기에서 흔히 단판 승부를 치를 경우 만년 하위 팀이 최상위 팀을 격파하는 이변이 속출하는 것처럼 말이다. 그렇다면 백전불태의 차원을 넘어 필승을 기할 수 있는 조건은 무엇일까? 『손자병법』은 「지형」 편에서 그 해법을 이같이 제시하고 있다.

"전쟁을 아는 장수는 일단 출격하면 과단성 있게 행동하고, 작전 또한 적의 내부 사정 변화에 따라 무궁히 변화시킨다. 그래서 말하기를, '적을 알고 나를 알면 승리를 거두는 데 어려움이 없고, 천시天時와 지리地利까지 알면 적을 온전히 굴복시키는 전승全勝이 가능하다'고 하는 것이다."

상황 및 지형에 따른 임기응변과 과감한 결단이 해답이다. 이를 '지천지지知天知地'로 표현했다. 지피지기 위에 천시와 지리를 깨달아야만 승리를 기약할 수 있다고 지적한 것이다.

이는 인화人和를 천시와 지리보다 높게 평가한 『맹자』「공손추 하」

의 주장과 반대되는 것이다. 해당 구절이다.

"천시는 지리만 못하고, 지리는 인화만 못하다. 내성의 둘레가 3리, 외성의 둘레가 7리에 불과한 작은 성을 포위 공격할지라도 이기지 못하는 경우가 있다. 대개 포위 공격을 가하는 경우는 반드시 천시를 얻었기 때문이다. 그럼에도 이기지 못한 것은 천시가 지리만 못하기 때문이다. 성이 높지 않은 것도 아니고, 해자가 깊지 않은 것도 아니고, 무기와 갑옷이 견고하고 예리하지 않은 것도 아니고, 군량이 많지 않은 것도 아닌데 성을 포기하고 도주하는 경우가 있다. 이는 지리가 인화만 못하기 때문이다. 그래서 이르기를, '백성을 영토 내에 안치하면서 영토의 경계에 기대지 않고, 나라를 방위하면서 산천의 험고險固에 기대지 않고, 천하에 위엄을 떨치면서 무기와 갑옷의 견고함에 기대지 않는다'라고 하는 것이다. 덕정의 이치를 얻은 자는 도와주는 자가 많고, 그렇지 못한 자는 도와주는 자가 적은 법이다. 도와주는 자가 적게 되어 극한에 이르면 친척조차도 배반하고, 도와주는 자가 많게 되어 극한에 이르면 천하 사람이 따르게 된다. 군자는 천하 사람이 따르는 상황에서 친척조차 배반하는 자를 공격하는 까닭에 비록 싸우지 않는 것을 기치로 내세우지만 일단 싸우면 반드시 승리를 거둔다."

맹자는 덕치를 역설하기 위해 천시는 지리만 못하고, 지리는 인화만 못하다고 했다. 나름 일리 있는 지적이기는 하나 병가의 관점에서 볼 때는 지나치게 현실과 동떨어져 있고 사변적이다. 지피지기를 언급한 『손자병법』의 「모공」과 지천지지를 역설한 「지형」의 논리에 따르면 오히려 정반대로 해석해야 한다. 인화가 기본이고, 그 위에

지리와 천시를 더해야만 반드시 승리를 거둘 수 있다는 논리가 성립된다. 이를 통해 『맹자』가 역설한 인화는 『손자병법』의 지피지기를 달리 표현한 것임을 알 수 있다.

스스로를 알고 난 후에야 비로소 남을 알 수 있다

『귀곡자』가 역설하는 유세와 책략의 비술 역시 지피지기와 지천지지에서 출발한다. 다만 『귀곡자』는 지피와 지기를 같은 비중으로 다룬 『손자병법』과 달리 지기를 지피보다 중시한 것이 약간 다르다. 「반응」의 해당 대목이다.

"사람을 아는 것은 자신을 아는 것부터 시작한다. 스스로를 알고 난 연후에 비로소 남을 알 수 있다."

지기를 '자지自知', 지피를 '지인知人'으로 표현해놓았으나 같은 말이다. 주목할 것은 지기가 이뤄져야 지피도 가능하다고 역설한 점이다. 지기가 전제되지 않으면 지피도 불가능하다고 언급한 셈이다. 이를 두고 남북조시대의 학자 도홍경陶弘景은 이같이 풀이해놓았다.

"지인에 능한 자는 지혜롭고, 지기에 능한 자는 사물의 이치에 밝다. 지혜는 사물의 이치에 밝은 뒤에 나온다. 지인에 앞서 지기를 해야 하는 이유다."

맹자가 『대학』에 나오는 '수제치평修齊治平'을 두고 수제修齊가 이뤄져야 치평治平이 가능하다고 역설한 것과 닮았다. 인화가 천시와 지리보다 중요하다고 역설한 것도 같은 맥락이다. 이와 정반대로 『한비자』는 치평이 이뤄져야 수제도 가능하다고 역설했다. 『한비자』

「오두」의 해당 대목이다.

"요즘 버릇이 좋지 않은 자식들은 부모가 나무라도 그 행동을 고치려 하지 않고, 마을 어른이 꾸짖어도 움직이려 하지 않고, 스승이 가르쳐도 전혀 변함이 없다. 부모의 사랑, 마을 어른의 지도, 스승의 지혜라는 세 가지 도움이 더해져도 끝내 움직이지 않고, 털끝만큼도 고치지 않는다. 그러나 고을 관원이 병사를 이끌고 나라의 법령을 집행하며 간사한 짓을 하는 자를 색출하러 다니면, 이내 두려워하며 그 태도를 바꾸고 행동을 고친다. 부모의 사랑으로는 자식을 가르치기 부족한 까닭에 반드시 고을 관원의 엄한 형벌에 기대야만 한다. 백성은 본래 사랑에는 교만하지만 권세에는 복종하기 때문이다."

『손자병법』이 지피지기의 인화로는 단지 위험에 빠지지 않을 뿐 승리를 기약할 수 없고, 반드시 천시와 지리를 알아야만 승리를 기약할 수 있다고 언급한 것과 닮았다. 모든 병서가 하나같이 임기응변을 역설한 이유다. 그런 점에서 『귀곡자』 「반응」 편이 지기를 지피보다 앞세운 것은 유세의 특성으로 인한 것이다. 「반응」 편에서 "내가 남에게 제공하는 정보는 적고, 내가 남의 실정을 알아내는 정보는 양도 많고 신속해야 한다"라고 한 것은 남의 실정을 알아내는 것 못지않게 자신의 속셈을 철저히 숨기는 게 매우 중요하다는 사실을 역설한 것이다.

지기와 지피를 정보학 또는 경제경영학의 관점에서 접근하면 더욱 쉽게 이해할 수 있다. 아무리 수입이 많을지라도 지출이 수입보다 많으면 적자를 면할 길이 없다. 지피를 통해 상대의 정보를 아무

리 많이 파악했을지라도 지기를 제대로 하지 못하면 상대에게 제공하는 자신의 정보가 그보다 더 많게 된다. 논리적으로 보면 손해 보는 장사를 한 셈이다. 『귀곡자』가 은밀히 계책을 짜는 음모陰謀를 역설한 근본 배경이 여기에 있으며, 이는 반응계의 위력을 통찰한 결과로 해석할 수 있다.

완급을 조절하라

상대방이 드러낸 경중완급輕重緩急을 토대로 그가 생각하는 바를 짐작하고, 이
를 기준으로 하여 상대를 위한 계책을 마련한다. 성인은 사세事勢를 좇아 계책
을 만들었다. 경중완급에 대한 판단과 그에 따른 계책이 상대의 의중이나 실정
과 부합하지 않을 경우 곧바로 자신을 위한 계책을 마련해 퇴로를 확보했다.

皆見其權衡輕重, 乃爲之度數. 聖人因而爲之慮, 其不中權衡度數, 聖人因而自爲之慮.

「벽합」

완급계緩急計는 사안을 처리하는 기본 원칙을 언급한 것이다. 급선무
急先務부터 처리하라는 주문이다. 급선무는 맹자가 처음으로 언급한
말이다. 『맹자』「진심 상」의 해당 대목이다.

"지자知者는 알지 못하는 사물이 없으나 먼저 해야 할 일을 급하게
여긴다. 인자仁者는 사랑하지 않는 사람이 없으나 현자를 가까이 하
는 것을 급하게 여긴다. 요순과 같은 지자조차 만물을 두루 알지 못

한 것은 먼저 해야 할 일을 급하게 하는 이른바 급선무 때문이다."

시급한 일부터 먼저 처리하라

급선무를 충실히 실천해 주군을 살린 대표적인 인물로 전국시대 말기 맹상군孟嘗君의 식객으로 있던 풍환馮諼을 들 수 있다. 『사기』「맹상군열전」에는 풍환馮驩으로 나오나 원본에 해당하는 『전국책』「제책」에는 '풍훤'이라 기록되어 있다. 「제책」에 따르면 당시 풍훤은 너무 가난해 먹고 살 길이 막막해지자 마침내 사람을 맹상군에게 보내 자신을 식객으로 받아줄 것을 간청했다. 그러자 맹상군이 풍훤의 사자에게 물었다.

"그 객은 무엇을 좋아하오?"

풍훤의 사자가 대답했다.

"좋아하는 것이 없는 듯합니다."

맹상군이 다시 물었다.

"그 객은 무엇을 잘하오?"

풍훤의 사자가 대답했다.

"잘하는 것도 없는 듯합니다."

그러자 맹상군이 크게 웃으며 말했다.

"내가 받아들이도록 하겠소."

마침내 풍훤이 오자 맹상군은 그를 3등 객사인 전사傳舍에 들게 했다. 이에 풍훤은 하객下客 대우를 받게 되었다. 객사의 사감舍監은 맹상군이 풍훤을 낮춰보자 풍훤에게 거친 술과 음식만을 주었다. 당시

풍훤은 가진 것은 아무것도 없고 오직 칼 한 자루만 있었을 뿐이다. 그는 이를 장협長鋏이라 칭하며 늘 허리에 차고 있었다. 며칠 후 풍훤은 기둥에 기대어 칼을 두드리며 이같이 읊조렸다.

"장협아, 돌아가자꾸나. 식사 때 생선 하나 없구나!"

주변 사람들이 이를 고하자 맹상군이 웃으며 말했다.

"생선을 내어주라. 그리고 어객魚客의 예로 대우토록 하라."

얼마 후 풍훤이 다시 칼을 두드리며 이같이 읊조렸다.

"장협아, 돌아가자꾸나. 외출하려 해도 타고 갈 수레가 없구나!"

주변 사람들이 모두 이를 비웃으며 맹상군에게 고했다. 맹상군이 크게 놀라며 말했다.

"그는 상객上客 대접을 받고 싶은 모양이다. 곧 그를 대사代舍로 보내 수레를 태워주고 거객車客의 예로 대우케 하라."

이에 풍훤은 수레를 타고 장검을 쳐들고는 친구들 옆을 지나며 이같이 말했다.

"맹상군이 나를 거객으로 대우해주고 있네."

그러나 며칠 후 그는 또다시 칼을 두드리며 이같이 읊조렸다.

"장협아, 돌아가자꾸나. 가족을 부양할 돈이 없구나!"

그러자 식객들 모두 풍훤을 만족할 줄 모르는 탐욕스런 자라고 생각해 크게 미워했다. 맹상군이 이 얘기를 듣고 곧 풍훤을 불렀다.

"양친이 모두 계시오?"

풍훤이 대답했다.

"노모 한 분이 계십니다."

이에 맹상군이 사람을 시켜 그의 노모에게 먹을 것과 일용품을 지

급해 궁핍하지 않게 해주었다. 그제야 풍훤은 더는 읊조리는 일을 하지 않았다. 한편, 이때 맹상군은 설薛 땅의 수입만으로는 그 많은 문객들을 모두 먹여 살릴 도리가 없었다. 이에 맹상군은 수입의 일부를 다시 설 땅 사람에게 빌려주고 그 이자를 받아 비용에 충당했다. 하루는 맹상군이 장부를 내놓고 문객들에게 물었다.

"누가 회계를 잘하오? 나를 위해 누가 설 땅에 가서 이자를 받아오겠소?"

그러자 풍훤이 자원하고 나섰다. 맹상군이 이상히 여겨 물었다.

"이 사람이 누구요?"

맹상군의 좌우가 말했다.

"이 사람이 바로 '장협아, 돌아가자꾸나'를 읊조린 사람입니다."

맹상군이 웃으며 말했다.

"내가 잠시 그대를 잊고 있었소. 나는 요즘 일이 많아 심신이 크게 지쳐 있소. 원래 사람이 어리석은 데다가 국사에 몰두하느라 선생에게 큰 죄를 짓게 되었소. 선생은 수치스럽게 여기지 말고 나를 위해 설 땅으로 가 이자를 받아줄 수 있겠소?"

풍훤이 대답했다.

"저에게 맡겨주시기 바랍니다."

이에 곧 수레를 준비하고 여장을 꾸려 빚 문서를 싣고 떠났다. 이때 풍훤이 하직 인사를 하며 이같이 물었다.

"이자를 다 받으면 무엇을 사 가지고 돌아오면 좋겠습니까?"

맹상군이 대답했다.

"우리 집에 부족해보이는 것으로 하시오."

풍훤은 수레를 몰아 설 땅으로 간 뒤에 곧 관원을 시켜 백성 중에 빚이 있는 자들을 불러놓고 빚의 내용이 맞는지를 확인케 했다. 설 땅의 백성들이 이자를 갚기 위해 갖고 온 돈은 모두 10만 금에 달했다. 풍훤이 곧 그 돈으로 술과 고기를 준비시키고 거리에 이러한 공문을 써 붙였다.

"무릇 맹상군의 곡식이나 돈을 빌려 쓴 자는 그 이자를 갚았거나 갚지 못했거나 상관없이 빠짐없이 부중으로 와 차용증서를 보이고 술과 고기를 먹고 가기 바란다."

이튿날 백성들이 차용증서를 들고 부중으로 몰려들었다. 풍훤은 대조를 마치자 곧바로 좌우에 명했다.

"맹상군이 돈과 곡식을 꿔준 것은 이자를 받기 위해서가 아니라 가난한 사람들을 도와주기 위한 것이었다. 그러니 어찌 이자를 받을 수 있겠는가. 지금까지의 모든 빚을 탕감하고 차용증서를 소각하라는 명이 있었다. 그대들은 맹상군의 높은 뜻과 은덕을 잊지 말라."

그러고는 뜰에 피워놓은 화톳불에 이들 차용증서를 몽땅 털어 넣어 일거에 불살라버렸다. 그러자 부중에 모인 백성들이 모두 환호하며 만세를 불렀다.

"맹상군은 참으로 우리의 부모이십니다."

풍훤이 말을 달려 제나라에 도착하자마자 새벽에 뵙기를 청하자 맹상군은 그가 너무 빨리 돌아온 것을 의아하게 생각하면서도 의관을 정제하고 그를 만났다.

"빚은 모두 받았소? 어찌하여 이토록 빨리 돌아온 것이오?"

풍훤이 대답했다.

"모두 받아왔습니다."

맹상군이 물었다.

"그래 무엇을 사 가지고 왔소?"

풍훤이 대답했다.

"군이 말하기를, '우리 집에 부족해보이는 것으로 사 오라'고 했습니다. 그래서 제가 생각해보니 군의 집안에는 진보珍寶가 가득 쌓여 있고, 개와 말은 바깥 축사까지 넘치고 있고, 미인은 당하堂下의 통로에 가득 차 있습니다. 그런데 오직 의義가 부족했습니다. 그래서 생각한 끝에 군을 위해 그 의를 사 가지고 왔습니다."

맹상군이 크게 놀라 물었다.

"의를 사 오다니, 도대체 그게 무슨 말이오?"

풍훤이 조용히 말했다.

"지금 군은 하찮은 봉지封地인 설 땅에서 그곳 백성을 자식처럼 사랑해주지도 못하면서 도리어 장사꾼 같이 돈을 꾸어주고 이자를 취했습니다. 그래서 제가 군의 명이라며 그 빚을 모두 탕감하고 일거에 빚 문서를 불살라버렸습니다. 그랬더니 백성들이 모두 크게 기뻐하며 만세를 외쳤습니다. 이것이 바로 제가 군을 위해 사 온 의라는 것입니다."

맹상군은 늘 경비 조달에 애를 먹는 상황이어서 속으로는 크게 화가 났으나 이미 엎질러진 물인 까닭에 굳이 내색하지는 않았다.

"좋소. 선생은 가서 쉬도록 하시오."

이후 1년쯤 지나 제齊나라 민왕閔王이 맹상군에게 이같이 말했다.

"과인은 선왕의 신하를 과인의 신하로 삼고 싶지 않소."

맹상군은 어쩔 수 없어 영지인 설 땅으로 돌아가게 되었다. 그러자 맹상군이 아직 설 땅에 이르지도 않았는데 1백 리나 떨어진 곳까지 설 땅 백성들이 나와서 길을 메운 채로 맹상군을 영접했다. 맹상군이 풍훤을 돌아보며 말했다.

"선생이 나를 위해 사 온 '의'가 무엇인지를 오늘에야 잘 보게 되었소!"

풍훤이 이같이 대답했다.

"교활한 토끼는 세 개의 굴을 만들어놓으니 이를 교토삼굴狡兔三窟이라고 합니다. 사람도 굴이 세 개는 있어야 간신히 죽음을 면할 수 있습니다. 지금 군은 오직 하나의 굴만 있을 뿐입니다. 이것만으로는 아직 베개를 높이 하고 편히 누울 수 없습니다. 군을 위해 두 개의 굴을 더 파 드리겠습니다."

이에 맹상군이 풍훤에게 수레 50승과 황금 5백 근을 건네주자 풍훤은 이를 갖고 서쪽 위魏나라로 가 소왕昭王에게 이같이 유세했다.

"제나라가 중신 맹상군을 내쫓았습니다. 그를 제일 먼저 맞이하는 나라가 부국강병을 이룰 수 있을 것입니다."

위 소왕이 상국의 자리를 비워놓기 위해 원래의 상국을 상장군으로 삼은 후 사자에게 황금 1천 근과 수레 1백 승을 주어 맹상군을 모셔오게 했다. 그러자 풍훤이 사자보다 먼저 달려와 맹상군에게 이같이 말했다.

"황금 1천 근은 대단한 빙례聘禮이고 수레 1백 승은 대단히 훌륭한 사자입니다. 제나라가 이미 이 소문을 들었을 것입니다."

이후 위나라 사자가 세 번이나 왕복했지만 맹상군은 굳이 사양하고 가지 않았다. 제 민왕과 군신들이 이 소식을 듣고 크게 두려워했다. 곧 태부太傅에게 황금 1천 근과 화려한 무늬로 치장한 수레인 문거文車 2대, 푸른 옥으로 장식된 패검佩劍 한 자루와 다음과 같은 봉서封書를 주어 맹상군에게 전하게 했다.

"과인이 선하지 못해 종묘에서 내린 화를 입고 아첨하는 신하들에게 빠져 군에게 죄를 지었소. 과인은 언급할 만한 자가 못되지만 원컨대 군이 선왕의 종묘를 생각해 우선 돌아와 백성들을 잘 다스려주시오."

그러자 풍훤이 맹상군에게 말했다.

"원컨대 먼저 선왕의 제기祭器를 옮겨 설 땅에다가 종묘를 세우겠다고 청하시기 바랍니다."

종묘가 완성되자 풍훤이 맹상군에게 이같이 보고했다.

"이제야 비로소 세 개의 굴이 완성되었습니다. 군은 어느 정도 베개를 높이 베고 즐겁게 지낼 수 있게 되었습니다."

맹상군이 수십 년간 상국으로 있으면서 털끝만한 재난도 당하지 않은 것은 모두 풍훤의 계책 덕분이었다. 이상은 『전국책』「제책」에 나오는 일화이다. 『사기』「맹상군열전」의 일화와 거의 비슷하다. 다만 「맹상군열전」은 맹상군이 풍훤의 얘기를 듣고 그의 채무 탕감 조치에 부수사지附手謝之, 즉 손뼉을 치며 사례했다고 기록해놓았다.

당시 맹상군은 풍훤의 얘기를 듣고 대체 어떤 반응을 보인 것일까? 전후 맥락으로 볼 때 『전국책』의 기록과 같이 맹상군은 내심 불

쾌하게 생각했음에 틀림없다. 이는 훗날 맹상군이 진나라의 계략에 말려 제 민공의 의심을 받고 귀향하면서 풍훤이 행한 채무 탕감 조치를 크게 칭송한 사실을 통해 쉽게 알 수 있다. 풍훤이 주군인 맹상군을 위해 행한 일련의 행보는 사안의 완급과 경중을 가려서 일을 처리한 완급계의 대표적인 사례로 꼽을 만하다.

15

거듭 비교하며 수정하라

세력을 만들어 일을 성사시키고자 할 경우는 반드시 먼저 나와 상대의 동이同
異를 살피고, 시비是非의 말을 구별하고, 말의 내외內外를 살펴 함의를 찾아내
고, 술수의 유무有無를 알고, 안위安危에 대한 계책을 결단하고, 앞으로의 친소
親疎 여부를 정해야 한다. 연후에 다시 실천하는 과정에서 깊이 검토하고 헤아
리면서 동이, 시비, 내외, 유무 등의 방법을 동원해 조종하고 수정해나간다. 이
런 과정을 거쳐 최종적으로 어떤 식으로 취사선택하고 사용할 것인지 여부를
결정한다.

立勢而制事, 必先察同異, 別是非之語, 見內外之辭, 知有無之數, 決安危之計, 定親疎之
事. 然後乃權量之, 其有隱括. 乃可徵, 乃可求, 乃可用.

_「비겸」

은괄계隱括計는 수정에 수정을 거듭해 최상의 계책을 마련해나가는
것을 뜻한다. '은괄'은 틈이 가거나 뒤틀린 활을 바로잡는 틀인 우리
말의 '도지개'와 같다. 일종의 활 교정 장치에 해당한다. 비틀린 것을

바로잡는다는 것은 결국 자신이 처한 상황부터 정확히 점검하는 것을 뜻하는데, 은괄계는 바로 지피지기의 기본 원칙을 언급한 것이다.

은괄계를 충실히 이행해 초일류 글로벌기업이 된 회사를 들라면 단연 일본의 도요타자동차를 꼽을 수 있다. 도요타는 21세기 현재 세계 최대 자동차 생산량을 자랑하고 있다. 한때 도요타와 호각지세互角之勢의 경쟁을 벌이던 독일의 폭스바겐이 2015년 9월 연비 조작 사건으로 인해 나락으로 떨어진 것과 대비된다. 도요타는 일본 국민들이 가장 좋아하는 국민기업이다. 과거 소니가 차지했던 영광을 누리고 있는 셈이다.

도요타의 저력은 대단하다. 지난 2011년 초 후쿠시마 원전 사고로 심대한 타격을 입었지만 곧바로 기력을 회복해 또다시 정상 등극을 향해 무섭게 질주하고 있는 게 그렇다. 일본식 경제경영 모델인 이른바 '도요타 방식'을 만들어낸 저력 덕분이다. 『귀곡자』의 관점에서 보면 은괄계를 구사해 성공을 거둔 경우에 속한다.

임기응변의 개선을 넘어 속전속결의 개혁을 꾀하라

객관적으로 볼 때 은괄계의 상징인 도요타 방식은 여러 면에서 개인주의와 합리주의에 기초한 서구의 경제경영 방식과 대비된다. 일본 경제가 정점에 달한 1980년대 후기에 철저한 낭비 제거와 끊임없는 개선을 모토로 하는 도요타 방식이 미국에 소개된 후 전 세계의 수많은 기업이 도요타 방식을 배우려고 머리를 싸맸다. 그러나 치열한 벤치마킹에도 불구하고 이들은 대부분 실패했다. 풍토와 문화가 달

랐기 때문이다. 도요타 방식은 개인보다 국가공동체를 우선하는 동양 전래의 역사문화 위에 장인을 중시하는 일본 특유의 역사문화가 하나로 융해돼 있다. 이를 무시한 채 아무리 도요타 방식을 흉내 낸들 성공할 리 없다.

고금을 막론하고 기업 경영과 국가 경영은 말할 것도 없고 천하 경영 전략에 이르기까지 자국의 역사문화의 전통과 괴리된 전략이 성공한 적이 없다. 천문학적인 부채에도 불구하고 '팍스 아메리카나'의 천하 경영 전략이 '팍스 브리타니카'와 마찬가지로 막강한 군사력을 기초로 하고 있는 게 그 증거다. '팍스 로마나'의 전통이 2천여 년 동안 지속되고 있는 셈이다. 주목할 것은 팍스 로마나의 전통이 식민지 착취가 끝나면서 종언을 고하고 있다는 점이다. 재정과 경제가 피폐한 상황에서 지속적으로 압도적인 군사력을 유지하는 것은 불가능한 일이다. 『손자병법』이 「시계」편의 첫머리에서 대규모 군사력 유지에 따른 재정의 파탄과 민생의 붕괴 위험성을 지적한 이유다. 적잖은 사람들이 '팍스 아메리카나'의 조기 몰락과 '팍스 시니카'의 대두 가능성을 점치는 것은 바로 이 때문이다. 영국의 정치경제학자 자크 마틴은 지난 2009년에 펴낸 『중국이 세계를 지배하면When China Rules the World』에서 팍스 아메리카나를 대신해 중국이 세계질서를 주도하는 팍스 시니카의 도래를 확언했다.

"어떠한 상황이 발생하더라도 중국은 경제성장을 지속하면서 미국과 함께 양대 강국으로 부상하거나, 궁극적으로 유일한 세계 강대국으로 부상할 것이라는 전망을 뒤집을 수 없다. 이제는 모든 길

이 중국으로 통한다. 세계의 수도가 이제 뉴욕에서 베이징으로 바뀌고, 세계의 기축통화 역시 자연스럽게 달러에서 위안화로 바뀔 것이다. '팍스 시니카'의 범위와 영향력은 유럽과 미국이 차례로 지배해온 지난 2세기 동안의 변화를 훨씬 능가하는 그야말로 지구의 자전축이 바뀔 정도의 거대한 지각변동으로 나타날 것이다."

이는 지금까지 나온 중국에 대한 전망 중 가장 충격적인 내용에 해당한다. 그간 중국의 부상을 지켜보는 서구 학자들의 반응은 대개 경제적 측면에 집중돼 왔다. 중국의 힘은 경제 영역에 국한될 것이고, 궁극적으로 서구 모델을 따르지 않으면 이내 실패할 수밖에 없다는 식의 전망이 그것이다. 마틴은 이를 정면으로 반박하고 나선 것이다. 주목할 것은 미국 모델과 대비되는 이른바 중국 모델에 관한 마틴의 전망이다. 중국은 놀라운 경제발전에도 불구하고 서구식 국가가 되기는커녕 오히려 중화사상이라는 정체성을 견지하는 독자적인 문명권으로 존속할 것이라는 게 그의 전망이다. 2008년의 금융위기 이후 미국과 중국의 엇갈린 행보를 보면 결코 허황된 전망이 아니라는 것을 알 수 있다.

일본의 경우는 비록 경제면에서 G2의 자리를 중국에 내주기는 했으나 팍스 시니카가 도래할지라도 여전히 경제대국으로 머물 공산이 크다. 천하대세의 추이에 따른 도요타 방식의 진화 과정이 이를 뒷받침한다. 한때 도요타 방식은 점진적 개량을 뜻하는 '가이젠改善'으로 요약됐다. 한꺼번에 모든 것을 뜯어고치는 대신 끊임없는 개선을 추구한 것이다. 『손자병법』이 역설하는 임기응변의 전술로 해석

할 수 있다.

도요타 방식의 키워드는 21세기에 들어와 가이젠의 규모와 속도를 배가시킨 이른바 '가이가쿠改革'로 바뀌었다. 장기간에 걸친 내수 경기의 침체와 글로벌 경쟁 격화에 따라 변법變法의 필요성이 높아진 탓이다. 가이젠이 전술 차원에서 접근한 임기응변의 변신이라면, 가이가쿠는 면모 일신을 꾀한 속전속결의 전략적 변신에 해당한다. 전략과 전술이 불가분의 관계를 맺고 있듯이 가이젠과 가이가쿠는 서로 동떨어져 있는 게 아니다. 가이가쿠를 화두로 삼는 기업 CEO의 전략적 마인드가 가이젠을 모토로 한 현장의 전술적 접근 못지않게 중시되고 있음을 보여주는 것이다.

도요타의 역사는 일본의 근현대사를 압축해서 보여주고 있다. 창업주인 도요타 키이치로豊田喜一郎는 메이지 17년인 1894년에 나고야에서 발명가이자 사업가인 '도요타자동직기제작소'의 창업자 도요타 사키치豊田佐吉의 장남으로 태어났다. 그의 부친은 1897년에 나무로 만든 동력직기를 발명했는데, 이게 훗날 도요타 방식의 한 축인 자동화의 시초가 됐다. 그는 부친 밑에서 이런 노하우를 자연스레 터득했다. 훗날 그는 자동차산업에 뛰어들게 된 배경을 이같이 술회했다.

"일본인의 머리와 손으로 일본의 대중차를 만들겠다는 일념뿐이었다."

도요타 키이치로는 32세 때인 1926년 '도요타자동직기제작소'에 자동차부를 만든 뒤 본격적인 자동차 연구에 나섰다. 미국 포드사

의 자동차를 구입해 볼트 하나까지 해체한 뒤 상세한 설계도를 그리는 작업부터 시작했으며, 1935년 부친의 여섯 번째 기일에 '도요타 강령'을 낭독하고 실천을 서약했다. 이 강령에는 창의적인 연구, 온정과 우애, 보은에 대한 감사 등 많은 덕목이 담겨 있었다. 그의 부친 도요타 사키치는 특별한 교육도 받지 않았다. 공장에 나가 직기가 가동되는 것을 유심히 관찰하면서 지속적으로 개선에 노력한 끝에 마침내 창의적인 발명을 하는 단계에 이르게 된 것이다. 또한 그는 판매에서도 고객에게 절대 폐를 끼치지 않는다는 일념으로 임했다. 품질과 성능을 수시로 확인한 것은 말할 것도 없다. 도요타 방식의 현지현물주의와 고객제일주의는 여기서부터 비롯되었다. 따뜻한 정이 오가는 인간주의, 소비자를 항상 공경하고 감사해하는 마음, 끊임없는 제품 개선을 통한 보답 등이 '도요타 강령'에 모두 들어가 있었다. 이게 이후 21세기 현재에 이르기까지 도요타자동차의 기본 강령이 된 것은 말할 것도 없다.

'도요타 강령' 발표 1년 뒤인 1936년에 마침내 '도요타 AA형'을 처음으로 출시한 키이치로는 이듬해 '도요타자동차공업'을 설립하고 지금의 도요타 시에 대형 공장을 세웠다. 중일전쟁 개시 이듬해인 1938년부터 시보레 트럭을 조립 생산하기 시작했으며, 1941년에 태평양전쟁이 일어나자 직접 군용 트럭을 만들어 납품했다. 하지만 일본의 모든 군납업체가 그랬듯이 커다란 타격을 입었고, 1950년에 도산 위기를 맞아 파업이 연일 계속되는 와중에 사장 자리에서 물러나야만 했다. 이를 계기로 제작과 판매가 분리된 별도의 회사가 운영되기 시작했다. 도요타가 절체절명의 위기상황에서 벗어나게 된

것은 파산 직전에 터진 한국전쟁 덕분이었다. 미국이 지리적으로 가까운 일본에서 트럭을 조달키로 결정하면서 기사회생하는 기적이 일어난 것이다. 키이치로가 사장직에서 물러난 지 불과 2주 만에 일어난 일이었다. 그러나 그는 기적이 계속되는 걸 지켜보지 못하고 1952년 58세의 나이로 타계했다.

그의 뒤를 이은 사람은 사촌동생인 도요타 에이지豊田英二였다. 1913년 나고야에서 태어난 그는 도쿄 대학교 공학부를 나온 엘리트 기업 CEO이다. 1967부터 1994년까지 도요타의 사장과 회장으로 재직하면서 오늘의 도요타를 만드는 데 결정적인 공헌을 했다. 21세기의 도요타를 상징하는 고급차의 대명사 '렉서스'의 출현도 그의 공이다. 무엇보다 높이 평가할 수 있는 것은 50여 년 이상 무파업과 무쟁의를 달성한 점이다. 이는 도요타 방식의 중요한 요소를 이루고 있는 '평생 직장' 이념에서 나온 것이다. 도요타는 예나 지금이나 회사가 어렵고 경기가 불안정하다는 이유 등으로 직원을 내보내는 일이 없다. 도요타 방식이 서구의 경제경영 모델과 근본적인 차이를 보이는 가장 큰 원인 중 하나가 바로 여기에 있다. 기업의 존재 이유를 이익에서 찾고 있는 서구의 낡은 이론에 대한 전면적인 재검토가 필요한 이유다.

마른 수건이라도 지혜를 짜내면 물이 나온다

도요타 방식은 적기수급適期需給을 뜻하는 'Just In Time'으로 널리 알려져 있다. 일본에서는 통상 간반방식看板方式, 미국을 비롯한 구미

에서는 도요타 생산방식이라는 뜻의 TPS로 부른다. JIT로 약칭되는 적기수급의 아이디어는 원래 창업주인 도요타 기이치의 머리에서 나온 것이다. 그는 생전에 필요한 부품을 필요한 만큼만 만들 것을 주문했다. 이로 인해 직원들은 정해진 분량을 만들면 퇴근시간 전이라도 퇴근하고 그렇지 못하면 잔업을 했다. 또, 검사과정에서 불량품이 나오면 즉각 고쳐야 했다. 이를 과학적으로 정립해 생산과정에 그대로 적용한 인물이 바로 도요타 에이지이다. 그는 도요타 방식이 서구 경제경영학계의 주목을 받을 당시 〈아사히신문〉과의 인터뷰에서 인구에 회자하는 유명한 말을 했다.

"마른 수건이라도 지혜를 짜내면 물이 나온다!"

상식을 깨는 발언을 한 것이다. 이는 작은 나사 하나까지 세심한 정성을 기울이는 일본 장인정신의 모델인 오노 다이이치小野耐一의 헌신적인 노력이 있었기에 가능했다. 지금도 많은 사람들이 도요타 방식을 일명 '오노 방식' 또는 '현장 경영'으로 부르는 것은 젖은 수건에서만 물이 나오는 것으로 생각한 서구식 경제경영 이론에 대한 통렬한 반격에 해당한다.

공장장 출신으로 부사장의 자리까지 오른 오노 다이이치는 일본의 장인정신이 어떤 것인지를 몸으로 보여주었다. 초기만 해도 그의 방식에 대한 많은 비판이 있었지만 도요타 에이지에 앞서 총수로 있었던 사이토 쇼이치齋藤尚一와 그의 뒤를 이어 사령탑을 맡은 도요타 에이지가 병풍 역할을 자임했다. 두 사람이 없었다면 오노 다이이치의 집념도 결실을 맺기 어려웠을 것이다. 두 사람은 오노에게 이래라저래라 하는 말을 단 한마디도 하지 않았다. 오노 다이이치 역시

오직 비용을 크게 절감할 수 있는 도요타 특유의 제조 비법을 찾아내기 위해 골몰했다.

오노 방식은 일본 경제가 호황을 누리던 1960년대 후반 도요타 방식의 중요한 핵심 요소로 승격됐다. 결정적인 것은 1973년 제1차 석유파동에 따른 비용 절감의 필요성이었다. 1978년 『도요타 생산방식』이 출간되면서 전 세계의 화두가 되었다.

경제경영학 이론의 전개과정에서 볼 때 도요타 방식은 그때까지 세계경제를 지배하던 미국의 포드 모델에 대한 중대한 도전에 해당했다. 일본의 역사문화에 기초한 특유의 경제경영 모델 구축에 성공한 이들은 그 누구보다 뛰어난 기업가정신을 지닌 자들이었다. 오노 다이이치는 훗날 오노 방식을 만들게 된 배경을 이같이 술회했다.

"무슨 일이 있어도 포드 시스템을 뛰어넘어야 했다!"

오노 다이이치가 가장 기뻐한 것은 아끼는 후배 조 후지오張富士夫가 미국 켄터키 공장 건설 책임자로 나갔을 때이다. 도쿄 대학교 법학부 출신인 조 후지오는 오노 다이이치와 함께 현장에 머물며 기대 이상의 성과를 일궜다. 그가 도요타의 사장으로 재직하게 된 것도 이와 무관치 않다고 봐야 한다. 당시 오노 다이이치가 조 후지오에게 주문한 것은 단 하나였다.

"미국 기술자들에게 도요타 방식의 참뜻을 이해시켜라!"

오노 방식으로 통용되는 도요타 방식이 후배에 의해 미국 땅에 뿌리 내리는 모습을 확인한 그는 지난 1990년 5월 조용히 눈을 감았다. 2012년에 백수白壽를 맞은 명예회장 도요타 에이지는 그를 이같이 회상했다.

"오노 다이이치가 아니었다면 도요타 방식은 끝내 하나의 체계적인 모델로 완성되지 못했을 것이다."

도요타가 '빅5'의 일원이 된 후 2010년 초에 터져 나온 대규모 리콜 사태와 2011년 초의 후쿠시마 원전사고 등 잇단 악재에도 불구하고 재차 정상 탈환에 박차를 가하고 있는 비결이 여기에 있다. 주목할 것은 오노 방식을 도요타 방식으로 승격시키는 데 결정적인 역할을 한 도요타 에이지가 『손자병법』에서 도요타의 경영 이념을 추출해낸 점이다.

침울지둔沈鬱遲鈍과 실질강건實質剛健이 그것이다. '침울지둔'은 의사 결정까지의 과정이 오랜 시간이 걸리지만 일단 결정되면 그 실행력은 누구보다도 빠르다는 뜻이다. 사안을 다양한 측면에서 신중히 검토한 뒤 일단 판단이 서면 단호히 결단해 과감하게 밀어붙이는 게 요체이다. 『손자병법』의 속전속결 가르침을 좇은 셈이다. '실질강건'은 불필요한 것은 철저히 배제하고 가장 효율적인 부문에 전력을 다한다는 뜻이다. 이는 전술 차원에서 나온 것으로, 오노 방식의 요체에 해당한다.

일본어 '무다無駄'는 우리말의 '헛됨' 또는 '쓸모없음'의 뜻이다. 오노 다이이치는 인류 역사상 무다와 가장 처절하게 맞서 싸운 사람이라는 평을 듣고 있다. 그는 생전에 도요타 방식의 요체가 무다의 척결에 있다고 역설했다. 그가 무다에 대해 내린 7가지 정의를 보면, 첫째는 과잉생산의 낭비, 둘째는 대기 상태의 낭비, 셋째는 운반의 낭비, 넷째는 가공 자체의 낭비, 다섯째는 재고라는 낭비, 여섯째는

쓸모없는 동작의 낭비, 일곱째는 불량품이라는 낭비 등이다. 그가 생산 현장의 사소한 낭비를 일일이 지적한 이유다.

도요타 방식은 21세기에 들어와 환경과 에너지, 삶을 총체적으로 결합시키는 새로운 방식으로의 진화를 꾀하고 있다. 이른바 '콘폰연구소'가 그것이다. 이는 1백 년 뒤의 22세기를 목표로 한 것이다. 일본 특유의 역사문화를 배경으로 등장한 도요타 방식은 아직도 독자 모델을 마련치 못해 서구의 온갖 이론과 모델을 짜깁기한 모델로 일관하고 있는 한국과 대비된다. 도요타 방식을 벤치마킹한 뒤 한국 특유의 역사문화를 배경으로 점차 완성도를 높여가는 '삼성 방식'과 '현대 방식' 등에 많은 사람들이 큰 기대를 거는 이유다. 우리도 한국식 은괄계를 구사해 세계시장을 제패할 필요가 있다.

전일계
專一計

16

한 가지 일에 집중하라

사람은 바라는 바가 있으면 지기志氣를 갖게 되고, 지기는 욕망의 통제를 받게 된다. 사람이 욕망을 많이 가지면 심기心氣가 집중되지 않고, 그러면 지기가 쇠미해지고, 결국 생각하는 길을 막고 만다. 심기가 한 가지 일에 집중하는 전일專一의 계책이 필요한 이유다.

有所欲志, 存而思之. 志者, 欲之使也. 欲多志則心散, 心散則志衰, 志衰則思不達也.

_「양지법영구」

전일계專一計는 한 가지 일에 몰두하는 계책을 말한다. 동서고금을 막론하고 성공하기 위해서는 반드시 '선택과 집중'의 기본 원칙에 충실할 줄 알아야 한다. 『귀곡자』는 이를 '전일계'로 표현했다. 사람의 능력은 한계가 있기에 힘이 분산되면 작은 성공밖에 거두지 못한다. 잘못하면 성공적인 흐름을 보이는 국면 전체를 일거에 뒤집는 악재로 작용할 수도 있다. 반면교사로 삼을 만한 대표적인 사례가

있다. 바로 제갈량이 첫 북벌에 나섰을 때 힘을 분산시킨 나머지 끝내 후퇴해야만 했던 가정街亭전투가 그것이다.

나관중은 『삼국연의』에서 제갈량을 극도로 미화해놓았으나 역사적 사실로 분명히 드러난 가정전투의 실패마저 승리로 둔갑시킬 수는 없었다. 실제로 가정전투는 제갈량에게 있어서 뼈아픈 실책이기도 했다.

힘이 분산되면 작은 성공밖에 거두지 못한다

가정전투와 관련한 『삼국연의』의 묘사는 몇 가지 대목에서 역사적 사실과 동떨어져 있다. 첫째, 당시 마속과 싸운 위나라 장수는 사마의가 아닌 장합이었다. 『삼국연의』는 '만고의 군신軍神'으로 미화한 제갈량이 일개 무장에게 패한 사실을 인정치 않으려는 의도에서 이런 왜곡을 자행한 것으로 보인다. 둘째, 제갈량의 잘못은 하나도 없고 시종 마속馬謖이 제갈량의 지시를 어김으로써 사마의에게 당하게 된 것처럼 묘사한 대목이다. 마속이 제갈량의 주문을 무시하고 제멋대로 행동하는 모습을 세밀히 묘사해놓은 게 그렇다. 하지만 당시 마속은 말할 것도 없고 제갈량 또한 장합에게 그 속셈을 간파당했다. 이는 제갈량의 용병이 실패했음을 시사한다.

그렇다면 그 이유는 무엇일까? 인구에 회자하는 읍참마속泣斬馬謖 일화의 진상을 정확히 알아야만 그 해답을 찾아낼 수 있다. 나관중은 해당 대목에서 눈물을 흘리며 마속의 목을 베는 제갈량의 모습을 매우 비장하게 그려놓았다. 그러나 이는 사서의 기록과 다르다. 『삼

국지』「마량전」에 다음과 같은 구절이 나온다.

"마속은 옥에 갇혀 있던 중 물고物故했다. 제갈량이 그를 위해 눈물을 흘렸다."

'물고'는 뜻밖의 일로 죽음을 당하는 변고變故를 뜻한다. 이는 '읍참마속'이 역사적 사실과 다를 수 있다는 가능성을 암시한다.『삼국지』「상랑전」의 다음 대목은 이런 의구심을 더욱 증폭시킨다.

"상랑은 평소 마속과 사이좋게 지냈다. 마속이 도망칠 때 상랑은 그 상황을 알았지만 그를 검거하지 않았다. 제갈량이 이를 한스럽게 생각해 상랑의 관직을 박탈하고 그를 성도로 돌아가게 했다."

상랑은 승상장사가 되어 제갈량을 좇아 한중으로 출전해 후방의 일을 보고 있던 인물이다. 그는 가정에서의 패배 후 마속이 도망쳐 왔을 때 이를 모르는 채 묵인했다가 관직을 박탈당했던 것이다. 두 기록을 종합해보면 대략 마속은 죄를 두려워하여 도망쳤다가 이내 붙잡혀 옥에 갇힌 뒤 무슨 이유인지는 모르겠으나 옥중에서 죽게 되었음을 알 수 있다. 그렇다면 마속이 죽은 진짜 이유는 무엇일까. 진수는 '물고'라는 애매한 표현을 써서 사람들을 헷갈리게 만들어놓았다.『삼국지』「제갈량전」에 이를 유추할 수 있는 대목이 나온다.

"제갈량이 서현의 민호 1천여 호를 이끌고 한중으로 들어왔다. 마속을 죽여 사람들에게 사죄했다."

이에 따르면 「상랑전」에 나오는 '물고'는 바로 참형을 뜻하는 것으로 새기는 게 옳다. 그러나 이것이 마속을 죽이면서 눈물을 흘렸다는 읍참泣斬을 뜻하는 것은 아니다. 읍참의 근거는 과연 어디에 있는 것일까? 「마량전」 배송지의 주에 인용된『양양기襄陽記』의 기록은 읍

참과는 사뭇 다른 분위기를 전하고 있다.

"장완이 제갈량을 찾아와 말하기를, '천하가 평정되지 않았는데 재주 있는 선비를 죽이는 것이 어찌 애석한 일이 아니겠습니까?'라고 하였다."

이는 당시 제갈량이 장완 등의 반대에도 불구하고 마속에 대한 참형을 강행했음을 시사한다. 읍참의 진실은 무엇일까. 사마광의 『자치통감』에 그 해답이 있다.

"제갈량이 마속을 하옥하여 죽였다. 이내 조상弔喪을 가서 눈물을 흘리며 통곡했다."

이에 따르면 제갈량은 마속을 하옥시켜 참형에 처한 뒤 문상을 가서 눈물을 흘린 것이 된다. 읍참이 아니라 읍조泣弔가 역사적 사실에 가까운 셈이다. 읍참마속은 가정전투 실패의 모든 책임을 마속에게 떠넘기기 위한 나관중의 속셈이 드러나는 대목이다.

제갈량은 제1차 북벌의 총책임자이자 전군의 총사령관으로서 가정전투 패배에 따른 궁극적인 책임 추궁에서 자유로울 수 없다. 마속의 책임이 일선 지휘관이 짊어져야 할 전술 차원의 책임이라면 제갈량은 총사령관으로서 전략 차원의 책임을 떠안는 것이 옳다. 마속은 이론에만 밝을 뿐 실전 능력이 부족한 인물이었다. 마속을 택한 것은 제갈량의 용인술에 적잖은 문제가 있음을 반증한다. 비중으로 본다면 제갈량의 책임이 더 무겁다.

실제로 가정전투 패배의 파장은 심대했다. 제갈량이 초반에 거둔 혁혁한 전과가 무효가 되었을 뿐만 아니라 전세가 일거에 역전되었기 때문이다. 퇴로가 차단될 위기에 처한 촉군은 협공을 피하기 위

해서라도 급히 철수하는 일 외에는 달리 방도가 없었다. 제갈량은 총체적인 책임을 면할 길이 없다.

선택과 집중으로 힘을 모으고 목표를 단순화하라

임기응변술의 관점에서 보면 그 책임은 더욱 무거워진다. 가정전투의 패배는 제갈량의 명백한 실책에 따른 것이었다. 결정적인 시기에 힘을 분산시켰기 때문이다. 이를 지적한 대표적인 인물이 바로 마오쩌둥이다. 그는 『자치통감』의 가정전투 대목을 읽다가 크게 탄식하면서 해당 대목 옆에 이런 주석을 달아놓았다.

"제갈량은 가정전투 때 직접 전투에 임했어야 했다!"

당시 제갈량은 병력을 결집해 싸워야 한다는 위연의 건의를 무시한 채 조자룡에게 기곡, 마속에게 가정을 접수토록 한 뒤 자신은 기산으로 진격했다. 병력을 3분한 셈이다. 다 이긴 싸움을 놓친 근본 배경이다. 그런 점에서 읍참마속은 병력을 하나로 모으지 못한 제갈량의 실책을 덮으려고 한 것에 지나지 않는다.

21세기에도 유사한 일이 빚어진 바 있다. 지난 2010년 당시 아이폰의 무차별 공세가 매서웠다. 삼성과 LG로서는 재빠른 대응이 절실했다. 삼성은 이를 곧바로 실행해 성공을 거둔 반면 LG는 주춤거리는 바람에 대만의 HTC에게까지 밀리는 수모를 당해야만 했다. 2013년에 들어와 삼성이 애플을 제압하고 스마트폰 시장을 석권한 비결은 이건희 회장의 진두지휘 아래 스마트폰 개발에 총력 매진한

데 있다. 정반대로 LG는 모든 힘을 스마트폰에 쏟아붓지 못한 채 어정정한 모습을 보였다. 힘을 분산시킨 것이나 다름없다. 제갈량이 가정전투에서 범한 전철을 똑같이 밟은 셈이다.

글자 그대로 선택과 집중은 목표를 단순화하는 것을 뜻한다. 역량은 한정돼 있는 까닭에 목표를 여러 개 선정하면 아무래도 투입되는 양이 줄어들 수밖에 없다. 유기劉基의『울요자鬱離子』에 이에 관한 유명한 일화가 나온다.

하루는 상양常羊이라는 사람이 도룡자주屠龙子朱에게 활쏘기를 배웠다. 어느 정도 시간이 지나자 도룡자주가 제자인 상양에게 이같이 충고했다.

"그대는 활 쏘는 도리에 관해 듣고 싶은가? 옛날 초나라 왕이 운몽雲梦 땅에서 사냥을 할 때 산지기에게 명해 숲속의 새들을 들쑤시게 한 뒤 활을 쏘았다. 새들이 하늘 위로 나는 순간 왕의 왼쪽에서 사슴이, 오른쪽에서 고니가 나왔다. 초나라 왕이 활을 뽑아 쏘려고 하자 고니가 왕의 깃발을 스치며 지나가는데 그 날개가 마치 구름과 같았다. 초나라 왕은 화살을 활에 잰 채 무엇을 쏘아야 할지 몰라 허둥댔다. 이때 대부 양숙养叔이 건의키를, '제 활솜씨는 백 보 밖에서 나뭇잎을 놓고 쏘아도 열 발을 쏘아 열 발 모두 명중시킬 정도입니다. 그러나 만일 나뭇잎 열 개를 쏘라면 다 맞출 수 있을지 자신할 수 없습니다'라고 했다."

여기서의 '도룡자주'는 주평만朱泙漫이 도룡지리익屠龍支離益으로부터 용을 죽이는 기술을 배웠다는『장자』「열어구」에서 따온 것인데, 뛰어난 능력의 보유자를 상징한다. 이 일화는 목표를 단일화해

상대를 열광케 하라 – 귀곡자처럼

온 정신을 집중시켜야 성공을 거둘 수 있다는 훈계를 담고 있다. 이를 두고 유기는 자신의 입장을 대신하는 울요자의 입을 통해 이같이 탄식했다.

"다재다능한 자 가운데 정밀한 자는 드물다. 많이 고려하는 자 가운데 결단력 있는 자는 드물다. 뜻이 전일專—하지 못하면 잡되고, 잡되면 분산되고, 분산되면 어지러워져 정할 바를 모르게 된다. 총명이 전일에서 나오는 이유다. 새들이 무지한 듯이 보이면서도 사람도 모르는 것을 아는 것은 전일에서 온다. 사람은 만물의 영장인데도 욕심이 많아 때론 어리석은 모습을 보이는데, 오히려 새들만도 못한 경우도 있다. 이는 가지를 기르느라 신경을 쓰는 바람에 뿌리를 고사시킨 것이나 다름없다. 아, 사람이 그 마음을 전일하게 할 수 있다면 그 무엇이 이보다 더할 수 있겠는가?"

사실 아무리 뛰어난 능력을 지니고 있을지라도 여러 개의 목표를 한꺼번에 이룰 수는 없다. 목표를 단일화해 모든 힘을 일거에 쏟아부어야 한다. 그게 바로 임기응변술에서 말하는 '투기'이다.

역사적으로 볼 때 목표를 단순화해 매번 승리를 거둔 투기의 대표적인 인물로 칭기즈칸을 들 수 있다.

칭기즈칸은 천하를 제압하는 과정에서 낮은 단계의 목표부터 몽골 초원의 통일이라는 높은 단계의 목표에 이르기까지 순차적으로 달성해나갔다. 매번 달성 목표가 단순화되어 있었던 까닭에 모든 힘을 한곳에 쏟아부을 수 있었다. 이웃한 타타르 부족을 궤멸시킨 것을 계기로 막강한 무력을 보유한 투르크계 나이만부, 티베트계 부족이 지금의 감숙성 일대에 세운 서하, 여진족이 세운 금나라를 차례

로 꺾은 게 그렇다. 『귀곡자』의 관점에서 보면 전일계의 개가로 해석할 수 있는 대목이다.

칭기즈칸이 구사한 계책은 21세기 비즈니스 전략에 그대로 써먹을 만하다. 피터 드러커 이후 가장 뛰어난 경영이론가로 평가받고 있는 헤르만 지몬H. Simon이 역설한 집중集中과 천착穿鑿 전술이 그것이다. 지몬은 25개국 언어로 번역된 베스트셀러 『히든 챔피언Hidden Champion』에서 집중과 천착 전술을 구사해야만 세계시장에 통할 수 있는 창의성 있는 히든 챔피언을 육성할 수 있다고 주장했다.

지몬이 집중과 천착의 대표적인 사례로 든 히든 챔피언은 독일의 세탁기 회사 '밀레'와 영국의 진공청소기 회사인 '다이슨'이다. 두 회사 모두 단일한 목표를 세운 뒤 연구 개발에 총력을 기울여 세계적인 히든 챔피언으로 우뚝 섰다는 게 그의 분석이다. 『귀곡자』의 관점에서 볼 때 한 가지 일에 집중하는 전일계의 대표적인 사례로 꼽을 만하다.

안정계
安靜計

17

마음의 평정을 유지하라

마음은 사려할 때 안정돼야 하고, 마음의 안정이 전제돼야 심원深遠한 사려가 가능하다. 마음이 안정돼야 신책神策이 나오고, 사려가 심원해야 계모計謀가 원숙해진다. 신책이 나와야 의지가 어지러워지지 않고, 계모가 원숙해야 성공을 기할 수 있다.

心欲安靜, 慮欲深遠. 心安靜則神策生, 慮深遠則計謀成. 神策生則志不可亂, 計謀成則功不可間.

_「실의법등사」

안정계安靜計는 마음을 편안하고 고요하게 만드는 것을 말한다. 매사가 그렇듯이 마음이 안정되어 있지 않으면 바로 눈앞에 있는 것도 보지 못하는 수가 있다. 정신줄을 놓은 결과다. 마음을 편안하게 만들지 못한 상황에서는 결코 남을 설득할 수 없다. 좋은 계책이 나올 리도 없다. '감성적 접근법'을 창안한 다이아몬드는『어떻게 원하는

것을 얻는가』에서 이같이 충고했다.

"자신에게 집중하는 감정은 효율적인 협상의 걸림돌이 된다. 그러면 남의 말을 듣지 않는다. 목표의식을 잃어버리고 예측할 수 없는 행동을 하기도 한다. 반면에 상대방의 감정에 초점을 맞춘 공감共感은 상대를 인간적으로 이해하는 것이므로 협상에 도움이 된다. 예컨대 교통신호 위반에 걸렸을 때 경찰에게 먼저 정중하게 사과한 후 노고에 감사하는 식이다. 이는 교통경찰이 하는 일의 가치를 존중한다는 취지이므로 선처를 베풀어줄 가능성이 매우 높다. 설문조사 결과에 따르면 거래관계에서 자신을 인간적으로 대해주는 사람을 우선시하겠다고 대답한 비율이 응답자의 90퍼센트에 달했다. 상대의 머릿속을 그려보는 것이야말로 협상의 지름길이다."

매사에 마음을 안정시킨 뒤 상대방의 감정에 초점을 맞추고 얘기를 시작하라고 충고한 것이다. 큰일을 꾀할수록 안정계의 중요성은 더욱 높아진다. 생사가 갈리는 결정적인 순간에 최고통치권자가 마음을 안정시키지 못하면 자칫 자신은 물론 나라마저 패망으로 이끌수 있다. 기업 CEO의 경우도 전혀 다를 게 없다. '십년공부 도로 아미타불'이라는 속담이 절로 연상되는 대목이다. 매사에 차분한 마음을 유지하도록 노력해야 하는 이유다.

안정계와 관련해 반면교사로 삼을 만한 유명한 일화가 있다. 위진남북조시대 당시 북조의 전진前秦과 남조의 동진東晉 사이에 빚어진 이른바 비수대전淝水大戰이 그것이다. 삼국시대를 종식하고 사상 세 번째로 중원을 통일한 사마씨의 서진西晉이 불과 30여년 만에 패망

한 4세기 초, 황하 유역은 흉노와 선비, 갈, 저, 강족 등 5개 민족의 각축장이 되었다. 수십 년 동안 모두 16개의 왕조가 명멸했다. 모두 문득 출현했다가 홀연히 사라졌다. 가장 안타까운 것은 천하를 재차 통일할 수 있는 상황까지 나아갔다가 일거에 패망한 전진의 경우이다.

마음을 안정시키고 상대의 감정에 초점을 맞춰라

전진은 당대의 영웅 부견符堅이 즉위하면서 왕맹王猛 등의 보필을 받아 전량前涼을 멸하고, 오연烏延을 치고, 서량에 위세를 떨치고, 모용위가 이끄는 40만 대군을 격파해 전연前燕을 멸망시키는 등 일거에 북중국을 통일했다. 당시 부견이 백성을 다독이며 천시를 기다렸다면 동진의 내란을 틈타 천하를 통일할 수도 있었다. 그리했다면 수 문제보다 몇 백 년 앞서 사상 네 번째로 중원을 통일하는 주인공이 되었을 것이다.

그러나 그는 천하통일에 대한 욕심이 앞선 나머지 일을 너무 서둘렀다. 마음이 안정되지 않은 상태에서 성급히 통일전쟁을 치른 게 그렇다. 그는 군신들의 반대를 무릅쓰고 87만 대군을 동원해 일거에 동진을 삼키고자 했다. 그 결과는 참담했다. 자신은 물론 나라마저 패망하고 말았다. 모두 비수대전 참패의 후유증이었다.

비수대전은 단지 군사의 수가 많다고 승리하는 게 아니라는 사실을 뚜렷이 증명한 대표적인 사례에 속한다. 당시 혼란에 빠진 전진의 군사는 서로 짓밟으며 달아나다 물에 빠져 죽는 자가 부지기수였으며, 그나마 겨우 목숨을 건진 군사들은 갑옷을 벗어던지고 밤을

새워 달아났다. 얼마나 겁에 질렸던지 바람소리와 학의 울음소리만 들려도 동진의 군사가 뒤쫓아 온 줄 알고 도망가기 바빴다. 여기서 풍성학려風聲鶴唳라는 성어가 나왔다. 겁을 먹은 사람이 하찮은 일이나 작은 소리에도 몹시 놀람을 비유하는 말이다.

애초에 부견은 20여 년간 정성을 다해 나라를 다스렸다. 이로 인해 전진은 부강한 나라가 되었다. 그의 최대 목표인 천하통일을 이루려면 동진을 정복해야만 했다. 양양에서 동진의 장수 주서朱序를 사로잡자 부견은 천하통일의 시기가 무르익었다고 판단했다. 이에 그는 군신들을 모아놓고 자신의 구상을 밝힌 뒤 신하들에게 각자의 의견을 발표토록 했다. 그러자 동진의 군신이 화목하고 장강을 건너기가 쉽지 않다는 점 등을 들어 거의 전원이 반대했다. 부견이 말했다.

"춘추시대 말기 오나라 부차도 강남의 월나라 구천을 포로로 잡았고, 삼국시대 말기 사마씨의 군사는 동오의 손오를 포로로 잡았다. 진나라가 장강의 험고함에 기대고 있으나 이는 큰 문제가 안 된다. 수많은 우리 군사의 말채찍으로 장강을 치면 가히 그 흐름도 끊을 수 있다."

부견의 친동생 부융苻融과 대신 권익權翼, 국사國師 도안道安 등이 상서하며 반대했으나 부견은 듣지 않았다. 당시 투항한 연나라 왕족 모용수慕容垂만이 부견을 지지했다. 그는 부견에게 이같이 권했다.

"폐하의 영명한 무위가 천하를 진동시키고 있는데 감히 동진이 중원의 한쪽 구석에 의지해 명을 받들기를 거부하고 있습니다. 만일 이를 공벌하지 않으면 폐하의 위덕威德을 어찌 펼칠 수 있겠습니까? 옛날 손권이 강동에 할거했으나 결국 사마씨에 의해 병탄됐으니 이

는 하늘의 기운이 그리 만든 것입니다. 신이 듣건대 작은 것은 큰 것을 이길 수 없고, 약한 것은 강한 것을 막지 못한다고 했습니다. 하물며 폐하의 나라는 천명에 부응하고 있고, 폐하는 1백만 강병을 이끌며 신기한 계책으로 결단하고 있으니 어찌 저들을 그대로 두어 후대의 우환으로 남겨둘 수 있겠습니까? 폐하는 응당 군신들의 여러 말에 흔들리지 말고 천기天機에 응해 독단함으로써 불세의 공업을 쌓는 절호의 기회를 놓치는 일이 없도록 해야 할 것입니다."

부견이 이 말을 듣고 크게 기뻐했다.

"나와 더불어 천하를 평정할 사람은 오직 경 한 사람밖에 없소!"

비수대전 직전 전진은 극히 강성했으나 이는 겉모습에 지나지 않았다. 내부를 살펴보면 적잖은 문제점을 안고 있었다. 하북과 요동 및 하남 이북에는 모용 선비족, 산서와 섬서 북부는 흉노의 지파인 산호山胡, 관중과 농서 일대에는 강족과 흉노의 일족인 노수호盧水胡, 산서의 동북지역과 내몽골 일대에는 탁발 선비가 넓게 분포돼 살고 있었다.

전진의 황실인 부씨를 비롯한 저족은 얼마 되지 않았다. 15만 호에 달하는 저족의 병사들은 사방의 각 지역을 지키기 위해 멀리 나가 있었다. 겉으로만 강력했을 뿐 그 내면을 보면 매우 취약한 모습이었다. 싸움에서 패할 경우 전진은 이내 스스로 무너질 공산이 컸다. 실제로 역사는 그런 쪽으로 진행했다.

당시 부견은 양양을 공략한 여세를 몰아 물밀 듯이 남진하면서 사자를 건강으로 보내 항복을 요구했다. 동진의 군신이 크게 놀랐다.

이때 동진의 권신 사안謝安은 동생인 정로장군 사석謝石에게 명해 수병을 결집시킨 뒤 조카 사현謝玄을 시켜 전진의 남진을 저지케 했다. 당시 형주자사로 있던 동진의 장수 환충桓沖은 효무제 태원 6년인 381년 말 조카 환석건桓石虔을 보내 전진의 군사를 격파했다.

이후 전진이 국력을 총동원해 남진할 것이라는 소식을 접한 동진은 먼저 행동에 나서서 383년 6월 환충에게 10만 명의 군사를 이끌고 양양을 공격하도록 하고 양량楊亮에겐 수춘을 공격하게 했다.

이 소식을 듣고 대로한 부견은 부융과 양성梁成, 모용수 등에게 25만 명의 병사를 맡겨 선봉에 세운 뒤 자신은 60만 명의 보병과 27만명의 기병을 이끌고 친정親征에 나서 뒤를 따랐다. 행진하는 군대의 길이가 앞뒤로 1천 리에 달했다고 한다. 동진은 사석을 정토대도독, 사현을 선봉도독으로 삼은 뒤 사안의 아들 사염謝琰과 환이桓伊 등과 함께 병사 8만여 명을 이끌고 이들을 막게 했다.

명 대 말기의 유학자 왕부지王夫之는 『독통감론讀通鑑論』에서 부견 등의 예를 들어 싸움에 패할 경우 나라가 이내 패망에 이를 소지가 크다며 황제의 친정에 대해 매우 비판적으로 평해놓았다. 그의 이런 지적은 나름 일리가 있다. 수양제는 고구려 친정에 나섰다가 패망했으며, 당태종 역시 요동으로 출병했다가 아무런 공도 세우지 못하고 돌아오는 바람에 이후 측천무후가 등장하는 토대를 만들어주었다. 황제가 친정에 나서서 성공한 것은 명나라 영락제와 청나라 강희제 정도밖에 없다. 황제의 친정으로 인해 패망에 이른 효시가 바로 부견이었다.

전쟁 초기의 싸움은 부융의 군대가 수춘을 함락시키고 양성의 군대가 낙안에 주둔하는 등 전진에 유리하게 진행됐다. 하지만 사석의 휘하 장수 유뇌지劉牢之가 5천 명의 병사를 이끌고 낙안을 급습해 양성을 비롯한 장수 10명과 병사 1만 5천여 명의 목숨을 빼앗은 뒤, 사석군은 여세를 몰아 반격에 나서서 비수를 사이에 두고 전진과 대치했다.

당시 수춘에 도착해 있던 부견은 전에 포로로 잡은 주서를 사석에게 보내 투항을 권유케 했으나 주서는 오히려 사석에게 전진의 허실을 낱낱이 일러주었다.

"속히 적들의 선봉과 결전을 치르시오. 선봉을 꺾으면 승리할 가능성이 높소. 저들의 백만 대군이 한꺼번에 몰려오면 실로 감당키 어렵소."

이를 받아들인 사석은 사자를 부견에게 보내 이같이 전했다.

"당신의 대군은 깊이 들어와 강변에 군진을 펼쳤으니 이는 지구전의 계책이 아니오? 당신이 약간 뒤로 후퇴한 뒤 빈 곳에서 쌍방의 병사가 서로 겨루도록 하고 당신과 나는 말을 타고 이를 관전하는 게 어떻겠소?"

부견은 동진의 군사가 절반쯤 강을 건넜을 때 곧바로 공격을 가할 심산으로 군사를 뒤로 물렸는데, 이때 투항했던 동진의 장수 주서가 큰 소리로 외쳤다.

"진군秦軍이 패했다!"

이 소리를 듣고는 전진의 군사로 편입돼 있던 선비족과 강족, 갈족의 병사들이 크게 놀라 사방으로 달아나기 시작했다. 후방에 있던

군사들도 앞에서 무슨 일이 일어났는지 알 길이 없어 곧바로 무기를 버리고 함께 도주했다. 부융이 말에 채찍을 가하며 이들을 저지하고자 했으나 오히려 타고 있던 말이 죽어 넘어지는 바람에 강을 건넌 동진 군사들에게 죽임을 당했다. 전진의 군사들이 일패도지하자 동진 군사들이 승세를 이어 급박하게 뒤를 추격했고, 부견은 화살을 맞은 채 단기로 회수淮水 북쪽까지 달아났다. 동진의 군사는 곧 수양壽陽을 회복하고 전진의 회남태수를 포로로 잡았다.

전선이 매우 길었던 까닭에 전진의 1백만 대군 가운데 비수대전에 동원된 군사는 10여 만 명에 불과했고 맨 뒤의 부대는 겨우 장안을 출발한 상태였다. 싸움이 초반에 끝나는 바람에 나머지 90만 대군은 싸워보지도 못한 채 궤멸한 셈이다. 전진은 비수대전의 여파로 인해 이내 내분에 휩싸여 패망하고 말았다.

사가들은 부견이 생전에 이룩한 업적으로 크게 네 가지를 들고 있다. 첫째, 유학을 포함해 문학을 널리 장려했다. 둘째, 내정을 잘 다스렸다. 셋째, 큰 도량으로 사람을 두루 포용했다. 넷째, 강력한 무력을 바탕으로 뛰어난 무공을 세웠다. 그러나 천하통일을 이룰 수 있는 마지막 단계에서 그는 대사를 그르치고 말았다. 북송 대 왕안석王安石의 평가가 이를 증명한다.

"부견은 많은 공을 세웠으나 참을성이 없었다. 지혜가 있었음에도 천기天機를 보지 못했다. 그렇지 않았다면 부견의 막강한 무력으로 어찌 천하통일을 이루지 못할 리 있었겠는가?"

사마광은 『자치통감』에서 약간 다른 각도에서 패망의 배경을 분석

했다.

"부견이 망한 것은 잇단 승리에 교만해졌기 때문이다. 전국시대 초기 위 문후文侯가 이극李克에게 오왕 부차가 패망한 이유를 묻자 이극이 대답키를, '연전연승했기 때문입니다'라고 했다. 그러자 문후가 다시 묻기를, '연전연승은 나라의 복이다. 어찌하여 망했다고 하는 것인가?'라고 했다. 이극이 대답키를, '여러 번 싸우면 민력이 피폐해지고, 여러 번 이기면 군주가 교만해집니다. 민력이 피폐하고 군주가 교만한데도 망하지 않는 경우는 없습니다'라고 했다. 부견이 바로 이와 닮았다."

사마광과 왕안석의 분석 모두 일리가 있다. 『귀곡자』의 관점에서 보면 전진의 부견은 안정계를 지키지 않아서 천하통일 직전 모든 것을 잃은 셈이다. 잇단 승리에 도취해 교만해졌고, 결국 천하통일에 대한 성급한 욕심으로 인해 대사를 이루기 전에 반드시 마음을 차분히 가라앉히라는 안정계를 지키지 않은 게 화근이었다. 고수들이 바둑을 둘 때 상대가 패배를 자인하고 돌을 던질 때까지 긴장을 늦추지 않는 것도 같은 맥락이다. 자만하는 순간 상대를 가벼이 여기게 되고, 그러면 뜻하지 않는 실수를 범하게 되고, 이것이 '도미노 현상'을 일으켜 승패가 이내 뒤집히는 황당한 사건이 빚어지고 만다. 비수대전을 안정계의 반면교사로 삼아야 하는 이유다.

철거계
綴去計

18

나를 잊지 못하게 만들라

철거계綴去計는 말로 상대방을 자신에게 묶어버리는 것으로, 상대가 자신을 떠
날지라도 마음속에서 끝내 자신을 잊지 못하도록 만드는 방법이다. 성신誠信한
사람을 만날 때 그의 언행을 칭송하고, 그 의지를 격려하고, 훗날 다시 돌아올
것을 바라며 재회를 약속하는 언사를 구사한다. 또한 유사한 사례를 인용하며
굳은 결속을 다짐하고, 아쉬움으로 인해 발걸음이 떨어지지 않는 모습을 보여
준다.

綴去者, 謂綴己之繫言, 使有餘思也. 故接貞信者, 稱其行, 屬其志, 言爲可復, 會之期喜.
以他人庶引驗以結往, 明款款而去之.

_「중경」

철거계綴去計는 자신의 곁을 떠나가는 상대방을 자신에게 묶어두는
계책을 말한다. 자신의 이미지를 상대의 가슴 속에 깊이 각인시키는
게 관건이다. 우리말 속담에 '원수는 외나무다리에서 만난다'라는
얘기가 있다. 사람의 인연이라는 게 매우 묘해서 다시는 안 볼 것 같

상대를 열광케 하라 – 귀곡자처럼

은 사람을 정말 우연찮게 해후하는 경우가 제법 많다. 매사가 그렇듯이 한 번의 인연으로 끝나는 게 아니라는 것이다. 처음에는 선연善緣으로 맺어지지 못했을지라도 후일의 선연을 기약하기 위해서는 자신의 존재를 강하게 새겨둘 필요가 있다. 최소한 악연惡緣으로 흘러가지 않도록 미리 예방 조치를 해두어야 한다는 얘기다.

상대에게 좋은 인상을 남겨라

대표적인 인물로 삼국시대 당시 조조의 핵심 책사로 활약한 정욱을 들 수 있다. 자는 중덕仲德이며, 공자가 태어난 곡부 근처인 동군 동아현東阿縣 출신이다. 키가 8척 3촌이나 되는 데다 아름다운 수염을 가지고 있었다고 한다. 황건적의 난이 일어나자 동아현의 현승縣丞 왕탁王度이 황건적과 내통해 창고를 모두 불태웠다. 현령은 성벽을 넘어 달아났고 관원과 백성은 노인과 어린아이를 등에 업고 성의 동쪽으로 달아나 거구산渠丘山으로 갔다. 이때 정욱은 사람을 보내 왕탁의 동정을 살피게 했는데, 왕탁 등은 하나의 빈 성을 얻었으나 지킬 수 없자 성을 나와 서쪽으로 5~6리 떨어진 곳에 주둔하고 있었다. 그러자 정욱이 현의 호족인 설방薛房 등에게 이같이 말했다.

"지금 왕탁 등이 현의 성을 탈취했으나 오히려 그것을 지키지 못하니 그들의 형세를 알 수 있소. 이는 재물을 빼앗아 약탈하려는 것에 불과하며, 결코 굳건한 병사와 날카로운 무기에 의지하지 않고는 성을 공격하거나 방어할 뜻이 없는 것이오. 지금 무엇 때문에 서로 제휴하여 성안으로 돌아가 군게 지키려 하지 않소. 하물며 성은 높

고 두터우며 많은 곡식이 남아 있으니, 지금 만일 현령을 찾아 그와 함께 지키면 왕탁은 반드시 오래 버티지 못하고 우리의 공격에 그대로 궤멸되고 말 것이오."

정욱은 비밀리에 몇 명의 기병을 보내 동산 위에 깃발을 올리게 한 뒤 설방 등으로 하여금 그 깃발을 보고 "적이 도착했다!'라고 소리치며 성으로 가게 하자 관원과 백성이 그들을 따랐다. 그러고는 현령을 찾아 함께 성을 지켰다. 왕탁 등이 성을 공격했지만 함락시킬 수 없자 이내 떠나려고 했다. 정욱이 관원과 백성들을 이끌고 성문을 열어 급히 그들을 추격하자 왕탁 등이 대패했다. 이로써 동아현은 별다른 피해 없이 다시 온전히 보전할 수 있게 되었다. 당시 그는 함부로 처신하지 않았다. 초평 연간에 연주자사 유대가 정욱의 명성을 듣고 몇 차례 사람을 보내 예를 갖춰 그를 불렀으나 정욱은 이에 응하지 않았다. 그러나 유대가 급히 자문을 구하자 정욱은 이런 계책을 내놓았다.

"만일 원소의 근원近援을 버리고 공손찬의 원조遠助를 찾으면 이는 마치 월나라사람이 수영을 잘한다는 이유로 당장 자식이 물에 빠져 있는데도 멀리 있는 월나라 사람을 찾아가 도움을 요청하는 것과 매한가지입니다. 공손찬은 원소의 적수가 아니니 그가 비록 지금은 원소의 군사를 격파했다 해도 끝내는 원소에게 사로잡힐 것입니다."

유대가 그의 말을 듣고 부하 장수에게 군사들을 이끌고 가도록 했으나 이때 공손찬은 이미 원소에게 패한 뒤였다. 유대가 이 일을 계기로 다시 정욱을 기도위로 삼고자 했으나 정욱은 병을 핑계로 사양했다. 이런 일련의 일들은 순욱에게 깊은 인상을 남겼고, 정욱은 순

욱의 천거로 조조의 부름을 받게 되었다.

정욱이 조조를 찾아가자 조조가 반가이 맞이하면서 그와 얘기를 나누고는 크게 기뻐하며 곧바로 정욱을 수장壽張의 현령으로 임명해 그곳을 지키게 했다.

유사한 경우로 동평 출신 필심畢諶을 들 수 있다. 당시 필심은 조조 밑에서 별가로 일하고 있었다. 장막이 반기를 든 뒤 필심의 어머니와 동생, 아내 등을 위협했다. 조조가 필심을 떠나보내면서 이같이 말했다.

"그대의 노모는 저쪽에 있으니 여기를 떠나도 좋소."

이에 필심이 눈물을 흘리며 말했다.

"제가 비록 부득이하여 떠나가지만 결코 두 마음을 품지 않을 것입니다."

조조가 그를 칭송하면서 석별의 눈물을 흘렸다. 필심은 이내 하직한 뒤 곧바로 장막에게 갔다. 훗날 여포의 군사가 패하고 필심이 사로잡혀 조조 앞으로 끌려왔을 때 사람들은 모두 필심이 어찌 될까 두려워했다. 그러자 조조가 이같이 말했다.

"무릇 부모에게 효도하는 사람이 어찌 주군에게 충성하지 않겠는가. 그는 바로 내가 찾고자 하는 사람이다."

조조는 필심을 곧바로 노국魯國의 국상으로 임명했다. 조조는 그 누구보다도 부모형제에 대한 효제孝悌를 중시했다. 그럼에도 『삼국연의』는 조조가 유비의 모신謀臣으로 활약한 서서徐庶의 노모를 인질로 삼았다는 식으로 묘사해놓았다. 역사적 사실을 정반대로 왜곡해놓은 것이다. 필심이 조조로부터 지우知遇의 은혜를 입은 것은 좋은

인상을 남겼기에 가능한 일이었다. 정욱이 순욱에게 좋은 인상을 남겨 천거를 받은 것에 비유할 만하다.

정의와 합법에 기초한 인간관계를 맺어라

이와 정반대로 반면교사로 삼을 만한 악연惡緣의 경우도 있다. 대표적인 게 춘추시대 말기 오왕 부차夫差와 참모 오자서伍子胥의 악연이다. 『사기』 「오자서열전」에 따르면 오자서의 부친과 형은 초나라 평왕平王이 태자비로 오는 여인을 취할 때 태자 쪽에 섰다가 죽임을 당했다. 오자서는 태자의 아들 공자 승勝을 데리고 복수를 다짐하며 오나라로 망명했다. 이후 그는 오왕 합려闔閭의 즉위에 결정적인 공을 세우면서 부형의 원수를 갚을 수 있는 발판을 마련했고, 결국 합려를 설득해 초나라 도성을 함락시켰다.

그러나 오자서는 합려의 뒤를 이은 부차와 시종 대립하다가 마침내 비참한 최후를 맞이하고 말았다. 객관적으로 볼 때 그는 월왕 구천勾踐의 패업을 완성시킨 월나라의 범리范蠡와 함께 오월시대를 대표하는 인물이다. 두 사람 모두 주군을 당대의 패자로 만드는 데 성공한 점에서 현신賢臣의 범주에 넣을 수 있다.

오자서가 부차의 즉위에 결정적인 공을 세웠기 때문에 즉위 초기만 해도 둘은 사이가 매우 좋았으나 두 사람은 이내 서로 원수가 되고 말았다. 사마천은 「오자서열전」에서 간신 백비伯嚭의 이간질 탓으로 기록해놓았다. 그러나 이는 재검토가 필요하다. 객관적으로 볼 때 당시 오자서를 자진으로 몰아간 당사자는 어디까지나 오왕 부차·

상대를 열광케 하라 – 귀곡자처럼

이기 때문이다. 사마천은 오자서를 미화코자 하는 의도가 너무 앞선 탓에 부차를 암군暗君처럼 묘사해놓았지만, 부차는 결코 암군이 아니었다. 「오자서열전」에 나오는 백비의 언급이 이를 뒷받침한다.

"오자서는 위인이 굳세고 사나운 까닭에 너그럽지 못합니다. 자신과 다른 의견을 가진 사람을 원망하고 시기하는 것이 마치 적을 대하듯이 하는 까닭에 장차 큰 화를 빚을까 두렵습니다. 그가 제나라에 사자로 가서 자식을 제나라의 포씨鮑氏에게 부탁한 사실이 드러났습니다. 무릇 신하가 된 자로서 안에서 뜻을 얻지 못했다고 하여 밖에서 다른 나라 제후에게 몸을 의탁하고자 한 것입니다. 스스로 선왕의 모신謀臣이라고 생각했는데 이제 자신의 계책이 받아들여지지 않는다고 생각해 늘 한탄하며 미워하고 있습니다. 원컨대 대왕은 미리 대비키 바랍니다."

오왕 부차의 제나라 공격은 선왕인 합려의 뒤를 이어 패업을 완수하려는 취지에서 나온 것이다. 월왕 구천은 뒤에서 부추기며 허점을 노렸다. 부차의 입장에서 볼 때 이를 간과한 것은 치명적인 실수였다. 그러나 그가 명실상부한 중원의 패자가 되고자 한 것 자체를 탓할 수는 없는 일이다.

고금을 막론하고 신하가 군주를 설득키 위해서는 반드시 먼저 신임을 얻어야 한다. 그렇지 않은 상황에서 강간强諫을 행하면 오히려 목숨이 위태롭다. 『한비자』 「세난」 편에서는 이같이 경고했다.

"신하가 간하면서 군주가 아무래도 그만두지 못할 일을 억지로 그만두도록 간하면 곧 목숨이 위태롭다."

오자서는 주군인 부차의 신임을 얻은 후 차분히 설득할 생각을 하지 않고 오직 극단적인 간언에만 의지했다. 죽음을 자초한 것이나 다름없다. 한비자가 오자서를 칭송하는 자들을 비판한 이유다.『한비자』「칙사」편의 해당 대목이다.

"지금 신하된 사람이 군주에게 오자서가 충성을 다해 간하다가 죽임을 당한 것을 칭송하는 것은 자신의 '강간'을 변명키 위한 구실에 지나지 않는다."

사마천을 비롯한 대다수의 사가들은 한비자와 달리 오자서의 죽음을 백비의 모함 탓으로 몰아갔다. 그러나 21세기 G2시대의 관점에서 볼 때 한비자의 지적이 옳다. 실제로 백비가 지적한 내용이 모두 역사적 사실에 부합한다. 가장 문제가 되는 것은 오자서가 제나라에 사자로 가면서 자식을 제나라의 포씨에게 맡긴 점이다. 그가 오나라를 조국으로 생각하지 않았음을 암시한다. 오나라 사람의 입장에서 볼 때 이는 매국 행보에 해당한다.

오자서는 뛰어난 지략을 지닌 당대 최고의 모신이었음에도 자신과 의견이 다른 사람을 포용치 못하는 협량狹量, 자신이 세운 공에 대한 지나친 자부심, 주군을 강압적으로 설득하고자 하는 무모함 등으로 인해 자신은 물론 결국 오나라까지 패망케 만들었다. 합려에 대한 충성을 토대로 부형의 원수를 갚은 행보는 나름 높이 평가할 만하다. 그러나 그 이후의 행보는 한비자의 지적처럼 적잖은 문제점을 드러내고 있다.

『귀곡자』의 관점에서 볼 때 오자서는 상대방으로 하여금 자신을 잊지 못하도록 만드는 철거계에 실패하는 바람에 끝내 비참한 최후

를 맞이한 것으로 풀이할 수 있다. 객관적으로 볼 때 당시 그는 부차에게 끝없는 충성을 다짐하며 절제된 간언으로 발걸음이 떨어지지 않는 모습을 보여주어야 했다. 그러나 그는 정반대로 나아갔다. 군주를 떨게 만들고, 나아가 불신의 골을 더욱 깊게 파도록 만든 것이다. 그의 죽음을 두고 자업자득의 측면이 강하다는 평이 나오는 이유다. 철거계를 소홀히 한 후과로 해석할 수 있다. 대사를 도모할 때는 기본적으로 철거계에 입각한 인간관계를 맺어둘 필요가 있다. 사소한 이권 문제로 원한관계를 맺지 말고, 부득불 원한관계를 맺을지라도 반드시 정의와 합법 등을 기준으로 삼으라는 주문이다.

04

계모

은밀히
계책을 세우는
설득술

計謀

오합계
忤合計

19

상황에 맞는 계책을 내라

무릇 매사는 흐름을 좇아 하나로 통합되는가 하면 정반대로 등을 돌려 반대되는 쪽으로 나아가는 두 가지 추세가 존재한다. 반드시 이 두 가지 추세에 부합하는 계책이 있어야 한다. 이들 두 가지 추세는 서로 전회轉化하며 수미首尾가 맞물려 돌아가는 까닭에 마치 둥근 고리의 모습과 같다. 계책 또한 둥근 고리처럼 수시로 형세形勢에 따라 변해야 한다. 반복무상反覆無常한 시류에 상응하는 계책을 통해 반드시 해당 사안에 따라 전체 상황을 통제하는 이른바 인사위제因事爲制를 행해야 하는 이유다.

凡趨合倍反, 計有適合. 化轉環屬, 各有形勢. 反覆相求, 因事爲制.

_ 「오합」

오합계忤合計는 상황에 따라 상대를 좇거나 거부하는 식의 복합적인 계책을 말한다. 여기서의 '오忤'는 서로 배치된다는 의미이고, '합合'은 서로 합치된다는 뜻이다. 상대의 비위에 맞춰 순순히 따르거나 상대와 반대되는 입장을 드러내는 계책을 지칭한다. 상황에 따라 찬

성과 반대의 행보를 적절히 뒤섞는 전략적 선택이 필요하다.

주목할 것은 오합계에는 계책을 건의해 살아남기 위한 비책의 뜻도 담고 있다는 점이다. 이른바 추합배반趨合背反이 그렇다. '추합'은 대세를 좇아 하나로 융합하는 것을 의미하고, '배반'은 상반되는 방향으로 진행하는 것을 뜻한다. 추합과 배반이 뒤엉킨 대표적인 사례로 전국시대 말기 천하를 진동시킨 연나라 장수 악의樂毅를 들 수 있다.

악의는 삼국시대의 제갈량이 관중과 더불어 높이 칭송하며 닮고자 했던 인물이다. 『사기』 「악의열전」에 따르면 그는 위 문후 때의 명장 악양樂羊의 후손이라고 한다. 그러나 이는 액면 그대로 믿기가 힘들다. 악양이 멸한 중산국은 이후 다시 부활했다가 조 무령왕 때 조나라에 병탄됐다. 중산국이 부활했을 당시 중산국에 있는 악씨 일족을 그대로 놓아두었을 리 없다. 혈통이야 이래저래 악양과 연결되었겠지만 그가 악양의 후손인지 여부는 증명할 길이 없다. 대략 악양과 같은 악씨 일족으로 보는 게 합리적이다.

대세를 좇아 하나로 융합하라

「악의열전」에 따르면 악의는 조상인 악양이 묻혀 있는 지금의 하북성 영수현靈壽縣 일대에 살다가 조나라 무령왕이 횡사할 당시 일족을 이끌고 위나라 도성인 대량으로 이주해 위 소왕을 섬겼다. 이후 연나라 소왕이 천하의 인재를 널리 구한다는 소문을 듣고 곧 위나라 사자가 되어 연나라로 갔다가 발탁된 것으로 되어 있다. 『자치통감』

은 이같이 기록해놓았다.

"기원전 312년, 연 소왕이 곽외에게 궁실을 내주어 스승으로 섬기자 천하의 현사들이 연나라로 다투어 몰려들었다. 당시 장수 악의는 위나라에서 왔고 극신劇辛은 조나라에서 왔다. 연 소왕은 악의를 아경亞卿으로 삼은 뒤 국정을 맡겼다."

악의가 소왕의 명성을 듣고 연나라로 왔다가 발탁된 것만은 확실하다. 어쩌면 「악의열전」의 기록처럼 의도적으로 위나라 사자를 자청해 연나라로 왔을지도 모를 일이다. 중요한 것은 곧바로 연 소왕의 지은知恩을 입어 야경, 즉 객경이 된 점이다. 요즘으로 치면 대략 차관급에 해당한다. 맹자도 제나라 선왕의 지은을 입어 객경에 임명된 바 있다.

사서에는 이후 악의가 연나라에서 어떤 일을 했는지 자세히 기록해놓지 않았다. 대략 군사를 육성하는 일에 전념했을 것으로 보인다. 마침내 기원전 285년에 진 소양왕이 초 경양왕과 조 혜문왕 등과 만나 제나라를 칠 일을 논의할 때 연 소왕도 악의를 불러 제나라에 설욕할 일을 논했다.

"과인이 보위에 오른 지 이제 28년이 되었소. 그간 어떻게 하면 선왕의 원수인 제나라를 쳐 설욕할 것인가 하는 문제만 생각해 왔소. 지금 제왕은 교만하고 방자하기 그지없어 인심을 크게 잃고 있소. 이는 하늘이 마침내 제나라를 망치려는 것이오. 과인도 이때를 놓칠 수 없소."

『자치통감』은 "연 소왕이 밤낮으로 백성들을 어루만지며 이끌자 나라가 더욱 부강하게 되었다"라고 기록해놓았다. 연나라의 재정과

군사력이 튼튼해지자 소왕이 마침내 칼을 뽑아든 것이다. 당시 악의
는 이같이 건의했다.

"제나라는 춘추시대 당시 이룩한 패업의 여업餘業을 잇고 있는 데
다가 땅도 넓고 사람 또한 많아 우리 연나라만으로는 일을 성사시
키기가 쉽지 않습니다. 대왕이 꼭 제나라를 치고자 하면 조·초·위
등과 맹약을 맺은 뒤 합세해 제나라를 쳐야 할 것입니다."

이는 제나라 토벌을 위한 연합군의 맹주 역할을 떠맡으라고 주문
한 것이나 다름없다. 연 소왕이 이 계책을 받아들였다. 악의의 건의
는 시의에 부합하는 것이었다. 제나라에 대한 복수심에 불타 다급해
하는 소왕의 속마음을 훤히 꿴 결과로 볼 수 있다.

당시 연 소왕은 악의를 조나라로 보내 맹약을 맺게 한 뒤 따로 초
나라와 위나라에 사자를 보냈다. 연 소왕의 명을 받은 극신은 위나
라 공자 무기를 설득해 위 소왕의 응답을 얻어낸 데 이어 이를 바탕
으로 한나라의 동의까지 얻어냈다. 진 소양왕도 조나라의 설득에 넘
어가 연합군에 참여할 뜻을 밝혔다. 이로써 제나라는 완전히 고립되
고 말았다.

악의는 전군에 명해 약탈을 엄히 금했다. 또 제나라 백성들을 위해
세금과 요역을 너그러이 하고, 가혹한 법과 제도를 없애고, 낡은 법
과 제도를 정비했다. 연나라 군사가 나타났다는 소문만 들어도 사방
으로 달아났던 제나라 백성들이 이런 소식을 듣고는 크게 기뻐했다.
덕분에 악의는 반년 만에 제나라의 70여 개 성읍을 모두 연나라의
군현으로 편입시킬 수 있었다.

이런 상황이 지속되면 제나라는 이내 사라질 수밖에 없었다. 당시 초나라로 구원을 청하러 간 제나라 사자는 초 경양왕을 만나 제 민왕의 제안을 그대로 전했다.

"지금 제나라는 연나라 군사의 침공을 받아 매우 위급한 상황에 처해 있습니다. 대왕이 군사를 보내 구해주면 회북 땅 일대를 모두 바치겠습니다."

초 경양왕이 장수 요치淖齒에게 명해 군사 20만 명을 이끌고 가 구원토록 했다. 제 민왕이 크게 기뻐하며 곧바로 회북 일대의 땅을 모두 초나라에 내준 뒤 요치를 제나라의 상국으로 삼았다. 제나라의 실권을 장악한 요치는 악의가 이끄는 연나라 군사의 실력이 만만치 않은 것을 알고 은밀히 심복을 불렀다.

"밀사의 자격으로 악의를 찾아가 초나라 군사가 장차 제왕을 죽일 터이니 초나라와 함께 제나라 땅을 나눠 갖자고 제의해 반드시 합의를 이끌어 내도록 하라."

요치의 밀사가 임치성으로 가서 악의에게 이를 전하자 악의가 크게 기뻐하며 이같이 제안했다.

"장군이 극악한 제왕을 죽이기만 한다면 이는 요치 장군의 공이 될 것이오. 나는 요치 장군의 분부대로 따를 것이오."

요치는 곧 제나라 종묘가 있는 지금의 산동성 거현莒縣 일대에 영채를 세운 뒤 사람을 보내 제 민왕을 불렀다. 함께 군대를 사열하자는 명목이었다. 제 민왕이 도착하자 요치는 사당의 대들보에 제 민왕을 거꾸로 매달아 죽였다.

초나라 장수 요치는 왜 자신을 제나라의 상국으로까지 임명한 제

민왕을 배신하고 잔인하게 죽이기까지 한 것일까? 실제로 악의와 함께 제나라를 나눠 가지려 했을 공산이 크다. 무도한 폭군을 제거한다는 명분을 내세웠으면 응당 제나라 태자를 찾아 옹립해야만 했다. 그런데도 그는 오히려 태자 법장法章을 찾아내 죽이려고 했다. 제나라를 손쉽게 점령코자 하는 속셈에서 비롯된 것으로 해석할 수밖에 없다. 실제로 제 민왕을 폭군으로 낙인찍을 수만 있다면 초나라 군사는 혼란 상황의 평정을 구실로 장기 주둔을 합리화할 수 있었다.

당시 법장은 거 땅에 은거하며 농사를 짓고 있던 태사太史 교敫의 집으로 들어가 머슴으로 지내며 난을 피했다. 태사 교는 태자 법장의 안전을 위해 집안 식구들에게도 이 사실을 알리지 않았다. 사람들 모두 태사 교의 집에 새로 들어온 머슴이 태자 법장인 줄은 꿈에도 몰랐다.

얼마 후 제나라 대부 왕손가王孫賈가 백성들을 규합해 요치를 쳤다. 요치는 제 민왕이 거처하던 별궁에서 술을 마시고 있다가 왕손가 일행에게 붙잡혀 죽임을 당했다.

당시 악의가 이끄는 연나라 군사는 지금의 산동성 즉묵현卽墨縣과 거현을 제외한 제나라의 모든 영토를 6년째 점거하고 있었다. 즉묵과 거 땅만 장악하면 제나라는 역사의 무대에서 사라질 수밖에 없었다. 그런데도 연나라는 6년 동안이나 즉묵과 거 땅을 함락시키지 못했다. 왜 이런 일이 빚어진 것일까?

당초 악의는 우군과 전군前軍을 시켜 거 땅을 포위하고 좌군과 후군後軍을 시켜 즉묵 땅을 포위케 했다. 그는 일거에 두 곳을 점령해 제나라 정벌을 조기에 마무리 짓고자 했다. 이때 즉묵을 지키던 장

수가 전사하자 즉묵의 백성들이 이구동성으로 말했다.

"지난날 전단田單은 수레바퀴의 굴대에 쇠로 테를 둘러 무사히 적의 포위망을 빠져나온 사람이다. 이것만 보더라도 그가 지략이 많고 병법에 능하다는 것을 알 수 있다. 그를 새 수장으로 삼아야 적을 물리칠 수 있다."

모든 사람이 이에 동의해 전단을 후임 수장으로 삼았다.

전단은 즉묵의 수장이 되자마자 곧 사졸들과 숙식을 같이하며 종족과 처첩들까지 모두 군대에 편입시켰다. 사방으로 흩어졌던 제나라 대신들이 하나둘 모여들어 태자 법장을 찾아내 새 군왕으로 옹립하고자 했다. 당시 법장은 죽임을 당할까 두려워한 나머지 오랫동안 신분을 밝히지 못했다. 이때에 이르러 비로소 태사 교가 이 사실을 알렸다. 제나라 신하들이 즉시 거 땅으로 가서 태자 법장을 맞이해 옹립했다. 그가 바로 제 양왕襄王이다. 기원전 283년의 일이다.

당시 악의는 거와 즉묵 땅에 대한 포위를 푼 뒤 각기 성에서 9리가량 떨어진 곳에 보루를 쌓고 지구전을 전개하고 있었다. 이게 연나라 군신들의 의심을 사는 빌미가 됐다. 연나라 장수 기겁騎劫은 제법 용기가 있어 평소 병법에 대해 얘기하기를 좋아했다. 연나라 태자와 가까웠던 그가 악의를 헐뜯자 연나라 태자도 귀가 솔깃해졌다. 적잖은 사람들은 악의가 제나라 왕이 될 생각으로 일부러 거와 즉묵 땅을 공격하지 않는 것으로 생각했다.

위 문후 때 악양이 궁지에 몰린 것과 똑같은 상황이 빚어진 셈이다. 연 소왕은 명군이었다. 그 역시 위 문후처럼 이런 소문을 일축했

다. 『자치통감』에 따르면 그는 오히려 위 문후보다 더 큰 신임을 보냈다고 할 수 있다. 이에 따르면, 하루는 연 소왕이 연회를 베풀어 대신들을 모두 불러 모으고는 악의를 참소한 사람들을 끌어내게 한 뒤 이같이 질책했다.

"선왕이 거국적으로 현자를 예로써 대한 것은 토지를 탐내 이를 자손들에게 물려주기 위한 것이 아니었다. 우리 연나라는 박덕한 계승자를 만나 국가의 대명을 감당하지 못하고 백성들 또한 안정치 못하게 되었다. 무도한 제나라는 우리나라의 내란을 틈타 선왕을 해쳤다. 과인은 그 원한이 골수에 사무쳐서 널리 빈객과 현사를 초청해 원수를 갚고자 했다. 이를 성사하는 사람이 있다면 나는 그와 더불어 연나라를 함께 다스리고자 했다. 이제 악의는 몸소 과인을 위해 제나라를 깨뜨리고 그 종묘를 헐어버렸다. 이로써 선왕의 원수를 갚았으니 제나라는 본래 악의의 소유이지 연나라가 얻은 것이 아니다. 악의가 제나라를 취해 우리 연나라와 대등한 입장에서 화친을 맺고 제후들의 침공을 막아준다면 이는 우리 연나라의 복이고 과인이 원하는 바이기도 하다. 그런데도 네가 어찌 감히 이같이 말하는 것인가."

그러고는 곧 참소한 자들의 목을 베게 했다. 이어 악의의 처에게 왕후의 복장을 내려주고, 연나라 재상을 시켜 말 네 필이 이끄는 제후용 수레와 그 뒤를 따르는 1백 대의 수레를 이끌고 가 악의를 제나라 왕에 봉하게 했다. 악의가 황공하여 사양하는 글을 쓰고는 죽는 한이 있더라도 결코 변심치 않을 것임을 맹세했다. 이후 그 누구도 다시는 악의를 모함하려 하지 않았다.

때론 대세를 거슬러 살아남아라

그러나 기원전 278년, 연 소왕이 병사하고 태자가 혜왕惠王으로 즉위하면서 상황이 일변했다. 악의를 헐뜯는 소리가 더욱 높아졌다. 여기에는 전단의 반간계反間計가 크게 기여했는데, 연나라에 들어온 제나라의 첩자들은 이같이 떠들고 다녔다.

"제나라 왕이 이미 죽었고 제나라의 성읍 중 함락되지 않은 것은 두 개뿐이다. 악의는 연나라의 새로운 왕과 틈이 있어 귀국하면 죽임을 당할까 두려워 감히 귀국하지 못하고 있다. 또, 제나라 토벌을 명분으로 삼고 있지만 실제로는 계속 병력을 보유해 제나라 왕 노릇을 하려고 하는 것이다. 지금 악의는 즉묵 땅의 전단과 긴밀히 내통하고 있다. 그러기 때문에 제나라 사람들은 악의가 소환되고 연나라에서 다른 장수가 올까 봐 두려워하고 있다. 연나라는 속히 악의를 갈아치워야 한다. 그리되면 즉묵은 즉시 함락되고 말 것이다."

혜왕이 곧 좌우에 명을 내렸다.

"즉시 악의를 소환하고 대신 기겁을 제나라로 보내라."

악의는 소환령을 받자 하늘을 쳐다보며 탄식했다.

"갓 즉위한 연왕이 누군가의 참소를 믿고 나를 소환하고 마는구나! 연나라로 돌아가면 죽임을 당할지도 모를 일이다. 나는 원래 조나라 사람이었다."

그러고는 곧 조나라로 망명했다.

악의를 대신한 기겁은 어리석은 인물에 지나지 않았다. 전단의 선전술에 그대로 놀아난 기겁은 전단에 의해 목이 잘렸고, 연나라 군

상대를 열광케 하라 – 귀곡자처럼

사는 모두 북쪽으로 달아났다. 덕분에 연나라의 군현으로 편입되었던 70여 개의 성이 모두 제나라로 복귀했다. 소식을 들은 연 혜왕이 크게 놀랐다. 조나라가 악의를 기용해 연나라를 공격하지 않을까 두려워진 그는 곧 사람을 악의에게 보내 사죄했다.

"과인이 어찌 감히 하루인들 장군의 공을 잊을 수 있겠소. 선왕이 세상을 떠나 과인이 새로 즉위케 되었으나 좌우가 그만 과인을 오도하고 말았소. 과인이 기겁으로 하여금 장군의 역할을 대신토록 한 것은 장군이 오랫동안 밖에서 군영생활을 하며 고생한 까닭에 일단 장군을 불러들여 잠시 휴식하게 한 뒤 군국대사를 함께 논의키 위함이었소. 그런데 장군이 유언비어를 믿고서는 과인과 틈이 생겨 마침내 연나라를 버리고 조나라로 가버리고 말았소. 장군은 선왕이 장군에게 보낸 두터운 은혜를 어찌 보답할 생각이오?"

악의가 사람을 시켜 연 혜왕에게 답신을 올렸다.

"옛날 오왕 합려는 오자서의 건의를 잘 받아들여 그 세력을 멀리 초나라 도성까지 뻗쳤습니다. 그러나 오왕 부차는 그를 불신한 나머지 자진케 만든 뒤 그 시신을 자루에 넣어 장강에 던져버렸습니다. 부차는 오자서의 계책으로 공을 세울 수 있다는 사실을 깨닫지 못했기 때문에 그를 수장하고도 후회하지 않았고, 오자서 또한 부차와 합려의 기량이 같지 않다는 것을 죽을 때까지 깨닫지 못했습니다. 신이 듣건대 '옛날의 군자는 교분을 끊어도 비방을 하지 않고, 충신은 본국을 떠나도 군주에 대한 험담을 해 자신을 드러내지 않는다'라고 했습니다. 신이 비록 미욱하나 누차 군자의 가르침을 받은 바 있습니다. 조나라와 함께 연나라를 도모하는 것은 신이 도의상 도저

히 할 수 없는 일입니다. 군주가 좌우의 말만 믿고 저처럼 총애받지 못한 사람들의 행동을 제대로 이해하지 못할까 걱정될 뿐입니다. 이에 감히 서신으로 답변을 드리니 부디 유의키 바랍니다."

주목할 것은 그가 오자서의 예를 길게 인용하고 있는 점이다. 그는 나름대로 타국 출신 대신인 기려지신羈旅之臣의 한계를 읽고 있었던 것이다. 연나라에 그대로 남아 있다가는 오자서처럼 비참한 최후를 맞을 우려가 크다는 판단하에 망명을 결심했음을 알 수 있다. 『귀곡자』의 관점에서 보면 악의는 오합계를 구사한 덕분에 반복무상反覆無常한 시류 속에서 천수를 누린 셈이다. 후대의 제갈량이 스스로를 악의에 비유한 것도 이런 맥락에서 이해할 수 있다. 21세기에도 오합계는 여전히 유효하다.

20

기발한 계책을 제시하라

계모를 구사할 때는 공개적으로 행하는 공모公謀보다 사적으로 은밀히 행하는
사모私謀가 낫고, 사모보다 상대방과 결속해 모의하는 결모結謀가 낫다. 상호
신뢰의 틈새가 벌어질 여지가 거의 없기 때문이다. 통상적인 수준의 계모인 정
모正謀는 기발한 방안으로 구성된 기모奇謀만 못하다. 기모는 마치 물 흐르듯
시변時變을 좇아 다양하게 변화하는 까닭에 당해낼 길이 없다. 군주에게 유세
할 때는 반드시 현실에 기초한 기모를 토대로 유세해야 관심을 끌 수 있다. 권
신에게 유세할 때는 사적인 이해관계를 토대로 유세해야 받아들여진다.

計謀之用, 公不如私, 私不如結, 結比而無隙者也. 正不如奇, 奇流而不止者也. 故說人主
者, 必與之言奇. 說人臣者, 必與之言私.

_「모려」

기모계奇謀計는 기이한 계책을 동원해 난관을 타개하는 것을 말한다.
『손자병법』을 비롯한 여러 병서가 역설하고 있는 기병奇兵과 같은
취지이다. '기병'은 정규전을 뜻하는 정병正兵과 달리 게릴라전이나

매복전과 같이 불리한 상황을 타개하기 위한 비정규전을 의미한다.

『귀곡자』는 이를 유세 책략에 적용해 '기모계'로 정리한 것이다. 기모계는 병법의 기병과 마찬가지로 필승을 거두기 위한 비상한 계책을 뜻한다. 『한비자』「오두」편에서는 기모계와 반대되는 정병계의 위험성을 이같이 비유했다.

"송나라의 어떤 농부가 밭을 갈고 있을 때 밭 가운데 나무 그루터기가 있었다. 마침 토끼 한 마리가 달아나다가 그루터기에 부딪쳐 목이 부러져 죽었다. 이를 본 농부는 이후 쟁기를 놓고 그루터기를 지키며 토끼가 재차 오기를 기다렸다. 그러나 토끼는 다시 얻을 수 없었다. 결국 그는 송나라의 웃음거리가 되고 말았다. 지금 옛 성왕의 정사를 흉내 내 지금의 백성을 다스리고자 하는 것은 모두 송나라 농부의 어리석음을 범하는 것과 같다."

상황의 변화에 맞추어 스스로를 바꾸어라

어리석은 사람을 상징하는 수주대토守株待兎 성어가 여기서 나왔다. 상황에 따른 임기응변臨機應變의 정사를 펼치지 못하고 고지식하게 정사를 펼치는 것을 비판한 것이다. 생사가 갈리는 전장에서는 두 번을 똑같은 수법으로 승리하기 어렵다. 상대방 역시 똑같은 일을 두 번 당하지 않기 위해 다양한 대비책을 강구하기 때문이다. 마키아벨리가 『군주론』에서 이전의 성공 방정식을 과감히 내던지고 새로운 상황에 부응하는 임기응변의 필요성을 역설한 것도 같은 맥락이다. 『군주론』 제25장의 해당 대목이다.

"시대 상황의 변화에 맞춰 스스로를 유연하게 바꿀 줄 아는 지혜로운 자는 거의 없다. 타고난 성향을 벗어나기 어렵기 때문이다. 특히 외길을 걸어 늘 성공을 거둔 경우는 더욱 심해서 기존의 방식을 바꾸는 게 불가능에 가깝다."

현실 또는 기존의 성공 방정식에 안주코자 하는 인간의 약점을 지적한 것이다. 작은 변화일 때는 그럭저럭 넘어갈 수 있으나 시대적 격변이 몰아칠 때는 당사자의 생사를 가르게 된다. 왕조가 뒤바뀌는 격변기가 특히 그렇다. 이런 시기에는 어제의 황제가 오늘의 필부가 되고, 오늘의 필부가 내일의 황제가 될 수 있는 가능성이 무한대로 열려 있다. '시대가 영웅을 만든다!'라는 얘기가 나오는 이유다.

전쟁 상황에서는 임기응변 여부가 승패를 가른다. 무엇보다 비상한 계책이 필요한데, 그게 바로 기모기략奇謀機略이다. 기상천외한 모략이라는 뜻을 지닌 기모기략은 기기모략奇機謀略과 같은 말이다. 주목할 것은 일을 꾀하는 '모謀'와 결정적인 계기를 뜻하는 '기機'가 같은 뜻으로 사용되고 있는 점이다. 계략이 없으면 기회가 왔을지라도 아무 소용이 없다는 취지에서 나온 것이다.

위기 상황은 생사의 갈림길에 해당한다. 필사의 각오로 나서지 않을 경우 앉은 채 죽음을 맞이할 수도 있다. 기책奇策과 기모奇謀, 기략奇略, 기기奇機가 필요한 이유다. 대표적인 사례로 초한전 당시 유방의 군사 한신이 관중을 손에 넣은 이른바 암도진창暗渡陳倉 계책을 들 수 있다. 유방은 덕분에 궁벽한 변경에서 빠져나온 것은 물론이고 관중을 배경으로 천하통일의 터전을 마련할 수 있었다. 한신의 공이 그만큼 컸다.

긴박한 상황에서 발상의 대전환을 하라

『손자병법』「시계」편은 적을 착각에 빠뜨리는 궤도詭道에 병법의 요체가 있다고 단언했다. 관중을 점거할 때 사용한 암도진창 계책이 바로 그 전형에 해당한다. 이 일화는 너무나도 유명한 까닭에 『삼십육계』의 제8계로 채택돼 있다. 해당 대목이다.

"암도진창의 계책은 몰래 진창을 건넌다는 뜻으로, 정면에서 공격하는 척하며 우회한 뒤 적의 배후를 치는 계책이다. 짐짓 아군의 의도를 모르는 척 내보이며 적으로 하여금 엉뚱한 곳을 지키게 만든 뒤 그 틈을 노려 은밀히 적의 배후로 다가가 습격한다."

이는 한신이 구사한 용병술의 진수를 요약해놓은 것이나 다름없다. 원래 '암도진창'의 출전은 『사기』「고조본기」인데, 다음과 같은 대목이 나온다.

"기원전 206년 4월, 한중왕 유방이 한중을 향해 떠나자 항우가 병사 3만 명을 풀어 그 뒤를 따르게 했다. 유방이 관중을 떠나 한중으로 들어갈 때 장양의 권고에 따라 잔도棧道를 불태웠다. 제후들이 은밀히 군사를 움직여 습격하는 것에 대비하고, 또 항우로 하여금 유방이 동쪽으로 돌아갈 뜻이 없음을 가장하기 위한 것이었다. 그해 8월, 유방이 한신의 계책을 좇아 옛날 초나라로 오가던 길을 통해 항우에 의해 옹왕에 임명된 장한章邯을 급습했다. 장한은 진창에서 한나라 군사를 맞이해 공격했으나 패주했다. 호치好畤에서 재차 싸웠지만 다시 패해 도주했다."

당시 표면상 한중에서 관중으로 직행하는 길은 없었다. 항우를 안심시키기 위해 한중으로 들어올 때 함양에 가장 빨리 도달할 수 있

상대를 열광케 하라 – 귀곡자처럼

는 이른바 자오도子午道의 잔도를 불태웠기 때문이다. 자오도의 잔도를 복구하려면 시간이 많이 걸리고, 수비 책임을 맡고 있는 장한이 이를 방치할 리 없었다. 그렇다면 한신은 어떻게 관중으로 진출한 것일까?

비록 우회로이기는 하나 한중에서 관중으로 들어가는 루트로 자오도 외에 포사도褒斜道가 있었다. 이는 진령의 남쪽 경사면을 흐르는 포수褒水의 원류까지 더듬어 올라간 뒤 진령 북쪽 경사면을 흐르는 사수斜水를 따라 관중 분지로 내려가는 루트이다. 포사도를 이용해 진령을 넘어갈 경우 곧바로 옹왕 장한의 도읍인 폐구廢丘 근처로 나오게 되는데, 폐구에서 함양까지는 지척이었다. 하지만 포사도를 이용할 경우 이웃한 사마흔과 동예가 곧바로 장한과 합세할 우려가 컸다. 한신이 3진의 제후왕과 전면전을 벌일 경우 승산이 희박했다.

마지막으로 하나 더 생각할 수 있는 길이 있었다. 일단 한중의 도읍인 남정에서 포사도로 들어간 다음 서쪽으로 방향을 틀어 현재의 섬서성 봉현 근처로 갔다가 옛 길을 통해 대산관大散關에서 지금의 섬서성 보계시인 진창으로 빠져 나오는 길이 그것이다. 이 노선은 이리저리 우회하기는 하나 대산관까지 한중과 촉 땅의 북부를 거치는 까닭에 군사 이동의 정보가 새나갈 우려가 없었다. 더 중요한 것은 파촉 일대에서 조달되는 군수물자를 넉넉히 활용할 수 있다는 점이었다. 소하는 남정에 들어오자마자 곧바로 파촉과 한중을 하나로 묶는 명령체계를 정비하면서 파촉과 한중을 잇는 잔도를 보수한 바 있었다. 덕분에 파촉의 풍부한 물자가 잔도를 통해 남정으로 속속 옮겨졌다.

옹왕 장한의 입장에서 보면 진창은 봉지의 서쪽 가장자리에 있다. 지금의 섬서성을 중심으로 한 관중 분지 전체의 관점에서 볼 때 가장 서쪽에 위치한 협소한 지형에 해당한다. 유방의 군사가 이 루트를 타고 침공하면 사마흔과 동예의 응원을 받기가 어렵게 된다. 실제로 한신의 군사가 이 길을 통해 관중으로 진격했을 때 방어에 나선 것은 오직 장한의 군사밖에 없었다.

유방의 군대가 함양을 출발해 남정에 도착한 것은 계절이 늦여름으로 접어들 때였다.

이해 가을 달 밝은 밤을 기해 한신의 군사가 마침내 관중을 향해 출진했다. 한신은 출진에 앞서 미리 군사들을 시켜 자오도의 불타버린 잔도를 수리하는 척하며 장한의 주의를 그쪽으로 돌렸다. 유방군의 움직임을 수시로 점검하며 나름 경계를 늦추지 않았던 장한이 이 계책에 그대로 말려들고 말았다. 유방이 조만간 관중 진출을 시도할 것을 예상했음에도 번지수를 잘못 짚은 것이다. 많은 사람들이 당대의 명장 장한과 최고의 전략가인 한신을 비교하며 한신이 장한보다 한 수 위였다고 평하는 이유다.

장한은 왜 한신이 진창으로 빠져나올 것을 예상치 못했던 것일까? 한신의 역발상 때문이었다. 한신이 진창으로 들어간 루트는 그 누구도 상상키 어려운 진군 루트였다. 마치 나폴레옹이 아무도 생각지 못하는 발상으로 추운 겨울날에 알프스 산맥을 넘어가 기습공격을 가한 것과 닮았다. 장한은 잔도의 수리 기간이 제법 오래 걸릴 것이라는 착각 아래 군사들을 자오도의 잔도 주변으로 집결시켰다. 당대

의 병법가인 장한이 라이벌 격인 한신에게 감쪽같이 속아 넘어간 셈이다. 사실 아무리 병법에 밝을지라도 진창을 통해 관중으로 진격하는 방안은 상상키가 어려웠던 까닭에 장한을 탓할 수만도 없다. 덕분에 한신은 대군을 이끌고 별다른 저항 없이 진창으로 들어갈 수 있었다.

척후로부터 이 사실을 보고받은 장한이 황급히 군사를 돌려 지금의 섬서성 보계현 동쪽에 있는 진창 경계에서 한신의 군대를 맞아 싸웠으나 별다른 준비 없이 대처한 까닭에 크게 패하고 말았다. 지금의 섬서성 호치에서 전열을 정비한 뒤 다시 맞서 싸웠으나 또 패한 장한은 어쩔 수 없이 자신의 근거지인 폐구로 달아나 성문을 굳게 닫은 후 방어에 주력했다.

이 사이 선봉대인 한신의 군사를 뒤따라온 유방의 본대가 옹 땅을 평정한 뒤 동진하여 함양에 이르렀다. 유방은 군사를 이끌고 폐구를 포위한 뒤 제장들을 각지로 파견해 여타 지역을 다스리게 했다. 새 왕 사마흔과 적왕 동예는 결코 적수가 되지 못했다. 이들은 모두 항복했고, 유방이 그곳에 위남渭南과 하상河上, 상군上郡 등을 두었다. 마침내 실력으로 관중을 탈환해 명실상부한 '관중왕'에 오른 것이다. 모두가 한신 덕분이었다.

암도진창 계책은 여러 면에서 동쪽으로 갈 듯이 움직이다가 서쪽을 치는 성동격서聲東擊西와 닮았다. 양자 모두 적을 미혹시켜 은밀히 기습한다는 점에서 서로 통한다. 다만 성동격서는 적으로 하여금 아군이 공격하고자 하는 지점을 헷갈리게 만드는 것에 주안점을 두

고 있는 데 반해, 암도진창은 아군의 공격 루트를 헷갈리게 만든다는 점에서 약간의 차이가 있다.

『귀곡자』는 『삼십육계』에 나오는 암도진창과 성동격서의 계책을 기모계로 묶어놓은 셈이다. 기모계는 말 그대로 기기묘묘奇奇妙妙한 까닭에 틀에 박힌 어떤 계책으로 정의할 수 없다. 주어진 상황에 따라 다양한 해법을 강구할 수밖에 없다. 이런 기모계를 구사하려면 평소 '발상의 대전환' 훈련이 필요하다. 대표적인 사례로 오늘의 현대그룹을 창업한 정주영 전 회장을 들 수 있다.

그는 남들이 모두 이구동성으로 불가능하다고 반대하는 일을 뚝심으로 밀어붙여 성공을 거둠으로써 세인들을 깜짝 놀라게 한 바 있다. 대표적인 예로 새만금 간척사업 당시 마지막 단계에서 밀물과 썰물의 교차가 너무 심해 모두 손을 놓고 있을 때 커다란 폐선을 구입해 그 사이를 막고 둑을 연결한 일화를 들 수 있다.

또한 그가 기모계를 구사해 성공을 거둔 대표적인 사례로 미포의 모래사장 사진과 설계도면만 들고 그리스로 건너가 26만 톤급 선박을 2척이나 수주한 것을 들 수 있다. 한국 화폐에 그려져 있는 이순신 장군의 거북선을 보여주며 한국의 선박 건조 능력을 자랑했다는 전설 같은 얘기가 전해진다. 절박하면 해법이 나오게 마련이다. 『주역』은 이를 궁즉통窮則通으로 요약했다. 『귀곡자』의 관점에서 볼 때 기모계의 성패 여부는 기존의 성공 방식에 얽매이지 않는 발상의 대전환 훈련에 달려 있다고 해도 과언이 아니다.

밀모계
密謀計

21

은밀히 계책을 짜라

자신이 어떤 집단에 속해 있고 상대가 외부인으로 간주하지 않는 상황에서 외부에 관한 얘기를 집중 거론하면 이내 의심을 사 신뢰를 잃고 해당 집단으로부터 배척을 당한다. 집단 밖에 있으면서 집단 내부의 은밀한 얘기를 마구 떠벌이면 이내 위태로워진다. 상대가 원치 않는 것을 강요하지 말고, 알지 못하는 것을 억지로 가르치려 들지 말아야 한다. 상대가 좋아하는 것이 있으면 그것을 배워서 따르고, 싫어하는 것이 있으면 그것을 피해 말하지 않아야 한다. 어떤 일이든 은밀한 방식으로 계모를 구사해야만 공개적으로 명성을 떨치는 이른바 음도양취陰道陽取를 이룰 수 있다.

其身內, 其言外者, 疏. 其身外, 其言深者, 危. 無以人之所不欲而强之於人, 無以人之所不知而教之於人. 人之有好也, 學而順之. 人之有惡也, 避而諱之. 故陰道而陽取之.

_「모려」

밀모계密謀計는 어떤 계책이든 특별한 경우가 아니면 반드시 은밀히 진행되는 까닭에 어쩌면 언급할 필요조차 없는 것이다. 그러나 현실

은 그렇지 않다. 성사 단계에서 비밀이 누설돼 계책이 무산되는 것은 물론이고 밀모에 가담한 사람들 모두 곤경에 처하는 경우가 비일비재하다. 밀모의 내용에 따라서는 멸문지화滅門之禍의 참사를 당하기도 한다. 이는 사람의 입이 그만큼 가볍다는 사실을 반증한다. 유세를 하거나 계책을 짤 때 신중을 거듭해야 하는 이유다. 군대 내에서 '보안'을 극도로 중시하는 것과 같은 이치이다.

원래 유세와 책략은 불가분의 관계를 맺고 있다. 『귀곡자』가 유세와 책략을 종횡술의 두 축으로 삼은 이유다. 춘추전국시대 당시 유세와 책략은 종횡가의 전유물도 아니었다. 공자를 비롯한 제자백가 모두 군주를 제대로 설득하지 못할 경우 자신의 뜻을 펼 길이 없었다. 상대를 설득해 자신의 포부와 이상을 펼치고자 한 점에서 정도의 차이만 있었을 뿐이지 근본적인 차이가 없다.

사안의 이면을 읽어라

제자백가서와 사서는 종횡가의 책략을 통상 방략方略과 계략計略, 모략謀略 등으로 표현해놓았다. 모두 비슷한 뜻이다. 그러나 그 의미가 현저히 바뀐 경우도 있다. 현재 '모략'의 경우는 사실을 왜곡하거나 속임수를 써 남을 해롭게 하는 일의 의미로 통용되고 있다. 그러나 원래 모략은 『손자병법』 등의 병서에서 말하는 최상의 병법인 벌모전략伐謀戰略을 달리 표현한 것이다. 『한비자』와 『귀곡자』 등은 이를 권모權謀 또는 권술權術로 표현해놓았다. 『귀곡자』는 「양권量權」과 「모려謀慮」편에서 이를 집중 논의하고 있다.

특이하게도 제갈량이 쓴 병서 『장원將苑』은 이를 병권兵權으로 표현해놓았다. 적잖은 사람들이 이를 통상적인 의미의 군사지휘권으로 풀이하고 있으나 이는 잘못된 해석이다. 여기서의 '병권'은 군주와 장수의 지휘권을 뜻하는 게 아니라 병서에서 말하는 권모 또는 권술을 말한다. 이를 뒷받침하는 「병권」의 해당 대목이다.

"무릇 병권은 전군의 승패와 명운을 가르는 관건이다. 장수의 위세도 이에 직결돼 있다. 장수가 능히 병권을 발휘하고 전세의 흐름을 통제할 수 있으면 그가 지휘하는 부대는 마치 맹호가 날개를 단 것처럼 사해를 날아다니며 임기응변으로 천하를 호령할 수 있다. 정반대로 실권失權하고 전세의 흐름을 통제하지 못하면 마치 물고기가 강호江湖를 떠나 바다의 격랑 위에서 노닐려고 하는 것과 같다. 전쟁은 천지를 뒤흔드는 거센 파도와 같은데, 강호에 노닐던 물고기가 바다의 격랑 위에서 노닐고자 할 경우 과연 그게 가능하겠는가?"

여기서 말하는 '실권' 역시 군사지휘권을 잃었다는 뜻이 아니라 권모와 지략을 발휘하지 못한다는 뜻으로, 임기응변을 언급한 것이다.

『귀곡자』를 관통하는 임기응변의 요령은 사물 및 사안의 정면과 더불어 반드시 반면을 읽을 줄 아는 안목에서 출발한다. 겉으로 드러난 것 외에 그 안에 감춰진 이면을 읽어야 한다는 것이다. 살벌하게 전개되고 있는 21세기의 경제전에서 최후의 승리를 거두기 위해서는 위정자와 기업 CEO 모두 사안의 이면, 즉 반면을 읽을 줄 알아야 한다. 그런 점에서 종횡가 이론을 모아놓은 『귀곡자』보다 더 좋은 이론서도 없다. 『귀곡자』에 소개된 반면을 읽는 비결은 크게 11가지

이다.

첫째, 마음을 여닫으며 대화를 이끄는 벽합술捭闔術이다. 둘째, 얘기를 뒤집으며 상대의 반응을 유인하는 반복술反覆術이다. 셋째, 상대와 굳게 결속하는 내건술內揵術이다. 넷째, 벌어진 틈을 미리 막는 저희술抵巇術이다. 다섯째, 상대를 크게 칭송하며 옭아매는 비겸술飛箝術이다. 여섯째, 상대의 형세에 올라타는 오합술忤合術이다. 일곱째, 상대의 실정을 헤아리는 췌정술揣情術이다. 여덟째, 상대가 속마음을 털어놓게 만드는 마의술摩意術이다. 아홉째, 상황에 맞게 유세 방식을 달리하는 양권술量權術이다. 열째, 시의에 맞게 계책을 내는 모려술謀慮術이다. 열한째, 기회가 왔을 때 머뭇거리지 않고 결단하는 결물술決物術이다.

이들 모두 M&A를 포함해 21세기 비즈니스 정글의 협상 테이블에서 그대로 적용할 만한 계책들이다. 이들 계책은 병가에서 역설하는 전략 전술과 불가분의 관계를 맺고 있다. 『손자병법』을 비롯한 병서의 전략 전술이 총체적이고 강압적이라면, 『귀곡자』에서 말하는 책략은 구체적이고 설득적이다. 서로 보완관계에 있다. 마치 군사와 외교의 관계와 같다. 『귀곡자』를 읽을 때 『손자병법』 등의 병서를 함께 읽어야 하는 이유다.

사안의 핵심을 요약하라

『귀곡자』는 유세와 책략에서 성공을 거두려면 사안의 반면을 읽는 것만으로는 부족하며, 사안의 핵심을 한마디로 요약할 줄 아는 식견

이 필요하다고 지적한다. 21세기는 온갖 종류의 정보가 난무하는 인터넷 정보통신 시대이기에 그 중요성이 날로 높아지고 있다.

　문제는 어떤 것이 유익한 정보인지를 알아내는게 쉽지 않다는 점이다. 꾸준히 폭넓은 교양을 통해 식견을 넓히는 수밖에 없다. 먼저 기존의 낡은 가치와 관행 등을 과감히 허무는 개방적인 자세가 필요하다. 그래야 풍부한 상상력에 기초한 참신한 아이디어가 속출하게 된다. 그러기 위해서는 무엇보다 먼저 지적 호기심이 남달라야 한다. 지적 호기심은 체계적인 지식 위에서만 가능하다. 고전에 대한 심도 있는 탐구가 답이다. 공자가 온고지신溫故知新을 역설한 이유다. 온고지신을 통해 생산된 참신한 방안이 곧 『귀곡자』에서 말하는 '모략'이다. 따라서 병가와 종횡가 등에서 말하는 모략을 통상적인 의미로 해석해서는 안된다.

　음모陰謀도 마찬가지다. 현재는 흉악한 일을 꾸미는 잔꾀의 의미로 통용되고 있지만 『귀곡자』에 나오는 음모는 그런 뜻이 아니다. 은밀히 국가대사와 같은 큰일을 도모한다는 뜻이다. 『귀곡자』는 「마의」편에서 오직 성인만이 음모를 행할 수 있다고 주장하고 있다.

　"성인은 은밀히 일을 도모하는 까닭에 신묘하다는 칭송을 듣고, 밝은 곳에서 그 공을 드러내는 까닭에 명민하다는 칭송을 듣는다. 사람들이 성인의 정치와 용병을 신명하다고 칭송하는 이유다."

　나라를 다스리거나 군사를 지휘할 때 반드시 속마음을 철저히 숨기는 음도陰道를 행해야만 대공을 이룰 수 있다고 지적한 것이다. 병법에서 말하는 궤사詭詐와 취지를 같이한다.

속마음을 철저히 숨겨라

신하들을 임의로 부리는 제신술制臣術에 초점을 맞춘 법가도 음도를 제신술의 요체로 내세우고 있다. 『한비자』는 통치의 요체를 백성을 다스리는 치민治民이 아닌 관원을 다스리는 치리治吏에서 찾고 있다. 이종오는 이를 후흑厚黑으로 바꿔 표현했다. 병가의 궤사와 법가의 후흑, 종횡가의 음모는 모두 음도가 난세의 무한경쟁에서 승리를 거둘 수 있는 관건이라는 취지에서 나온 것이다. 『한비자』「팔경」편의 음도에 대한 해석이 이를 뒷받침한다.

"군주는 관원을 임용할 때 무리를 지어 서로 의견이 같은 자들은 기용하지 않는다. 만일 신하들이 한통속이 되어 서로 부화附和하면 곧바로 엄하게 책임을 묻는다. 신하들을 서로 대립하게 만든 뒤 군주를 위해 일하도록 뒤에서 조정하면 군주의 제신술은 신묘한 모습을 띠고 예측이 전혀 불가능하게 된다. 신하들이 군주를 위해 몸과 마음을 다하는 이유다. 이같이 하면 신하들은 감히 군주를 이용할 생각을 품지 못하게 되고, 이로써 제신술이 완성된다."

음모와 궤사, 후흑은 모두 같은 곡을 달리 연주한 것에 지나지 않는다. 『한비자』「난일難一」편에 나오는 다음 일화를 보면 이를 더욱 쉽게 이해할 수 있다.

춘추시대 중엽 제 환공에 이어 중원을 호령케 된 진 문공이 장차 초나라와 결전을 벌일 생각으로 측근인 구범舅犯을 불러 물었다.

"과인은 장차 초나라 군사와 결전을 벌일 생각이오. 초나라 군사는 숫자가 많고 우리는 숫자가 적소. 이를 어찌하면 좋겠소?"

"신이 듣건대 '상황에 따라 예가 달리 적용되는 것을 터득한 군자

상대를 열광케 하라 – 귀곡자처럼

는 평시에는 충신忠信을 마다하지 않고, 전시에는 궤사詭詐를 마다하지 않는다'라고 했습니다. 오직 적을 속이는 궤사를 써야만 합니다."

진 문공이 구범을 내보낸 뒤에 대부 옹계雍季를 불러 다시 물었다.

"과인이 장차 초의 군사와 결전을 벌일 생각이오. 초나라 군사는 숫자가 많고 우리는 숫자가 적소. 이를 어찌하면 좋겠소?"

옹계가 대답했다.

"사냥을 하면서 숲에 불을 지르면 당장에는 많은 짐승을 잡을 수 있겠지만 후에는 반드시 짐승이 사라지게 될 것입니다. 속임수로 백성을 대하면 한때는 눈앞의 이익을 취할 수 있으나 후에는 반드시 백성의 신망을 얻을 길이 없습니다."

"옳은 말이오."

그러나 막상 초나라와 정면으로 맞붙은 성복城濮의 싸움에서는 구범의 계책을 좇아 초나라 군사를 격파했다. 개선 후 논공행상을 하면서 옹계를 먼저 하고 구범을 뒤로 했다. 이를 이상하게 생각한 신하들이 물었다.

"성복의 승리는 구범의 계책에 따른 것입니다. 무릇 그의 계책을 좇아 승리를 거두고도 논공행상에서 뒤로 돌리는 것이 과연 가한 것입니까?"

진 문공이 대답했다.

"이는 그대들이 알 바가 아니다. 무릇 구범의 계책은 일시적인 권도權道나, 옹계의 건의는 만대에 걸쳐 이익이 되는 정도正道에 해당한다."

공자가 이 얘기를 듣고 칭송했다.

"진 문공의 패업은 당연하다. 그는 일시적인 권도를 터득했을 뿐만 아니라 만대에 걸쳐 이익이 되는 정도까지 터득했기 때문이다."

이 일화는 한비자가 활약한 전국시대 말까지 유가의 덕치를 선전하는 일화로 널리 유포됐다. 맹자가 법가와 병가 및 종횡가를 싸잡아 비판한 게 그 증거다. 그러나 당시 열국의 각축은 궁극적으로 천하통일을 위한 것이었다는 사실에 주의할 필요가 있다. 전국시대 말기의 영토 전쟁은 열국 군주의 야심과 무관할 수 없으나 근본적으로는 천하통일을 통한 조속한 치세의 도래를 고대한 백성들의 염원에서 비롯된 것이다. 부국강병을 기치로 내걸고 난세의 타개에 초점을 맞춘 병가와 종횡가, 법가 등이 백가쟁명에 뛰어든 것도 바로 이런 천하대세에 부응하기 위한 것이었다.

맹자보다 1백년 뒤에 태어난 한비자는 법가사상을 집대성하면서 맹자의 접근 방식은 오히려 난세를 더욱 심화시킬 뿐이라고 비판했다. 「난세」 편에서 진 문공의 구범과 옹계에 대한 포상 기준을 강력하게 비판한 이유이며, 난세에서조차 덕치로 천하를 평정할 수 있다고 주장한 맹자의 왕도사상을 정면공격한 것이다. 「난일」 편의 해당 대목이다.

"싸워서 이기지 못하면 나라가 망하고, 병력도 약해지고, 몸도 죽고 명성도 사라지게 된다. 그리되면 당장 눈앞의 죽음에서 벗어나려 해도 능력이 미치지 못할 것이다. 어느 여가에 만대에 걸친 이익을 기대할 수 있겠는가? 만대에 걸친 이익을 기대할 수 있는 계기는 당장 눈앞에 전개되는 오늘의 싸움에 있다. 오늘의 싸움에서 승리하

상대를 열광케 하라 - 귀곡자처럼

기 위해서는 반드시 적을 속여야만 한다. 적을 속여야만 만대에 걸칠 이익을 기대할 수 있다. 구범이 속임수를 마다해서는 안 된다고 한 것은 백성을 속이라고 권한 게 아니고 적을 속이라고 요구한 것이다. 적은 정벌해야만 할 나라이다. 설령 이후 두 번 다시 이와 유사한 방법으로 이익을 얻지 못한다고 할지라도 무슨 손해가 있겠는가?

진문공이 초나라 군사를 격파할 수 있었던 것은 구범의 계책 덕분이다. 옹계는 단지 '후에는 반드시 백성들의 신망을 얻을 길이 없다'라고 얘기한 것밖에 없다. 이는 뛰어난 진언이랄 것도 없다. 구범은 말하기를, '군자가 예절을 강구하는 것은 충신忠信을 다하려는 것이다'라고 했다. 그가 말한 충忠은 부하에 대한 사랑을 뜻하고, 신信은 백성을 속이지 않는 것을 말한다. 무릇 부하를 사랑하고 백성을 속이지 않아야 한다고 했으니 선언善言 중에 이보다 더 훌륭한 게 있을 수 있겠는가?

그가 '전시에는 궤사를 마다하지 않는다'라고 말한 것은 승리를 거두기 위한 병법의 계책이 그러했기 때문이다. 구범은 처음에 뛰어난 진언을 했고, 나중엔 뛰어난 전략을 제시했다. 두 가지 대공을 세운 셈이다. 그런데도 논공행상에서 뒤로 밀리고 단 하나의 공도 세우지 못한 옹계가 앞서 상을 받게 됐다. 공자가 '진 문공의 패업은 당연하다'라고 언급한 것은 참으로 포상의 이치를 몰랐기 때문이다."

병가와 법가 및 종횡가가 추구하는 음도의 이치를 이처럼 설득력 있게 갈파한 이도 많지 않다. 음도는 계책을 드러내는 유가의 양도陽道와 극명한 대조를 이룬다. 종횡가의 음모는 법가 및 병가와 마찬가지로 부국강병에 초점을 맞춘다. 밀모계는 음도의 꽃에 해당한다.

선양계
宣揚計

22

필요하다면 상대를 높여주어라

양에 속하는 사안에 대한 언급을 모두 '시작'으로 표현한 것은 좋은 면만 부각
시킨 유세를 통해 사업 개시를 재촉하면서 성공의 과실을 취하려는 취지에서
비롯된 것이다.

諸言法陽之類者, 皆曰 '始', 言善以始其事.

_「벽합」

선양계宣揚計는 계책을 의도적으로 드러내는 것을 말한다. 앞에서 나
온 밀모계와 정반대이다. 그러나 그 취지만큼은 동일하다. 밀모계는
남들이 전혀 모르게 하는 데에 초점을 맞추고 있는 반면, 선양계는
남들이 모두 겉으로 드러난 것을 진실로 믿도록 만드는 데에 방점을
찍고 있다. 모두 상대를 임의로 조종코자 하는 의도에서 나온 것이
다. 밀모계는 '감춰진 모략', 선양계는 '드러난 모략'에 해당한다.

상황에 따라서는 감춰진 모략보다 드러난 모략이 상대방에겐 더

치명적이다. 병법의 원리로 보면 드러난 모략에 넘어갈 경우 몰살을 당할 소지가 크다. 거짓으로 패해 달아나는 적을 쫓다가 매복계에 걸려 전멸을 당하는 경우가 그렇다. 대표적인 사례로 전국시대 중엽 방연龐涓이 이끄는 위나라 군사가 제나라 군사軍師 손빈孫臏의 계책에 걸려 몰살당한 것을 들 수 있다. 착각에 빠진 까닭에 빠져나올 길이 없다. 감춰진 모략에 걸릴 경우는 곧바로 자신의 실수를 깨닫는 까닭에 나름 활로를 찾을 수 있지만, 드러난 모략에 걸린 경우는 궤멸적인 상황에 몰릴 때까지 전혀 위기의식을 느끼지 못한다. 그래서 더 위험하다. 맹자는 이를 외부에서 만든 재앙인 천작얼天作孽과 스스로 만든 재앙인 자작얼自作之孽의 차이로 풀이했다. 『맹자』「공손추 상」의 해당 대목이다.

"화복禍福은 자기로부터 구하지 않는 게 없는 법이다. 『시경』「대아, 문왕」에 이르기를, '길이 천명을 좇으니 스스로 많은 복을 구하네!'라고 했다. 또, 『서경』「상서, 태갑」에 이르기를, '하늘이 만든 재앙은 오히려 피할 수 있으나 스스로 만든 재앙은 피하여 살아날 길이 없다'라고 했다."

겉으로 드러난 것을 진실인 양 믿게 하라

『귀곡자』에서 말하는 선양계의 무서운 측면이 바로 여기에 있다. 대표적인 사례로 공자의 수제자 자공子貢이 당대 최고 수준의 선양계를 구사해 스승의 나라인 노나라를 패망의 위기에서 구한 것을 들 수 있다. 원래 공자가 활약한 춘추시대 말기는 통상 오월시대로 불

린다. 오왕 부차와 월왕 구천이 천하를 놓고 다툰 데서 알 수 있듯이 전통적인 강국인 중원의 진晉나라와 남방의 강국 초楚나라가 상대적으로 피폐해진 결과다. 모두 권신들의 발호로 인한 것이었다. 오랫동안 동방의 작은 나라로 취급받던 오나라와 월나라가 문득 신흥 강국으로 우뚝 서게 된 배경이다.

제나라가 이웃한 소국 노나라를 치고자 한 것도 이런 사실과 무관치 않았다. 당시 공자의 명을 받은 자공이 오나라와 월나라, 제나라 등을 두루 돌아다니며 구사한 탁월한 유세는 그를 종횡가의 시조로 꼽기에 충분하다. 『사기』「중니제자열전」에 나오는 기록을 간략히 살펴보기로 하자.

기원전 484년, 오왕 부차가 북쪽으로 진공해 제나라를 쳤다. 월왕 구천이 이 얘기를 듣고 곧 휘하를 이끌고 가 부차를 알현했다. 이때 태재太宰 백비白嚭에게 보물을 바치면서 제나라를 칠 것을 부추겼다. 부차가 백비를 믿고 그의 계책을 채택하자 오자서가 궁으로 들어가 이같이 간했다.

"월나라는 우리 오나라에게 가슴과 배에 들어온 치명적인 병인 심복지병心腹之病과 같습니다. 그런데도 대왕은 이를 미리 제거하지 않고 있습니다. 지금 대왕은 허황된 얘기를 믿고 제나라를 치려고 합니다. 제나라를 치는 것은 비유컨대 큰 돌덩이로 뒤덮인 땅을 취하는 것과 같습니다. 그런 땅에는 어떠한 곡식도 심을 수 없습니다. 바라건대 대왕은 제나라를 버리고 월나라를 치도록 하십시오."

부차가 이를 듣기는커녕 오히려 오자서에게 제나라에 사자로 가 교전 날짜를 통보케 했다. 오자서가 자식들에게 이같이 당부했다.

"내가 여러 차례 간했으나 대왕은 내 계책을 받아들이지 않았다. 지금 나는 이미 오나라가 멸망할 것이 눈에 보인다. 너희가 오나라와 함께 망하는 것은 아무런 의미가 없다."

그러고는 자식을 제나라로 데리고 가 제나라 대부 포목鮑牧에게 맡긴 후에 돌아왔다. 결국 그는 이 일이 들통나 스스로 목숨을 끊게 되었다. 이듬해인 기원전 483년 제나라 권신 진항陳恒이 허울뿐인 제 간공簡公을 제거코자 했다. 다만 제나라의 대성인 고씨高氏와 국씨國氏, 포씨鮑氏, 안씨晏氏 등을 꺼린 나머지 먼저 노나라를 친 뒤 여세를 몰아 제 간공을 제거코자 했다. 노나라 애공哀公이 이를 크게 우려했다. 공자도 크게 걱정한 나머지 곧 제자들을 불러놓고 이같이 말했다.

"제후들이 서로 공격하여 정벌하고 있으니 나는 이를 심히 수치스럽게 생각한다. 무릇 노나라는 부모의 나라로, 조상의 묘가 모두 여기에 있다. 지금 제나라가 장차 우리 노나라를 치려 하니 그대들은 출국하여 한번 노나라를 위해 노력해볼 생각이 없는가?"

이때 성질이 급한 자로가 곧바로 작별을 고한 뒤 출국하려고 하자 공자가 만류했다. 자장 등이 자원했으나 이 또한 허락지 않았다. 자공이 나섰다.

"제가 가면 어떻겠습니까?"

"네가 가면 괜찮을 것이다."

자공이 제나라에 당도해 진항陳恒을 만나 이같이 말했다.

"노나라는 공략키 매우 어렵고, 오나라는 공략키가 극히 쉬운 나라입니다. 그대가 노나라를 치려는 것은 잘못입니다."

"왜 그렇다는 것이오?"

자공이 대답했다.

"노나라의 성벽은 얇고도 낮고, 성을 둘러싼 해자垓字는 좁고도 얕고, 군주는 어리석으며 불인不仁하고, 대신들은 쓸모가 없고, 병사들은 전쟁을 싫어합니다. 그러니 그대는 그들과 싸울 수 없습니다. 차라리 오나라를 치느니만 못합니다. 오나라는 성벽이 견고하며 높고, 성을 둘러싼 해자는 넓고도 깊고, 갑옷은 견고하고, 사병은 정예하고, 궁노弓弩는 강력합니다. 그러니 공략키 쉬운 나라입니다."

진항이 화를 냈다.

"그대가 어렵다고 하는 것은 사람들이 쉽게 여기는 것이고, 그대가 쉽다고 한 것은 사람들이 어렵다고 여기는 것이오. 그대가 이러한 얘기로 나를 가르치려고 하는 것은 무슨 뜻이오?"

자공이 말했다.

"지금 그대가 노나라를 쳐 제나라의 영토를 넓히고, 노나라를 멸함으로써 자신의 위세를 높이려 하나 사실 그대가 세울 공은 여기에 있지 않습니다. 만일 이같이 되면 제나라의 군신 모두 방자하고 자만해져 사람을 능욕하고 다툴 것이니 그대의 사업을 성취키가 어렵게 됩니다. 그래서 오나라를 치느니만 못하다고 말한 것입니다. 오왕은 용맹하고 과단성이 있어서 능히 자신의 의지를 관철시킬 수 있습니다. 그의 백성들은 공수에 능하고, 법의 금령을 잘 알고 있습니다. 제나라 군사가 그들과 교전하면 이내 그들의 포로가 되고 말 것입니다. 그리되면 백성들은 나라 밖에서 전사케 되고, 대신들은 군사를 이끌고 가게 되어 조정은 텅 비게 됩니다. 이같이 하면 위로는 그대

에게 대적할 사람이 없게 되고, 아래로는 그대와 다툴 포의지사布衣
之士도 없게 됩니다. 군주를 고립시켜 제나라를 제압하는 것은 오직
그대의 선택에 달려 있습니다."

장차 제나라를 삼키려는 마음을 품고 있던 진항의 입장에서 볼 때
이보다 더 나은 계책도 없었다. 진항이 즉시 얼굴을 부드럽게 한 뒤
은근히 물었다.

"그러나 우리 군사가 이미 노나라 성벽 아래까지 가 있소. 만일 내
가 노나라를 떠나 다시 오나라로 향하면 대신들은 곧 나에 대해 의
심할 것이오. 어찌 대처하는 것이 좋겠소?"

"그대는 단지 군사들을 장악한 채 움직이지 마십시오. 그러면 내
가 오왕을 만나 제나라를 치도록 청하겠습니다. 그대는 이 기회를
이용해 오나라 군사를 치도록 하십시오."

진항이 크게 기뻐하며 이를 수락했다. 자공은 곧 오나라로 가 부차
에게 이같이 말했다.

"지금 제나라를 방치하면 제나라는 소국인 노나라를 취한 뒤 오나
라와 패권을 다투게 됩니다. 신은 대왕을 위해 이를 우려치 않을 수
없습니다. 무릇 노나라를 구하는 것은 아름다운 명분을 얻는 것이고,
제나라를 치는 것은 커다란 실리를 취하는 것입니다. 명분상 망하려
는 노나라를 보전하고, 사실상 강포한 제나라에 타격을 가해 강대한
진晉나라를 두렵게 만들 수 있습니다."

부차가 기뻐하며 말했다.

"옳은 말이오. 그러나 나는 전에 월나라와 교전해 월왕을 회계산
으로 밀어 넣은 뒤, 월왕이 나의 종이 되겠다고 청해 그를 죽이지 않

고 3년 뒤에 귀국시킨 바 있소. 월왕은 매우 뛰어난 군주요. 그는 고통을 참으며 몸을 아끼지 않고 노력하여 밤낮을 이어 안으로 정치를 정비하고, 밖으로 제후들을 섬겼으니 틀림없이 나에게 보복하려는 마음을 지니고 있을 것이오. 그대는 내가 월나라를 공략할 때까지 기다리도록 하오. 연후에 그대의 말대로 하리다."

이에 자공이 이같이 설득했다.

"안 됩니다. 월나라의 국력은 노나라만도 못합니다. 오나라의 강대함 역시 제나라만 못합니다. 대왕이 자신의 생각대로 월나라를 치면서 저의 말을 듣지 않으면 제나라는 이른 시기에 노나라를 점거하고야 말 것입니다. 대왕이 참으로 월나라를 두렵게 여긴다면 제가 동쪽으로 가서 월왕을 설득해 월나라 군사로 하여금 대왕의 뒤를 좇도록 만들겠습니다."

부차가 크게 기뻐했다. 자공이 동쪽으로 월왕 구천을 만나러 가자 구천이 이 얘기를 듣고 길을 깨끗이 정비한 뒤 성 밖 교외로 나와 영접했다. 친히 자공과 함께 객사로 들어가 자리를 함께한 뒤 물었다.

"우리나라는 궁벽한 곳에 있는 작은 나라요. 대부는 무슨 일로 여기까지 온 것이오? 참으로 멀리 행차했소이다."

"군주가 여기에 있기에 제가 온 것입니다."

감격한 구천이 두 번 절하고 머리를 조아리는 재배계수再拜稽首를 행한 뒤 물었다.

"과인이 듣건대 재난과 행운은 서로 이웃하는 화복위린禍福爲鄰이라고 했소. 지금 대부가 와서 위로하니 이는 과인의 복이오."

자공이 말했다.

"저는 이번에 오왕을 만나 노나라를 구하고 제나라를 칠 것을 권했습니다. 그러나 오왕은 내심 월나라를 크게 두려워하고 있습니다. 무릇 다른 사람에게 보복할 생각이 없으면서 다른 사람으로 하여금 보복을 두려워하도록 만드는 것은 졸렬한 것입니다. 다른 사람에게 보복할 생각이 있으면서도 다른 사람으로 하여금 이를 알아채게 만드는 것은 위태로운 것입니다. 일이 아직 이뤄지기도 전에 사실이 누설되는 것은 위기를 자초하는 것입니다. 이들 세 가지는 일을 할 때 가장 꺼리는 사항입니다."

구천이 물었다.

"과인은 어려서 부왕을 잃은 까닭에 내심 스스로의 역량을 가늠할 방법도 없었소. 오나라와 싸워 패한 후 치욕을 참고 도주하여 위로는 회계산에 머물고 아래로는 바닷가를 수비하며 오직 물고기나 자라와 가까이 지낼 수밖에 없었소. 그런데 지금 대부가 과인을 찾아와 위로하며 금옥 같은 가르침을 내려주었소. 실로 하늘의 은사恩賜를 받았으니 어찌 감히 그대의 가르침을 받아들이지 않을 수 있겠소!"

자공이 말했다.

"재물이 생기고 이익을 나눌 때는 인자仁者를 쓰고, 환난을 만날 때는 용자勇者를 쓰고, 지혜로 국가대사의 계책을 세울 때는 현자賢者를 쓰고, 천하를 바르게 하여 제후들을 제압할 때는 성자聖者를 쓴다고 했습니다. 지금 오왕은 제나라와 진나라를 칠 뜻을 갖고 있습니다. 군주는 보물을 아끼지 말고 그의 마음을 기쁘게 만드십시오. 극히 겸허한 언사를 꺼리지 말고, 극진한 예를 다하도록 하십시오. 오

왕이 제나라를 치면 제나라는 반드시 응전할 것입니다. 만일 오나라가 이기지 못하면 이는 군주의 복입니다. 만일 오나라가 이기면 틀림없이 여세를 몰아 진나라를 압박하려 들 것입니다. 그리하면 오나라 군사가 제나라와의 싸움에서 지친 나머지 보물과 거기車騎 등이 진나라 수중에 떨어지고 말 것입니다. 이때 군주는 오나라의 잔여 세력을 제압하면 됩니다."

구천이 감격해서 다시 재배하며 물었다.

"나의 오나라에 대한 원한은 골수에 깊이 박혀 있소. 지금 안으로 우리의 국력을 비교하면 아직 오나라에 타격을 줄 만큼 충분치 않고, 밖으로 제후들을 섬기는 것을 보면 이 또한 아직 충분치 않소. 지금 그대는 망해가는 우리 월나라를 보전하고 죽으려는 사람을 살려내는 묘책을 가르치는 은혜를 베풀었소. 어찌 감히 머리 숙여 명을 받지 않을 수 있겠소."

자공이 말했다.

"제가 보건대 오왕이 수차례 전쟁을 계속하는 바람에 오나라 병사들은 쉬지 못하고 있습니다. 대신들은 뒤로 물러나고 참언을 하는 사람들은 더욱 늘어나고 있습니다. 오자서가 죽은 후에도 그의 충언은 오왕에게 받아들여지지 않았습니다. 군주에게는 기회입니다."

구천이 크게 기뻐하며 자공이 떠날 때 월나라의 특산물인 보검 한 자루를 비롯해 황금 1백 일鎰과 명마 두 필을 주었으나 자공이 받지 않았다. 이내 오나라로 가 부차에게 말했다.

"제가 대왕의 얘기를 월왕에게 전했습니다. 그러자 월왕이 크게 두려워하며 말하기를, '전에 내가 크게 불행하여 소싯적에 부친을

잃고, 마음속으로 자신의 역량을 헤아리지 못해 오나라에 득죄했다. 오직 대왕의 은덕에 의해 비로소 제사를 다시 지내게 되었으니 이 은덕은 오왕이 죽음을 내릴지라도 결코 잊지 않을 것이다'라고 했습니다. 그는 곧 사자를 보내 대왕에게 사의謝意를 전할 것입니다."

얼마 후 월나라 사자 문종文種이 찾아와 부차에게 구천의 사의를 전했다.

"만일 대왕이 대의를 이루고자 하면 비록 폐국이 약소국이기는 하나 전국의 병사 3천 명을 모아 대왕을 좇도록 하겠습니다. 구천은 친히 견고한 갑옷을 입고, 손에 예리한 병기를 들고 대왕을 위해 선봉에 서서 싸울 것이니 군신이 모두 전장에서 죽을지라도 유한遺恨이 없을 것입니다."

부차가 기뻐하며 자공을 불러 말했다.

"월나라의 사자가 과연 찾아와 병사 3천 명을 모아 보내고 그 군주가 직접 과인의 뒤를 좇아 함께 제나라를 치겠다고 했소. 과연 이것이 가하겠소?"

자공이 대답했다.

"안 됩니다. 다른 나라의 국력을 모두 기울이게 하고, 그 사병을 모두 데리고 가고, 그 군주마저 수종隨從케 하면 이는 불인不仁입니다. 대왕은 그의 예물과 군사만 접수하고 그 군주의 수종은 사양하는 것이 가할 것입니다."

오왕 부차가 이를 받아들였다. 자공이 이내 진나라로 가 진 정공定公에게 이같이 말했다.

"제가 듣건대 '생각을 미리 정하지 않으면 의외의 사태에 대비할

수 없고, 군사를 미리 정비하지 않으면 적을 이길 수 없다'라고 했습니다. 지금 오나라와 제나라가 장차 패권을 다투려 하고 있습니다. 만일 오나라가 승리하지 못하면 월나라는 틀림없이 난을 일으킬 것입니다. 오나라가 이기면 틀림없이 여세를 몰아 진나라를 압박하고 나설 것입니다. 그리되면 진나라는 어찌 대처할 것입니까?"

진 정공이 크게 당황해하며 반문했다.

"어찌 하는 것이 좋겠소?"

자공이 대답했다.

"우선 병기를 정비하고, 병사들을 정돈한 뒤 유사시를 대비하면 될 것입니다."

진 정공이 이를 흔쾌히 승낙했다.

기원전 482년, 오왕 부차는 대군을 동원해 지금의 산동성 내무현 동쪽인 애릉艾陵에서 제나라 군사를 대파했다. 부차가 여세를 몰아 지금의 하남성 봉구현 서남쪽인 황지黃池에서 열국의 제후들을 모아놓고 패자임을 과시하려고 자리를 비운 사이 구천이 오나라 도성을 급습했다. 허를 찔린 부차는 황급히 군사를 이끌고 퇴각한 뒤 월나라와 강화했으나 몇 년 뒤 월나라의 거듭된 침공을 견디지 못하고 스스로 목숨을 끊고 말았다. 자공의 세 치 혀에 놀아난 게 결과였다.

이를 두고 사마천은 「중니제자열전」에서 자공이 보여준 뛰어난 종횡술에 경탄을 금치 못하며 그 효과를 '일석오조—石五鳥'로 요약해놓았다. 존로存魯, 난제亂齊, 파오破吳, 강진强晉, 패월霸越이 그것이다. 노나라를 존속하게 만들고, 제나라를 어지럽게 만들고, 오나라를 깨

뜨리고, 진나라를 강하게 만들고, 월나라를 패권국으로 만들었다는 뜻이다. 이는 자공이 열국 내부의 사정은 물론 제후들의 속마음까지 정확히 읽고 있었기에 가능했다. 모두 자공의 손안에서 놀아났던 것이다.

부민부국과 국가의 안위를 책임진 위정자와 기업 CEO 등은 적국을 속이기 위한 양동佯動 계책에 기초한 선양계에 휘둘려서는 안 된다. 자칫 나라와 기업을 패망의 구렁텅이로 몰아넣을 수도 있기 때문이다. 오왕 부차가 자공의 현란한 선양계에 휘둘려 나라를 패망케 만든 게 그 실례이다. 21세기 경제전의 시대도 살벌하기는 마찬가지다. 위정자와 기업 CEO 모두 『귀곡자』가 밀모계에 이어 선양계를 언급한 취지를 깊이 새길 필요가 있다.

간명계
簡明計

23

사안을 간명하게 처리하라

성인의 계모는 은밀하고, 어리석은 자의 계모는 공개적이다. 또한 지혜로운 자는 일을 간명하게 처리하고, 지혜롭지 못한 자는 일을 복잡하게 처리한다.

故聖人之道陰, 愚人之道陽. 智者事易, 而不智者事難.

_ 「계모」

간명계簡明計는 일을 신속히 마무리 짓고 새로운 단계로 진입하기 위한 방안으로 나온 것이다. 대전제가 되는 일을 신속히 마무리 짓지 못할 경우 목표를 달성할 길이 없다. 큰 틀에서 대세에 지장이 없을 경우 과감히 생략하고 지나갈 필요가 있다. 『귀곡자』의 관점에서 볼때 이는 주변인에 대한 설득을 생략한 채 곧바로 당사자를 상대로 설득하는 것에 해당한다. 병법에 비유하면 적의 도성을 목표로 정했을 경우 협공을 당할 우려가 없을 때는 도중의 작은 성을 함락시키느라 구태여 시간과 병력을 소모할 필요가 없다는 얘기다.

상대를 열광케 하라 – 귀곡자처럼

병자호란 당시 청 태종이 바로 이와 같은 간명계를 구사해 일거에 조선을 항복시킨 바 있다. 1636년 12월, 청 태종은 정묘호란 때 맺은 형제의 맹약을 어기며 배후에서 청의 창을 겨누고 있는 조선을 치기 위해 12만 명의 대군을 거느리고 친정에 나섰다.

눈여겨 볼 것은 이때 청군이 조선의 명장 임경업이 지키고 있던 의주의 백마산성을 우회해 남하한 점이다. 협공을 피하려고 백마산성에서 시간과 병력을 소모할 경우 한양 점령이라는 원래의 목표가 무산될까 우려했던 것이다. 이 계책은 그대로 주효했다. 압록강을 넘은 지 보름도 채 안 돼 개성을 점령한 것이다. 말 그대로 파죽지세破竹之勢였다.

급보를 접한 인조는 황급히 세자와 원손을 강화도로 피신시켰다. 이때 인조 자신도 강화도로 피신해 장기전을 펼칠 생각이었으나 청군이 이미 강화도로 가는 길을 끊어놓은 까닭에 백관들과 함께 남한산성으로 들어갔다. 당시 산성 안에는 병력 1만 3천 명과 양곡 1만 4천 석이 있었다. 대략 40일 정도면 식량이 바닥날 수밖에 없었다.

청군은 산성을 포위한 채 각 도에서 올라온 근왕군勤王軍을 모두 격퇴하며 성안의 물자가 떨어지기만을 기다렸다. 이듬해인 1637년 1월 2일, 궁지에 몰린 조선 조정이 항복을 협상키 위해 홍서봉洪瑞鳳 등을 청군 진영으로 보내자 청 태종은 인조에게 조서를 내렸다. 이는 천하를 가슴에 품은 청 태종과 우물 안의 개구리처럼 허황된 소중화小中華의 미몽에 사로잡혀 있던 조선의 군왕 인조의 그릇이 얼마나 큰 차이가 있는지를 극명하게 보여주고 있다. 그 골자는 다음과 같다.

"짐이 이미 너희 나라를 아우로 대접했는데 너는 더욱 더 배역背逆하여 스스로 원수를 만들어 백성을 도탄에 빠트리고 있다. 겨우 한 몸이 산성으로 달아나 비록 천년을 산들 무슨 이익이 있겠는가? 정묘년의 치욕을 씻는다며 화를 자초해 후세에 웃음거리를 남기려 하니 이 치욕은 또 장차 어떻게 씻으려 하는 것인가? 정묘년의 치욕을 씻으려 생각했다면 어찌하여 나오지 않고 목을 움츠려 여인의 처소에 들어앉아 있는 것을 달게 여기는 것인가? 내외의 제왕諸王과 문무대신이 칭제稱帝를 권했다는 말을 듣고는 네가 말하기를, '이런 말을 우리나라 군신君臣이 어찌 차마 들을 수 있느냐'라고 한 것은 무엇 때문인가? 황제를 일컫는 게 옳고 그름은 너에게 달려 있는 게 아니다. 하늘이 도우면 필부라도 천자가 될 수 있고, 하늘이 화를 내리면 천자라도 외로운 필부가 되는 것이다. 네가 그런 말을 한 것 또한 매우 망령된 소리이다. 나머지 소소한 혐의는 이루 다 들어 말하기가 어려울 지경이다. 이제 짐이 대군을 이끌고 와 너희 8도를 소탕할 것이다. 너희가 어버이로 섬기는 명나라가 장차 어떻게 너희를 구원하는지 두고 볼 것이다. 자식에게 절박한 위험이 닥쳤는데 어찌 구원해 주지 않는 어버이가 있겠느냐? 그렇지 않으면 이는 스스로 백성을 물불 속에 빠트리는 짓이니 억조億兆 중생이 어찌 너에게 원한을 품지 않겠는가?"

통렬한 내용이다. 당시 조선의 임금과 신하들은 여진족이 천하의 중심이 되는 것은 하늘이 무너져도 인정할 수 없다는 고루한 생각을 갖고 있었다. 청 태종은 터무니없는 사대의식에 빠져 있는 조선의 군신을 싸잡아 질타한 것이다.

오직 스스로 노력하여 덕을 쌓는 자에게 천명이 돌아간다

사실 조선의 군신은 청 태종이 갈파한 바대로 '하늘이 도우면 필부라도 천자가 될 수 있고, 하늘이 화를 내리면 천자라도 외로운 필부가 될 수 있다'라는 유가사상의 기본 이치조차 모르고 있었다. 『서경』과 『역경』 등 유가 경전이 하나같이 강조하는 것은 이른바 '천도무친天道無親'과 '천명무상天命無常'이다. 하늘은 특별히 누구를 돕거나 해치는 바가 없으며, 오직 스스로 노력하여 덕을 쌓는 자에게 천명이 돌아갈 뿐이라는 말이다. 이는 곧 누구라도 성인을 모범으로 삼아 덕을 열심히 쌓으면 능히 제왕이 될 수 있다는 말과 같다. 그러므로 중원의 주인이 반드시 한족이어야 한다는 원칙이 존재할 리 없다. 그럼에도 당시 조선의 군신은 명의 천명만이 영원히 계속될 것으로 보았고, 이런 정신이 바로 조선을 피폐케 만든 것이다.

훗날 옹정제는 『대의각미록大義覺迷錄』을 저술해 한족의 화이론華夷論에 통렬한 반격을 가한 바 있다. 그는 여기서 중화와 오랑캐는 상대적인 개념일 뿐이고, 만주족도 덕을 쌓으면 얼마든지 중원의 황제가 될 수 있다는 사실을 많은 고전을 인용해 논리적으로 증명했다. 황제가 되는 것은 종족 또는 민족 단위의 혈연에 기인하는 것이 아니라 어디까지나 덕을 얼마나 쌓았는지의 유무에 달려 있다는 게 골자이다. 옹정제가 『대의각미록』을 펴낸 것은 오직 한족만이 문명인이 될 수 있다고 생각한 호남의 선비 증정曾靜이 사천 총독 악종기岳鍾琪에게 속히 궐기해 반청운동에 뛰어들 것을 촉구한 데서 비롯되었다. 악종기는 즉시 증정을 체포해 북경으로 압송했고, 옹정제는 논리적으로 증정을 설복시킬 생각으로 자신이 직접 나서 그를 심문했

다. 결국 증정은 옹정제에게 논파당해 이내 전향을 선언함으로써 사형을 면하게 되었다. 이에 옹정제는 증정과 나눈 문답을 『대의각미록』이라는 책으로 간행해 화이론을 혁파하는 도구로 활용했다. 이 사건은 황제가 신하와 통치체제 등과 관련한 사상논쟁을 벌여 전향시킨 최초의 사례에 해당한다.

청 태종이 공언한 바대로 이미 기둥이 썩어 내린 명나라는 조선 측으로부터 급보를 받고도 끝내 구원에 나서지 않았다. 인조를 비롯한 조선의 군신은 명나라 원군이 조만간 달려와 포위를 풀어주거나, 최소한 청의 배후를 찔러 포위가 저절로 풀어질 것으로 기대했지만 연목구어緣木求魚의 헛된 희망에 불과했다. 싸움은 이미 끝난 것이나 다름없었다.

청 태종의 입장에서 볼 때 병자호란 역시 정묘호란과 마찬가지로 명과의 교역이 차단된 상황에서 이를 타개키 위한 대안의 성격이 컸다. 조선이 '형제지맹'의 약속을 지켰으면 청 태종이 대군을 동원하는 일은 없었을 것이다. 당시 조선이 청과의 일전을 염두에 두고 특별히 대비책을 강구해놓은 것도 아니었다. 오직 압록강 일대를 지키고 있는 임경업에게 모든 것을 맡겨놓았을 뿐이다. 조선 성리학의 과도한 명분론이 빚어낸 무책無策의 극치가 아닐 수 없다.

당시 고립무원에 처한 남한산성 내 조선의 신료들이 보여준 모습은 가관이었다. 이들은 주전파와 주화파로 갈려 쓸데없는 논쟁으로 시간을 허비하고 있었다. 얼마 후 강화도가 함락되어 세자와 빈궁이 당태종의 군문으로 이송되었다는 비보가 날아왔고, 결국엔 청 태

상대를 열광케 하라 – 귀곡자처럼

종에게 목숨을 구걸하는 상황에 처하고 말았다. 청 태종은 명과 단교하고 청을 군주의 나라로 섬길 것과 세자와 대신을 인질로 보내고 해마다 공물을 보낼 것 등을 항복 조건으로 내걸었다.

인조는 이듬해인 1637년 1월 30일에 소현세자와 함께 신하로 예속됨을 뜻하는 남융복藍戎服을 입고 한강 동남쪽 삼전도에서 굴욕적인 성하지맹城下之盟을 맺었다. 『인조실록』은 당시의 상황을 다음과 같이 묘사해놓았다.

"상이 시종 50여 명을 거느리고 서문을 통해 성을 나갔다. 상이 3배9고두三拜九叩頭의 항례降禮를 올렸다. 진찬행주進饌行酒, 간단한 잔치와 술을 올리는 일가 끝난 뒤 롱고타이龍骨大가 청 태종의 하사품인 담비 갖옷을 전하자 상이 이 옷을 입고 뜰에 들어가 사례했다. 상이 밭 가운데 앉아 진퇴를 기다리자 해질 무렵에 비로소 도성으로 돌아가게 했다. 상이 배를 타고 건널 때 각 진영에 속한 병졸이 거의 모두 죽고 빈 배 두 척만이 있었다. 백관들이 다투어 건너려고 어의御衣를 잡아당기기까지 하면서 배에 올랐다. 청군에 사로잡힌 자녀들이 이를 바라보고 울부짖기를, '우리 임금이시여, 우리를 버리고 가는 것입니까?'라고 했다."

『인조실록』은 당시의 상황을 자세히 기록해놓지 않았다. 조선의 군신은 화를 자초해놓고도 반성은커녕 이를 치욕의 역사로 간주해 사실을 은폐하는 쪽으로 나아간 것이다. 당시의 상황을 제대로 알기 위해서는 『산성일기』와 『병자일기』 등의 자료를 살펴볼 필요가 있다. 『산성일기』에 따르면 항복의식을 거행할 당시 청 태종이 단 위의

의자에 앉자 인조가 휘장 안으로 걸어 들어가 대신들과 함께 뜰 안의 진흙 위에서 절을 하려고 했다. 신하들이 민망한 나머지 돗자리를 깔기를 청하자 인조가 이같이 말했다.

"감히 황제 앞에서 어찌 스스로를 높일 수 있겠는가."

척화파의 거두인 김상헌에 동조하며 청 태종을 오랑캐로 업신여기던 모습은 찾을 길이 없고, 치욕을 감수해서라도 목숨을 부지코자 하는 비굴한 모습이 강하게 드러나고 있다. 인조는 항복하기 전에 수시로 사람을 보내 혹시 항복할 경우 목숨을 잃는 것은 아닌지 크게 두려워하는 모습을 보였다. 이해 1월 27일 청군 진영에 전달된 국서의 애끓는 호소가 그 증거이다.

"신이 빨리 스스로 나아가 용안을 우러러보지 않았다가는 신의 조그만 정성을 펼 길이 없을 것이니 나중에 그리워한들 어찌 미치겠습니까. 오직 신은 장차 300년 종묘사직을 폐하께 의탁하고자 합니다. 엎드려 바라건대 신의 혈성血誠을 굽어 살펴 신이 안심하고 명에 따를 길을 열어주십시오."

당시 명의 유신遺臣들이 내부 단속에 성공했으면 후금이 감히 장성 이남을 넘보기는 어려웠다. 그 경우 중원과 만주, 조선 사이에 원명 교체기 때와 유사한 3국 정립鼎立의 상황이 빚어져 조선 내에 새 왕조가 등장할 공산이 컸다. 원명 교체기 때에는 북원北元이 멀리 몽골 초원에 있었던 까닭에 조선 내에서 친원파보다는 친명파가 상대적으로 유리한 상황에 있었던 것처럼, 3국 정립의 상황이 오래 지속되었다면 조선 내에 친청파 무장 세력이 등장해 친명파를 누르고 새

왕조를 개창할 가능성도 배제할 수 없는 상황이었다.

그렇다면 당시 청 태종은 왜 조선의 왕조 교체를 도모하지 않은 것일까? 크게 세 가지 이유를 들 수 있다. 첫째 중원을 점령할 경우 조선은 자연히 복속될 것으로 판단했을 공산이 크다. 둘째, 명이 아직 버티고 있는 상황에서 조선에 대해 강압 일변도로 나갈 경우 자칫 협공을 자초할 우려가 있었다. 셋째, 조선 내부에 소위 친청파라고 불릴 만한 세력이 아직 뚜렷하게 부상되지 않은 점을 들 수 있다. 사실 친청파의 부재가 가장 큰 이유였다. 조선이 결사항전으로 나오지 않는 한 군이 존립이 의문시되는 괴뢰정권을 미리 만들 필요는 없었다.

조선이 원명 교체기 때 못지않은 명청 교체기의 거대한 격동기에 패망을 면하고 이후 250여 년 가까이 더 존속한 이유가 바로 여기에 있다. 만일 명청의 대립이 몇 십 년 정도만 더 유지되었어도 친명사대親明事大를 기치로 내걸고 개국한 조선 왕조는 더는 버티기가 힘들었을 것이다. 인조 2년인 1624년 당시 이괄이 반란군을 이끌고 일거에 서울을 점령한 사건이 이런 추론을 뒷받침하고 있다.

이괄의 난이 성공했을 경우 어떤 일이 벌어졌을지 예상키는 쉽지 않다. 실제로 당시 인조반정 이후 숨을 죽이고 있던 북인의 잔여 세력이 이들과 호응할 조짐을 보였다. 과단성이 있었던 이괄은 어쩌면 청과 손을 잡고 새 왕조를 세웠을지도 모를 일이다. 당시 민심은 인조 정권에 등을 돌리고 있었다. 뛰어난 인물이 나타난 민심을 규합하기만 했어도 명청 교체기의 난세에 편승해 능히 역성혁명을 일으킬 수 있는 상황이었다.

조선을 개국한 것도 고려가 지는 해인 원 제국의 끈을 잡고 있었던 데 반해 이성계를 비롯한 혁명의 주역들은 떠오르는 해인 명과 손을 잡은 결과로 볼 수 있다. 그러나 이괄의 죽음으로 역성혁명의 가능성이 사라지고 말았다. 병자호란 당시 청 태종이 대군을 이끌고 인조의 항복을 받으면서도 더는 손을 쓰지 않은 것도 이와 무관치 않다고 보아야 한다.

결국 청 태종은 인조의 항복을 받아 뒷근심을 없애는 선에서 사태를 마무리 지은 셈이다. 그는 심양으로 회군할 때 소현세자와 봉림대군, 척화론의 주모자인 오달제와 윤집 등을 볼모로 잡아갔다. 조선의 군신은 울화가 치밀었으나 겉으로 드러내지 못한 채 '소중화'를 더욱 목소리 높여 외치는 등 반역사적인 방향으로 나아갔다. 이후 인조는 심양에서 돌아온 아들 소현세자와 세자빈 강씨 등을 오랑캐에게 동화되었다는 터무니없는 이유를 들어 끝내 죽음으로 몰아갔다. 숙부인 광해군을 내쫓고 아들과 며느리와 손자를 잇달아 죽인 그의 묘호가 '인조仁祖'인 것은 지독한 역설이 아닐 수 없다.

객관적으로 볼 때 명청 교체기의 혼란기에 빚어진 인조반정은 명분도 없었을 뿐만 아니라 조선의 군신으로 하여금 자폐自閉의 길로 나아가게 만들어 끝내 패망을 초래했다는 점에서 조선 5백년 역사상 최악의 사건 중 하나로 꼽을 만하다. 병자호란은 근거 없는 자만심으로 나라를 패망의 위기로 몰아넣은 자승자박의 대표적인 사례에 해당한다. 반면, 청나라 측 기록인 『청태종실록』에는 청 태종이 간명계를 좇아 조선을 일거에 제압한 쾌거로 기록하고 있다.

참험계
參驗計

24

세 가지 기준을 비교하라

무릇 계책에는 일정한 규칙이 있다. 그 규칙을 알려면 반드시 먼저 해당 사안이 빚어지게 된 근본 배경과 현재의 실정 등에 대해 깊이 알아야 한다. 실정을 안 연후에 비로소 세 가지 기준을 세울 수 있다. 세 가지 기준은 상급, 중급, 하급의 계책이다. 세 가지 기준을 서로 비교해 조사하는 참험參驗을 실시한 뒤 보완을 거쳐 현실에 가장 적합한 기발한 전략을 세운다. 현실에 가장 적합한 까닭에 기발한 전략은 어떤 장애를 만날지라도 결코 막히는 법이 없다. 이는 원래 수천 년 전 고대부터 실천해 온 것이다.

凡謀有道, 必得其所因, 以求其情, 審得其情, 乃立三儀. 三儀者, 曰上, 曰中, 曰下. 參以立焉, 以生奇. 奇不知其所壅, 始于古之所從.

_「모려」

참험계參驗計는 현실에 가장 부합하는 계책을 찾기 위한 방안으로 나온 것이다. 상책, 중책, 하책의 세 가지 계책을 마련해놓고 유사시에 대비하는 게 그렇다. 가장 바람직한 것은 상책이지만 이는 상대방이

어떻게 나오는지에 따라 달라지는 것으로, 의도한 바대로 행할 수 있는 게 아니다. 『손자병법』「군형軍形」편에서 승리는 상대방이 만들어주는 것이라고 언급한 이유다. 해당 대목이다.

"옛날 전쟁을 잘하는 자는 먼저 적이 나를 이기지 못하도록 조치한 뒤 내가 적을 이길 수 있는 기회가 오기를 기다렸다. 적이 나를 이기지 못하도록 조치하는 것은 나에게 달려 있다. 그러나 내가 적을 이기는 여건이 마련될지 여부는 적에게 달려 있다."

내게 최상의 계책은 상대방에게는 최악의 계책이다

싸움은 늘 상대가 있게 마련이다. 이쪽에서 생각하는 최상의 계책은 상대 쪽에서 볼 때는 최악의 계책에 해당한다. 상대도 나름 대비책을 세우는 까닭에 『손자병법』이 역설했듯이 내가 적을 이기는 여건이 마련될지 여부는 전적으로 상대에게 달려 있는 셈이다.

주목할 것은 상대방이 아무리 절묘한 대비책을 세울지라도 일정한 한계가 존재한다는 점이다. 모두 장수의 리더십 차이에서 비롯된 것이다. 대표적인 예로 초한전 당시 유방이 반기를 든 영포英布를 제압할 때의 일화를 들 수 있다.

한 고조 11년인 기원전 196년, 회남왕淮南王 영포가 모반했다는 보고가 올라왔다. 유방이 회음후淮陰侯 한신과 양왕梁王으로 있던 팽월彭越을 주살하는 걸 보고 미리 선수를 친 것이다. 유방이 항우를 제압하고 천하를 통일한 지 6년만의 일이다. 유방이 곧 영포의 중대부中大夫 출신으로 모반 사실을 밀고한 비혁賁赫을 장군으로 삼은 뒤 제

장들을 불러 대책을 물었다.

"영포가 반기를 들었으니 어찌하면 좋소?"

모두 입을 모아 말했다.

"군사를 동원해 격파한 뒤 그자를 구덩이에 묻어 죽이면 됩니다. 달리 무엇이 필요하겠습니까?"

여음후汝陰侯 하후영夏侯嬰이 전에 초나라 영윤令尹으로 있던 식객 설공薛公을 불러 대책을 물었다. 설공이 대답했다.

"영포가 배반한 것은 당연한 일입니다."

하후영이 다시 물었다.

"황상이 땅을 떼어주어 왕으로 봉하고, 작위를 나눠주며 존귀한 신분이 되게 했소. 마침내 만승의 대국 군주가 됐는데도 배반을 했으니 이는 무슨 까닭이오?"

설공이 대답했다.

"황상이 지난해 팽월, 그 전해에는 한신을 죽였소. 이들 3인은 건국 과정에서 대공을 세운 한 몸 같은 사람들입니다. 화가 자신에게도 미칠까 의심해 모반한 것입니다."

하후영이 이 말을 유방에게 전했다.

"신의 식객 가운데 전에 초나라 영윤으로 있던 설공이 있습니다. 대단한 계략을 갖고 있으니 그에게 물어보는 게 좋을 것입니다."

유방이 설공을 불러 대책을 물었다. 설공이 대답했다.

"영포의 모반은 조금도 이상할 게 없습니다. 그가 상책을 쓰면 산동은 한나라 소유가 아니게 되고, 중책을 쓰면 승패를 알 수 없고, 하책을 쓰면 폐하는 베개를 높이 베고 잘 수 있습니다."

유방이 물었다.

"무엇을 상책이라고 하는 것이오?"

설공이 대답했다.

"영포가 동쪽으로 유가劉賈의 오나라와 서쪽으로 유교劉交의 초나라를 취해 뒷근심을 없애고, 제나라를 아우르고 노나라를 취한 뒤격문을 연나라와 조나라에 전해 그곳을 굳게 지키는 계책입니다. 그러면 산동은 한나라의 소유가 아닐 것입니다."

유방이 물었다.

"무엇을 중책이라고 하는 것이오?"

설공이 대답했다.

"동쪽으로 오나라와 서쪽으로 초나라를 취해 뒷근심을 없애고, 한韓나라를 아우르고 위나라를 취한 뒤 형양 서북쪽 오창敖倉의 곡식을점유하고 성고 어귀를 봉쇄하는 계책입니다. 그러면 승패는 알 수없습니다."

유방이 물었다.

"무엇을 하책이라고 하는 것이오?"

설공이 대답했다.

"동쪽으로 오나라와 서쪽으로 하채下蔡를 취한 뒤 귀중한 물건은월나라에 두고 자신은 장사長沙로 돌아가는 것입니다. 그러면 폐하가 베개를 높이 베고 잘지라도 한나라는 별일이 없을 것입니다."

유방이 물었다.

"그는 어떤 계책을 쓸 것 같소?"

설공이 대답했다.

"하책을 쓸 것입니다."

유방이 물었다.

"어찌해서 상책과 중책을 버리고 하책을 쓸 것으로 보는 것이오?"

설공이 대답했다.

"영포는 원래 여산麗山에서 복역한 수형자 무리에 속해 있다가 자력으로 만승 대국의 군주가 된 자입니다. 모두 자기 자신을 위해 한 일이지 뒷날을 생각하고 백성 만대의 이익을 위해 그리한 게 아닙니다. 하책을 쓸 것이라고 말한 이유입니다."

유방이 기뻐하며 설공에게 1천 호의 봉지를 내리고, 아들 유장劉長을 회남왕으로 삼았다. 유방이 마침내 군사를 동원해 친정에 나서면서 동쪽으로 영포를 쳤다. 애초에 영포는 반기를 들 당시 휘하 장수들에게 이같이 말한 바 있다.

"황상은 늙어서 싸움을 싫어한다. 반드시 직접 오지 못하고 장수들을 보낼 것이다. 여러 장수들 가운데 오직 회음후 한신과 팽월만이 걱정스러웠다. 이제 이들 모두 죽었으니 그 외에는 두려워할 만한 자가 없다."

그러고는 마침내 반기를 들었다. 과연 설공이 짐작했던 대로 영포는 동쪽으로 형荊나라를 쳤다. 형왕 유가는 달아나다가 부릉富陵에서 죽었다. 영포는 그의 군사를 모두 빼앗은 뒤 이들을 이끌고 회수를 건너 유교의 초나라를 쳤다. 초나라가 군사를 셋으로 나눠 서로 호응하는 황당한 계책을 쓰려고 했다. 어떤 자가 초나라 장수에게 이같이 충고했다.

"영포는 용병에 뛰어나 백성들이 평소 그를 두려워했습니다. 병법

에도 제후가 자기 나라 땅에서 싸우는 것을 산지散地라고 했습니다. 이제 군사를 셋으로 나눴으니 저들이 하나를 깨뜨리면 나머지는 모두 달아나고 말 것입니다. 그러면 어떻게 서로 도울 수 있겠습니까?"

초나라 장군이 이를 듣지 않았다. 영포가 과연 한 군대를 격파하자 나머지 두 군대는 황급히 흩어져 달아났다. 영포가 마침내 서진하다가 유방의 군사와 기蘄 땅의 서쪽 회추會甀에서 마주치게 됐다. 영포의 군사는 정예부대였다. 유방이 용성庸城을 고수하며 영포의 군사를 바라보니 군진이 마치 항우의 진과 같았다. 영포가 더욱 미워졌다. 영포를 마주하고 바라보다가 멀리서 물었다.

"무엇이 아쉬워 모반했는가?"

영포가 대답했다.

"황제가 되고 싶었을 뿐이다."

유방이 화를 내며 꾸짖은 뒤 마침내 크게 싸움을 벌였고, 영포의 군사가 패해 달아났다. 회수를 건넌 후 여러 차례 멈춰 싸웠으나 불리해지자 영포는 병사 1백여 명과 함께 강남으로 달아났다. 그 후 영포는 장사성왕長沙成王 오신吳臣의 월나라로 함께 망명하자는 말을 믿고 파양番陽으로 따라갔다가 그곳 지역민들에게 죽임을 당했다.

당시 영포가 하책을 쓴 것은 뛰어난 참모의 조언도 없고, 본인 스스로 상책과 충책 및 하책을 마련할 만한 머리가 없었기 때문이다. 유방의 입장에서는 영포 덕분에 상책을 구사할 수 있었던 셈이다. 『손자병법』「군형」편에서 "내가 적을 이기는 여건이 마련될지 여부는 적에게 달려 있다"라고 단언한 이유가 여기에 있다. 결국은 장수

의 리더십 문제로 귀결되는 셈이다. 『귀곡자』의 관점에서 보면 유방은 영포가 하책을 취한 덕분에 손쉽게 상대를 제압한 것이다. 이는 참험계의 승리이기도 하다. 사전에 『귀곡자』의 가르침을 좇아 플랜 A, 플랜 B, 플랜 C를 미리 마련해둔 덕분이다.

상황을 예측하고 다양한 플랜을 마련하라

삼국시대 당시 유비가 지금의 사천성 일대인 촉蜀 땅을 근거로 세발 솥의 형국을 이룰 수 있었던 것도 따지고 보면 방통이 제시한 상중하의 플랜을 좇은 결과다. 『자치통감』에 따르면 유비가 익주를 손에 넣기 위해 가맹에 주둔할 당시 방통이 유비에게 이같이 간한 바 있다

"지금 은밀히 정병을 선발해 밤낮으로 달려가 곧바로 성도를 습격해야 합니다. 유장이 군사를 모르는 데다 평소 방비를 소홀히 했을 터이니 대군이 갑자기 공격하면 일거에 평정할 수 있습니다. 이것이 상책입니다. 유장의 장수 양회楊懷와 고패高沛는 각자 강병을 거느리고 관문을 지키고 있습니다. 그들은 여러 차례 유장에게 장군을 형주로 돌아가게 하라고 간했다고 합니다. 장군이 사람을 보내 형주에 긴급한 사정이 있어 구원하려 한다고 전하고 군장을 꾸려 돌아가는 모습을 취하면 두 사람 모두 장군의 회군을 기뻐할 것입니다. 그들이 반드시 경기輕騎로 장군을 배송할 터이니 이 기회에 그들을 사로잡은 뒤 진군하여 그들의 부대를 취하고 곧 성도로 향하는 것이 중책입니다. 마지막으로 백제성白帝城으로 물러나 형주와 연계하여 서서히 익주를 도모하는 계책이 있는데 이는 하책입니다. 만일 머뭇거

리며 결단을 내리지 못하면 커다란 곤경에 빠지는 일이 곧 닥칠 것입니다."

유비는 방통의 중책을 따랐다.

조조가 손권을 치자 손권이 유비에게 구원을 요청했고, 유비는 유장에게 서신을 보내 군사를 돌려 손권을 지원할 수 있도록 허락해줄 것을 청했다.

"손씨와 저는 원래 순치脣齒의 관계인 데다 관우의 병력이 약해 지금 가서 그를 구하지 않으면 조조가 반드시 형주를 취한 후 익주를 침입할 것입니다. 이는 장로보다 훨씬 큰 우환이 될 것입니다. 장로는 스스로 지키기에 바쁜 일개 도적에 불과하니 크게 걱정할 것이 없을 것입니다."

그리고 군사 1만 명의 증원과 양초 등의 군수물자 지원을 요구했으나 유장은 단지 4천 명의 군사만을 지원하고 다른 요구도 모두 반만 들어주었다. 이에 유비가 격노했다

"나는 익주를 위해 강적을 치려고 하는데 군사들이 매우 피곤한 상황이다. 그러나 유장은 재물을 쌓아놓고도 이처럼 인색하게 구니 어찌 사대부들이 그를 위해 목숨을 바치려 들겠는가!"

장송이 편지를 써서 유비와 법정에게 주며 말했다.

"지금 대사가 막 성사되려고 하는데 이곳을 버리고 떠나면 어찌되는 것입니까?"

장송의 형 광한태수 장숙張肅은 자신에게 화가 미칠까 두려워 장송의 음모를 유장에게 일렀다. 유장이 장송을 잡아 죽인 뒤 각 관문을 지키는 장수들에게 공문을 보내 다시는 유비와 거래하지 말도록

명했다. 유비가 대로하여 유장의 휘하 장수 양회와 고패를 불러 그들의 무례함을 꾸짖은 뒤 죽였다. 이어서 군사를 이끌고 쳐들어가 장임이 지키고 있던 부성을 점령한 다음 성도로 진격해 결국 유장의 항복을 받았다. 이처럼 유비가 지금의 사천성 일대인 익주를 손에 넣고 조조 및 손권과 더불어 천하를 3분할 수 있었던 것은 모두 방통이 참험계에 입각해 제시한 플랜을 좇은 덕분이다.

모든 일은 상대가 있게 마련이다. 상중하의 기본 플랜을 작성한 뒤 상대의 움직임에 따라 세 가지 플랜 가운에 하나를 작동하는 게 일처리의 기본 원칙이다. 하지만 상책을 구사해 최선의 결과를 얻어내는 것은 『손자병법』 「군형」이 역설했듯이 상대방이 마련해주는 것이다. 매사가 이런 이치에서 한 치도 벗어나지 않는다. 참험계를 구사해 다양한 상황에 대비해야 하는 이유다.

05

봉합

일이 되도록
보완하는
설득술

縫合

일이 커지기 전에 막아라

천하가 혼란스럽고, 위로 명군이 없고, 공후公侯에게 도덕이 없으면 소인이 현량賢良을 헐뜯거나 해친다. 현자는 등용되지 못하고, 성인은 쥐처럼 은둔해 숨어버리고, 이익을 탐하고 거짓을 일삼는 자가 횡행한다. 군신이 서로 의심해 나라는 흙더미가 무너지고 기와가 흩어지듯 하고, 서로 삿대질하며 공격해 싸우고, 부자지간이 서로 이산하고, 마침내 반란이 일어나 서로 대립한다. 이를 일컬어 조짐이 싹트고 틈새가 벌어지는 맹아희하萌牙巇罅라고 한다. 성인은 맹아희하를 보면 곧바로 저희술을 구사한다.

天下紛錯, 上無明主, 公侯無道德, 則小人讒賊. 賢人不用, 聖人竄匿, 貪利詐偽者作, 君臣相惑, 土崩瓦解而相伐射, 父子離散, 乖亂反目, 是謂萌牙巇罅. 聖人見萌牙巇罅, 則抵之以法.

_「저희」

저희계抵巇計는 빈틈을 메운다는 뜻이다. 저抵는 메울 저坻와 통한다. 담이 무너지는 것은 틈이 생겼기 때문이고, 그릇이 깨지는 것은 금

이 갔기 때문이다. 틈이나 금이 생겼을 때 곧바로 메우거나 지지대를 세우면 무너지거나 깨지는 것을 방지할 수 있다. 그러나 이는 어디까지나 한시적이라는 사실을 잊어서는 안 된다. 일차로 틈을 막는 데 성공했을지라도 또다시 틈이 생기지 말라는 법이 없기 때문이다. 상황의 전개 양상에 따라 다양한 유형의 저희계를 구사해야 하는 이유가 여기에 있다.

『귀곡자』의 관점에서 볼 때 저희계는 불완전할 수밖에 없는 인간관계의 미흡한 면을 보충하기 위해 나온 것이다. 가장 가까운 부부관계를 포함해 모든 종류의 인간관계는 시간이 지나면 자신도 모르는 사이 크고 작은 틈이 만들어지게 마련이다. 이를 사전에 찾아내 일이 커지기 전에 미리 봉합하는 게 관건이다. 사람은 그 누구를 막론하고 완전할 수 없다. 반드시 실수가 있게 마련이다. 이를 방치할 경우 결국 사달이 난다.

관건은 작은 틈을 미리 찾아내 재빨리 봉합하는 데 있다. 그러나 무턱대고 성급하게 봉합해서는 안 된다. 봉합도 기술이 필요하다. 엉성하게 봉합했다가는 오히려 더 큰 화를 부를 수 있다. 틈이 벌어지게 된 배경과 크기 및 방향 등을 종합적으로 판단해 철저히 봉합해야 하며, 봉합이 불가능할 정도로 틈이 벌어졌을 때는 스스로 진퇴를 결단해야 한다. 옛것을 버리고 새것을 취하는 것도 한 방법이다. 그것이 진퇴의 절도를 찾아 스스로를 보호할 수 있는 길이다. 유가에서 말하는 역성혁명과 반정反正 등도 『귀곡자』의 관점에서 보면 저희계의 일환에 지나지 않는다.

저희계은 다만 군신 사이에서만 통용되는 게 아니다. 동료 사이는

물론 직장의 상사와 부하직원 등 모든 관계에 적용된다. 인간관계에서 가장 가까운 부부나 부모자식 사이도 예외가 될 수 없다. 『대학』에서 말하는 수신제가와 치국평천하의 모든 단위에 적용된다고 해도 과언이 아니다.

틈이 보이면 더 커지기 전에 신속히 막아라

여기서는 동료 사이에서 저희계를 발휘해 나라를 위기에서 구한 경우를 살펴보기로 하자. 대표적인 인물이 전국시대 말기에 활약한 조나라 대신 인상여藺相如이다. 『사기』 「염파인상여열전」에 따르면 인상여는 조나라 출신으로 원래 환관의 우두머리인 환자령宦者令 무현繆賢의 집사로 있었다. 하루는 나그네 한 사람이 무현의 집을 찾아와 백벽白璧을 내놓고 흥정하자 무현이 5백 금을 주고 산 뒤 곧 옥장玉匠을 불러 감정케 했다. 옥장이 백벽을 보고 놀랐다.

"이 백벽은 그 유명한 화씨벽입니다. 옛날 초나라 영윤 소양이 이 백벽을 잃고 장의를 의심했습니다. 이로 인해 장의는 초나라를 떠나 진나라로 갔고, 소양은 1천 금을 내걸고 이를 사겠다고 했으나 훔쳐 간 자가 끝내 나타나지 않았습니다. 그런데 이 화씨벽이 어떻게 하여 이곳까지 오게 된 것입니까? 참으로 기이한 일입니다. 부디 이 천하의 보배를 깊이 감추어두고 남에게 함부로 보여주지 마십시오."

"비록 좋은 옥이라 할지라도 어찌 천하의 진보라고까지야 할 수 있겠소?"

"이 백벽은 어두운 곳일수록 빛납니다. 더구나 먼지도 끼지 않고

일체의 재앙까지 막습니다. 그래서 이를 야광지벽夜光之璧이라고도 합니다. 이 백벽은 겨울이면 화로보다 따뜻하고, 여름이면 서늘해 파리와 모리가 가까이 오지 않습니다."

무현이 시험해보니 과연 옥장의 말과 같았다. 무현이 화씨벽을 깊숙이 간직했다. 얼마 안 돼 조 혜문왕의 귀에까지 이 소문이 들어가게 되었다. 혜문왕이 무현을 불렀다.

"그대가 화씨벽을 구했다고 하니 과인이 한번 봤으면 하오."

무현이 시치미를 뗐다. 이후 무현이 먼 곳으로 사냥을 나가자 혜문왕이 친히 무사들을 이끌고 무현의 집으로 가 화씨벽을 찾아냈다.

이 소식을 전해들은 진 소양왕이 곧 사자를 보내 15개의 성읍과 화씨벽을 교환하자고 제의했다. 혜문왕은 고민할 수밖에 없었다. 응하지 않자니 보복이 두려웠고 응하자니 기만당할까 걱정되었다. 곧 염파廉頗를 비롯한 대신들을 모아 대책을 논의했으나 뾰족한 대책이 나오지 않았다. 무현이 건의했다.

"신의 가신 중에 인상여라는 자가 있습니다. 그를 보내면 이를 무난히 해결할 수 있을 것입니다."

"어떻게 그것을 장담할 수 있소?"

무현이 대답했다.

"신이 일찍이 대왕에게 죄를 짓고 몰래 연나라로 도망갈 계획을 세운 적이 있었습니다. 그때 인상여가 소매를 잡고 묻기를, '어떻게 연왕을 알게 되었습니까?'라고 했습니다. 신이 대답키를, '전에 대왕을 따라 연왕과 함께 변경 근처의 모임에 간 적이 있는데 연왕이 가만히 내 손을 잡고 서로 사귈 것을 청해 알게 되었다'라고 했습니

다. 그러자 인상여가 말하기를, '조나라는 강하고 연나라는 약합니다. 게다가 주인은 조왕의 총애를 받고 있기 때문에 친교를 청한 것입니다. 그런데 지금 조나라를 버리고 연나라로 가면 연나라는 오히려 주인을 곧바로 포박해 조나라로 돌려보낼 것입니다. 차라리 형틀에 엎드려 죄를 청하는 것만 못합니다. 그러면 요행히 죄를 면할지도 모를 일입니다'라고 했습니다. 신이 과연 그의 계책대로 하여 죄를 사면받았습니다. 그는 용기와 지혜를 겸비한 사람입니다. 그를 보내는 것이 가할 것입니다."

혜문왕이 즉시 인상여를 불렀다.

"진왕이 15개 성읍과 과인이 갖고 있는 화씨벽을 바꾸자고 청했으니 이를 어찌 하면 좋겠소?"

"진나라는 강하고 우리 조나라는 약하니 들어주지 않을 수 없는 노릇입니다."

"만일 진나라가 화씨벽만 취하고 땅을 주지 않으면 어찌할 것이오?"

"진나라가 성읍을 화씨벽과 바꾸자고 요구했는데 이를 허락지 않으면 그 허물은 우리에게 있게 됩니다. 그러나 우리가 화씨벽을 주었는데도 진나라가 성읍을 내주지 않으면 그 허물은 진나라에 있게 됩니다. 두 경우를 비교해볼 때 일단 진나라의 청을 들어주고 책임을 묻는 게 낫습니다."

"장차 누구를 사자로 보내야 하겠소?"

"신이 갔다 오겠습니다. 만일 진나라가 성읍을 우리에게 주지 않으면 신이 화씨벽을 온전히 하여 돌아오도록 하겠습니다."

상대를 열광케 하라 - 귀곡자처럼

흠이 없는 구슬이라는 뜻으로 결함이 전혀 없이 완전함을 이르는 '완벽完璧'과 빌려온 물건을 아무런 손상 없이 온전히 돌려준다는 뜻의 '완벽귀조完璧歸趙'라는 성어가 여기서 나왔다.

인상여가 화씨벽을 들고 진나라로 가자 진 소양왕은 크게 기뻐했다. 곧 문무관원과 비빈들을 모두 불러 모은 뒤 인상여를 불러들였다. 인상여가 비단보로 싼 화씨벽을 공손히 바치자 소양왕이 크게 기뻐하며 좌우에 있는 신하들과 비빈들에게 차례로 이를 넘겨주었다. 모든 신하와 비빈들이 돌아가면서 화씨벽을 보고는 크게 축하했다. 하지만 소양왕은 맞바꾸기로 한 성읍에 대해서는 한마디도 하지 않았다. 속셈을 간파한 인상여가 이내 앞으로 나아가 말했다.

"화씨벽에는 미세한 흠이 있습니다. 청컨대 화씨벽을 주시면 이를 알려드리도록 하겠습니다."

"조나라 사자에게 화씨벽을 주어라."

인상여는 화씨벽을 돌려받은 다음 뒤로 물러나 기둥에 기댄 채 이같이 일갈했다.

"화씨벽은 천하에 둘도 없는 보배입니다. 애초에 우리 조나라 대신들은 대왕이 화씨벽만 빼앗고 땅을 얻지 못할까 염려해 모두 반대했습니다. 그때 신이 나서서 말하기를, '백성들도 서로 속임수를 쓰지 않는데 만승의 진왕이 어찌 거짓말을 할 리 있겠습니까. 공연히 의심을 품어 진왕에게 죄를 짓지 않도록 해야 합니다'라고 했습니다. 이에 과군은 5일 동안 목욕재계한 후 신으로 하여금 이를 바치게 한 것입니다. 그런데 대왕은 오만한 자세로 대하면서 화씨벽을 군신

들과 비빈들에게 두루 구경시켰습니다. 이는 천하의 보배를 모욕한 것입니다. 이 몇 가지만 보아도 대왕이 전혀 유양 땅을 주실 생각이 없다는 것을 알 수 있습니다. 그래서 신이 거짓말을 하고 화씨벽을 다시 받아낸 것입니다. 만일 대왕이 화씨벽을 빼앗을 생각으로 신을 핍박하면 신은 머리를 이 화씨벽과 함께 기둥에 부딪쳐 깨뜨려버릴 것입니다."

그러고는 이내 화씨벽을 번쩍 들어 기둥을 향해 달려들려고 하자 소양왕이 급히 만류하면서 지도를 내오게 했다. 화씨벽을 손에 넣을 생각으로 시늉만 하고 있다는 것을 눈치챈 인상여가 말했다.

"과군은 화씨벽을 보내기 전에 5일 동안 목욕재계를 했습니다. 이는 신의를 잃지 않고자 한 것입니다. 그러니 대왕도 5일 동안 목욕재계하고 구빈지례九賓之禮를 행해야만 신은 감히 화씨벽을 바치도록 하겠습니다."

구빈지례는 모든 문물을 펼쳐놓고 행하는 장중한 예절을 말한다. 소양왕이 이를 받아들이자 인상여는 숙소로 돌아간 뒤 곧바로 수행원에게 분부했다.

"그대는 즉시 허름한 옷으로 갈아입은 뒤 이 화씨벽을 품속에 깊숙이 넣고 지름길로 빠져나가 먼저 조나라로 돌아가도록 하라."

5일 뒤 소양왕이 좌우에 예물을 늘어놓고 인상여를 불렀다. 인상여가 정전으로 들어가 소양왕에게 재배했다. 그러나 그의 손에는 아무것도 없었다. 소양왕이 물었다.

"과인은 정중히 화씨벽을 받기 위해 5일 동안 목욕재계를 마쳤소. 대부는 어찌하여 화씨벽을 가지고 오지 않은 것이오?"

인상여가 대답했다.

"진나라는 진 목공 이후 20여 대가 지났으나 지금까지 약속을 굳게 지킨 군주가 한 명도 없었습니다. 그래서 신은 이미 수행원을 시켜 화씨벽을 조나라로 돌려보냈습니다. 근자의 일만 보더라도 상앙은 위나라를 속였고, 장의는 초나라를 속였습니다. 이에 진나라는 모든 나라에 신용을 잃고 있습니다. 진나라는 강하고 조나라는 약합니다. 그래서 조나라는 진나라의 청을 거절하지 못하고 신을 시켜 화씨벽을 바치게 한 것입니다. 지금 강대한 진나라가 15개 성읍을 떼어 조나라에 주면 조나라가 어찌 감히 화씨벽을 쥐고 대왕에게 죄를 짓겠습니까. 이제 신이 대왕에게 속아 넘어가면 이는 우리 조나라와 저의 군왕을 저버리는 결과가 됩니다. 신이 대왕을 속인 것은 죽을 죄에 해당합니다. 신은 이제 솥에 넣어 삶아 죽이는 형벌을 받고자 합니다. 다만 대왕이 군신들과 이를 깊이 상의해주시기를 바랄 뿐입니다."

소양왕과 군신들이 놀란 입을 다물지 못했다. 좌우의 신하들 가운데 일부가 뛰쳐나와 인상여를 밖으로 끌어내 목을 베려고 했다. 소양왕이 이를 저지했다.

"과인이 대부를 죽여도 화씨벽을 얻지 못할 바에야 공연히 좋지 못한 소문을 퍼뜨릴 이유가 있겠는가? 차라리 우리 진나라와 조나라의 우호를 두터이 하느니만 못하다. 조왕이 어찌 구슬 하나 때문에 우리 진나라를 속이겠는가?"

그러고는 인상여를 빈객의 예로써 대우하며 귀환시켰다. 조 혜문왕은 인상여가 무사히 돌아오자 그의 공을 높이 치하하며 곧 상대부

로 삼았다. 진나라가 15개 성읍을 주지 않자 조나라도 화씨벽을 보내지 않았다. 인상여의 '완벽' 행보는 「저희」편의 다음 가르침과 부합한다.

"세상의 틈새를 막을 일이 없으면 깊숙이 은둔해 때를 기다리고, 틈새를 막을 일이 생기면 천하를 위해 계책을 세운다. 이런 방법을 구사하면 위로 은밀히 군주와 결속해 보필할 수 있고, 아래로 백성과 약속하며 난국을 수습할 수 있다."

당시 진 소양왕은 인상여가 화씨벽을 '완벽'의 상태로 도로 가지고 간 것을 못내 아쉬워하고 있었다. 그는 조나라를 완전히 제압하지 못해 이런 일이 일어난 것으로 생각했다. 인상여가 공을 세운 지 4년 뒤인 기원전 279년, 진 소양왕이 사자를 조나라로 보내 이같이 전했다.

"황하 이남의 민지澠池에서 회합하고자 하오. 서로 만나 우호를 두터이 하고 싶소."

조 혜문왕이 곧 군신들을 모아놓고 상의했다.

"지난날 진나라는 초나라에 속임수를 써 초 회왕을 함양으로 끌고 가 억류했소. 지금도 초나라 사람들은 회왕의 억울한 죽음을 생각하며 크게 슬퍼하고 있소. 지금 진왕이 과인과 회동코자 사자를 보내왔소. 과인도 초 회왕처럼 함양성으로 끌려가지 않을까 두렵소."

염파가 인상여와 함께 권했다.

"그러나 만일 대왕이 가지 않으면 조나라의 국세가 약하고 겁이 많은 것을 보여주는 셈이 됩니다."

이때 인상여가 이같이 자청했다.

"신이 대왕을 모시고 가겠습니다. 염파가 태자와 함께 나라를 지키면 아무 문제가 없을 것입니다."

조 혜문왕이 인상여와 함께 진나라를 향해 떠나자 염파가 국경까지 전송하면서 혜문왕에게 말했다.

"대왕은 지금부터 호랑이 굴과 같은 진나라로 들어갑니다. 앞으로 어떤 사태가 일어날지 측량할 길이 없습니다. 대왕이 민지로 가는 데 걸리는 시간과 회동하여 예를 마치고 돌아오는 데 필요한 시간을 계산해보니 모두 한 달이 넘지 않을 듯합니다. 한 달이 지나도 돌아오지 않으면 태자를 옹립하도록 하겠습니다. 그리하면 대왕을 억류한 채 위협하려는 진나라의 의도를 무산시킬 수 있습니다."

"그리하도록 하시오."

조 혜문왕이 민지 땅에 도착한 지 얼마 안 돼 진 소양왕의 행렬이 도착했다. 두 나라 군주는 각기 행관으로 들어가 쉬었다. 회동하는 날이 되어 두 나라 군주는 서로 예로써 회동한 뒤 술을 마시며 환담했다. 주연이 한창 무르익었을 때 진 소양왕이 문득 조 혜문왕에게 청했다.

"과인은 일찍이 군왕이 비파에 정통하다고 들었습니다. 마침 과인이 아끼는 좋은 비파가 있으니 한 곡 연주를 청하고자 합니다."

혜문왕이 이를 치욕스럽게 생각했으나 어쩔 수 없어 비파를 연주할 수밖에 없었다. 소양왕이 곁에 있는 태사에게 명했다.

"오늘 과인 앞에서 조왕이 비파를 탔다고 기록해두도록 하라."

인상여가 문득 앞으로 나와 소양왕에게 청했다.

"과군은 일찍이 대왕이 진나라 음악에 정통하다는 얘기를 들은 적이 있습니다. 신이 이제 분부盆缶를 바칠 터이니 대왕이 한번 이를 치시기 바랍니다."

'분부'는 술이나 장을 담는 그릇으로, 박자를 맞추는 악기로도 사용되었다. 인상여는 분부를 바친 뒤 무릎을 꿇고 청했다.

"대왕은 분부를 두드려 연석의 흥취를 돋궈주시기 바랍니다."

크게 노한 소양왕이 듣지 않자 인상여가 위협했다.

"저와 대왕과의 거리는 불과 5보도 안 됩니다. 장차 제 목을 찔러 그 피로써 대왕의 옷을 물들일 수도 있습니다."

진나라 무사들이 달려들어 인상여를 잡아채려고 했으나 인상여가 눈을 부릅뜨고 꾸짖자 감히 앞으로 나서지 못했다. 소양왕도 할 수 없이 한 차례 분부를 두드리게 되었다. 인상여가 조나라 태사를 돌아보며 이같이 청했다.

"태사는 이를 기록해두도록 하시오."

진나라 신하들이 일제히 일어나 조 혜문왕에게 말했다.

"오늘 군왕이 각별한 대접을 받았으니 이 자리를 축하하는 뜻에서 15개 성읍을 우리 진나라에 바치시오."

인상여도 일어나 진 소양왕에게 말했다.

"조나라가 즉시 15개 성읍을 바칠 터이니 진나라도 조왕의 장수를 축하하는 의미에서 함양성을 우리에게 내주십시오."

진 소양왕은 술자리가 끝난 후에도 인상여를 어찌할 수가 없었다. 민지 회동을 무사히 마치고 귀국한 조 혜문왕은 곧 군신들을 모아놓고 인상여의 공을 높이 기렸다.

"과인은 인상여의 도움으로 민지 땅에서 태산처럼 흔들리지 않았소. 우리에게 인상여는 주나라의 구정보다 귀하오. 과인은 인상여에게 상경上卿의 벼슬을 내리고자 하오."

중경中卿으로 있는 염파보다 윗자리였다. 인상여가 상경이 되어 염파의 위에 서게 되자 염파가 대로했다.

"나는 목숨을 걸고 전장에 나가 성을 공략하고 들에서 싸울 때 큰 공을 세웠다. 그러나 인상여는 한낱 세 치 혀를 놀린 수고밖에 없다. 그런데도 나의 윗자리를 차지하게 되었으니 세상에 어찌 이런 일이 있을 수 있는가. 더구나 인상여는 환자령 무현의 집에서 집사 노릇이나 하던 미천한 출신이다. 나는 차마 그 밑에 있을 수 없다."

그러고는 큰소리로 이같이 선언했다.

"내가 인상여를 보게 되면 반드시 욕을 보이고 말 것이다!"

인상여가 이 말을 듣고 염파와 서로 마주치지 않으려고 애썼다. 조회가 있을 때마다 매번 병을 핑계로 참석하지 않았다. 인상여는 염파와 우위를 다투는 쓸데없는 일로 인해 분란이 일어날까 염려했던 것이다. 그러자 인상여의 사인舍人들이 모두 이를 수치스럽게 생각했다. 인상여가 하루는 일이 있어 밖으로 외출을 나갔다가 저쪽에서 오는 염파의 행차를 보고는 급히 마부에게 분부했다.

"염 장군에게 들키지 않도록 속히 수레를 옆 골목으로 몰아라."

인상여는 염파의 행차가 지나간 후에야 큰길로 나왔다. 인상여의 시종들이 인상여에게 몰려가 불만을 털어놓았다.

"저희들이 대감 문하에 와 있는 것은 대감을 당세의 대장부로 믿고 기꺼이 모시기 위한 것입니다. 그런데 지금 대감은 염 장군보다

지위가 높은데도 오히려 겁을 먹고 조회에도 나가지 않고, 멀리서 보이기만 해도 곧바로 수레를 이끌고 숨어버리니 이게 무슨 꼴입니까? 창피해서 더는 대감을 모시지 못하겠습니다. 장차 고향으로 돌아갈 생각입니다."

인상여가 만류하며 물었다.

"그대들이 보기에 염 장군과 진왕을 비교하면 누가 나은가?"

"염파가 못합니다."

인상여가 말했다.

"무릇 진왕이 위압적으로 대했을 때에도 나는 진나라 조정에서 그를 꾸짖고 군신들을 욕보였다. 내가 비록 재주가 없다 해도 어찌 염 장군을 두려워하겠는가. 내가 생각건대 강한 진나라가 감히 조나라에 출병치 못하는 것은 오직 우리 두 사람이 있기 때문이다. 그런데 두 마리 호랑이가 서로 다투면 형세상 둘 다 살지 못할 것이다. 나는 이를 생각하기 때문에 먼저 국가의 급한 일을 생각한 연후에 사사로운 원한을 고려코자 하는 것이다. 나에게는 개인적인 원한보다 국가가 더 소중하다."

인상여의 시종들은 모두 탄복했다. 염파는 이 말을 전해 듣고 크게 부끄러운 나머지 이내 웃통을 벗고 가시덤불을 짊어진 채 인상여의 집 문 앞으로 와 사죄했다.

"이 사람이 워낙 속이 좁아 대감의 관후한 도량을 몰라봤습니다. 이제 죽어도 그 죄를 씻을 길이 없습니다."

인상여가 황급히 뛰어나와 염파를 부축해 일으켰다.

"우리 모두 이 나라 종묘사직을 받드는 신하입니다. 장군이 저의

뜻을 그토록 헤아려주니 송구스러울 뿐입니다."

염파가 말했다.

"나는 이제부터 대감과 생사를 함께하는 벗이 되겠소. 비록 내 목에 칼이 들어온다 해도 이 마음만은 변치 않겠소."

이상이 「염파인상여열전」에 나오는 일화이다. 여기서 목숨을 바칠 정도의 우애를 뜻하는 문경지교刎頸之交라는 말이 나왔다. 『동주열국지』에 따르면 당시 종횡가 우경虞卿이 염파로 하여금 인상여에게 사죄토록 설득했다고 한다. 그러나 이는 사실과 다르다. 우경은 조나라 혜문왕 때의 사람이 아니라 혜문왕의 뒤를 이어 즉위한 효성왕 때의 사람이다.

염파는 우경의 설득으로 인상여를 찾아가 사죄한 것이 아니라 스스로 자신의 잘못을 뉘우치고 화해를 청했던 것이다. 그러나 이는 중요한 게 아니다. 당시 조나라가 천하제일의 막강한 무력을 자랑하는 진나라에 당당히 맞설 수 있었던 배경이 더욱 중요하다. 인상여와 염파라는 두 인물이 서로 힘을 합쳐 나라를 보위한 게 그 비결인데, 이는 인상여의 저희계가 주효한 덕분이다. 당시 인상여가 염파에게 구사한 계책은 「저희」 편에 나오는 다음의 가르침을 좇은 결과로 볼 수 있다.

"모든 일은 털끝만 한 조짐에서 시작하지만 이후 태산의 뿌리까지 뒤흔들 정도로 커진다. 사안이 맹아의 단계에 있거나 틈새를 보이기 시작할 경우 모두 반드시 저희계을 좇아야 한다. 저희계로 틈새를 봉합하는 것이 바로 성인이 행한 도술의 활용이다."

여러모로 인상여는 춘추시대 초기 제 환공을 위협해 잃어버린 땅을 되찾은 노나라 유협儒俠 조귀曹劌와 닮았다. 많은 사람들이 인상여를 두고 지혜와 의지를 갖춘 강직한 신하로 꼽는 이유다. 그러나 염파와 문경지교까지 맺은 점에 비춰보면 조귀보다 훨씬 뛰어나다. 모두 『귀곡자』에서 역설하는 저희계를 시의에 맞추어 구사한 덕분으로 볼 수 있다.

기회가 올 때 말하라

건의한 계책은 반드시 적절한 때인 시기時機와 맞아떨어져야 하고, 군주의 의중에도 부합해야 한다. 이는 반드시 먼저 상세하고 주밀周密한 계책을 세워두었다가 군주가 요구할 때 곧바로 응하는 방식을 취해야 한다. 이같이 하면 어떤 경우든 합당하지 않은 경우가 없다.

方來應時, 以合其謀. 詳思來捷, 往應時當也.

_「내건」

응시계應時計는 때에 부응하는 계책을 내는 걸 의미한다. 내놓은 계책이 천시天時에 부합한다는 취지이다. 천시가 어떤 계기와 맞아떨어지는 것을 통상 시기時機라고 한다. '시기'라는 용어는 진수의 『삼국지』 「손등전孫登傳」의 배송지 주에 인용된 『강표전江表傳』에 처음으로 나온다. 시기를 정확히 인식한다는 뜻의 '정식시기精識時機'라는 구절이 그것이다. 시기는 진퇴 및 결단에 필요한 절호의 계기를

뜻한다. 이는 뒤로 물리는 게 불가능한 불가역不可逆의 시간 속에 존재한다. 한번 놓치면 다시 만회할 길이 없다.『오자병법』「요적」편에 다음과 같이 이를 경계하는 내용이 나온다.

전국시대 초기 위魏나라 무후武侯가 군사참모로 있던 오기에게 어떤 경우에 적을 공격할 수 있는지 물었다. 오기가 이같이 대답했다.

"적을 치고자 할 때는 반드시 적의 허와 실을 면밀히 분석해 그 약점을 노려야 합니다. 적이 먼 곳에서 막 도착해 대오가 아직 정돈되지 않았을 때 칠 만합니다. 적이 식사를 마치고 전투태세가 아직 갖춰지지 않았을 때 칠 만합니다. 적이 정신없이 달아날 때 칠 만합니다. 적이 일에 지쳐 있을 때 칠 만합니다. 적이 불리한 지형에 처해 있을 때 칠 만합니다. 적이 때를 놓쳤을 때 칠 만합니다. 적이 먼 길을 행군하여 후미가 아직 휴식을 취하지 못했을 때 칠 만합니다. 적이 강을 반쯤 건넜을 때 칠 만합니다. 적이 험하거나 좁은 길에 들어섰을 때 칠 만합니다. 깃발이 어지럽게 움직일 때 칠 만합니다. 진지를 자주 이동할 때 칠 만합니다. 장수가 병사들과 떨어져 있을 때 칠 만합니다. 적이 공포에 떨고 있을 때 칠 만합니다. 무릇 적이 이런 상황에 놓여 있을 때는 정예부대를 선발해 돌파한 뒤 병력을 나눠 지속적으로 몰아붙여야 합니다. 조금도 의심치 말고 지체 없이 공격하는 게 필요합니다."

시기를 놓치지 말고 과감히 결단해야 승리를 거둘 수 있다고 조언한 것이다. 제갈량의 저서로 알려진『장원將苑』의「출사」편에도 유사한 대목이 나온다.

"옛날 나라가 위난에 처하면 군주는 현명하고 능력 있는 인재를

발탁해 장수로 삼았다. 군주는 3일 동안 몸과 마음을 깨끗이 하며 부정한 일을 멀리하는 재계를 행한 후 종묘로 가 남쪽을 향하여 섰다. 장수가 북쪽을 향해 서면 태사太師가 부월斧鉞을 군주에게 바친다. 군주가 이를 받아 장수에게 넘겨주면서 말하기를, '이후 군중軍中의 일은 장군이 모두 지휘하라'라고 하면서 이같이 덧붙인다. '적이 허점을 보이면 진격하고, 충실하고 강력하면 퇴각하라. 신분이 높다고 사람을 얕보지 말라. 독선적으로 임해 장병들과 대립하지 말라. 공적과 능력을 자랑하며 충신忠信을 잃는 일이 없도록 하라. 휘하 장병이 앉지 않았을 때 먼저 앉는 일이 없도록 하라. 휘하 장병이 먹지 않을 때 먼저 먹는 일이 없도록 하라. 휘하 장병들과 더불어 더위와 추위를 함께하고, 수고를 함께하고, 즐거움과 고통을 함께하고, 환난을 함께 하라. 이리하면 장병들이 목숨을 걸고 최선을 다할 것이고, 적은 기필코 패망할 것이다.' 군명君命을 받은 장수가 출정할 때 군주는 무릎을 꿇은 채 수레바퀴를 밀면서 말하기를, '진공과 퇴각 여부는 오직 시기時機를 좇아 행하라. 군중의 모든 업무는 왕의 명을 따르지 말고 장군이 호령하여 집행하라'라고 한다."

장수는 군주의 간섭을 받지 않고 독자적으로 휘하 군사를 지휘할 수 있어야 승리를 거둘 수 있다는 점을 역설하고 있다. 요체는 장수가 시기를 좇아 작전을 전개하는 데 있다. 『오자병법』과 『장원』이 이구동성으로 시기를 역설한 것은 시기를 좇은 결단이 승패를 좌우하는 관건이라는 사실을 통찰한 결과다. 이를 제대로 행하지 못하면 이내 만회할 수 없는 패배를 자초하게 된다.

시기를 놓치지 말고 과감히 결단하라

대표적인 예로 모든 면에서 우세했던 원소가 조조에게 참패를 당한 관도대전官渡大戰을 들 수 있다. 삼국시대에는 1백여 차례의 크고 작은 전쟁이 있었다. 그중 가장 규모와 영향력이 컸던 것으로 관도대전을 비롯해 적벽대전赤壁大戰과 한중대전漢中大戰, 이릉대전夷陵大戰을 꼽을 수 있다.

이들 4대 대전 가운데 조조 사후 유비와 손권 사이에 벌어진 이릉대전을 제외한 나머지 3대 대전은 모두 조조가 주체가 된 전쟁이었다는 점에서 공통점이 있다. 이 시기는 동탁과 이각 및 곽사로 대표되는 장안정권長安政權이 종지부를 찍고 조조가 중심이 된 허도정권許都政權이 존립한 시기와 일치한다. 장안정권을 삼국시대의 제1기라고 한다면 허도정권은 제2기에 해당한다.

관도대전은 바로 허도정권 성립 초기에 일어난 대전으로, 당시 최고 실력자였던 원소와 새로운 세력으로 등장한 조조가 중원의 패권을 놓고 격돌한 싸움이다. 싸움의 발단은 조조가 한 헌제를 옆에 끼고 지방 군벌을 호령하는 '협천자挾天子, 영제후令諸侯'를 행한 데서 비롯됐다. 그보다 앞선 191년, 원소가 기주목의 자리에 오르자 책사인 저수沮授가 원소에게 '협천자. 영제후' 방안을 제시한 바 있었다.

"지금 조정이 이리저리 유랑하여 종묘가 황폐해진 상황입니다. 보건대 각 주군이 비록 표면상 의병을 내세우고 있지만 실제로는 서로를 도모하고자 하니 사직을 염려하고 백성을 구제하려는 생각이 없습니다. 지금 기주는 대략 안정되어 있는 데다 병사들이 정예하고 주변의 백성들 또한 연일 귀부하고 있습니다. 만일 서쪽으로 나아가

어가를 영접하여 업성鄴城에 도성을 정한 뒤 '협천자, 영제후'를 행하면 누가 능히 당해낼 수 있겠습니까?"

그러자 곽도郭圖와 순우경淳于瓊이 반대했다.

"한실은 쇠미해진 지 이미 오래되어 지금 다시 부흥하는 것은 대단히 어렵지 않겠습니까? 게다가 영웅이 사방에서 일어나 각 주군을 차지하여 동원하는 병마의 숫자가 1만 명 이상이니 이는 마치 진나라가 천하를 잃은 정황과 비슷하여 먼저 얻는 자가 왕이 될 것입니다. 지금 천자를 맞이하여 가까이 두게 되면 움직이는 즉시 상주문이 올라올 터인데, 이를 좇게 되면 권력이 가볍게 되고 위반하면 항명하는 셈이 되니 이는 좋은 계책이 아닙니다."

원소가 저수의 건의를 따르지 않고 곽도 등의 의견에 동조했다. 이는 훗날 원소가 조조에게 패하게 된 결정적 배경이 되었다. 당시 조조는 한 헌제를 허도로 맞아들여 허도정권을 세웠다. 시기를 놓치지 않은 것이다. 덕분에 허도정권은 이후 천자의 재가를 받은 유일한 정통성을 지닌 정권으로 존속했을 뿐만 아니라 천자의 명을 받들어 제후를 토벌하는 권한을 행사할 수 있었다. 허도정권의 명을 받들지 않는 지방 군벌은 역적으로 몰릴 수밖에 없었다.

삼국시대에서 가장 핵심이 되는 건안시대는 바로 조조가 한 헌제를 허도로 모셔온 데서 시작됐다. '허현'이 '허도'로 탈바꿈하게 된 가장 상징적인 모습이 바로 허도에 수많은 궁실을 비롯해 종묘와 사직 등을 세운 것이다. 한 헌제가 장안을 떠난 지 꼭 1년여 만에 일어난 일이었다. 황제가 도성을 떠나 피란을 다니는 동안 거의 무정부

상태에 가까웠던 혼란도 이로써 모두 가라앉게 되었다.

궁중과 관부의 법제가 확립되자 허도정권이 가장 먼저 시행한 것은 조정의 명을 받들지 않는 군벌에 대한 성토작업이었다. 관도대전의 단초가 바로 여기에 있다. 당시 허도를 새 도읍지로 정한 한 헌제는 조조가 대장군이 되어 허도정권의 실질적인 책임자가 된 지 한 달여 만에 최고의 군벌로 군림하고 있던 원소에게 다음과 같은 조서를 내렸다.

"땅이 넓고 군사가 많은데도 오직 무리를 심는 데 열중하여, 근왕勤王을 위해 출동했다는 얘기는 들리지 않고 오직 멋대로 서로 토벌한다는 얘기만 들린다."

준엄한 경고다. 오랫동안 허도정권을 과소평가하거나 애써 무시해온 많은 사가들은 허도정권을 일개 지방 군벌에 불과한 조조가 천자를 협박하여 만든 사이비 정권으로 간주해왔으나 이는 잘못이다. 원소에게 보낸 조서의 내용을 통해 알 수 있듯이 동탁의 난 이후 군벌들에게 후한 제국의 위엄을 최초로 드러낸 사례에 해당한다.

당시 헌제의 존재를 무시하고 멋대로 관원을 임명하고 이웃 지역을 병탄하기에 여념이 없었던 원소가 헌제의 조서를 받고는 대경실색한 나머지 곧바로 상서하여 진력으로 변명한 사실이 이를 뒷받침한다. 조조는 원소가 허도정권에 굴복하는 자세를 보이자 이내 헌제에게 건의해 원소를 태위로 삼고 열후에 봉하게 했다. 그러나 원소는 자신의 직위가 조조의 밑에 있게 된 것을 치욕으로 생각했다.

"조조가 몇 번이나 죽게 되었을 때 내가 모두 구해주었다. 그런데 이제 천자를 끼고 나에게 명령하려 드는 것인가?"

상대를 열광케 하라 – 귀곡자처럼

그러고는 곧바로 헌제에게 글을 올려 태위 자리를 받지 않으려 했다. 조조는 허도정권이 이제 막 출범한 상황에서 원소가 허도정권의 첫 작품인 인사명령을 따르지 않을 경우 대사를 그르칠까 크게 우려했다. 이에 곧바로 대장군의 직함을 원소에게 주도록 건의했다.

대장군은 형식상 3공의 하나인 태위와 같은 지위에 속하나 실질적인 면에서 보면 군 통수권을 장악하고 있었기 때문에 태위보다 위세가 훨씬 높았다. 그래서 원소가 불만을 표시했던 것이다.

이에 헌제가 조조의 뜻을 좇아 원소를 대장군으로 삼고 조조를 사공 겸 거기장군으로 임명했다. 조조는 명분을 버리고 실리를 취하는 사명취실捨名取實의 전략을 구사한 것이다. 이렇듯 관도대전은 조조와 원소 사이에 숙제로 남아 있던 명분과 실리 간의 괴리를 제거하려는 양측의 갈등이 빚어낸 싸움이었다.

관도대전이 일어나자 저수는 할 수 없이 원소를 좇아 전장에 나섰다. 조조가 성동격서聲東擊西의 전술로 승리를 거둔 뒤 백성들에게 황하를 따라 서쪽으로 나아가도록 하자 이 소식을 들은 원소가 황하를 건너 급히 추격하고자 했다. 이에 저수가 만류했다.

"승부의 변화는 신중히 고려치 않으면 안 됩니다. 지금 응당 연진에 군사를 주둔시킨 채 군사를 나눠 관도로 진출해야 합니다. 그들이 관도를 치면 이를 우선 제압한 뒤 다시 돌아와 주둔하고 있는 군사와 함께 도하해도 늦지 않습니다. 일시에 모두 도하한 뒤 혹여 무슨 불행한 일이라도 생기게 되면 우리 군사는 곧 퇴로마저 막히게 됩니다."

그러나 원소가 이를 듣지 않았다. 원소가 도하할 때 저수가 홀로 이같이 탄식했다.

"주군은 스스로 자만하여 뜻만 가득 차 있고, 부하들은 이익에 집착하여 급히 공을 세우려 한다. 유유히 흐르는 황하여, 우리가 능히 너를 다시 건널 수 있을 것인가!"

저수가 이에 병을 핑계로 사직하였으나 원소는 이를 허락지 않았다. 저수는 그의 군사를 줄여 남는 군사를 곽도에게 배속시켰다. 결국 원소는 저수의 충언을 듣지 않고 무리한 싸움을 계속하다가 대패하고 말았다. 관도대전은 시기를 놓친 원소와 이를 꽉 움켜잡은 조조의 운명을 가른 분기점에 해당한다. 당시 원소는 관도대전에서 참패한 후 미처 갑옷을 입을 겨를조차 없어서 홑옷에 두건을 쓴 채 겨우 기병 8백 명을 이끌고 황급히 황하를 건너 도주했다. 이후 조조는 후계문제를 둘러싼 원소 자식들 사이의 갈등을 이용해 마침내 이들을 각개격파하고 명실상부한 중원의 패자로 우뚝 섰다. 결정적인 시기가 왔을 때 반드시 이를 꽉 움켜잡아야 하는 이유가 여기에 있다.

학문이든 사업이든 아직 시기가 오지 않았는데도 성급히 움직이면 낭패를 보게 된다. 대표적인 예로 전한 말기 신新나라를 세운 왕망王莽의 개혁을 들 수 있다. 왕망은 중국의 전 역사를 통틀어 백성들의 전폭적인 지지를 배경으로 새 왕조를 열었다. 신나라는 중국 역사상 무혈혁명으로 나라를 세운 유일무이한 왕조에 해당한다. 그러나 왕망은 애석하게도 자신을 지지했던 백성들의 반대로 15년 만에 패망하고 말았다. 그는 시기를 참고 기다린 덕분에 새 왕조를 열

었지만 시기를 기다리지 않고 성급히 움직였다가 패망한 유일무이한 경우에 속한다.

늦지도 서두르지도 말고 적절한 시기를 포착하라

왕망과 대비되는 인물로 초한전 당시 유방이 항우에게 결정적인 승리를 거둘 수 있도록 만든 장양을 들 수 있다. 그는 『귀곡자』가 「내건」 편에서 주문한 것처럼 상세하고 주밀한 계책을 미리 세워두었다가 주군이 요구할 때 곧바로 응하는 방식을 택했다. 바로 응시계의 이치를 꿰고 있었던 것이다.

당시의 정황을 간략히 살펴보면, 유방은 항우와 홍구鴻口 강화회담을 한 뒤 협정문의 먹물이 채 마르기도 전에 군사를 대거 이끌고 가 철군하는 항우 군대의 후미를 쳤다. 이처럼 홍구 강화회담은 야비하기 짝이 없는 기만전술의 일환으로 나온 것이었다. 천하를 놓고 다투는 싸움에서는 이를 탓할 수 없다. 상대를 제압키 위해서는 정칙正則과 변칙變則을 두루 섞어 사용할 수밖에 없기 때문이다.

문제는 유방이 단숨에 천하를 거머쥐고자 너무 서두른 데 있다. 당시 항우의 군사는 그리 만만한 상대가 아니었다. 유방이 항우의 등에 칼을 꽂으려고 황급히 뒤를 쫓아갔다가 오히려 대패한 사실이 이를 증명한다. 항우의 반격에 깜짝 놀라 황급히 뒤로 물러난 유방은 참호를 깊게 파고 영루를 굳게 지키면서 한신과 팽월이 오기만을 기다렸다. 두 사람이 올 턱이 없었지만 유방은 두 사람이 자신의 명을 받들어 달려올 것이라 착각했다. 초조하게 기다리다 지친 유방이 마

침내 장양에게 물었다.

"제후들이 내 말을 따르지 않으니 도대체 이게 어찌된 일이오?"

너무 늦은 감이 있다. 객관적으로 볼 때 당시 한신은 앉은 자리에서 어부지리를 취할 수 있는 가장 막강한 세력으로 부상해 있었다. 실제로 무력 면에서 유방과 항우를 압도했다. 군사적 재능 면에서도 유방은 한신과 비교할 수조차 없었다. 한신과 어깨를 나란히 할 수 있는 사람은 겨우 항우 한 사람 정도밖에 없었다. 그런데도 유방은 이런 사실을 무시하거나 간과했다. 사태를 지나치게 낙관한 나머지 달라진 현실에 눈을 감은 것이다.

장양이 간언을 삼간 채 유방이 자문을 구할 때까지 기다린 것도 이런 맥락에서 이해할 수 있다. 섣불리 간할 경우 득보다는 실이 컸다. 자칫 토사구팽의 명단에 오를지도 모를 일이었다. 유방이 뒤늦게 자문을 구하자 장양은 비로소 자신이 생각해온 해법을 제시했다.

"전에 초나라 군사를 격파했는데도 한신과 팽월 모두 땅을 나눠받지 못했습니다. 그들이 오지 않는 것은 실로 당연한 일입니다. 지금이라도 대왕이 그들과 더불어 천하를 나눠 함께 소유할 의향이 있으면 가히 그들을 즉시 이곳에 이르게 할 수 있습니다. 한신은 비록 제나라 왕의 자리에 오르기는 했으나 이는 대왕의 본의에 따른 게 아닙니다. 팽월 역시 위나라 일대를 모두 평정한 당사자인데도 대왕은 위표를 왕으로 삼으면서 그는 상국으로 삼았을 뿐입니다. 지금 위표가 죽고 없는 까닭에 팽월은 내심 보위에 오르기를 간절히 바라고 있는데도 대왕은 이를 속히 확정해주지 않고 있습니다. 지금이라도 수양睢陽 이북에서 곡성穀城에 이르는 땅을 팽월에게 주어 위나라 왕

으로 삼고, 진성陳城 이동에서 바다에 이르는 땅을 한신에게 떼어주십시오. 한신은 고향이 초나라 지역에 있는 까닭에 초나라의 옛 땅을 다시 찾고 싶어 할 것입니다. 이 두 곳을 두 사람에게 내준 뒤 그들로 하여금 항우와 싸우도록 하면 항우는 이내 쉽게 무너지고 말 것입니다."

장양이 팽월에게 떼어 주라고 언급한 수양 이북에서 곡성에 이르는 땅은 이미 팽월이 장악하고 있는 지역이다. 떼어 주고 말 것도 없는 곳이다. 현실을 승인하면 끝난다. 그런데도 욕심이 많은 유방은 이를 인정하려 들지 않았던 것이다. 문제는 한신이다. 한신에게 떼어 주라고 권한 진성 이동에서 바다에 이르는 땅은 초나라 땅의 대부분을 포함한다. 이는 차원이 다르다. 장양은 진심으로 유방에게 제나라 땅에 이어 초나라 땅까지 덤으로 얹어 주라고 권한 것일까? 있을 수 없는 일이다.

팽월과 한신은 이미 위나라와 제나라를 실질적으로 지배하고 있는 군웅의 일원이었다. 항우와 일대 결전을 앞두고 있는 상황에서 유방이 이들에게 일방적으로 명을 내릴 수 있는 입장이 아니었다. 당시의 정황에 비춰 유방은 거짓 포상을 미끼로 내걸고 상대를 농락한 게 거의 확실하다. 인터넷 홈쇼핑에서 진품인 양 선전한 후 막상 대금을 송금하면 짝퉁을 보내는 식의 사기수법과 닮았다. 홍구의 강화회담 때 써먹은 기만적인 수법과 별반 차이가 없다. 이종오가 『후흑학』에서 유방을 월왕 구천에 버금가는 후흑술의 대가로 평한 것은 정곡을 찌른 것이다.

예나 지금이나 조조나 유방처럼 천하를 손에 넣고자 할 경우 반

드시 시기에 적극 편승할 줄 알아야 한다. 늦어서도 안 되지만 성급히 덤비는 것도 금물이다. 왕망의 패망이 반면교사에 해당한다. 야구에서 장타력을 뽐내는 타자들을 보면 하나같이 시기 포착의 달인인 것을 알 수 있다. 남녀 간의 사랑도 마찬가지다. 밀고 당기는 이른바 '밀당'에도 응시계를 적용해야만 소기의 성과를 거둘 수 있다. 너무 늦어도 안 되지만 성급해서도 안 된다. 어떤 경우든 '타임리 히트'만이 홈런을 보장한다. 장양이 때가 오기를 기다렸다가 유방을 설득한 게 대표적인 사례에 속한다.

상대를 열광케 하라 – 귀곡자처럼

전원계
轉圓計

27

상황에 맞게 움직여라

군주가 스스로 옳다고 자만하며 주변의 말을 듣지 않을 경우 칭찬하는 말로 띠워주며 환심을 사는 수밖에 없다. 만일 자신을 부르는 명이 내려지면 먼저 받아들인 뒤 자신의 의중을 구체화하는 방안을 강구한다. 군주 곁을 떠나고자 할 경우에는 자신이 계속 곁에 남아 있으면 군주에게 해가 될 수 있다는 얘기를 늘어놓아 군주 스스로 보내주도록 만든다. 남거나 떠나는 것 모두 굴렁쇠가 땅 위를 굴러갈 때처럼 주어진 상황에 따라 자연스럽게 변화하는 이른바 환전인화環轉因化의 모습을 띠면 아무도 그 행하는 바를 알 수 없다. 이런 경지에 오르면 가히 몸을 온전히 보전하며 물러나는 유세의 대원칙을 안다고 할 만하다.

內自得而外不留, 說而飛之. 若命自來, 己迎而御之. 若欲去之, 因危與之. 環轉因化, 莫知所爲, 退爲爲儀.

_「내건」

전원계轉圓計는 유세 대상의 변화무쌍한 심리 상태에 부응하는 유연한 계책을 가리킨다. 우주 삼라만상 가운데 인간의 마음처럼 오락가

락하는 게 없다. 생사를 넘나드는 위기상황에서는 더욱 그렇다. 여인들의 경우는 자신의 삶을 좌우할 결혼 상대를 선택할 때 이에 못지 않은 고민을 한다. 군주를 설득하거나 여인을 감복시키기 위해서는 반드시 상대의 변화무쌍한 심리 상태에 부응하는 절묘한 유세 대책이 필요하다. 『한비자』「세난」 편에서 그 중요성을 언급하고 있다.

"무릇 다른 사람에게 유세하는 것은 어려운 일이다. 그러나 이는 내가 알고 있는 바를 납득시키는 게 어렵다는 뜻도 아니고, 내 말주변이 나의 의중을 제대로 드러내는 게 어렵다는 뜻도 아니고, 대담한 행보로 내 뜻을 모두 펼치는 게 어렵다는 뜻도 아니다. 무릇 유세의 어려움은 설득 대상의 마음을 헤아려 내가 말하고자 하는 바를 그에게 맞추는 게 쉽지 않은 데에 있다."

『귀곡자』를 관통하는 유세의 이치도 바로 이런 입장에서 출발하고 있다. 『귀곡자』는 유세가 쉽다고 말한 적이 단 한 번도 없다. 오히려 처음부터 끝까지 유세의 어려움을 얘기하고 있다. 그러나 유세를 두려워할 필요도 없다. 『귀곡자』가 제시한 유세와 책략의 기본 이치를 터득하기만 하면 된다.

변화무쌍한 상대방에 대응하는 유연함을 갖춰라

『귀곡자』는 종횡가의 모든 이론을 집약해놓은 총론에 해당한다. 한비자로 상징되는 법가사상이 그렇듯이 귀곡자를 효시로 삼고 있는 종횡가사상 역시 도가의 도치道治 이론 위에 서 있다. 도치는 무위로 다스리는 무위지치無爲之治를 말한다.

원래 유세와 책략은 종횡학의 두 축에 해당한다. 유세는 유세객 자신의 책략이고, 책략은 유세를 통해 실현된다. 희곡 대본이 책략이라면 무대 위 배우의 연기가 바로 유세에 해당하는 셈이다. 이론과 실제, 내용과 형식, 실질과 형식의 관계와 같다. 종횡가는 『귀곡자』가 노자의 도치 개념을 도입해 유세와 책략을 이론적으로 정립한 덕분에 비로소 제자백가의 일원이 될 수 있었다. 춘추전국시대의 문헌은 책략을 통상 방략方略과 계략計略, 모략謀略 등으로 표현해놓았다. 이를 정치적으로 활용하면 정략政略, 군사적으로 활용하면 전략戰略, 외교 협상 또는 유세 책략으로 활용하면 세략說略이 된다. 국가 총력전 양상으로 치닫고 있는 21세기의 경제전에서 기업의 생존 및 발전 전략으로 구사하면 상략商略이 된다.

도치는 도가의 핵심 개념이다. 『도덕경』 제42장은 "도가 만물을 낳는다"라고 했다. 『귀곡자』는 도가의 이런 도치 개념을 도입해 종횡학 이론을 완성한 것이다. 『한비자』와 『손자병법』이 도치 이론을 도입해 각각 법가 및 병가 이론을 완성한 것과 닮았다. 『귀곡자』는 도치 이론에 입각한 유세 책략을 도술道術로 표현해놓았다. 제1편 「벽합」에서 제11편 「결물」에 이르기까지 본경 내편에 나오는 총 11개의 책략 및 유세의 기술은 곧 종횡가가 말하는 도술에 해당한다. 이를 뒷받침하는 「벽합」 편의 해당 대목이다.

"세상사가 종횡출입縱橫出入하는 식으로 변화무쌍하고, 반복이합反覆離合하는 식으로 뒤집힐지라도 이 모든 것은 결국 음양의 조화를 뜻하는 벽합에서 비롯된 것이다. 벽합은 도의 위대한 변화로 유세의

변화를 뜻하는 것이기도 하다. 반드시 상대의 변화를 세심히 살펴야 하는 이유다."

이는 음양론에 입각한 노자의 도치 이론이 종횡학의 이론 정립에 지대한 공헌을 했음을 보여준다. 『귀곡자』에 나오는 유세와 책략을 모두 도치 이론으로 해석할 수 있다는 얘기다.

서로 대립하는 것들도 전체의 한 부분이다

『귀곡자』의 유세와 책략 이론은 도가에서 역설하는 물극필반物極必反 의 변증법 위에 서 있다. '물극필반'은 사물의 발전이 어느 정도에 이 르면 정반대로 흐르는 것을 말한다. 이를 뒷받침하는 『도덕경』 제40 장의 해당 대목이다.

"근원으로 돌아가는 것은 도의 움직임이고, 유약한 모습을 지니는 것은 도의 운용이다. 천하 만물은 유有에서 생겨나고, '유'는 무無에 서 생겨난다."

모든 사물의 형세는 고정불변이 아니라 흥망성쇠를 반복하게 마련이다. 물극필반은 통상 세강필약勢强必弱과 함께 쓰이는데, 세력이 강성하면 언젠가는 반드시 약해지기 마련이라는 뜻이다. 『도덕경』 제55장은 이를 물장즉로物壯則老로 표현해놓았다. 모든 사물은 장성하면 이내 노쇠하게 된다는 뜻이다. 우리말의 '달도 차면 기운다'라는 속담과 같은 의미이다.

물극필반의 출전은 『신당서』와 『구당서』에 모두 나오는 「소안환전」이다. 주희도 『근사록近思录』에서 물극필반으로 표현해놓았다. 이

개념은 매우 연원이 깊다. 『여씨춘추』「박지博志」가 극즉필반極則必反, 『갈관자鶡冠子』「환류環流」가 물극즉반物極則反으로 표현한 게 모두 같은 뜻이다. 「소안환전」에 따르면, 중국의 전 역사를 통틀어 유일무이한 여제女帝인 측천무후는 원래 당 태종의 후궁으로 있다가 고종의 황후가 되었다. 고종이 죽은 뒤 중종이 어린 나이에 즉위하자 섭정을 했다. 중종이 친정親政을 할 수 있는 나이가 되었는데도 여전히 섭정의 자리에서 물러나려 하지 않자 대신 소안환蘇安桓이 상소를 올려 간언했다.

"하늘의 뜻과 백성의 마음은 모두 이씨에게 향하고 있습니다. 사물이 극에 달하면 반드시 반전하고, 그릇도 가득차면 넘친다는 이치를 아셔야 합니다."

측천무후의 퇴진을 간접적으로 권유한 것이다. 물극필반은 『도덕경』제40장에서 역설한 '반자도지동反者道之動, 유무상생有無相生'의 논리 위에서 나온 것이다. 『도덕경』은 제2장에서 이를 더욱 상세히 설명해놓았다.

"천하 사람들은 모두 아름답게 보이는 것만 아름다운 것으로 알지만 사실 이는 보기 흉한 것을 그같이 본 것일 뿐이고, 선하게 보이는 것만 선한 것으로 알지만 사실 이는 선하지 않은 것을 그같이 본 것일 뿐이다. 유무有無가 서로 생겨나고, 난이難易가 서로 이뤄지고, 장단長短이 서로 형성되고, 고하高下가 서로 드러나고, 음성音聲이 서로 어울리고, 전후前後가 서로 따르는 이유다. 성인은 무위로 천하를 다스리는 무위지사無爲之事로 임하고, 말없는 가르침인 불언지교不言之教를 행한다. 만물이 일어날 때 일을 일으키지 않고, 생산하면서도

소유하지 않고, 베풀고도 보답을 기대치 않고, 공을 이루고도 거기에 안주하지 않는 것은 이 때문이다. 무릇 성인은 현실에 안주하지 않기에 그 공이 시종 떠나지 않다."

어떤 사물이든 그와 대립되는 현상이 늘 있게 마련이고, 사물의 모습은 늘 이로 인해 대립해 존재하는 것처럼 보인다는 것이다. 낮과 밤, 남과 여 등의 모습이 그렇다. 삼국시대 위나라의 왕필이 『도덕경』과 『주역』을 관통하는 이치를 무無에서 찾은 것은 외견상 음양이 대립하는 것처럼 보여도 사실은 음 속에 양이 있고 양 속에 음이 있다는 근본 이치를 깨달은 결과다. 유를 무로 용해시킨 셈이다. 사물을 관찰할 때 정면正面만 보지 말고 반면反面을 읽어야 하는 이유가 여기에 있다. 마오쩌둥은 자신의 주요 저술인 「모순론」에 입각해 인간관계와 세상사를 이같이 풀이했다.

"군자의 사귐은 물처럼 담담하고, 술로 사귄 친구는 믿음직하지 못하다. 세상사는 언제나 두 측면을 갖고 있게 마련이다. 염결廉潔이 있으면 반드시 탐오貪汚가 있고, 탐오가 있으면 염결이 있기 마련이다. 한 손은 염결이고 다른 한 손은 탐오이다. 이게 바로 '대립물의 통일'이라는 것이다. 세상사 역시 모두 대립물의 통일이다."

세상사는 늘 양면성이 있게 마련이라는 취지의 대립물의 통일은 곧 고전에서 역설한 물극필반을 달리 표현한 것이다. 이는 매사에 정면과 더불어 반면을 읽을 줄 알아야 가능하다. 『귀곡자』는 정면보다 반면의 작용에 주목했다. 유세와 책략 이론 가운데 창조적으로 만들어낸 이른바 반복술反覆術이 바로 그것이다. 이를 뒷받침하는 「반응」 편의 해당 대목이다.

상대를 열광케 하라 – 귀곡자처럼

"옛날 성인은 모두 무형의 도를 갖추고 있었던 까닭에 되돌아가 지난 일을 살필 줄 알았고, 되돌아와 다가올 일을 증험해낼 수 있었다. 상대방이 뭔가 말하는 것은 동動이다. 내가 침묵하며 말하지 않는 것은 정靜이다. 언사言辭와 모순되는 점이 있을 때 반문해 구하면 반드시 상대의 반응이 있게 마련이다. 통상 말은 상징, 일은 비유로 나타난다. 상징은 어떤 사물을 비유한 것이고, 비유는 같은 부류의 언사로 맞대어 비교한 것이다. 나를 전혀 드러내지 않는 가운데 상대가 말하는 바의 속셈을 파악해야 한다. 이는 그물을 만들어 짐승을 잡는 이치와 똑같다. 짐승이 자주 출몰하는 길에 그물을 많이 설치해놓고 기회를 엿보다가 때가 왔을 때 포획하는 식이다. 그 대책이 상대방이 사용하는 방법과 관련해 나름 사리에 부합하면 상대는 자신도 모르는 사이 자연스레 그 속셈을 드러내기 마련이다. 이것이 바로 사람의 마음을 낚는 그물인 이른바 조인지망釣人之網이다."

조인지망은 흔히 동정과 허실로 나타나는 물극필반의 이치를 유세와 책략에 도입한 것이다. 사물은 모두 마오쩌둥이 「모순론」에서 역설했듯이 상대적인 존재일 뿐이다. 사물의 반면을 읽을 줄 알아야만 상대의 입장에 서서 유세할 수 있고, 상대를 조정調停할 수 있는 책략을 낼 수 있다. 『귀곡자』가 「반응」에서 반복술을 역설하고, 「내건」에서 이른바 환전인화環轉因化를 강조한 이유가 여기에 있다. 환전인화는 사물이 극한에 달하면 반대로 전화轉化해 원래의 모습으로 변하는 것을 말한다. 물극필반의 취지와 같다.

주어진 상황에 따라 자연스럽게 변화하라

환전인화의 '환전'은 굴렁쇠가 굴러가는 것을 뜻하고, '인화'는 주어진 상황에 따라 자연스럽게 변화하는 임기응변을 의미한다. 『손자병법』 「형세」 편에서 말하는 지천지지知天知地와 취지를 같이한다. 모두 물극필반의 이치에서 나온 것이다. 『귀곡자』는 물극필반을 굴렁쇠가 굴러가는 환전인화로 바꿔 표현했다. 사람을 낚는 조인지망의 '조釣'라는 개념도 이런 관점에서 풀이해야 한다. 유세와 책략은 곧 사람을 낚는 게 근본 목적이고, 이는 물극필반 이치에 입각한 환전인화의 술책을 통해서만 가능하다고 주장한 것이나 다름없다.

『도덕경』은 단지 음양의 상호 전화에 대해서만 언급했을 뿐 음양이 둥근 고리, 즉 원환圓環의 모습을 이루고 있는 점에 대해서는 언급하지 않았다. 이에 대해 『귀곡자』는 음양의 관계를 둥근 고리의 형태로 형상화했다. 『귀곡자』의 자랑이다. 『손자병법』 「군형」 편에도 이와 유사한 대목이 나온다.

"전세戰勢는 기병奇兵과 정병正兵 두 가지에 불과하나 그 변화가 만들어내는 전략전술은 실로 다 헤아릴 수 없다. 기병과 정병이 서로 뒤섞여 만들어내는 변화가 마치 둥근 고리처럼 끝이 없으니 과연 누가 능히 이를 다 헤아릴 수 있겠는가?"

정병은 양, 기병은 음에 해당한다. 기병과 정병을 섞어 쓰는 기정병용奇正竝用은 원환을 달리 표현한 것이기도 하다. 북송 때 성리학의 이론적 기초를 제시한 주돈이도 흑백의 태극 문양이 서로 휘감아 도는 이른바 '음양어도陰陽魚圖'를 그린 바 있는데, 이는 『귀곡자』에서 힌트를 얻은 것이다.

원래 고리는 원의 모습을 하고 있다. 당연히 시작과 끝이 없다. 우주의 순환 원리를 닮았다. 동서남북과 중앙 등의 방향이 있을 턱이 없다. 개개인 각자가 모든 판단과 움직임의 중심이 된다. 유세는 사람을 낚는 조인지망이 목표이다. 막강한 힘을 보유한 군주를 유세 대상으로 삼았을 경우 더욱 신중할 필요가 있다. 자칫 유세에 실패해 역린逆鱗을 범할 경우 목숨을 잃을 수도 있다. 그러나 『귀곡자』가 역설한 전원계의 기본 이치를 터득하면 오히려 통상적인 승진을 뛰어넘는 파격적인 발탁도 가능하다. 말 그대로 '대박'에 해당한다. 전원계의 이치를 정확히 꿰어야 하는 이유다.

인순계
因循計

28

자연의 순환 이치를 따르라

성인은 천지를 임의로 부리는 자이다. 세상의 틈새를 막을 일이 없으면 깊숙이 은둔해 때를 기다리고, 틈새를 막을 일이 생기면 천하를 위해 계책을 세운다. 이런 방법을 구사하면 위로 은밀히 군주와 결속해 보필할 수 있고, 아래로 백성과 약속하며 난국을 수습할 수 있다. 천지자연의 순환 이치를 좇아 변통하는 게 요체이다. 그리하면 천지간의 모든 순환과 변화의 이치를 장악할 수 있다.

聖人者, 天地之使也. 世無可抵, 則深隱而待時. 時有可抵, 則為之謀. 可以上合, 可以檢下. 能因能循, 為天地守神.

_ 「저희」

인순계因循計는 모든 유세 책략의 기본 이념을 천지자연의 순환 이치에 맞추는 것을 의미한다. 이는 『귀곡자』에 나오는 모든 유세와 책략이 『도덕경』의 도치道治 이념에서 흘러나온 데 따른 당연한 귀결이다. 종횡가와 도가가 만나는 지점이 바로 '인순계'에 있다고 해도 과언이 아니다.

『귀곡자』가 역설하는 유세 책략의 기본 이치는 부드러움을 숭상하는 귀유사상貴柔思想에 뿌리를 두고 있다. '귀유'는 노자사상의 핵심인 동시에 종횡가 이론의 요체에 해당한다. 이를 『도덕경』 제8장에서는 다음과 같이 '상선약수上善若水'로 표현해놓았다.

"최상의 선은 물과 같다. 물은 능히 만물을 이롭게 하면서도 공을 다투지 않는다. 중인衆人이 싫어하는 곳에 머무는 이유다."

『귀곡자』가 음모를 통해서만 유세와 책략의 성공을 기할 수 있다고 주장한 것과 취지를 같이한다. 이를 뒷받침하는 「마의」 편의 해당 대목이다.

"성인은 은밀히 일을 도모하는 까닭에 신묘神妙하다는 칭송을 듣고, 밝은 곳에서 그 공을 드러내는 까닭에 명민明敏하다는 칭송을 듣는다. '정사를 다루면 매번 공을 이룬다'라는 것은 곧 성인의 적덕積德을 말한다. 백성들은 혜택을 누리면서도 그 이유를 모른다. '군사를 지휘하면 매번 이긴다'라는 것은 늘 다툼이 일어나지 않게 하면서도 이기고, 재정을 낭비하지 않고도 이기는 것을 말한다. 병사들은 어떻게 해서 적을 제압하고 두렵게 만들었는지 알지 못한다. 천하 사람들이 성인의 정사와 군사 지휘를 두고 입을 모아 신명神明하다고 칭송하는 이유다."

나라를 다스리거나 군사를 지휘할 때 반드시 자신을 철저히 숨기는 음도陰道를 행해야만 공을 이룰 수 있다고 지적한 것이다. 『귀곡자』의 관점에서 볼 때 음도를 지키지 못하면 결코 책략이 될 수 없다. 음도가 곧 유세와 책략의 본질이기 때문이다.

크게 보면 이 또한 노자사상에서 나온 것이다. 『도덕경』은 부드러

움을 숭상하는 귀유만 역설하고 음도에 대해서는 깊이 논하지 않고 있다. 그러나 그 이면을 보면 귀유가 음도를 전제로 한 것임을 쉽게 알 수 있다. 이를 뒷받침하는 『도덕경』 제66장의 해당 대목이다.

"강해江海는 능히 모든 골짜기의 왕이 될 수 있다. 자신을 잘 낮추기 때문에 능히 백곡왕百谷王이 된 것이다. 백성 위에 서고자 하면 반드시 말을 낮춰야 하고, 백성 앞에 나서고자 하면 반드시 몸을 뒤로 물려야 한다."

강과 바다가 모든 골짜기의 왕이 될 수 있는 것은 자신을 잘 낮추기 때문이다. 위정자들도 통치를 잘하고자 하면 반드시 말을 낮추고 뒤로 물러서야 한다고 노자는 충고하고 있다. 그래야만 백성들이 통치자의 존재를 부담스러워하지 않고 통치자를 추대하는 것을 싫증내지 않게 된다. 이는 곧 천하의 제왕이 되고자 하는 자일수록 더욱 더 겸허한 자세를 견지해야 한다는 주장이라고 할 수 있다.

『귀곡자』도 같은 논리 위에 서 있다. 은밀한 방식으로 계모를 구사해야만 공개적으로 명성을 떨칠 수 있다는 「모려」 편의 음도양취陰道陽取 이념이 그것이다. 음도양취의 기본 취지는 『도덕경』 제7장의 다음 대목에 잘 나타나 있다.

"성인은 자신을 뒤로 하여 오히려 앞서고, 자신을 돌보지 않아 오히려 보존된다. 이 어찌 사사로움이 없는 것으로 인한 게 아니겠는가? 그래서 오히려 능히 사적인 일을 이룰 수 있는 것이다."

노자는 성인들이 행하는 사私는 무위지치無爲之治에 입각한 까닭에 오히려 지극한 공公에 해당한다고 본 것이다. 이는 『한비자』에서 군

주는 무사무편無私無偏의 법치를 통해 자신의 사리私利를 최고의 공리公利로 만들 수 있다고 주장한 것과 맥을 같이한다. 종횡가의 이론이 병가 및 법가의 이론과 궤를 같이하는 이유가 여기에 있다.

자신을 낮추어 때를 기다리고 인심을 얻어 난국을 수습하라

저희술을 이용해 새 왕조의 기틀을 확고히 세운 대표적인 인물로 청 태종 홍타이지皇太極의 이복동생 도르곤多爾袞을 들 수 있다. 도르곤은 만주어로 '오소리'라는 뜻이다.

청조의 역사는 명조 말기에 발흥해 '후금'을 건설하면서 세력을 확장시켜 '대청'으로 발전하는 이른바 입관전사入關前史와, 북경 입성에 성공해 중원을 통치하는 입관후사入關後史로 뚜렷이 구분된다. 이 두 시기는 통치 권력의 발동 배경 및 통치제도와 통치 행태 등 여러 면에서 커다란 차이가 있다. 이는 한족이 대다수를 점하고 있는 중원을 지배한 데 따른 불가피한 변화이기도 했다.

입관전사도 누르하치 시대와 홍타이지 시대가 뚜렷이 구별된다. 누르하치는 만주를 중심으로 한 여진족의 나라를 세운 것으로 만족했다. 그러나 홍타이지의 생각은 달랐다. 그는 세계 제국으로의 도약을 꿈꿨다. 이는 중원 점거를 전제로 한 것이었다. 홍타이지의 이런 구상은 만주 8기와 몽골 8기에 이은 한인 8기의 완성이라는 기본 틀로 구체화되었다. 그러나 그는 입관 전에 급사하는 바람에 생전에 이를 완성치 못했다. 이를 완성시킨 인물이 바로 도르곤이었다.

당초 홍타이지는 자신만이 쿠빌라이의 뒤를 이어 만주족과 몽골

족, 한족을 주축으로 한 다민족의 세계 제국을 세울 수 있을 것으로 자신했다. 1636년 3월, 만주·몽골·한족의 대표가 심양에 모여 몽골식 쿠릴타이를 연 뒤 홍타이지를 '황제-칸'으로 선출했다. 당시 혼인을 통한 만몽연합을 형성하고 있던 내몽골의 16부 족장들은 홍타이지에게 칭기즈칸의 천명이 내린 것을 인정해 몽골어로 '복드-세첸-칸'이라는 존호를 바쳤다. '성스럽고 현명하고 인자한 황제'라는 뜻이다. 한자로는 관온인성황제寬溫仁聖皇帝로 번역된다. 원 제국 패망 이후 근 3백 년 만에 다시 '황제-칸'이 등장한 셈이다.

홍타이지는 곧 국호를 후금에서 청淸, 연호를 숭덕崇德으로 바꿨다. 당시 홍타이지는 47세였다. '황제-칸'으로 즉위한 이상 원 제국의 쿠빌라이와 마찬가지로 중원을 제패하지 않으면 안 되었다. 남은 것은 간신히 숨을 쉬며 잔명을 이어가고 있는 명나라를 제압해 천명이 바뀐 사실을 확인하는 일 뿐이었다.

홍타이지가 즉위식을 올릴 당시 축하사절로 온 조선의 나덕헌羅德憲과 이곽李廓 등은 만주·몽골·한족의 왕공대신들이 홍타이지에게 존호를 올릴 때 배례를 거부했다. 정묘호란 때 맺은 맹약은 어디까지나 '형제지맹'일 뿐 결코 '군신지맹'이 아니었다는 게 그 이유였다. 조선은 명을 종주국으로 삼고 있는 삼는 까닭에 불사이군不事二君의 기본 윤리에 어긋난다는 논리를 내세웠다. 당시 홍타이지가 '황제-칸'으로 등극하는 자리에서 배례를 거부한 것은 오직 조선의 사절뿐이었다. 좌우에서 이들을 베려고 하자 홍타이지가 만류했다. 그는 왜 만류한 것일까? 『청사고』 「태종본기」에는 다음과 같이 기록하

고 있다.

"조선의 왕은 원한을 품고 있다. 짐이 사신을 죽임으로써 그 구실을 갖고자 하는 것이다. 그들을 풀어주도록 하라."

홍타이지는 이들을 귀국시키면서 인조를 책망하는 서한을 보냈다. 여기에는 조속한 시일 내에 인질을 보내라는 위압적인 요구가 담겨 있었다. 조선 조정은 이를 묵살한 채 회답을 보내지 않았으며 홍타이지는 '황제-칸'의 위신이 크게 손상된 것으로 판단했다. 조선에서 병자호란이 일어난 이유인데, 청나라 입장에서 볼 때는 중원을 점령하기 전에 후방의 위협을 미리 제거해야만 했던 것이다.

그러나 홍타이지는 북경 입성 직전인 1643년에 병사하고 말았다. 아홉 번째 황자인 푸린福臨이 뒤를 이었다. 그가 바로 순치제順治帝이다. 당시 순치제의 나이는 6세에 불과해 예친왕睿親王 도르곤과 정친왕鄭親王 지르갈랑济尔哈朗이 공동으로 섭정을 했으나 이는 형식에 지나지 않았다. 모든 책임은 도르곤의 몫이었다. 이듬해인 1644년 도르곤이 지휘하는 군대가 마침내 명나라 수도인 북경에 입성했다.

당시 남경에는 패망한 명나라의 망명정권이 자리 잡고 있었다. 명나라 대신들은 남경으로 쫓겨 내려와 있는 상황에서도 청류와 탁류, 동림당東林黨과 엄당閹黨 등으로 나뉘어 당쟁을 일삼았다. 망명정권의 수장으로 옹립된 복왕福王 주유숭朱由崧은 연일 연회를 열었고, 관원들은 엽관을 부추기며 금품을 그러모았다.

이 소식을 접한 북경의 도르곤은 한족의 사대부들에게 숭정제의 유조遺詔를 근거로 남경의 복왕은 가짜 왕에 불과하다는 취지의 포

고문을 널리 살포했다. 숭정제의 죽음으로 명조는 사실상 끝났다는 점을 논리적으로 뒷받침하기 위한 작업이었다. 실제로 숭정제는 이자성의 반란군이 북경으로 입성했을 때 뒷산으로 올라가 목을 매기 전 유조를 남기면서 후계자에 대해서는 단 한마디도 언급하지 않았다. 그러나 아무리 그럴지라도 망한 명나라를 부흥시키겠다는 것까지 이론적으로 제지할 수는 없는 일이었다. 무력을 통해 이를 소탕해야만 했다.

순치 2년인 1645년 5월, 청군이 장강을 건너 남경을 쳤다. 당시 복왕은 한창 연회를 즐기던 중이었는데, 청군이 도강했다는 보고를 받고서야 거나하게 취해 있던 그는 비로소 정신이 번쩍 들어 황급히 말에 올랐다. 남경을 빠져나와 간신히 무호蕪湖까지 달아났으나 이내 그곳에서 붙잡혀 북경에 송치된 뒤 이듬해에 주살되었다.

명조의 패망은 청조에 의한 게 아니었다. 스스로 자멸했다고 보는 게 옳다. 이자성의 반란군이 북경의 자금성으로 진공하자 숭정제가 스스로 목숨을 끊은 사실이 이를 뒷받침한다. 청조의 북경 입성은 무혈로 이뤄진 것이다. 숭정제를 죽음으로 몰아간 것은 어디까지나 청군이 아닌 이자성군이었다.

주목할 것은 『귀곡자』의 관점에서 볼 때 도르곤이 북경으로 입성할 즈음 안팎으로 여러 개의 '틈'이 동시에 존재했던 점이다. 그 틈의 종류와 크기도 매우 다양했다. 도르곤은 이런 여러 틈을 동시에 봉합해 청나라 건국의 기틀을 확고히 다진 셈이다.

당시 국호를 대순大順으로 정한 이자성이 자금성을 차지하고 천

하의 주인 행세를 한 기간은 40일가량이었다. 그러나 아직 명나라에 대한 충성을 다짐하는 지방관들이 남아 있는 데다 오삼계吳三桂가 지휘하는 명나라 정예군단이 산해관山海關에 건재하고 있었다. 대순의 황제 이자성은 각지의 행정관과 군이 보내는 충성 서약을 접수하면서 투항을 적극 권유했다. 산해관을 지키고 있던 오삼계는 중요한 포섭 대상이었다. 당시 오삼계의 부친 오양吳襄은 북경에 있었다. 이자성은 오양을 시켜 아들에게 투항을 권하는 편지를 보내게 했다. 이때 오삼계는 북경과 서신을 주고받는 와중에 북경에 남겨두었던 애첩 진원陳沅이 포로로 잡히고 부친이 얻어맞았다는 얘기를 듣게 되었다. 격분한 그는 항복하려던 애초의 뜻을 번복하고 그때까지 대치하고 있던 청군의 힘을 빌려 이자성을 치기로 결심했다.

한족 지상주의에 입각할 경우 오삼계는 민족의 배신자이다. 그러나 다민족의 세계 제국을 전제로 할 경우 그 평가는 달라질 수밖에 없다. 당시 북경을 간단히 점령한 이자성의 군대는 크게 들떠 있었다. 이는 우금성牛金星 등의 책사들이 자금성에서 다시 위용을 갖춰 새로이 등극의 예식을 거행하는 게 민심 수습에 도움이 될 것이라고 판단한 데 따른 것이었다.

1644년 초, 이자성은 오삼계가 끝내 투항할 뜻을 밝히지 않자 10만의 대군을 이끌고 오삼계 토벌에 나섰다. 『귀곡자』의 관점에서 보면 틈을 더 벌린 셈이다. 이때 그는 포로가 된 숭정제의 태자와 오삼계의 부친 오양, 진원원도 함께 데리고 갔다. 이 소식을 접한 오삼계는 마침내 섭정왕 도르곤에게 원군을 청하는 문서를 보냈다.

"유적流賊이 하늘의 뜻을 거역해 궁궐을 범했습니다. 좀도둑이 오

합지졸로 장차 어찌 일을 성취하겠습니까? 힘을 합쳐 유적을 멸하고 대의를 중국에 보인다면 응당 땅을 찢어 보상할 것입니다.”

당시 승세를 탄 대순의 군사를 제압하려면 청나라 철기鐵騎 군단의 힘을 빌릴 수밖에 없었다. 실제로 이자성이 대군을 이끌고 산해관으로 오고 있을 당시 거용관 총병으로 있다가 이자성에게 투항한 당통唐通은 별동대를 이끌고 오삼계를 협공할 움직임을 보였다. 도르곤은 오삼계의 서신을 받자 곧 대학사 범문정范文程 등과 숙의해 병력의 희생을 최소화하며 대공을 세울 복안을 세웠다. 이자성과 오삼계가 격렬히 싸울 때 마지막에 가서 도와주는 계책이었다. 도르곤은 장차 중원을 빼앗기 위해서는 인심을 얻는 게 중요하다는 사실을 숙지하고 있었다. 그는 출진에 앞서 이런 명을 내렸다.

“국경을 넘어가는 날 귀순하는 자를 살해하지 말라. 치발薙髮 외에 추호도 다치게 해서는 안 된다.”

‘치발’은 머리 둘레를 쳐내 변발辮髮을 만드는 것을 말한다. 청군은 치발을 귀순으로 간주했다. 이해 4월 23일, 오삼계가 산해관의 성문을 활짝 열고 이들을 맞이했다. 도르곤은 오삼계군에게 어깨에 흰 천을 두르고 치발할 것을 요구했다. 장발을 당연시한 당시 상황에서 치발만큼 확실한 투항의 의사표시는 없었다. 오삼계가 이를 순순히 좇았다.

싸움이 시작되자 도르곤은 오삼계에게 관문을 열고 출격해 이자성군의 중군을 격파토록 했다. 오삼계가 출격하자 이자성군은 양쪽 날개를 접으면서 포위태세를 취했다. 이때 갑자기 흙먼지가 일어났

상대를 열광케 하라 – 귀곡자처럼

다. 자욱한 흙먼지가 가라앉을 때쯤 북변에 철기군이 가득 차 있는 걸 본 이자성군은 대경실색했다. 철기군의 출현을 예상치 못한 이자성군은 황급히 서쪽으로 흩어져 달아났고, 오삼계는 보병과 기병 2만 명을 이끌고 이들을 추격했다. 이자성은 영평永平까지 달아난 뒤 사자를 보내 화의를 청했다. 군중에 오삼계의 부친 오양이 있으니 능히 화해할 수 있다고 생각한 것이다. 오삼계가 이를 일축하고 추격을 계속하자 대로한 이자성은 오양을 죽인 뒤 허겁지겁 달아나 북경에 도착하자마자 30여 명에 이르는 오삼계의 일족을 살해했다.

오삼계를 앞세운 청군이 북경을 향해 진격하는 와중에 이자성은 청군에게 대패한 지 채 10일도 되지 않은 이해 4월 29일에 자금성 무영전武英殿에서 즉위식을 치렀다. 이때는 이미 청군이 도성에 거의 육박해 왔을 때였다. 성안에는 수많은 금붙이와 보물이 있었는데 이자성은 이를 녹여 금괴로 만들었다. 즉위식이 치러지고 있는 동안 금괴로 변한 보물들이 수레에 실리는 상황이 연출되었다. 이날 밤 이자성은 불을 질러 궁전과 성루를 태우고 이튿날 새벽에 군대와 백성을 이끌고 서쪽으로 줄행랑을 쳤다.

청군이 입성한 것은 이자성이 도주한 다음날인 5월 1일이었다. 명의 유신들이 성 밖 50리까지 나와 이들을 영접했다. 도르곤은 이틀 전에 이자성이 즉위식을 올린 무영전에서 명조 유신들의 배례를 받았다. 다음날에 그는 자진한 숭정제를 위한 발상發喪을 발표하고 3일간의 복상을 명했다. 의례에 따라 장사지낸 뒤 능묘를 사릉思陵이라고 했다. 명조의 관원에게는 속히 원래의 자리로 복귀할 것을 명했

으며, 한족 관민들을 초무招撫하기 위한 사자가 각지로 급파되었다. 만주족의 정복 왕조와 한족 사이의 '큰 틈'을 봉합하기 위한 전광석화와 같은 조치였다.

당시 북경 입성의 대공을 세운 도르곤은 능히 어린 황제를 폐한 뒤 스스로 보위에 오를 수도 있었다. 그는 왜 즉위하지 않은 것일까? 순치제의 생모인 홍타이지의 부인 장황후莊皇后를 자신의 부인으로 맞이한 점에 주목할 필요가 있다. 일설에 따르면 홍타이지가 죽은 후 순치제의 생모가 도르곤에게 자식의 즉위에 협조해 달라고 접근해 시동생과 재혼했다고 한다. 하지만 원래 몽골족과 만주족은 모두 형이 죽으면 시동생이 형수를 취하는 이른바 형사취수兄死娶嫂의 전통이 있어서 조카는 친자식과 다를 바가 없었다. 게다가 도르곤에게는 자식이 없었다. 순치제의 사실상 부친이 된 데다 친자식이 없는 상황에서 굳이 보위를 차지할 필요가 없었던 셈이다.

도르곤은 섭정왕으로서 순치제의 친정 기반을 확고히 다져놓아야 하는 자신의 소임을 다한 점에서 높이 평가받을 만하다. 청조가 입관할 당시 남명뿐만 아니라 이자성 등의 반란군이 잔존해 있었다. 이자성은 서안을 근거지로 삼고 있었고, 장헌충張獻忠은 사천에서 사실상의 독립국을 만들어 군림하고 있었다. 당시 청군은 자력으로 주조한 대포를 적극 활용했다. 오삼계 등이 이끄는 토벌군이 서안을 협공하자 이자성군은 서안에 불을 지른 뒤 무창武昌으로 도주했다. 청군이 계속 추격하자 이자성은 마침내 순치 2년인 1645년 윤6월에 자진하고 말았다. 지방민들이 가래로 쳐 죽였다는 얘기도 있다.

도르곤은 남명의 잔존 세력이 반란 세력과 합세할 것을 우려해 이

자성군을 소탕한 직후 곧바로 장헌충을 치기 위한 토벌군을 사천성으로 출진시켰다. 장헌충은 부장 유진충劉進忠을 보녕保寧으로 보내 관문을 지키게 했으나 유진충은 대세가 기울어졌다고 판단해 곧바로 투항했다. 장헌충은 순치 3년인 1646년 11월에 토벌되었다. 마침내 명실상부한 천하통일이 완성된 것이다. 모두 도르곤 덕분이었다. 『귀곡자』의 관점에서 보면 천지의 순환 이치를 좇아 틈을 메워나간 인순계의 개가에 해당한다.

적약계
積弱計

29

미약한 데서 시작해 키워라

무릇 강한 것도 원래는 약한 것이 쌓여 이뤄진 것이고, 곧은 것도 원래는 구부
러진 것이 쌓여 이뤄진 것이고, 여유가 있는 것도 원래는 부족한 것이 쌓여 이
뤄진 것이다. 이런 이치를 알아야만 비로소 유세의 도술을 실행할 수 있다.

故爲强者, 積於弱也, 爲直者, 積於曲也, 有餘者, 積於不足也, 此其道術行也.

_「모려」

적약계積弱計는 우리말 속담의 '티끌 모아 태산'의 취지에 부합하
는 계책을 말한다. 꾸준한 노력이 전제돼야 유세 대상의 신뢰를 쌓
을 수 있고, 그런 토대 위에서 효과적인 유세와 책략을 제시할 수 있
다는 취지에서 나온 계책이다. '로마는 하루아침에 이루어지지 않았
다'라는 서양 속담과도 취지를 같이한다. 『귀곡자』의 「내건」 편이 바
로 이런 계책을 집중 거론하고 있는데, 대표적인 계책이 바로 '적약
계'이다.

큰일을 이루려면 가까이 있는 일부터 시작하라

역사상 적약계의 대표적인 사례로 전국시대 말기 연 소왕昭王 때 활약한 곽외郭隗를 들 수 있다. 당시 연나라는 강대국인 제나라와 국경을 맞대고 있었다. 두 나라는 춘추시대의 오월처럼 앙숙이었다. 실제로 서로를 패망 일보 직전까지 몰아가는 공방전을 펼쳤다. 선제공격은 제나라가 가했는데, 이는 연왕 쾌噲가 불러들인 것이나 다름없었다. 재상 자지子之의 감언에 넘어가 전권을 일임한 게 화근이었다. 자지의 폭정과 전횡으로 민심이 이반하자 맹자의 사주에 고무된 제 민왕湣王이 대군을 보내 연나라를 초토화했다. 연나라는 민심이 이반한 탓에 제대로 싸워보지도 못하고 대패하고 말았다. 이 와중에 연왕 쾌가 전사하자 그의 뒤를 이어 보위에 오른 사람이 바로 소왕이다.

당시 연 소왕은 즉위하자마자 곧바로 종묘를 새로 지은 뒤 이같이 고했다.

"반드시 제나라를 쳐서 원수를 갚겠습니다!"

주목할 것은 곧바로 백성들과 고락을 같이하면서 천하의 인재를 널리 구한 점이다. 소왕은 전란 중에 죽은 자를 조문하면서 고아와 과부 등을 위로하고, 몸을 낮춰 많은 폐백을 들고 가 현자를 초청했다. 하루는 현자로 소문난 처사 곽외를 찾아가 자문을 구했다.

"제나라가 우리의 내란을 틈 타 쳐들어와서 우리 연나라를 파괴시켰소. 과인은 우리가 소국이고 힘이 부족해 제나라에 복수할 수 없다는 사실을 잘 알고 있소. 그러나 현사를 얻어 함께 나라를 다스리면서 치욕을 씻고 싶소. 이는 과인의 소원이오. 감히 묻건대 과인이 나라를 들어 복수코자 하면 어찌해야 하오?"

곽외가 대답했다.

"천지자연의 도로 다스리는 제자帝者는 이름만 신하인 뛰어난 스승과 함께 다스리고, 덕으로 다스리는 왕자王者는 이름만 신하인 뛰어난 벗과 함께 다스리고, 힘으로 다스리는 패자霸者는 이름만 신하인 뛰어난 빈객과 함께 다스리고, 나라를 망치는 망자亡者는 이름만 신하인 못난 사내종과 함께 다스립니다. 몸을 굽혀 뛰어난 스승을 섬기면 자신보다 백 배나 뛰어난 사람이 이릅니다. 남보다 먼저 일하고 나중에 쉬며 남보다 먼저 가르침을 받고 나중에도 쉼 없이 가르침을 받고자 하면 자신보다 열 배나 뛰어난 사람이 이릅니다. 남이 하면 쫓아서 하는 수준이면 자신과 같은 수준의 사람이 이르고, 무사안일하게 곁눈질과 손가락으로 사람을 부리면 잡역부 수준의 소인배만 이르게 됩니다. 함부로 눈을 부릅뜨고 포악한 행동을 하며 큰소리로 꾸짖으면 사내종 수준의 천민만 이르게 됩니다. 이것이 예로부터 정도를 행하여 현사를 불러들이는 방법입니다. 만일 대왕이 널리 현사를 구할 생각으로 현사를 예방하면 그 소문만으로도 천하의 현사가 다투어 모여들 것입니다."

소왕이 크게 기뻐하며 물었다.

"그렇다면 과인은 과연 어떤 현사를 예방하는 것이 좋겠소?"

곽외가 대답했다.

"신이 듣건대 옛날 어떤 군주가 천리마를 구하고자 했으나 삼 년이 넘도록 이를 얻지 못했다고 합니다. 그러자 한 측근이 자청하고 나서서 군주가 이를 허락했습니다. 그 측근이 석 달이 걸려 과연 천리마의 소재를 알아내고 마침내 그곳에 도착해보니 불행히도 천리

마는 이미 죽어 있었습니다. 이에 할 수 없이 천리마의 머리를 5백 금으로 사 가지고 돌아온 뒤 이를 군주에게 보고했습니다. 군주가 대로하여 호통치기를, '내가 구하는 것은 살아 있는 천리마다. 어찌하여 죽은 말에 5백 금이나 들인 것인가?'라고 했습니다. 측근이 대답키를, '죽은 말도 5백 금으로 사는데 하물며 살아 있는 말이야 더 말할 것이 있겠습니까? 천하인은 모두 군주가 말을 제대로 사들일 줄 안다고 생각할 것입니다. 조만간 천리마가 이를 것입니다'라고 했습니다. 그러자 과연 일 년도 채 안 돼 천리마가 세 필이나 이르렀습니다. 지금 대왕이 현사를 불러들이고자 하면 우선 저로부터 시작하십시오. 신과 같은 자도 대왕에 의해 발탁된다면 신보다 뛰어난 사람이야 더 말할 것이 있겠습니까?"

연 소왕이 거듭 사례하며 궁실을 고쳐 곽외를 머물게 한 뒤 스승으로 섬겼다. 소왕은 도성 주변을 흐르는 역수易水 가에다 높은 대를 세우고 그 위에 많은 황금을 쌓아두었다. 천하의 어진 인물을 구하기 위해 황금을 아끼지 않겠다는 취지를 널리 선포한 것이다. 사람들은 이를 '황금대黃金臺'라고 불렀는데, 지금의 하북성 유주幽州 연왕고성燕王故城에 있다. 현지 사람들은 '현사대賢士臺' 또는 '초현대招賢臺'로 부르고 있다. 연 소왕이 1천 금을 들여 천하의 현사를 불러들인 데서 나온 말이다.

당시 당대 최고의 인물들이 연 소왕을 찾아왔다. 제나라에서 음양가의 효시로 알려진 추연鄒衍, 조나라에서 명신 극신劇辛, 위나라에서 명장 악의樂毅 등이 찾아왔다. 『전국종횡가서』에 따르면 합종론으로

유명한 소진도 이때 연 소왕을 찾아왔다. 모두 곽외의 건의를 좇은 데 따른 것이다. 당시 곽외의 유세가 성공할 수 있었던 비결은 「내건」편의 다음 가르침을 좇은 결과로 볼 수 있다.

"유세하는 자는 반드시 먼저 시세時勢를 깊이 헤아린 뒤 은밀히 군주의 의중을 헤아리는 데 힘써야 한다. 계책을 건의코자 하는 자 또한 반드시 먼저 군주의 의중을 좇아 건의해야 한다. 스스로 은밀히 시행할 수 있는지 여부를 따져본 뒤 군주 앞에서 사안의 득실을 공개적으로 설명한다. 군주의 의중에 영합해 신임을 얻는 비결이다. 이때 건의한 계책은 반드시 적절한 때인 시기時機와 맞아떨어져야 하고, 군주의 의중에도 부합해야 한다. 이는 반드시 먼저 상세하고 주밀한 계책을 세워두었다가 군주가 요구할 때 곧바로 응하는 방식을 취해야 한다. 이같이 하면 어떤 경우든 합당하지 않은 경우가 없다."

곽외는 연 소왕이 천하의 인재를 두루 끌어들여 제나라에 설욕하고자 하는 것을 통찰하고 있었다. 문제는 방법이었다. 자신과 같은 '중급'의 인재를 우대하면 '상급'의 인재가 구름같이 몰려들 것이라는 주장은 시의에 부합하는 묘책이었다. 이 또한 「내건」편의 다음 구절과 일치한다.

"군주에게 유세할 때는『시경』과『서경』등의 경전 인용구절 속에 자신의 의중을 끼워넣어야 한다. 이때 인용구절을 늘이거나 줄이는 식으로 시국을 논하면서 군주의 반응을 보아 떠날 것인지 아니면 남아서 보필할 것인지 여부를 결정한다. 군주 곁에 남아 보필코자 하면 군주의 마음에 부합하는 식으로 신임을 얻고, 떠나고자 하면 군주의 마음에 영합할 필요가 없다. 그러나 어느 경우든 모두 반드시

군주의 의중과 부합하는 유세의 기본 이치 위에 서 있어야 한다."

소진이 연 소왕의 밀명을 받고 제나라로 들어가 제나라의 국력을 피폐케 만드는 계책을 구사하고, 악의가 연합군을 이끌고 가 제나라를 패망 일보 직전까지 몰아간 배경이 바로 여기에 있다. 곽외는 계책 하나로 승승장구하는 제나라의 기세를 일거에 꺾어놓은 셈이다. 이게 제나라뿐만 아니라 열국 모두의 앞날을 포함해 천하대세 자체를 일변하도록 만들었다.

곽외의 고사에서 나온 성어가 매사마골買死馬骨과 선종외시先從隗始이다. 매사마골은 죽은 말뼈를 돈 주고 산다는 뜻이다. 귀중한 것을 손에 넣기 위해 먼저 하찮은 데부터 투자하는 지혜를 뜻한다. 선종외시는 자기 자신을 추천하거나 스스로 일을 맡겠다고 나설 때 사용한다. 큰 뜻을 이루려면 우선 가까운 일부터 시작하라는 취지를 담고 있다. 적약계의 기본 취지를 극명하게 보여주는 성어이다.

인내심을 갖고 때를 기다려라

이 밖에 춘추시대 말기 월왕 구천이 오왕 부차의 종노릇을 하다가 풀려난 뒤에 보여준 일련의 와신상담臥薪嘗膽 행보 역시 적약계의 대표적인 사례로 꼽을 수 있다. 기원전 490년, 범리는 월왕 구천과 함께 월나라로 돌아왔다. 구천은 귀국한 뒤 오나라에서 겪은 수모를 한시도 잊지 않았다. 자리 옆에 쓸개를 매달아 놓은 뒤 앉으나 누우나 이를 쳐다보고 음식을 먹을 때도 이를 핥았다. 늘 "너는 회계산의 치욕을 잊었는가"라고 자문자답하며 스스로를 채찍질했다.

당시 월왕 구천과 함께 오나라에서 귀국한 범리는 부국강병 계책을 마련하는 데 혼신의 노력을 기울였다. 논밭을 개간하는 백성들에게 세금과 부역을 감면해주고 길쌈을 장려하는 등 먼저 백성을 부유하게 만드는 데 만전을 기했다. 인구를 늘리는 데에도 세심한 주의를 기울였다. 17세가 된 여자는 반드시 시집을 보내고 남자는 20세가 되면 혼인을 시켰다. 이를 어기는 부모에게는 엄한 벌을 내렸다. 부부가 아들을 낳으면 술 두 동이와 개 한 마리를 상으로 내렸고, 딸을 낳으면 술 한동이와 돼지 한 마리를 주었다. 둘째와 셋째를 계속해서 낳으면 더 많은 포상을 했다. 월나라의 인구가 급격히 늘어난 배경이다.

외교에도 신경을 썼다. 제나라와 동맹을 맺고, 초나라와 가까이 지내며, 중원의 진나라는 상국으로 모시고, 오나라는 시종 충성스런 모습을 보여 방심하도록 만들었다. 장기적인 안목의 심모원려가 돋보이는 대목이며, 오나라와 정면승부를 겨루는 것이 국가의 존망과 직결돼 있다는 사실을 통찰한 결과다.「월어」편에 따르면 당시 범리는 부국강병의 방략을 묻는 구천의 질문에 이같이 대답했다.

"먼저 지도地道를 따라야 합니다. 그래야 만물이 때를 잃지 않게 됩니다. 대지는 만물을 육성하고, 이로써 인간의 삶을 가능케 합니다. 남자는 경작하고 여자는 직물을 짜도록 장려해 창고를 채워야 합니다. 그러면 백성이 부유해질 것입니다. 이어서 인도人道를 행해 천하의 인재를 고루 기용하고, 천도天道를 좇아 때가 오기를 기다려야 합니다. 오나라에도 장차 틈이 생길 것입니다. 만일 오나라의 인사에 빈틈이 없고, 천시 또한 아직 순환할 조짐을 보이지 않으면 우

리는 백성들을 다독이며 천시와 인사가 맞아떨어지는 때가 오기를
기다려야만 합니다."

구천이 오나라에서 귀국한 지 4년이 되던 해인 기원전 486년, 구
천이 오나라에 복수전을 펴려고 하자 범리가 만류했다.

"아직 안 됩니다. 제가 듣건대 '천시가 오지 않아 하늘이 돕지 않
을 때에는 인내심을 갖고 때가 오기를 기다려야 한다'라고 했습니
다. 나아가 천시를 얻었는데도 이를 적극 활용해 일을 성사시키지
않으면 오히려 재앙을 입게 됩니다. 하늘은 주었다가 빼앗기도 하고,
주기도 하고 주지 않기도 합니다. 결코 속히 오나라를 도모하려고
서둘러서는 안 됩니다."

일 년이 지난 후 다시 물었으나 또다시 반대했다.

"오나라에 재난이 일어난 게 사실이나 아직 하늘의 감응이 드러나
지 않고 있습니다."

다시 일 년이 지나자 구천이 물었다.

"지금 오나라의 대신 오자서가 여러 번 간했는데도 오왕은 오히려
화를 내며 그를 죽여버렸소. 가히 오나라를 정벌할 때가 온 것이 아
니겠소?"

"비록 조짐이 일부 드러나기는 했으나 아직 명백한 징조가 드러난
것은 아닙니다. 조급하게 서두르면 오히려 해를 입을 수 있습니다.
잠시 인내심을 갖고 때가 오기를 기다리십시오."

또다시 일 년이 지났다.

"나는 매번 그대와 함께 오나라 정벌에 관해 논의했소. 그대는 그

때마다 아직 때가 오지 않았다고 했소. 지금 오나라는 크게 흉년이 들어 곡식의 종자조차 남아나지 않았소. 이제야말로 오나라를 칠 시기가 도래한 게 아니겠소?"

범리가 말했다.

"하늘의 감응이 나타난 게 사실입니다. 그러나 재난이 아직 극에 달하지 않았습니다. 대왕은 조금 더 인내심을 갖고 기다리십시오."

구천이 마침내 화를 냈다.

"지난번에 그대는 천시가 아직 오지 않았다고 말했소. 지금 하늘의 감응이 이뤄졌다고 하면서 또다시 재난이 극에 달하지 않았다고 말하는 것은 무슨 뜻이오?"

범리가 대답했다.

"하늘과 사람과 땅의 징조가 모두 드러난 뒤에야 비로소 성공을 기대할 수 있습니다. 지금 오나라는 거듭 흉년을 만나 민심이 크게 흔들리고 있습니다만 문제는 오나라의 군신 상하가 이런 사실을 익히 알고 있는 데 있습니다. 지금 싸우면 저들은 죽기를 각오하고 대적할 것입니다. 의도적으로 우리의 허점을 보여 저들을 방심토록 만들어야 합니다. 민력이 고갈돼 오나라 백성들의 원성이 하늘을 찌를 때 비로소 징벌을 가할 수 있을 것입니다."

이해 여름 월왕이 다시 범리에게 물었다.

"속담에 이르기를, '허기졌을 때 진수성찬을 기다리는 것은 물에 만 밥 한 그릇을 먹는 것에 미치지 못한다'라고 했소. 올해도 거진 다 지나가고 있소. 그대는 지금 무슨 생각을 하고 있는 것이오?"

범리가 마침내 이같이 대답했다.

"설령 군왕이 말하지 않았을지라도 출병을 청할 생각이었습니다. 제가 듣건대 '시기를 잘 포착하는 사람은 마치 도망자를 추적하는 것처럼 신속히 행동한다'라고 했습니다. 급히 뒤를 쫓아도 쫓아가지 못할까 걱정인데 어찌 조금이라도 지체할 수 있겠습니까?"

구천이 크게 기뻐하며 곧바로 총동원령을 내렸다. 기원전 482년 6월 12일, 구천은 부차가 황지 회맹을 성사시키기 위해 오나라의 정예군을 이끌고 출정한 틈을 노려 마침내 군사를 두 길로 나눠 진군했다. 이해 6월 23일, 월나라 군사가 오나라 도성에 입성했다. 『오월춘추』는 이때 월나라 군사들이 지금의 강소성 소주시 서남쪽 고소산에 세워진 거대한 규모의 고소대姑蘇臺를 불태웠다고 기록해놓았다.

오나라 사자가 급히 오왕 부차에게 달려가 이 사실을 전했다. 회맹을 코앞에 둔 부차는 중원의 제후들이 이 소식을 들을까 크게 두려워한 나머지 급보를 전한 사자 일곱 명의 목을 베어버렸다. 이해 7월 7일, 황지黃池의 회맹이 거행됐다. 부차가 진나라에 앞서서 삽혈歃血함으로써 형식상 천하의 패자가 되었다. 부차는 비록 회맹을 강행해 중원의 패자가 되었지만 오나라의 중요한 지역들이 이미 월나라에게 넘어갔다는 급보에 놀라 황급히 회군했다. 하지만 근거지를 잃은 오왕 부차의 주력군은 식량과 무기, 전쟁 물자가 턱없이 부족하여 제대로 전투를 치를 수 없었다. 구천도 단숨에 오나라를 무너뜨릴 수 없다는 판단 아래 오나라와 강화하고 곧바로 철군했다.

이로부터 3년 뒤 오나라는 멸망하고 말았다. 명실상부한 천하의 패자로 군림하기 위해 힘을 엉뚱한 데 소진한 후과였다. 만일 이때

라도 정신을 차려 월나라의 재침을 철저히 대비했다면 승패를 점치기가 쉽지 않았다. 그러나 부차는 허를 찔린 뒤에도 월나라를 얕보는 어리석은 짓을 계속했다. 패배를 자초했다고 평할 수밖에 없다. 실제로 부차는 구천의 포로가 된 뒤 스스로 목숨을 끊는 비참한 최후를 맞이하고 말았다. 부차의 참혹한 패배는 구천이 구사한 와신상담의 적약계가 적중했음을 방증하는 대표적인 사례에 해당한다.

30

상벌을 공정히 실시하라

상사賞賜를 행할 때는 믿음을 귀하게 여기고, 행형行刑을 할 때는 공정을 귀하
게 여긴다. '상사를 행할 때는 믿음을 귀하게 여긴다'라고 한 것은 반드시 사
람들로 하여금 자신의 눈과 귀로 직접 보고 듣도록 해야 한다는 뜻이다. 자신
의 눈과 귀로 직접 보고 듣지 못한 자들 또한 신상필벌에 대한 확신이 있는 까
닭에 은연중 감화되지 않는 자가 없게 된다. 신상필벌의 원칙이 천하 사람들의
믿음을 얻어 천지신명과 통하는 상황에서 하물며 간교한 수법으로 군주의 상
사를 구하겠는가?

用賞貴信, 用刑貴正. 賞賜貴信, 必驗而目之所聞見. 其所不聞見者, 莫不闇化矣. 誠暢於
天下神明, 而況姦者干君.

_「부언」

신필계信必計는 신상필벌信賞必罰의 원칙을 관철하는 계책을 뜻한다.
이는 종횡가가 법가 및 병가와 공통적으로 만나는 지점이기도 하다.
신필계를 구사해 천하를 호령한 대표적인 인물로 삼국시대의 조조

를 들 수 있다.

조조의 뛰어난 병법가로서의 면모는 크게 이론과 실제의 두 측면
으로 나눠볼 수 있다. 이론적 측면은 『손자병법』을 새롭게 편제하면
서 뛰어난 주석을 단 점을 들 수 있다. 그렇다면 실제 측면에서 그가
보여준 뛰어난 병법가로서의 면모는 어떤 것일까? 크게 전략적인 면
과 전술적인 면으로 구분할 수 있는데, 먼저 전략적인 측면부터 살
펴보자.

상이나 벌을 내릴 때는 공정하고 엄격하라

조조가 수많은 참전 경험을 통해 얻어낸 최고의 전략은 크게 두 가
지로 요약된다. 장수보다 모신謀臣을 중시하고, 신상필벌의 원칙을
철저히 지킨 게 그것이다. 먼저 모신을 중시한 사례이다.

건안 8년인 203년, 조조는 표문을 올려 순욱을 삼공으로 천거한
바 있다. 당시 조조는 이 표문에서 기이한 계책과 은밀한 계모를 뜻
하는 기책밀모奇策密謀의 효용을 이같이 강조했다.

"전략을 짜는 것이 전공의 으뜸이고 계책을 내는 것이 포상의 기
본이 되니, 야전에서 얻는 공은 묘당廟堂을 넘을 수 없고 전공이 아
무리 많을지라도 나라를 세운 공보다 더할 수는 없는 일입니다."

'묘당'은 조정이나 장막 안에서 세운 전략을 뜻한다. 이 표문은 순
욱이 참모로서의 역할을 충실히 수행해 무수한 전공을 세웠음을 밝
히기 위해 작성한 것이다. 당시 순욱은 자신이 공을 세운 게 없다는
이유로 이를 끝내 사양하며 받아들이지 않았다. 그러자 조조가 순욱

상대를 열광케 하라 – 귀곡자처럼

을 설득하기 위해 다음과 같은 내용의 서신을 보냈다.

"그대와 함께 일을 하면서 조정을 바로 세우게 되었으니, 그대는 조정을 보필하고, 인재를 천거하고, 계책을 세우고, 은밀히 대책을 논의하는 데 큰 도움을 주었소. 무릇 전공이란 반드시 야전에서만 얻는 것은 아니니 원컨대 그대는 이를 사양치 마시오!"

그러나 조조는 하북 일대를 평정한 후 날로 권력이 강화되면서 모신들의 건의를 수렴하는 일이 줄게 되었다. 모신들이 조조의 위세를 두려워한 나머지 헌책을 소극적으로 하게 된 데 따른 것이었다.

그 결과 적잖은 실책이 빚어졌다. 그럼에도 조조는 자신의 언행이 문제를 복잡하게 만들었다는 사실을 재빨리 깨닫지 못하고 자신감에 넘친 나머지 쉽사리 적들을 제압할 수 있을 것으로 낙관했다. 그 결과는 소모적인 공격으로 인한 병력의 손실이었다. 만일 누군가가 조조에게 이를 알려주기만 했어도 조조는 다른 방도를 강구해 이내 소기의 성과를 거둘 수 있었을 것이다. 그런데도 모신들은 조조의 위세를 두려워한 나머지 입을 다물었다. 문제의 심각성을 깨달은 조조는 건안 11년인 206년에 다음과 같은 '구언령求言令'을 발표했다.

"무릇 세상을 다스리고 백성을 통솔하면서 군신들의 보필을 받고자 할 때 가장 경계해야 할 것은 사람이 앞에서만 복종토록 만드는 것이다. 『시경』에 이르기를, '나의 계책을 받아들여 시행하면 거의 후회를 하지 않으리라'라고 했다. 이는 사실 군신이 모두 간절히 바라는 바이기도 하다. 나는 중임을 맡아 매번 중정中正을 잃을까 두려워했다. 진언을 바라고 있지만 여러 해가 이미 지났는데도 아직 좋은 계책을 듣지 못했다. 이 어찌 계책을 듣기 위해 내가 채근하지 않

은 탓이 아니겠는가? 이후 모든 연속掾屬과 치중治中, 별가別駕 등은 매월 초에 각자 모든 사안의 득실에 관해 거리낌 없이 말하도록 하라. 내가 장차 이를 모두 살펴볼 것이다."

그러고는 곧 전담 관원을 두고 때에 맞춰 통일된 서식의 서류와 봉투를 각 관아에 보내도록 조치했다. 각 관아에 속한 관원들에게 강제적으로 보고서를 제출토록 한 셈이다. 모든 보고서가 다 뛰어날 수는 없는 일이다. 그 가운데서 건설적인 논의가 들어 있는 것을 채택하면 된다. 이후 조조가 다시 뛰어난 계책을 구사케 된 배경이다.

그러나 조조는 때에 따라 지나친 자신감으로 인해 신하들의 진언을 무시하고 자신의 생각을 밀어붙이기도 했다. 그 경우 대개는 실패로 이어졌다. 모신의 중요성을 더욱 절감케 된 배경이다. 『삼국지』「가규전」의 배송지 주에 인용된 『위략魏略』에 따르면, 조조는 건안 19년인 214년에 폭우를 무릅쓰고 동오 정벌에 나서고자 했다. 가규賈逵가 극구 반대하자 조조는 화가 난 나머지 그를 옥에 가두었다. 그러나 결국 가규의 예언대로 아무런 성과도 거두지 못하고 돌아오게 되자 곧 그를 원래의 자리로 복직시켰다. 이때 스스로 반성하는 내용의 교서를 내린 게 바로 「원가규교原賈逵教」이다. 비록 자신감에 넘쳐 간언을 한 자들을 감옥에 가두기는 했으나 곧 자신의 실수를 깨닫고 충간을 한 자들을 모두 사면한 것이다. 원소가 자신의 실수를 감추기 위해 충간을 한 책사 전풍을 죽음으로 몰아간 것과 대비되는 대목이다.

조조는 모신들이 헌책을 게을리 하거나 소극적으로 임할 경우 결

코 대업을 이룰 수 없다는 사실을 통찰하고 있었다. 건안 12년인 207년 2월에 관승管承을 격파하고 업성으로 돌아온 뒤 논공행상을 할 때 내린 '봉공신령封功臣令'이 그 증거다. 골자는 이렇다.

"내가 의병을 일으켜 폭란暴亂을 토벌한 지 19년이 되었다. 정벌에 나서서 반드시 이기게 된 것이 어찌 나의 공이겠는가. 이는 모두 현명한 사대부들의 공이다. 천하가 비록 아직 모두 평정되지 않았으나 나는 응당 이들 현사대부들과 함께 천하를 평정할 것이다. 그러니 이들의 노고를 치하하지 않고서야 내가 어찌 마음이 편할 수 있겠는가? 이에 서둘러 논공행상하여 작위를 내리는 것이다."

『손자병법』이 승리를 거뒀을 때는 신속히 논공행상을 시행하라고 주문한 것을 충실히 좇은 셈이다. 원래 조조는 동탁 타도를 위해 거병한 이래 군웅 토벌에 나섰던 모신과 장수들에게 승리를 거둘 때마다 곧바로 대대적인 포상을 행했다. 포상의 내용도 파격적이어서 그들이 원하는 것을 모두 들어주었다. 봉공신령을 행할 당시 20여 명의 모신과 장수들이 열후에 봉해지고, 나머지 사람들도 세운 공에 따라 차등 있게 포상을 받은 사실이 이를 뒷받침한다. 포상할 때는 후하게 상을 내리라는 『손자병법』의 가르침 또한 그대로 좇았던 것이다.

여기서 주목할 것은 조조가 모신을 현명한 사대부로 지칭하며 순욱과 순유의 공을 가장 높이 평가한 점이다. 조조는 이들의 공을 가장 높이 산 이유를 정성을 다해 은밀히 계책을 짜내는 이른바 정충밀모正忠密謀에서 찾았다. 군영의 장막 내에서 이뤄지는 계책인 유악지계帷幄之計를 무력을 동원해 성을 함락시키는 함성지공陷城之功보

다 훨씬 높게 평가한 결과다.

그가 모신을 얼마나 중시했는지는 곽가의 죽음에 대한 사무친 애도에서 선명히 드러난다. 조조는 북쪽의 오환을 정벌할 때 비록 군사적으로는 대승을 거두었지만 회군할 때 크게 상심해 있었다. 곽가가 귀환 도중 병사했기 때문이다. 조조는 곽가를 지극히 총애했다. 조조 주변에는 곽가 외에도 뛰어난 책사들이 많았지만 곽가는 단연 군계일학과 같은 존재였다. 조조가 자신을 찾아온 곽가와 얘기를 나눈 뒤 크게 기뻐하며 곧바로 헌제에게 사공군좨주司空軍祭酒로 천거한 사실이 이를 뒷받침한다. 사공군좨주는 조조가 사공의 자리를 맡으면서 기존의 군좨주軍祭酒를 토대로 새로 설치한 직책인데, 수석 참모에 해당한다. 순욱이나 정욱과 같은 당대 최고의 인물들을 제치고 곧바로 책사의 우두머리인 사공군좨주에 임명됐다는 것은 조조가 곽가를 얼마나 높이 평가했는지를 잘 보여준다.

곽가는 청류 출신 순욱과는 정반대로 인의를 전혀 들먹이지 않았다. 난세에는 인의에 기초한 왕도보다 실력에 기초한 패도를 앞세워야 한다는 사실을 통찰하고 있었던 것이다. 그 점에서 그는 조조와 완전히 일치하고 있었다. 조조가 일생을 통해 가장 총애한 인물을 꼽으라면 단연 곽가를 들 수 있는 이유다. 곽가는 깊은 통찰력이 있었고 계책을 세우는 데 탁월했다. 그는 매번 결정적인 시기마다 조조의 의심을 풀어주고 결단에 필요한 근거와 배경 등을 설명해줌으로써 조조가 결의를 다지는 데서 결정적인 역할을 수행했던 것이다. 곽가가 병사했을 때의 나이는 38세였다.

상대를 열광케 하라 – 귀곡자처럼

조조가 실전에서 보여준 전략 차원의 뛰어난 병법가 면모는 신상필벌의 원칙을 철저히 지킨 데서 찾을 수 있다. 신상필벌은 상벌을 엄하게 실시하는 것을 말한다. 이는 법가와 병가가 동시에 중시하는 원칙이기도 하다. 여기서의 신信은 필必과 마찬가지로 '반드시'의 뜻을 지닌 부사어이다. 당시 조조는 신상필벌을 역설한 『손자병법』의 주문을 그대로 좇았다. 『자치통감』에 나오는 사마광의 평이 이를 뒷받침한다.

"조조는 공이 있는 자에게는 반드시 상을 주었고 천금을 아끼지 않았다. 그러나 공도 없이 상을 받으려는 자에게는 한 오라기의 털조차 나눠주지 않았다. 법을 집행하는 것이 엄하고 긴박해 범법자는 반드시 주살되었으니 비록 범법자를 보고 눈물을 흘리며 애석해 할지라도 끝내 사면치 않았다."

삼국시대 당시 조조만큼 상과 벌을 엄정히 집행한 인물을 찾기 힘들다. 이로 인해 많은 비난을 받기도 했다. 그러나 난세에 천하통일을 이루기 위해서는 파격적인 포상도 그렇지만 단호한 처벌 역시 불가피하다는 점을 인정해야 한다. 대표적인 예로 건안 8년인 203년에 발포한 포고령을 들 수 있다.

당시 그는 사마양저가 지었다는 『사마법』에 따라 퇴각한 장군을 사형에 처하고 도주한 병사의 가족에 대해 연좌제를 시행할 뜻을 밝혔다. 이는 이전의 군율보다 훨씬 엄한 것이었다. 우금이 관우에게 투항한 뒤에는 이런 엄명을 내리기도 했다.

"포위된 뒤에 항복한 자는 결코 용서치 않을 것이다!"

조조가 서주의 도겸을 토벌할 때 수만 명을 도륙하고 관도대전 때

거짓 투항한 원소군을 몰살한 것도 이와 무관치 않다. 그가 시행한 준엄한 군율은 건안 16년인 211년에 천하가 평정되었다는 이유로 폐지될 때까지 무려 19년간에 걸쳐 예외 없이 집행되었다. 조조의 휘하에 수많은 장수가 모여든 것도 신상필벌의 원칙을 철저히 구사했기 때문으로 볼 수 있다. 이상이 조조가 구사한 전략의 대체적인 내용이다.

임기응변으로 무정형의 계책을 창조하라

그렇다면 조조가 실전에서 보여준 전술 차원의 뛰어난 병법가다운 면모로는 어떤 것이 있을까? 이는 한마디로 요약할 수 있다. 바로 '임기응변'이다. 당시 조조가 임기응변을 얼마나 중시했는지는 『자치통감』 「황초 원년」 조에 나오는 사마광의 다음과 같은 평가를 보면 알 수 있다.

"조조는 적과 대진하여 싸울 때 태연자약하여 마치 싸우지 않는 듯했다. 그러나 결정적인 기회에 결단하여 승세에 올라타는 결기승승決機乘勝의 시기에는 마치 기세가 용솟음쳐 돌을 뚫는 듯했다."

'결기승승'은 조조가 구사한 임기응변의 핵심을 한마디로 표현한 것이다. 조조가 초기에 적은 병력으로 우세한 병력을 지닌 군웅들을 차례로 격파할 수 있었던 것은 바로 그가 임기응변에 능했기 때문이다. 임기응변에 능하기 위해서는 우선 적과 아군의 전력은 물론이고 그 장단점을 소상히 파악해야만 한다. 그래야만 구체적인 전술을 창조적으로 만들어낼 수 있다.

상대를 열광케 하라 – 귀곡자처럼

그러나 아무리 임기응변을 할지라도 구체적인 접전 상황에서는 승부를 예측키 어렵다. 특히 중과부적의 상황에서는 더욱 그렇다. 『손자병법』「시계」편에서는 적을 속이는 속임수, 즉 궤도詭道에서 해답을 찾고 있다. 전술은 필승을 거두기 위한 계책이다. 한 치의 착오가 있어서는 안 된다. 전장에서 평생을 살다시피 한 조조는 궤도의 달인이었다. 그는 매번 싸울 때마다 늘 궤도를 구사해 객관적인 열세에도 불구하고 끝내 승리를 얻어냈다. 그렇다면 조조가 구사한 궤도는 구체적으로 어떤 것일까? 그는 궤도를 이같이 풀이했다.

"병법의 요체는 일정하게 정해진 모습이 없는 병무상형兵無常形에 있다. 상황에 따라 적을 속여 이기는 궤사詭詐만이 유일한 길이다."

궤도를 임기응변으로 구사하는 '무정형의 속임수'로 해석한 것이다. 많은 사람들이 조조가 말한 궤사를 간계奸計 또는 휼계譎計로 이해하고 있으나 이는 잘못이다. 조조가 말한 궤사는 임기응변으로 구사되는 무정형의 모든 계책을 뜻하는 것이다. 임기응변으로 구사되는 무정형의 모든 계책은 적의 입장에서 볼 때 궤사로 보이는 것일 뿐 실상 아군 측에서 파악할 때는 필승지계必勝之計에 해당한다.

삼국시대에 조조가 구사한 '무정형의 궤도'는 매우 다양하게 표출되었다. 짐짓 아군의 미약한 모습을 보임으로써 적장의 교만을 부추겨 방심케 만드는 약병계弱兵計, 무력시위로 적을 지레 겁먹게 만드는 요병계耀兵計, 허수아비 등을 이용한 거짓 용병으로 아군에 대한 판단을 흐리게 하여 적을 착각하게 만드는 의병계疑兵計, 기습적인 용병으로 적이 예상치 못한 시점을 노려 허점을 찌르고 들어가는 기병계奇兵計 등이 그것이다.

사실 이런 궤사는 조조만이 구사한 것도 아니고 구체적인 전투 상황에서는 늘 전개되는 것이었다. 접전을 하는 양측 당사자 모두 적이 궤사를 구사할 것이라는 걸 이미 잘 알고 있었고, 자신들 역시 이런 궤사를 무시로 구사했다. 조조는 다만 다른 사람들과 달리 임기응변을 통한 무정형의 궤사를 구사했을 뿐이다.

적이 궤사를 구사할 것이라는 걸 미리 예측하고 있었음에도 적의 궤사에 넘어가는 것은 몇 가지 이유에 기인한다. 지나친 자신감으로 인해 적을 얕보았거나, 주변 경계를 게을리 했거나, 유리한 형세를 제대로 활용치 못했거나, 상황을 적확히 파악하지 못했거나, 돌발적인 상황 변화에 제대로 대응치 못한 경우 등이다.

조조가 실전에서 보여준 전략 및 전술 차원의 다양한 계책은 그가 당대 최고의 병법가였음을 방증하고도 남는다. 21세기 현재에 이르기까지 조조와 어깨를 나란히 할 수 있는 인물은 『손자병법』을 창조적으로 해석해 현대 게릴라전의 금언인 이른바 '18자결十八字訣'을 만들어낸 마오쩌둥 정도밖에 없다. 실제로 이론과 실제를 겸비한 역대 제왕은 조조와 마오쩌둥을 제외하고는 『이위공문대李衛公問對』의 주인공인 당 태종 정도이다.

마오쩌둥이 막강한 무력을 자랑하던 장제스을 몰아내는 과정에서 펴낸 모든 전략 전술 관련 논저는 『손자병법』을 토대로 한 것이다. 내용 자체가 조조의 주석에 버금갈 정도로 뛰어나다. 이론과 실제를 겸비했기 때문이다. 큰 틀에서 보면 마오쩌둥 역시 조조처럼 『손자병법』에 주석을 가한 셈이다. 그가 수천 년 동안 '난세의 간웅'으로

매도당한 조조의 명예를 회복시키기 위해 발 벗고 나선 것도 이런 맥락에서 이해할 수 있다. 역대 제왕 가운데 조조를 적극 옹호하고 나선 사람은 마오쩌둥이 유일무이하다. 그의 삶이 조조와 닮은 것도 결코 우연으로 볼 수 없다. 평생 검소하게 살았고, 국공내전 등의 전쟁 기간은 물론이고 중화인민공화국 건국 이후에도 죽는 순간까지 손에서 책을 놓지 않은 것 등이 그렇다.

중국 군사학계에서 유사 이래 21세기 현재에 이르기까지 역대 제왕 가운데 초세超世의 병법가로 활약한 인물로 오직 조조와 마오쩌둥, 그리고 당 태종을 꼽는 이유는 모두 『귀곡자』에서 역설한 신필계의 이치를 꿴 덕분으로 볼 수 있다.

06

결단

상대가
실천토록 만드는
설득술

과단계
果斷計

31

과감히 스스로 결단하라

무릇 마음을 결정하고 의심을 해소하는 것은 모든 일을 처리하는 대전제에 해당한다. 제왕의 결단은 나라의 어지러움을 바로잡고, 나라의 성패를 좌우하는 까닭에 매우 어려운 일이다. 옛 선왕들이 시초점著草占과 거북점 등을 행하며 조언을 얻고자 한 이유다. 제왕은 국가대사의 최종 결재자인 만큼 반드시 해당 사안을 다각도로 면밀히 검토한 뒤 이치에 맞다 싶으면 때를 놓치지 말고 과감히 스스로 결단해야 한다.

故夫決情定疑, 萬事之基, 以正治亂, 決成敗, 難爲者. 故先王乃用著龜者, 以自決也.

_「결물」

과단계果斷計는 신하가 군주를 대신해 결단하는 계책을 언급한 것이다. 하지만 법가는 『한비자』 「팔설」 편의 다음과 같은 언급처럼 신하들이 군주를 대신해 결단하는 것을 극도로 경계하는 입장을 취했다. "시고 달고 짜고 싱거운 맛을 군주 자신의 입으로 판단하지 않고

상대를 열광케 하라 – 귀곡자처럼

요리 담당관인 재윤宰尹에게 맡기면, 주방의 요리사들은 군주를 가볍게 여기고 재윤을 소중히 여길 것이다. 높고 낮고 맑고 둔탁한 소리를 군주 자신의 귀로 판단하지 않고 음악 담당관인 악정樂正에게 맡기면, 악대의 맹인 악사들은 군주를 가볍게 여기고 악정을 소중히 여길 것이다. 치국 과정의 시비를 군주 자신의 법술로 결단하지 않고 총신寵臣에게 맡기면, 조정의 다른 신하들이 군주를 가볍게 여기고 총신을 더 소중이 여길 것이다. 군주가 친히 정사를 관장하지 않고 재결의 대권을 신하들에게 넘기면 군주는 곧 더부살이하는 꼭두각시 신세가 되고 만다."

이는 기본적으로 법가사상이 군주의 결단을 중시한 까닭도 있지만, 결정권을 신하에게 일임할 경우 자칫하면 권력을 잃을 수도 있다고 보았기 때문이다.

중국의 역대 제왕 가운데 뛰어난 결단으로 새 왕조를 창업한 대표적인 인물로 당 태종 이세민李世民을 들 수 있다. 그는 명의 제2대 황제이지만 사실상의 창업 군주라고 볼 수 있는데, 이세민도 사람인 까닭에 생사를 가르는 중요한 순간에는 크게 망설이며 머뭇거릴 수밖에 없었다. 그런 이세민의 곁에서 과감하게 결단할 수 있도록 보좌한 사람이 바로 두여회杜如晦였다. 각자의 특색과 장점이 어우러져 일이 잘 해결됨을 이르는 방모두단房謀杜斷이라는 고사성어가 생겨날 정도로 두여회는 결단력이 뛰어났다. 방현령房玄齡의 지모와 두여회의 결단력이 어우러졌기 때문에 이세민이 황제의 자리에 오를 수 있었던 것이다. 두여회가 발휘한 계책은 바로 신하가 군주를 대신해 결단하는 '과단계'의 전형이라고 할 수 있다.

결단해야 할 시기를 놓치지 마라

두여회는 자가 극명克明으로, 경조京兆 두릉杜陵 출신이다. 당 고조 이연李淵이 수도 장안을 평정하자 진왕秦王 이세민에게 발탁되어 진왕부 병조참군府兵曹參軍을 거쳐 문하관文學館 학사가 되었다. 이후 정벌에 나선 이세민의 참모로 활약하면서부터 그의 과단계가 위력을 발휘하기 시작했다.

당시 이세민 휘하에는 뛰어난 인재들이 매우 많았다. 무관으로는 울지경덕尉遲敬德을 비롯해 진숙보秦叔寶, 서세적徐世勣, 이정李靖 등 기라성 같은 명장이 즐비했고, 문관으로도 방현령과 두여회 등 이른바 '18학사'가 포진해 있었다. 18학사는 단순한 학자가 아니라 이세민을 보위에 올려놓기 위한 정예 참모 집단이었으며, 이세민이 자신의 관부인 천책부天策府에 문학관을 설치한 뒤 그러모은 천하의 인재들이었다. 이들의 임무는 천하대세의 흐름을 분석하고 대안을 마련하는 데 있었다. 3개 반으로 나뉘어 서로 돌아가며 부중에 남아 있다가 이세민이 궁중에서 돌아오면 함께 시국을 논하는 일종의 '집권 책략 자문단'에 해당했다. 이세민이 태자 이건성李建成과 치열한 보위 쟁탈전을 전개할 수 있었던 주요한 동력 가운데 하나였다.

당시 객관적으로 볼 때 태자 이건성이 여러모로 유리했다. 부황 이연의 신임도 두터웠을 뿐만 아니라 그의 휘하에도 당대의 내로라하는 인재들이 포진해 있었기 때문이다. 당대 최고의 현사로 불리는 위징魏徵을 비롯해 왕규王珪와 위정韋挺 등이 그들이다. 종친들도 태자 이건성을 지지했다.

시간이 지나면서 양측의 대립은 점차 직접적인 충돌로 나타나기

시작했다. 상대방을 제거하기 위한 음해 공작이 본격화한 결과였다. 당시 양측 모두 상대방의 인재를 매수하는 데에 발 벗고 나섰는데, 이건성이 먼저 거금을 들여 이세민의 핵심 무장인 울지경덕을 매수하려 했으나 실패했다. 울지경덕이 이 사실을 보고하자 이세민은 안타깝다는 표정으로 이같이 말했다.

"장군은 어찌하여 제의를 받아들이지 않은 것이오? 나는 장군의 집에 보물이 가득해도 결코 장군을 의심하지 않았을 것이오. 선물을 받고 교분을 맺었다면 그쪽의 의도나 움직임을 많이 알 수가 있었을 터인데 참으로 절호의 기회를 놓치고 말았소!"

이처럼 배포가 컸던 이세민 또한 이건성의 수하를 매수하는 작업을 서둘렀다. 그의 이런 시도는 그대로 적중해 이건성은 최후의 순간까지 자신이 믿었던 수많은 장수들이 이세민 측에 넘어간 사실을 전혀 눈치채지 못했다. 이게 두 사람의 운명을 갈랐다.

624년 말, 제왕齊王 이원길李元吉이 부황인 이연의 면전에서 이세민의 참모인 울지경덕을 모함해 옥에 가두었다. 이원길 등은 곧바로 처형할 것을 주장했으나 이세민이 강력하게 반발해 울지경덕은 간신히 목숨을 구할 수 있었다. 이후 이건성 측은 공세의 수위를 더욱 높여 이세민의 핵심 참모인 정지절程知節을 강주자사康州刺史로 쫓아내기에 이르렀다. 당시 화가 난 정지절은 이세민을 찾아가 이를 강력하게 항의했다.

"지금 태자는 노골적으로 진왕부의 날개를 꺾으려고 합니다. 제가 이런 상황에서 어떻게 강주로 떠날 수가 있겠습니까! 이제는 결단해

야 할 때입니다."

그러나 때가 아직 이르지 않았다고 생각한 이세민은 정지절을 달래 강주로 내려 보냈다. 정지절을 이세민 곁에서 떼어내는 데 성공한 이건성과 이원길은 여세를 몰아 방현령과 두여회마저 이세민 곁에서 떼어내기 위한 작업에 들어갔다. 곧바로 이연에게 이같이 상서했다.

"우리 세 형제 사이를 이간질하는 자는 바로 진왕부에 있는 방현령과 두여회입니다. 이들에게 응당 무거운 벌을 내려 형제간의 반목을 미연에 막아야 합니다."

이연이 이를 좇아 두 사람에게 속히 진왕부를 떠날 것을 명했다. 사서에 이들의 행적이 한동안 등장하지 않게 된 이유다. 객관적으로 볼 때 대세는 이건성에게로 기울어졌다. 그러나 또다시 극적인 반전이 빚어졌다.

626년 5월, 돌궐의 군사가 변경을 침공하자 전공을 세울 수 있는 절호의 기회가 왔다고 판단한 이건성은 곧 부황에게 상서했다. 이원길을 총사령관에 임명해줄 것을 청하는 내용이었다. 부황의 승낙을 받아 총사령관에 임명된 이원길은 출정에 앞서 이세민의 핵심 참모이자 진왕부의 용장으로 소문난 울지경덕과 정지절, 진숙보, 단지현段志玄 등을 부장으로 데려가도록 허락해줄 것을 요구했다. 이세민의 힘을 약화시킨 뒤 제거할 속셈이었다. 이연 또한 이세민을 희생시켜 제국의 기반을 탄탄히 할 심산으로 이를 수락했다.

이세민은 깊은 고민에 빠졌다. 명을 거부할 경우 이내 조정의 의심

을 받을 수밖에 없고, 받아들이면 진왕부는 껍데기만 남게 된다. 더는 물러날 곳이 없었다. 생사를 가르는 선택의 순간이 다가온 것이다. 두여회는 이런 일이 올 것을 예상하고 이미 이같이 건의한 바 있었다.

"사태가 위급하면 가장 빠른 시기에 기병하여 일거에 동궁과 주상의 세력을 제거해야만 주도권을 잡을 수 있습니다."

원래 유리한 위치에 서게 되면 모험을 피하기 마련이다. 사생결단의 승부수는 대개 궁지에 몰린 측에서 던진다. 이세민이 선택할 수 있는 길은 무력으로 상대방을 제압하는 것밖에 없었다.

6월 3일, 이세민은 도사로 가장해 진왕부로 잠입한 방현령과 두여회 등 참모들의 치밀한 공작에 따라 이연에게 상서를 올렸다. 거사 명분을 확보하기 위한 사전 조치이기도 했다.

"저는 결코 형제를 업신여기지 않았는데, 그들은 도리어 저를 해하려고 합니다. 마치 왕세충과 두건덕이 복수하려는 태도와 같습니다. 저는 지금 죽어 부황과 이별한 뒤 저승에서 왕세충과 두건덕을 만날지라도 결코 부끄러움이나 두려움을 느끼지 않을 것입니다."

상서를 읽은 이연은 이세민에게 이튿날 아침 입궁할 것을 통보하고 이건성과 이원길에게도 사람을 보내 입궁을 명했다. 당시 이연은 배적裵寂과 소우蕭瑀 등 원로대신도 입궁시켜 세 아들의 불화를 근원적으로 해소할 심산이었다.

이튿날인 6월 4일 새벽, 이세민은 장손무기 등과 함께 황궁의 북문인 현무문玄武門 주위에 자객을 매복시켰다. 현무문의 수문장 상하常

何는 원래 이건성의 심복이었으나 이미 이세민 측에 매수돼 있었다. 만일의 사태에 대비해 다수의 호위병을 데리고 갈 것을 권하는 참모들의 의견을 일축하고 몇 명의 측근만 대동하고 현무문으로 들어서던 이건성과 이원길은 매복해 있던 자객들에게 죽임을 당했다. 이세민은 곧바로 울지경덕을 궁 안으로 들여보냈다. 당시 궁 안의 연못에 배를 띄워놓고 원로대신과 세 아들이 오기를 기다리던 이연에게 위사가 황급히 달려와 보고했다.

"현무문에서 변고가 발생했는데 자세한 사정은 잘 모르겠습니다."

이연은 급히 황궁의 시위대에게 명해 사태를 파악하도록 명했다. 이때 울지경덕이 갑옷을 걸친 채 손에 긴 창을 들고 나타났다. 이연이 물었다.

"누가 현무문에서 변고를 일으켰는가?"

"동궁부와 제왕부에서 반란을 일으켰습니다만 진왕이 이미 섬멸했습니다. 폐하가 놀라실까 두려워 진왕의 명을 받고 먼저 보고하러 왔습니다."

이미 일이 끝난 것을 안 이연이 체념한 듯 배적에게 물었다.

"사태가 이 지경이 되었으니 어찌 하면 좋겠소?"

이건성을 적극 지지했던 배적은 이건성이 죽은 마당에 달리 할 말이 없었다. 이세민을 지지하던 재상 소우가 말했다.

"진왕은 총명하고 담대한 데다 천하인의 인심을 얻고 있습니다. 기왕에 사태가 이리 됐으니 진왕에게 태자의 지위를 물려주는 게 좋을 듯합니다."

이연이 이를 받아들여 '현무문의 변'이 일어난 지 사흘 뒤인 6월 7

일에 조서를 내려 이세민을 황태자로 삼았다. 그리고 얼마 후 다시 조서를 내려 양위를 선언함으로써 훗날 최고의 명군으로 손꼽히는 당 태종 이세민의 시대가 활짝 열리게 됐다.

'현무문의 정변'처럼 사안의 비중이 크고 위기의 정도가 심하면 심할수록 결단의 중요성은 더욱 높아질 수밖에 없다. 잘못된 상황 판단에 따라 결단을 내릴 경우 기대한 것과는 정반대의 결과를 초래할 수도 있으므로 그만큼 신중해야 한다. 그러나 결코 시기時機를 놓쳐서도 안 된다. 지나치게 신중한 나머지 머뭇거리며 결단을 늦출 경우 이는 최악의 상황을 자초하는 길이다. 통상 양측의 세력이 엇비슷한 상황에서 승패를 결정짓는 것은 늘 선제공격의 결단이다. 실제로 배짱이 두둑하고 결단력이 있었던 이세민이 선제공격을 가해 대세를 결정지었다. 이건성에게도 몇 번의 기회가 있었으나 최상의 방안을 찾느라 결단하지 못하고 머뭇거린 것이 결정적인 패인이 되었다.

사안이 곪은 것을 급속히 도려내는 것이거나 새로운 접근이 절실히 필요한 경우라면 지체하지 말고 과감히 결단해야 한다. 결단의 시간이 늦으면 늦을수록 근원적인 해결이 어려워지기 때문이다. '현무문의 정변' 때 두여회의 결단이 돋보인 이유가 여기에 있다. 방현령은 머리가 비상해 뛰어난 계책을 세우는 데는 타의 추종을 불허했으나 결단력이 부족했다. 이세민도 결정적인 순간에 과감하게 결정을 내리는 것이 쉬운 일은 아니었다. 이를 보완한 사람이 바로 두여회였다.

이는 모든 것이 급변하는 21세기 경제전에 그대로 적용되는 논리이기도 하다. 과단계는 용의 전체 모습을 다 그린 후에 마지막으로 붓을 들고 눈동자를 그려 넣는 화룡점정畵龍點睛에 해당한다. 『귀곡자』에서 말하고 있는 모든 유세와 책략이 결국 과단계에 의해 성패가 갈린다고 해도 과언이 아니다.

32

이익이 동반된 결단을 하라

결단은 이익을 동반해야만 한다. 이익을 동반하지 못하면 사람들은 이를 받아들이지 않는다. 결단할 때마다 이익을 동반하기 위해서는 반드시 남들이 예상치 못한 상황에서 기이한 결단을 할 줄 알아야 한다. 아무리 총체적으로 유리할지라도 그 안에 불리한 내용이 들어 있으면 사람들은 받아들이지 않는다. 결단으로 인해 사람들과 소원해지는 이유다. 결단이 실리失利 차원을 넘어 심지어 해를 끼치는 경우도 있다. 이는 일을 망치는 것이다.

有利焉, 去其利, 則不受也, 奇之所託. 若有利於善者, 隱托於惡, 則不受矣, 致疏遠. 故其有使失利者, 有使離害者, 此事之失.

_「결물」

겸리계兼利計는 난세의 기본 이치가 이해관계 위에서 작동된다는 사실에 기초한 계책이다. 난세는 치세와 달리 모든 인간관계 속에서 이익을 향해 무한 질주하는 이른바 '호리지성好利之性'이 적나라하게 드러난다. 이를 통찰하지 않고서는 유세 책략에 성공할 수 없다. 『귀

곡자』가 '겸리계'를 역설한 이유다.

이익을 추구하되 명성을 잃지 말라

원래 호리지성은 원초적인 본능에 해당하는 까닭에 부부와 부모자식, 형제 등의 가장 가까운 인간관계에서도 예외 없이 나타난다. 『한비자』 「오두五蠹」 편에서 역설했듯이 난세에 이런 모습이 더욱 적나라하게 드러난다.

"흉년이 든 이듬해 봄에는 어린 동생에게도 먹을 것을 주지 못하지만, 풍년이 든 해의 가을에는 지나가는 나그네에게도 음식을 대접한다. 이는 골육을 멀리하고 나그네를 아끼기 때문이 아니라 식량의 많고 적음에 따른 것이다. 옛날 사람이 재물을 가볍게 여긴 것은 어질었기 때문이 아니라 재물이 많았기 때문이고, 요즘 사람이 재물을 놓고 서로 다투는 것은 인색하기 때문이 아니라 재물이 적기 때문이다. 옛날 사람이 천자의 자리를 쉽게 버린 것은 인격이 고상하기 때문이 아니라 세력과 실속이 박했기 때문이고, 요즘 사람이 권귀에 의탁해 미관말직을 놓고 서로 다투는 것은 인격이 낮기 때문이 아니라 이권에 따른 실속이 많기 때문이다."

군신간의 의리는 말할 것도 없고 부모자식과 형제 등의 가족 관계조차 호리저성의 덫에서 한 치도 벗어나지 못하고 있다는 지적이다. 이와 대비되는 것이 영예로운 삶을 추구하는 '호명지심好名之心'이다. 공명을 떨쳐 역사에 이름을 남기고자 하는 심성을 뜻한다. 이는 사회나 국가 등의 공동체 속에서만 발현되고, 최소한 먹는 문제가

해결된 뒤에 나타난다는 점에서 호리지성과 대비된다.

호리지성이 성악설에 입각한 인간 개개인의 본성인 인성人性에 해당한다면, 호명지심은 인간이 최초로 집단생활을 영위하면서 나타나기 시작한 민성民性으로 풀이할 수 있다. 민성은 사회 및 국가공동체 속의 삶에서만 나타나는 특이한 현상이다. 영장류도 인간과 유사한 집단생활을 영위하지만 영예를 위해 목숨을 바치는 식의 호명지심은 나타나지 않는다. 호리지성은 인간을 포함한 모든 동식물에 예외 없이 나타나는 현상인 데에 반해, 호명지심은 오직 인간사회에서만 찾아볼 수 있는 특이한 현상이라고 할 수 있다. 전국시대 중엽 서쪽 변방의 진나라를 가장 부강한 나라로 만들어낸 상앙商鞅은 자신의 저서 『상군서商君書』「산지算地」 편에서 민성을 이같이 분석해놓았다.

"민성은 배고프면 먹을 것을 구하고, 지치면 쉬기를 원하고, 괴로우면 즐거움을 찾고, 치욕을 당하면 영예를 바라기 마련인 백성의 기본 정서이다. 백성이 이익을 추구하면 예의와 법도를 잃게 되고, 명성을 추구하면 민성의 기본 규율을 잃게 된다. 어떻게 그리 말할 수 있는가? 지금 도적이나 다름없는 귀족들은 위로 군주의 금령을 범하고, 아래로는 신민으로서의 예의를 잃었다. 명성이 땅에 떨어져 욕을 먹고 몸이 위태로워졌는데도 여전히 도적질을 그치지 않는 것은 끊임없이 이익을 추구하는 호리지성을 좇았기 때문이다. 옛날 선비들은 이와 달랐다. 그들은 옷을 입어도 몸을 따뜻이 하기를 구하지 않고, 밥을 먹어도 배부른 것을 구하지 않았다. 어려움을 겪으면서도 의지를 다지는 동시에 사지를 수고롭게 하고 오장을 손상시키

면서도 마음만은 더욱 여유 있고 활달하게 했을 뿐이다. 이는 민성의 기본 규율과 어긋난다. 그럼에도 그들이 그리한 것은 명성을 추구하는 호명지심 때문이다. 그래서 말하기를, '명성과 이익이 모이는 곳에 백성이 따른다'라고 하는 것이다."

주는 것이 곧 얻는 것이다

서구 자본주의의 출발이 호리지성에 대한 통찰에서 출발한 것도 같은 맥락에서 이해할 수 있다. 사실 애덤 스미스가 『국부론』에서 역설한 '보이지 않는 손'에 의한 시장가격의 형성은 이미 사마천이 『사기』「화식열전」에서 역설한 것이기도 하다. 「화식열전」에서 부상富商의 전형으로 거론한 백규白圭가 대표적인 인물이다. 그는 인간의 호리지성을 활용해 거만의 재산을 모은 전설적인 부호이다. 그는 부를 쌓는 비결을 이같이 설파했다.

"나는 생업을 운영하면서 이윤伊尹과 여상呂尙이 계책을 내듯, 손무孫武와 오기吳起가 군사를 쓰듯, 상앙商鞅이 법을 시행하듯 했다. 그 지혜가 임기응변에 부족하거나, 그 용기가 결단하는 데 부족하거나, 그 어짊이 먼저 내주어 나중에 더 크게 취하는 수준이 안 되거나, 그 강인함이 지킬 바를 끝까지 지키는 수준에 이르지 못한 사람은 아무리 내 비술을 배우고자 해도 결코 가르쳐주지 않았다."

백규는 주어진 상황에서 최선의 답안을 찾아내는 임기응변의 지智를 비롯해 결정적인 시기에 결단하는 용勇, 지킬 바를 반드시 끝까지 지키는 강彊, 먼저 내주어 나중에 더 크게 취하는 인仁 등 네 가지 덕

목을 비결로 든 셈이다.

본서가 역설하는 임기응변의 관점에서 보면 백기가 말한 '지'는 하늘의 변역 이치인 천기天機와 땅의 생육 이치인 지기地機, 인간관계의 정수를 꿰는 인기人機를 통찰하는 것에 해당한다. 결정적인 시기에 머뭇거리지 않고 결단하는 '용'은 결정적인 계기가 찾아왔을 때 이에 재빨리 올라타 과감히 결단하는 결기決機와 같다. 지킬 바를 반드시 끝까지 지키는 '강'은 때와 사안이 무르익을 때까지 참고 견디며 부단히 연마하는 시기時機와 사기事機 및 심기心機와 통한다. 먼저 내주어 나중에 더 크게 취하는 '인'은 계기에 편승해 승부수를 던지는 응변應變을 설명한 것으로, 변덕스럽기 그지없는 세태 속에서 세를 확장하는 세기勢機와 승리의 계기를 스스로 조성하는 전기轉機의 핵심을 언급한 것이기도 하다.

백규의 언급 가운데 가장 주목되는 것은 먼저 내주어 나중에 더 크게 취하는 이른바 취여지도取予之道인데, 이는 『관자管子』「목민牧民」편에서 힌트를 얻은 것이다.

"백성은 근심과 노고를 싫어하니 그들을 편안하고 즐겁게 만들어야 하고, 백성은 빈천을 싫어하니 그들을 부귀하게 만들어야 하고, 백성은 위험에 빠지는 것을 싫어하니 그들을 보호하여 안전하도록 만들어야 하고, 백성은 후사의 단절을 싫어하니 그들이 잘 낳아 기르도록 해주어야 한다. 백성들을 편안하고 즐겁게 만들면 백성들은 군주를 위해 근심과 노고를 감수하고, 부귀하게 만들면 군주를 위해 빈천을 감수하고, 보호하여 안전하게 만들면 군주를 위해 위험에 빠지는 것을 감수하고, 잘 낳아 기르게 해주면 군주를 위해 후사의 단

절도 감수한다. …… 그래서 백성들의 4욕四欲을 좇으면 먼 곳의 사람도 제 발로 다가와 친해지고, 백성들의 4오四惡를 행하면 가까운 주변 사람조차 배반하는 것이다. 그래서 말하기를, '주는 것이 곧 얻는 것임을 아는 것이 통치의 요체이다'라고 하는 것이다."

백성들이 간절히 바라는 네 가지 욕망을 실현하고, 백성들이 가장 꺼리는 네 가지 혐오를 멀리하는 것이 바로 천하를 다스리는 요체라는 주장이다. 그것이 바로 4순인데, 이는 취여지도를 구체적으로 설명해놓은 풀이에 해당한다. 관중은 이를 한마디로 뭉뚱그려 "주는 것이 곧 얻는 것임을 아는 게 통치의 요체이다"라고 표현한 셈이다.

오늘날 '유전무죄, 무전유죄'라는 자조적인 말이 유행이다. 이는 서구식 자본주의의 폐단이 이미 도를 넘었음을 반증한다. 서구식 자본주의의 한계를 극복하고 모든 사람이 고루 잘사는 새로운 패러다임의 설정이 절실하다. 그 해답이 바로 취여지도에 있다. 21세기 스마트혁명 시대의 새로운 경제경영 패러다임도 여기서 찾을 필요가 있다.

구성원들과 한 몸이 되라

백규는 식사용으로는 좋지 못한 곡식을 사용했지만 묘용苗用으로는 제일 좋은 볍씨를 사용하는 등 먹고 입는 데 쓰이는 경비를 최대한 절약하면서 일꾼들과 함께 땀을 흘리며 침식을 같이했다. 21세기에 들어와 부쩍 강조되고 있는 윤리 경영 또는 정도 경영을 몸소 실천한 것이나 다름없다. 여러모로 상도商道의 전형으로 내세울 만하다.

실제로 백규가 보여준 상도는 『손자병법』「시계」편에서 "백성들로 하여금 장수와 뜻을 같이하도록 함으로써 장군과 함께 생사를 같이 할지라도 두려워하지 않게 만든다"라고 한 이른바 병도_{兵道}와 맥을 같이한다.

백규는 장수들이 전장에서 『손자병법』의 병도 원리를 좇아 병사들과 생사고락을 함께하듯이 일꾼들과 동고동락한 셈이다. 이는 일꾼들에게 자신의 능력을 알아주는 이른바 지우지은_{知遇之恩}을 베푼 것에 해당한다. 종업원들로 하여금 스스로 몸을 사리지 않고 일하게 만든 비결이 여기에 있다.

병가에서 이를 몸소 실천한 대표적인 인물이 바로 전국시대 초기에 활약한 오기이다.

한 병사가 종기로 고생을 하자 오기가 직접 입으로 고름을 빨아 치료했다. 그 병사의 어머니가 이 얘기를 듣고 통곡했다. 어떤 사람이 의아해하며 물었다.

"그대의 아들은 병사에 불과한데도 장군이 직접 종기를 입으로 빨아 치료해주었는데 어찌해서 통곡하는 것이오?"

병사의 어머니가 울면서 대답했다.

"그렇지 않소. 옛날 오공이 내 남편의 종기를 빨아 치료해준 적이 있었소. 이에 내 남편은 감복한 나머지 후퇴할 줄도 모르고 분전하다가 마침내 적에게 죽고 말았소. 오공이 이제 또다시 내 아들의 종기를 빨아주었으니 나는 내 아들이 어느 곳에서 죽을지 모르게 되었소. 그래서 통곡하는 것이오."

이 일화에서 바로 연저吮疽 또는 오기연저吳起吮疽라는 말이 나왔다. 오기가 종기를 빤다는 뜻으로, 이후 장수가 병사들을 잘 보살피는 의미로 전용되었다.

백규가 일꾼들과 침식을 같이한 것은 오기연저의 이치를 경영에 그대로 적용한 것이나 다름없다. 종업원들로 하여금 CEO와 함께 기업의 경영 목표를 실현하기 위해 분투하도록 만들고자 한 것이다. CEO가 오기연저의 행보를 보일 경우 임직원의 적극적인 충성을 이끌어낼 수 있다. 상하가 합심해 공동의 목표를 향해 달려갈 경우 그 기업은 이내 천하무적이 될 수밖에 없다.

이는 오기가 병도를 구사해 병사들로 하여금 장수와 더불어 생사를 같이하도록 만든 것과 취지가 같다. "세인들이 생업을 잘 운영하는 자를 말할 때 백규를 으뜸으로 꼽았다"라는 「화식열전」의 기록이 결코 과장이 아니다. 여러모로 21세기 글로벌 CEO 리더십의 표상으로 내세울 만하다. 『귀곡자』의 관점에서 보면 이는 모두 겸리계에 기초한 결과로 볼 수 있다.

불혹계
不惑計

33

의심하여 미혹되지 마라

무릇 사안을 결단하여 처리하는 결물結物은 반드시 사람들이 망설이며 의심하는 까닭에 더욱 필요하다. 결단을 잘하는 자는 복을 부르고, 그렇지 못한 자는 화를 부른다. 결단을 잘하는 사람은 상대를 잘 유인해 실정을 정확히 파악한 후에 결단하는 까닭에 미혹되거나 편견을 갖는 일이 없다.

凡決物, 必托於疑者. 善其用福, 惡其用患. 善至於誘也, 終無惑偏.

_「결물」

불혹계不惑計는 주변 상황에 휘둘리지 않고 단호히 결단하는 계책을 말한다. 이를 이론적으로 정리한 인물이 바로 법치사상을 정립한 상앙이다. 그는 결단의 문제를 붕당과 군주의 이익에 기초한 치도와 연결시켜 해석한 최초의 인물이라고 할 수 있다. 그는 이 문제를 『상군서』「거강」편에서 간략히 언급한 뒤 「설민」편에서 이 문제를 종합적으로 정리해놓았다.

주변 상황에 휘둘리지 말고 단호하게 결단하라

이를 정확히 이해하기 위해서는 먼저 학계에서마저 헷갈려 하는 전제專制와 독재獨裁의 의미부터 명확히 할 필요가 있다. 21세기 현재 전제와 독재 모두 최고통치권자인 군주나 대통령에 의해 자행되는 퇴행적인 통치로 간주하고 있다. 모두가 군주정을 민주정과 대립되는 것으로 파악한 서양 역사문화의 영향 때문이다. 그러나『상군서』나『한비자』를 비롯한 법가 사상서와『손자병법』등 동양 전래의 병서는 군주의 독재와 전쟁터에서 용병을 행하는 장수의 전제를 역설하고 있다. 서양과는 정반대이다.

『한비자』는 독재와 전제를 엄격히 분리했다. 군주를 허수아비로 만든 붕당 세력의 우두머리인 권신의 전횡專橫을 '전제', 군주의 고독한 결단을 '독재'로 표현한 게 그렇다. 한비자는 무엇을 근거로 권신의 전제와 군주의 독재를 구분한 것일까?『한비자』「망징」편에 이에 대한 설명이 나온다.

"신하들이 붕당을 결성해 군주의 눈과 귀를 가리면서 권력을 휘두르면 그 나라는 패망한다. 변경을 지키는 장수의 직위가 너무 높아 멋대로 명을 내리면 그 나라는 패망한다. 나라의 창고는 텅 비어 있는데도 대신의 창고만 가득 차 있으면 그 나라는 패망한다."

한비자가 좌우의 의견에 흔들리지 않고 독자적으로 결단하는 군주 독재를 역설한 이유가 여기에 있다. 군주의 결단이 국가의 존망과 직결된다고 판단했기 때문이다. 그는『한비자』「외저설 우상」에서 신불해申不害의 말을 인용해 군주의 고독한 결단을 이같이 설명해 놓았다.

"일을 처리할 때 남의 눈치를 보지 않고 홀로 진상을 파악하는 것을 명明, 어떤 일이 일어나도 남의 말에만 귀를 기울이지 않고 홀로 판단하는 것을 총聰이라고 한다. 이처럼 남의 말과 뜻에 흔들리지 않고 총과 명에 따라 홀로 결단하는 사람은 가히 천하의 제왕이 될 수 있다."

『한비자』는 군주의 고독한 결단을 독단獨斷으로 표현했다. 서구의 정치사상사에서 말하는 '딕테이터십Dictatorship', 즉 독재와 유사한 개념이다. 독재라는 용어가 유행케 된 것은 메이지유신 당시 일본인들이 '딕테이터십'을 독단 대신 독재로 번역한 뒤이다. 원래 재裁와 단斷 모두 옷감이나 재목 따위를 치수에 맞도록 재거나 자르는 마름질을 의미하므로 독단이라고 번역했을지라도 결국 같은 뜻이다.

그러나 그 내막을 보면 상앙과 한비자가 말하는 독단 또는 독재와 서구의 딕테이터십은 적잖은 차이가 있다. 『상군서』「수권」에는 독재가 독제獨制로 나온다. 「거강」과 「설민」 및 「근령」 등에서는 독단과 독제를 군주의 고독한 결단을 뜻하는 군단君斷으로 표현해놓았다. 쟁송이 많아져 관아에서 처결하지 못할 만큼 나라가 어지러워지면 마침내 모든 사람이 최고통치권자인 군주의 결단을 요구하는 최악의 상황이 도래한다. 이때 필요한 게 바로 군단이다. 상앙은 자신이 활약하던 전국시대 중기의 상황을 난세의 절정으로 파악해 군주의 고독한 결단을 촉구한 것이다.

한비자도 상앙의 이런 주장에 공명했다. 『한비자』「칙령」 편에서 다음과 같이 엄정한 법치의 확립을 역설한 것도 이런 맥락에서 이해할 수 있다.

"군주는 자신의 명령을 공정하고 불편부당하게 시행하여 법제에 부합하도록 해야 한다. 법제가 공평하면 관원이 간사한 짓을 못하게 된다. 공적에 따라 인재를 임용하면 백성들의 말이 적고, 공허한 인의도덕을 떠벌이는 자를 임용하면 백성들의 말이 많아진다. 법치는 향촌에서부터 엄히 시행될 필요가 있다. 곧바로 5리 범위 안에서 엄히 시행할 수 있으면 왕자王者, 9리 범위 안에서 엄히 시행할 수 있으면 강자强者가 된다. 지척대며 시행을 늦추는 나라는 영토가 줄어들고 쇠약해진다."

고금을 막론하고 법치가 확립돼 있지 못하면 백성들은 시비판단의 근거가 없어서 사안을 속히 처리할 수 없게 된다. 쟁송이 많아지는 이유다. 이를 방치하면 나라가 이내 어지러워질 수밖에 없다. 상앙과 한비는 법치가 확립되면 향촌 단위에서 조속히 시비를 결단해 문제를 미연에 방지할 수 있다고 역설했다.

공평무사한 법 집행이 제대로 이뤄지지 않으면 권신들이 발호해 백성들을 그물질해 사사로운 욕심을 채우는 최악의 상황에 놓인다. 이 지경이 되면 군주가 허수아비로 전락한 까닭에 결단의 주체가 없고 오직 권신들이 자신들의 입맛에 따라 멋대로 정책을 결정하고 법령을 집행할 뿐이다. 후한 말기에 등장한 환관의 발호와 조선의 세도정치 등이 대표적인 사례에 해당한다. 난세일수록 강력한 군권君權에 기초한 단호한 결단이 필요한 이유가 여기에 있다.

상대를 열광케 하라 - 귀곡자처럼

결단을 미룰수록 위기는 심화된다

서구의 경영 이론은 하나같이 전문경영인이 주축이 된 기업 CEO의 민주적 리더십을 강조한다. 호황일 때는 일리가 있다. 문제는 2008년에 터진 미국발 금융대란과 2011년의 유럽발 재정대란 같은 위기상황이다. 도려낼 것은 과감히 도려내고 새로운 상황에 맞춰 즉시 변신하는 것이 절대 필요한 상황에서 민주적 리더십으로는 결단이 늦어질 수밖에 없다. 위기상황에서 결단을 미루면 미룰수록 사안은 위중해진다. 이는 패망의 길이다. 전쟁터에서 지휘관이 임기응변의 즉각적인 명을 내리지 못하고 우물쭈물하며 연일 회의만 하다가 몰살을 자초하는 것과 같다.

뉴욕 대학교 정치학과 석좌교수 메스키타가 지난 2011년 동료 교수 알라스테어 스미스와 함께 펴낸 『독재자의 핸드북』은 권력의 획득 및 유지 차원에서 독재의 문제를 집중 거론하고 있다. 그들은 이 책에서 "정치란 권력을 확보하고 유지하는 일에 지나지 않는다"라고 단언하며 민주와 독재의 구분을 거부했다. 독재자들은 '정치가 곧 돈이다'라는 기본 원칙을 극단적으로 드러내 보여준 사람에 불과하다는 것이다. 북한의 김정일이나 이라크의 사담 후세인 등은 물론이고 로마의 카이사르, 짐바브웨의 무가베, 미국의 오바마에 이르기까지 동서고금의 모든 통치자에게 이 원칙이 그대로 적용된다. 마피아 두목과 월스트리트의 경영자, 국제올림픽위원회와 국제축구연맹의 스포츠 권력도 예외가 아니다.

메스키타와 스미스의 분석에 따르면 "짐이 곧 국가다"라고 말한 루이 14세는 독재를 행한 것이 아니라 기성 귀족 대신 법복 귀족이

라 불리는 새로운 인재 집단을 등용해 이들에게 집중적으로 보상함으로써 충성심을 얻고, 이를 토대로 강력한 왕권을 확립했다는 것이다. 동서고금을 막론하고 통치 권력은 홀로 행사할 수 없는 만큼 당연한 해석이기도 하다.

주목할 것은 이들이 찾아낸 독재자의 권력 획득 및 유지의 비결이다. 이는 '핵심 집단을 최소 규모로 유지하라, 대체 가능 집단은 최대 규모로 유지하라, 수입의 흐름을 통제하라, 지지자들에게 충성심을 유지할 정도만 보상하라, 국민을 잘살게 해주겠다며 지지자의 주머니를 터는 짓을 하지 말라'는 것이다. 이 다섯 가지 지침은 독재자들에게만 적용되는 게 아니다.

또한 이들은 일단 권력을 쟁취한 뒤에는 측근들을 늘 긴장시켜야 한다고 주장했다. 언제든 제거될 수 있다는 걸 알 때 그들이 더욱 충성한다는 것이다. 히틀러는 돌격대의 도움으로 권력을 얻었지만 친위대를 창설해 돌격대를 제거했다. 싱가포르의 리콴유는 선거에서 자신의 정당을 지지하지 않는 지역에는 주택 공급과 임대를 축소했다. 북한의 김정일은 잠재적 지지자들이 많으니 충성을 다하지 않으면 언제든 쫓겨날 수 있다는 메시지를 측근에게 수시로 던졌다.

메스키타와 스미스의 주장에 따르면 민주국가의 독재 통치술은 독재국가보다 훨씬 정교하다. 통상 위정자들은 공익과 공공복지를 내세운다. 오바마의 아프카니스탄 파병 철수 정책이 그 실례다. 그러나 속셈은 민주당의 선거 승리, 곧 자신의 재선에 있다. 정치권만 그런 것이 아니다. 휴렛패커드의 CEO 피오리나가 경쟁업체인 컴팩을 인수한다는 충격적 발표를 내놓은 것은 자신의 측근 집단을 확대하

려는 시도로 분석됐다. 앞의 다섯 가지 지침은 독재국가뿐만 아니라 세상의 모든 권력 시스템에서 예외 없이 나타나는 현상이라는 게 그들의 주장이다.

그들은 자신들의 이런 주장을 학술적으로 뒷받침하기 위해 몇 가지 분석 개념을 만들어냈다. 명목 선출인단, 실제 선출인단, 승리 연합 등 3종의 지지 집단 개념이다. 명목 선출인단은 투표권을 가진 모든 사람, 곧 전체 유권자를 가리킨다. 정치권력의 문밖에 서 있는 집단이자 여론조작 등에 휘둘리는 거수기 집단에 가깝다. 좀 더 중요한 역할을 하는 것은 실제 선출인단이다. 승리에 영향을 미치는 사람들을 말하며, 사우디아라비아의 원로 왕족들이 이에 해당한다. 가장 중요한 집단은 실제 선출인단의 일부로 구성되는 승리 연합이다. 권력자는 이들의 지지를 등에 업어야만 권력을 유지할 수 있다. 핵심 집단을 뜻한다.

이런 구분은 민주국가든 독재국가든 아무런 차이가 없다. 메스키타와 스미스는 대체 가능 집단, 유력 집단, 핵심 집단 등 세 개의 집단 개념을 통해 독재와 민주의 차이를 양적인 차이에 불과한 것으로 파악했다. 이들 3개 집단의 규모와 역할이 민주국가와 독재국가를 구분하는 결정적인 배경이 된다는 것이다. 그들의 분석에 따르면 민주국가는 대체 가능 집단과 유력 집단이 다수를 형성해 소수의 핵심 집단과 대립한 정부이고, 독재국가는 극소수의 핵심 집단과 소수의 유력 집단이 대규모 대체 가능 집단을 압도하는 정부에 지나지 않는다. 질적인 차이가 아니라 양적인 차이에 불과하다는 지적이다. 여러

모로 공감이 가는 분석이다.

객관적으로 볼 때 21세기의 경제전 상황에서 최대 화두로 떠오른 '리더십 위기'는 빈부의 양극화에 있다. 이눈 기본적으로 특혜와 부정비리로 인한 시장질서의 교란에서 비롯된 것이다. 공정한 거래질서가 실종된 곳에서는 약육강식이 난무한다. 급전이 필요한 서민들이 사금융의 먹이가 돼 천문학적인 이자에 눌려 신음하고 있는 현실이 그렇다. '동반 성장'이 여야를 막론하고 2012년 총선 및 대선의 최대 화두로 부상한 것도 이 때문이다. 리더십 위기는 결국 민생 해결의 실패를 달리 표현한 것에 지나지 않는다.

고금을 막론하고 민생이 도탄에 빠져 있는 한 리더십 위기에서 벗어날 길은 없다. 이 덫에서 벗어날 수 있는 유일한 길은 공정한 법 집행을 전제로 최고통치권자가 과감하게 결단해 민생의 현장인 시장의 교란을 막는 것이다. 『상군서』가 난세의 심도가 깊을수록 군주의 신속하고도 고독한 결단이 필요하다고 역설한 이유다. 『귀곡자』의 관점에서 보면 주변 상황에 미혹되지 않고 결단하는 미혹계에 해당한다. 난세의 상황이 격화될수록 미혹계의 중요성은 더욱 커진다.

명실계
名實計

34

명분과 실리를 동시에 추구하라

군주는 명분과 실질이 부합하는 것을 귀하게 여긴다. 명분에 의거해 실질을 살펴고, 실질에 비춰 명분을 확정하는 식으로 명실상부를 추구하는 게 그것이다. 명분과 실질은 서로 의존적인 동시에 서로의 근본이 되는 것이다. 그래서 말하기를, '타당한 명분은 실질에 부합한 데서 비롯된다. 실질은 사물의 이치에서 나오고, 사물의 이치는 명실의 덕에서 나오고, 명실의 덕은 명분과 실질이 부합하는 데서 나오고, 명실상부는 현실 적용의 타당성에서 나온다'라고 하는 것이다. 이상은 군주가 명실상부를 중시해야 하는 이유를 언급한 것이다.

循名而爲貴, 安而完. 名實相生, 反相爲情. 故曰, '名當則生於實, 實生於理, 理生於名實之德, 德生於和, 和生於當.' 右主名.

_「부언」

명실계名實計는 명분과 실리를 일치시키는 계책을 말한다. 이는 오직 종횡가에만 국한된 게 아니다. 오히려 치세의 제왕학을 상징하는 유가에서 더욱 중시한 덕목이기도 하다. 『귀곡자』가 이를 덕목 차원

이 아닌 계책 차원에서 다룬 게 다를 뿐이다. 『귀곡자』「부언」 편은 제왕이 구사하는 책략을 논하고 있는 게 특징이다. 일종의 제신술制臣術 또는 제민술制民術에 해당하며, 치국평천하가 궁극적인 목적이다. 「부언」 편에서 군주 스스로 주의하며 반드시 지켜야 할 필수 사항들을 차례로 열거한 것은 바로 이 때문이다.

현재 중국 유수 대학의 경영대학원에서는 서구 비즈니스 스쿨의 텍스트를 참고서 정도로밖에 활용하지 않고 있다. 이들이 주요 텍스트로 삼고 있는 것은 『도덕경』과 『관자』, 『사기』「화식열전」 등의 고전이다. 서구 교재 일색인 한국의 경영대학원과 대비된다. 중국 학계가 중상주의를 골자로 한 상가商家 이론의 폭과 깊이를 확장하기 위해 다각적인 노력을 기울이는 것도 이런 맥락에서 이해할 수 있다. 상가의 효시인 관중과 유가의 시조인 공자를 결합하려는 일련의 작업이 그렇다. 이들이 찾아낸 것이 바로 『관자』「경언」 편 '목민'에 나오는 부민부국 이론이다.

"나라에 재물이 많고 풍성하면 먼 곳에 사는 사람도 찾아오고, 땅이 모두 개간되면 백성이 안정된 생업에 종사하며 머물 곳을 찾게 된다. 창고가 가득 차야 백성들이 예절을 알고, 의식衣食이 족해야 영욕榮辱을 알게 된다."

오늘날에도 증명되듯이 나라의 부는 서민경제를 충족시키는 데서 시작된다. 관중은 부국강병을 이루기 위해서는 먼저 백성부터 고루 잘살게 만들어야 한다고 생각했다. 그게 바로 이민利民을 통한 부민富民이다. 그가 중농 대신 중상을 통한 부민부국과 강병을 추구한 이유다. 실제로 그는 일련의 중상주의 정책을 통해 제 환공을 춘추5

패의 우두머리로 만드는 데 성공했다. 훗날 관중의 부민부국 이론에 공명한 공자는 『논어』「헌문」 편에서 관중의 부국강병 책략을 극찬했다.

"관중이 생전에 제 환공을 도와 제후들을 호령하는 패업을 이루고, 일거에 천하를 바로잡는 대공을 세운 덕분에 지금까지 백성들이 그 혜택을 받고 있다. 관중이 없었다면 우리는 머리를 풀고 옷깃을 왼편으로 하는 오랑캐가 되었을 것이다."

그럼에도 중국의 역대 왕조는 이를 외면했다. 20세기 후반 덩샤오핑이 개혁개방을 선언하기 전까지 2천여 년 넘게 상가의 중상주의 대신 유가와 법가의 중농주의를 추종한 탓이다. 그러나 여불위가 활약한 전국시대 말기만 해도 중상주의가 중농주의를 압도했다. 자본주의 시장경제가 꽃을 피운 것이나 다름없다. 사마천은 상가 이론을 집대성하면서 『사기』「화식열전」에 수많은 부상대고富商大賈를 소개하며 중상주의 정책의 필요성을 이같이 역설했다.

"사람들은 각기 저마다의 능력에 따라 그 힘을 다하여 원하는 것을 손에 넣는 것뿐이다. 그러므로 물건 값이 싼 것은 장차 비싸질 징조이며, 비싼 것은 싸질 징조다. 적당히 팔고 사며 각자 생업에 힘쓰고 일을 즐기는 것은 마치 물이 낮은 곳으로 흐르는 것과 같다. 물건은 부르지 않아도 절로 모여들고, 강제로 구하지 않아도 백성이 그것을 만들어낸다."

애덤 스미스가 말한 '보이지 않는 손'에 의한 수요와 공급의 시장원리가 이미 수천 년 전에 사마천에 의해 논파된 셈이다. 경제학의 효시를 꼽는다면 사실 사마천에게 영광을 돌리는 게 옳다. 사마천이

이런 놀라운 얘기를 할 수 있었던 것은 이미 춘추시대 이전부터 중상주의 흐름이 존재했기에 가능했다.

시류와 민심의 흐름에 따라 변화하라

덩샤오핑의 개혁개방 이후 자금성의 수뇌부는 부민부국을 제1의 국가 목표로 삼고 있다. 현재 중국은 지구상에 하나밖에 없는 '사회주의 시장경제'로 자본주의하에서만 시장경제가 가능하다는 서구 경제학의 철칙을 깨부수고 있는 중이다. 관자 경제학의 요체를 꿴 덕분이다.

객관적으로 볼 때 현재 시진핑 체제가 내건 중국몽中國夢은 시대적 요구에 해당하는 시류를 거스르지 않겠다는 의지의 표현이기도 하다. 사실 그리하지 않으며 G1은커녕 G2를 유지하기도 어렵다. 원래 중국몽은 시진핑의 모교인 칭화 대학교 현대국제관계대학원장 옌쉐퉁閻學通이 제시한 것이다. 중국의 대표적인 현실주의 정치학자인 그는 중국의 전래 학문과 21세기 국제정치학을 접목시킨 창조적인 인물이기도 하다. 주목할 것은 그가 맹자가 아닌 순자 전문가라는 점이다. 지난 2007년 『국제정치과학』에 기고한 「순자의 국제정치사상 및 계시」가 이를 증명한다. 어떻게 하면 G1 미국을 제압하고 명실상부한 G1의 자리에 등극할 수 있는가 하는 게 논점이다. 그는 지난 2013년에 펴낸 『역사의 관성』에서도 유사한 논지를 편 바 있다.

"중국은 왕도를 추구하는 외교 정책을 추구해야 한다. 왕도를 실천하는 국가는 다른 나라의 존경을 받는 나라이며, 핵심은 '책임감

상대를 열광케 하라 – 귀곡자처럼

있는 강대국'이 되는 것이다."

바로 순자가 역설한 선왕후패先王後覇에 입각한 주장이다. 이제 G2
의 반열에 오른 만큼 왕도를 전면에 내걸고 패도를 구사해 실력으로
천하를 제압해야 한다는 것이다. G1 미국을 제압한 뒤 명실상부한
'신 중화질서'를 구축하려는 저의가 짙게 묻어난다.

옌쉐퉁은 청나라, 영국, 러시아 등이 '제국은 몰락한다'라는 역사
의 관성을 벗어나지 못했듯이 미국도 이를 피할 길이 없다는 입장이
다. 향후 10년 동안 역사의 관성이 중국의 부상에 유리하게 작용할
것이라고 내다본 이유다. 좀 더 노골적으로 표현하면 미국은 몰락하
는 G1, 중국은 욱일승천旭日昇天하는 미래의 G1이라는 얘기다.

팍스 시니카에 적극적으로 대비하라

동서고금의 역사를 개관하면 한때 세계를 호령했던 모든 제국은 언
젠가는 역사의 무대 뒤로 퇴장했다. 영원한 제국은 존재하지 않는다.
주목할 것은 제국의 몰락에는 반드시 '재정위기'라는 하나의 공통점
이 있다는 점이다. 대영 제국의 경우 세계대전 이후 막대한 전비를
감당하지 못해 빚더미에 올라앉으면서 기축통화인 파운드화가 붕
괴했다. 미국도 재정 적자가 지속되고 심화되면 결국 영국의 전철을
밟을 수밖에 없다. 실제로 그런 조짐이 가시화하고 있다. 로마 제국
과 대영 제국처럼 해외 군사기지를 너무 많이 유지하는 게 문제다.
촘촘한 그물망으로 짜인 달러화의 세계통화 신화가 무너지는 순간
팍스 아메리카나도 종언을 고할 수밖에 없다.

G2 중국의 입장에서 볼 때 달러화의 추락은 곧 위안화의 격상을 의미한다. 문제는 시간이다. 한국은 달러화와 위안화가 국제통화로 공존하는 곳이다. 최근 '여우커遊客'로 불리는 중국 관광객이 한국의 관광특수를 주도하고 있는 데서 힌트를 얻을 수 있듯이 각종 한류의 양과 질을 대폭 강화할 필요가 있다. 중국이 쫓아올 생각을 하지 못할 정도의 최첨단 기술 개발에 박차를 가하는 한편, 문화예술의 소프트파워를 크게 증강시키는 게 관건이다.

그런 점에서 발상의 대전환이 절실하다. 지금까지는 1등 정신과 애사심, 빠른 승진 등으로 한국의 기업문화를 나름 성공적으로 이끌어왔다. 그러나 이제는 상황이 달라졌다. 연례행사처럼 돼버린 현대차의 노조 파업을 통해 알 수 있듯이 생산성은 최하인데도 임금만큼은 독일과 일본의 자동차업체보다도 많은 기현상이 지속되면 앞날은 없다. 인건비 상승을 못 견딘 기업이 계속 해외로 빠져나가면 이를 막을 길도 없다. 국내 산업이 공동화되면 결국 남 좋은 일만 시키는 게 된다.

문제의 근원을 알면 해결책도 찾아낼 수 있다. 중국과 베트남, 인도네시아, 인도 등으로부터 뛰어난 인재를 대거 한국으로 유학시켜 첨단 기술을 가르칠 필요가 있다. 우리의 첨단 기술을 유출시키자는 얘기가 아니다. 그들을 적극 활용해 한국 공장과 연구소에서 일하게 만들어 아시아로 뻗어나가는 교두보를 만들자는 취지이다. 쉽게 말해 '친한파 엘리트'를 대거 육성하자는 것이다.

21세기 현재 중국은 G2로 우뚝 선 것을 계기로 자동차와 TV 등 일반 공산품 생산에 박차를 가하고 있다. 조만간 현대와 삼성을 뛰

어넘는 글로벌 기업이 나올 공산이 커졌다. 벌써 그런 조짐이 나타나고 있다. 불과 5년밖에 안 된 토종 전자업체 샤오미小米가 2014년부터 2년 연속 세계 최고의 하드웨어를 자랑하는 삼성을 제치고 판매 순위 1위를 차지한 게 그렇다.

현재 중국은 9억 명에 가까운 막대한 소비시장을 미끼로 서구의 선진 기술을 도입하고자 애쓰고 있다. 세계 500대 기업이 중국에 경쟁적으로 몰려드는 이유다. 덕분에 한국은 한때 대중 무역에서 막대한 무역 흑자를 기록했다. 지리경제학적으로 가장 가까운 거리에 위치한 게 긍정적인 요인으로 작용한 결과다. 그러나 2014년 들어오면서 상황이 일변했다. 중국이 세계의 공장에서 세계의 시장으로 탈바꿈했기 때문이다. 중국 내에서 자체적으로 생산하는 품목이 많아짐에 따라 중간재는 공급 과잉의 상태에 빠졌고, 전자제품과 자동차 등도 세계 최대 소비시장으로 부상하면서 '레드 오션'으로 돌변했다. 수출에 의존하며 중국에서 한국 전체 무역수지 흑자의 3배를 올리고 있는 만큼 발등에 불이 떨어진 셈이다. 2015년에 한국의 대중 수출이 눈에 띄게 줄어든 게 그렇다.

이제는 좀 더 적극적이면서도 능동적으로 움직일 필요가 있다. 위기는 당사자가 대응하기에 따라서는 천재일우의 호기로 작용할 수 있다. 이른바 전화위복轉禍爲福이 그것이다. 똑같은 상황을 맞이할지라도 당사자의 노력 여하에 따라 그 결과는 전혀 다르게 나타난다. 모든 게 당사자가 하기 나름이다. 전자제품과 자동차 등에서 중국이 기술적으로 한국의 턱밑까지 치고 들어온 것을 오히려 전화위복의

계기로 삼을 줄 아는 발상의 전환이 필요하다.

중국의 문화와 습관을 철저히 연구해 맞춤형 제품을 출하하면 거대한 소비시장을 장악할 수 있다. 이미 드라마와 영화 등의 엔터테인먼트 시장에서 좋은 조짐이 나타나고 있다. 현재 한류가 전방위적으로 확산되고 있다. 엔터테인먼트 한류에 이어 의료 한류, 미용 한류, 패션 한류, 음식 한류 등을 더욱 확산시킬 필요가 있다. 한류의 흐름을 양적으로 더욱 확산시키는 동시에 질적으로 심화시킬 수만 있다면 한국의 미래는 매우 밝다.

여기서 잊지 말아야 할 것은 그렇게 해야만 G1 미국이 주도하는 팍스 아메리카나가 중국 주도의 팍스 시니카로 바뀔 때 그 과실을 한국이 차지할 수 있다는 점이다. 그게 바로 '팍스 코레아나'이다. 한반도 통일도 팍스 코레아나가 본격적으로 작동할 때 이루어질 가능성이 커진다. 역대 정부가 구두선처럼 내세웠던 동북아 허브 시대 역시 이때에 이르러 비로소 활짝 개화할 수 있다. 심기일전의 각오와 배전의 노력이 절실히 요구되는 이유다. 명분과 실리를 부합케 만드는 『귀곡자』의 명실계가 그 어느 때보다 절실히 필요한 시점이다. 양적 성장을 질적 성장으로 전환시키는 게 관건이다.

정혁계
鼎革計

35

고칠 수 없으면 새로 만들어라

세상이 다스릴 만하면 저희계로 틈새를 막아 세상을 정상화하고, 그렇지 못하면 저희계로 아예 새 세상을 만든다. 어떤 때는 이런 식 때론 저런 식으로 저희계을 구사한다. 또 어떤 때는 저희계로 과거를 되새기는가 하면 때론 과거를 뒤엎어버린다.

世可以治, 則抵而塞之, 不可治, 則抵而得之, 或抵如此, 或抵如彼, 或抵反之, 或抵覆之.

_ 「저희」

정혁계鼎革計의 '정혁'은 『주역』에서 말하는 혁명革命을 달리 표현한 것이다. '정鼎'은 나라의 제사 등에 쓰이던 청동으로 만든 세발솥이다. 세 개의 발이 솥을 지탱하는 까닭에 음양의 조화를 상징하는 3공 三公이 천자를 받드는 것에 비유되며, 새로운 통치를 위한 법제와 통치 도구인 법기法器를 의미하기도 한다. 전설적인 왕조인 하나라를 개국한 우禹가 만들었다는 '구정九鼎'이 천하 통치를 상징하게 된 것

은 바로 이 때문이다.

또한 '정'은 마치 우물물이 사람들에게 식수를 제공하듯이 음식을 만들어 사람들을 양육하는 공덕을 지니고 있다. 이는 날것을 익혀 새로운 음식을 만든다는 차원에서 창신創新을 의미한다. 이를 두고 당나라 때의 공영달은『주역정의』에서 이같이 풀이했다.

"정鼎은 원래 불에 쇠붙이를 녹인 후 그릇을 만들어 음식을 익히는 용도로 사용했다. 음식을 익히는 도구를 뜻하는 동시에 사물 형상의 법칙을 의미하는 것이다. 정괘鼎卦는 성인이 혁명을 밝히면서 사물 형상의 법칙을 보여준 것으로, 제도를 새롭게 하는 것을 의미한다. 나무를 사용해 불을 피우는 것으로 '정'을 상징했다."

이는 '정'이 '혁革'의 의미를 지니고 있음을 설명한 것이다. 혁명을 흔히 정혁鼎革으로 부르는 것은 바로 이 때문이다. '혁'은 옛것을 제거하는 걸 뜻하며 '정'은 새로운 것을 취하는 걸 의미한다. '정혁'은 바로 질적인 변화를 일으킨 뒤에 새로움을 완성한다는 말과 같다.

『귀곡자』의 대미를 장식하는 정혁계 또한 유사한 의미를 띠고 있다. 틈새의 봉합이 불가능할 때는 아예 새로운 물건으로 바꿀 것을 역설한 게 그렇다. 해석하기에 따라서는 맹자의 폭군방벌론暴君放伐論을 떠올리게 하는 매우 과격한 이론에 해당한다. 그러나 그 내용이 사뭇 다르다.『귀곡자』에서 말하는 정혁계는 최후의 수단으로 강구하는 것이다. 폭군이라고 판단될 경우 무조건 뒤집어엎는 폭군방벌론과는 차원을 달리한다.

상대를 열광케 하라 – 귀곡자처럼

과감하게 낡은 방식을 혁신하고 새바람을 일으켜라

역사상 정혁계의 대표적인 인물로 초한지제楚漢之際 당시 항우의 행보를 들 수 있다. 항우는 역대 영웅호걸을 놓고 간헐적으로 실시하는 중국 내 여론조사에서 늘 수위를 차지한다. 용모도 뛰어났을 뿐만 아니라 의리를 존중하며 한 여인에게 지극한 사랑을 바친 너무나 인간적인 사람이라는 게 그 이유다. 정반대로 유방은 얼굴도 못 생긴 데다 배신을 밥 먹듯 하고, 여치라는 아내가 있음에도 여색을 지나치게 밝히는 음흉하기 짝이 없는 자로 비판받고 있다.

이런 흐름을 이용해 '대박'을 노린 작품이 바로 지난 1994년 홍콩에서 제작한 〈서초패왕〉이다. 여기서 항우는 백성들의 고통을 전하는 부하의 간언을 듣고는 천하를 둘로 나누는 결단을 내린 뒤 곧 유방에게 이같이 제안한다.

"우리로 인해 백성들이 도탄에 빠져 있소. 이제 싸움을 끝내고 평화롭게 살아갑시다. 강을 중심으로 동쪽은 내가, 서쪽은 당신이 다스리도록 합시다."

연전연패하던 유방이 꿇어 엎드려 거듭 사의를 표하고는 음흉하게도 항우의 군사가 모처럼 평화를 즐기고 있은 틈을 노려 기습공격을 가한다. 결국 항우는 마지막까지 자신을 따르던 휘하들과 함께 자진하고 만다. 이 영화를 보면 누구나 항우를 좋아할 수밖에 없다. 비록 항우를 미화하기는 했으나 나름 역사적 사실에 토대한 까닭에 '역사 왜곡'으로 치부할 수만도 없다.

이와 정반대되는 블록버스터가 지난 2013년 초 국내에 개봉된 바 있다. 〈적벽대전〉의 메가폰을 잡은 바 있는 루추안陸川 감독이 제작

한 〈초한지-영웅의 부활〉이 그것이다. 원제목은 제왕이 군신들을 위해 베푼 연회를 뜻하는 '왕적성연王的盛宴'이다. 3년 동안 역사적 고증 끝에 완성된 이 작품은 주인공 유방의 말년에 초점을 맞추고 있다. 서민 출신 유방은 외모도 볼품이 없고 항우를 상대할 무예도 없지만 그 누구보다 용인술에 탁월한 재능을 발휘하는 인물로 나온다.

이 영화에서 주목할 사람은 한신이다. 병법의 대가인 그는 최후의 결전에서 휘하의 대군을 절묘하게 지휘해 마침내 항우를 궤멸시키지만, 천하통일 후 이내 유방을 위협하는 인물로 변한다. 장양이 한신은 역모를 꾀한 적이 없다며 그의 숙청을 반대하지만 유방은 계속 강한 의구심을 드러내며 그의 처리 문제를 놓고 갈등하는 모습을 보인다. 토사구팽으로 인해 후대인의 지탄을 받은 유방을 적극 변호하고자 하는 취지가 선명히 드러나는 대목이다. 이 영화의 특징은 한신을 항우 및 유방과 같은 반열에 올려놓아 당시를 '3자 대결 구도'로 파악하고 있으며, 유방을 난세의 바람직한 창업주로 묘사한 데에 있다. 이전의 작품에서는 전혀 볼 수 없었던 모습이다.

이는 중국 학계에서 거세게 일고 있는 초한지제에 대한 재조명 작업의 성과를 적극 반영한 것이기도 하다. 2012년 7월 개봉 예정이던 이 영화가 중국 검열당국의 제지로 다섯 달이나 늦게 개봉된 것도 이런 맥락에서 이해할 수 있다. 재미난 것은 영화 개봉이 늦어진 것에 대한 〈뉴욕 타임즈〉의 분석이다. 크게 두 가지 이유를 들었다.

첫째, 탐욕과 분노의 화신으로 묘사된 여치의 모습이 그해 여름 실각한 보시라이薄熙來의 부인 구카이라이谷開來를 연상시킨다는 점이다. 영국인 살해 혐의로 상승 가도를 달리던 남편을 일거에 구렁으

로 밀어넣은 구카이라이의 행보가 중국의 3대 악녀 가운데 하나로 꼽히는 여치와 닮았다는 것이다. 실제로 영화 속의 여치는 자신에게 위협이 될 인물은 모든 수단을 동원해 가차 없이 제거하는 천고의 악녀로 나온다.

둘째, 중국 내에 크게 만연한 부정부패 현상을 연상시킨다는 점이다. 이 영화는 등장인물의 권력욕과 탐욕, 배신 등을 정밀하게 파헤치고 있다. 항우는 비열한 수단을 동원해 천하를 거머쥐고자 하는 유방을 향해 "내가 또다른 시황제를 세우려고 진나라를 폐한 게 아니다"라고 일갈한다. 부정부패에 눈을 감고 있는 중국의 수뇌부를 겨냥한 것으로 느껴질 만한 대목이다.

〈초한지-영웅의 부활〉에서 항우는 유방에게 병사 5천 명을 내줘 그의 아내를 구출하도록 돕고, 이내 의기투합해 진나라를 멸하는 것으로 그려져 있다. 역사적 사실과 약간 다르기는 하나 항우가 모든 면에서 우위에 있었던 것만은 분명한 사실이다. 그럼에도 그는 결국 유방에게 패하고 말았다.

가장 큰 이유는 역시 용인술의 실패에 있다. 초나라 명문가 출신으로서 과도한 자부심과 지나친 엘리트의식을 지닌 게 화근이었다. 시대가 영웅을 만들듯 난세에는 수많은 영웅호걸이 나타나 치열한 각축을 벌이기 마련이다. 진시황의 급서처럼 거대한 권력 공백 상황에서는 더 말할 게 없다. 유방이 최초의 평민 출신 황제가 된 것도 바로 이런 시대적 상황의 결과물로 볼 수 있다. 난세가 아니었다면 유방은 결코 새 왕조의 창업주가 될 수 없었을 거라는 얘기다. 이는 비

록 항우가 마지막 결전에서 패해 후대인의 웃음거리가 되기는 했으나 그만큼 뛰어난 인물이었다는 얘기도 된다. 실제로 수천 년 동안 소인묵객騷人墨客들은 유방 대신 항우를 시와 그림의 소재로 삼았다.

초한지제 당시 항우가 보여준 무공은 눈이 부실 청도로 휘황찬란하다. 신출귀몰한 용병술로 그는 가는 곳마다 승리를 거두었다. 7년간에 걸친 초한지제를 개관하면 마지막 결전에서 패할 때까지 항우는 내내 우위를 유지했다. 그가 최후의 결전에서 패하기 전까지 보여준 뛰어난 용병술은 21세기 경제전에 시사하는 바가 크다. 이를 따라 배울 필요가 있다. 최후의 결전에서 패배한 이유 등은 타산지석으로 삼으면 된다. 21세기 스마트혁명 시대의 관점에서 볼 때 항우 리더십의 뛰어난 면모는 크게 세 가지 정도로 요약할 수 있다.

첫째, 어렸을 때부터 천하를 경영하겠다는 웅대한 포부를 지닌 점이다. 항우가 어렸을 때부터 얼마나 큰 뜻을 품고 있었는지 짐작할 수 있는 일화가 『사기』「항우본기」에 나온다. 이에 따르면, 한번은 항량이 조카 항우와 함께 밖에 나갔다가 회계산을 유람하고 절강浙江을 지나는 진시황의 행차를 보게 됐다. 장려한 행렬을 유심히 바라보던 항우가 문득 이같이 탄식했다.

"저 황제 자리는 가히 빼앗아 대신할 만하구나!"

깜작 놀란 항량이 황급히 조카의 입을 막았다.

"경망스런 말을 입 밖에도 꺼내지 마라, 삼족이 멸하게 된다."

「항우본기」는 항량이 내심 항우를 기재奇才로 여겼다고 기록해놓았다. 항량이 크게 흐뭇해했음을 짐작할 수 있다. 항우는 어렸을 때부터 문文보다 무武를 좋아했다. 그는 숙부 항량이 자신의 이런 행보

상대를 열광케 하라 – 귀곡자처럼

에 대해 노여워하는 모습을 보이자 이같이 항변했다.

"글이란 원래 사람의 이름을 쓰는 것만으로도 충분합니다. 검 또한 한 사람만을 대적할 수 있을 뿐이니 족히 배울 만한 게 못됩니다. 저는 만인을 대적하는 것을 배울 생각입니다!"

'무武'는 원래 글자의 생성 원리에서 볼 때 전쟁을 그치게 한다는 뜻을 지니고 있다. '만인을 대적하는 것을 배우다'의 원문은 '학만인적學萬人敵'이다. 이는 항우가 어린 나이에 '무'의 기본 취지를 통찰했음을 보여준다. '글이란 원래 사람의 이름을 쓰는 것만으로도 충분하다'라는 말 역시 결코 항우가 독서를 멀리했다는 주장의 근거가 될 수 없다. 서생 수준의 글 읽기는 의미가 없다는 취지로 풀이하는 게 옳다. 마오쩌둥의 항우에 대한 평이 이를 뒷받침한다.

"많은 사람들이 '항우는 독서를 멀리했다'라고 말한다. 그러나 이는 역사적 사실과 다르다."

후대에 항우를 두고 불학무식不學無識하다는 얘기가 나온 것은 한나라가 등장한 후 황실에 아첨하려는 자들이 의도적으로 퍼뜨린 유언비어일 공산이 크다. 「항우본기」는 항우의 재기才氣가 보통 사람을 뛰어넘은 탓에 오현의 자제들이 모두 그를 두려워했다고 기록해놓았다. 한마디로 항우는 문무를 겸비한 타고난 무인이었음에 틀림없다. 불학무식한 데다 병법과 거리가 멀었던 유방과 대비된다.

둘째, 반드시 승리를 거두겠다는 필사의 각오와 단호한 결단을 지닌 점이다. 항우의 일생 가운데 가장 빛나는 대목은 상장군 송의宋義의 목을 베고 황하를 건너간 뒤 진나라 명장 장한章邯이 이끄는 진나라 정예군을 거록鉅鹿에서 격파한 일이다. 이를 흔히 '거록대전'이라

고 한다. 진나라가 사실상 패망한 날이라고 보아도 무리가 없다. 이를 가능케 한 것은 단호한 결단으로 송의의 목을 벤 뒤 군사를 이끌고 황하를 건넌 데 있다. 겉으로만 보면 일종의 하극상이기는 하나 당시의 정황을 감안할 필요가 있다.

예나 지금이나 혁명을 성사시키기 위해서는 '필사의 각오'가 전제되어야 한다. 이는 장수가 앞장서 보여주어야만 효과를 거둘 수 있다. 필사의 각오가 효과를 발휘하면 한 사람이 능히 1만 명의 적군을 상대하는 일이 가능해진다. 항우가 거록대전에서 막강한 무력을 자랑하던 30만 명의 진나라 군사를 일거에 격파한 것도 전 장병을 결사대로 만든 덕분이다.

셋째, 설득을 통해 승리를 거두는 방법을 알고 있었다는 점이다. 항우의 일생에서 가장 빛나는 거록대전은 진나라 장수 왕리의 생포에서부터 시작됐다. 그러나 이는 국지전의 승리에 불과했다. 당시 진나라의 총사령관 장한은 나름 군사를 차분히 정비하며 결전을 준비하고 있었다. 장한의 주력군을 격파해야만 비로소 완벽한 승리를 거두게 된다. 항우는 이를 설득을 통해 이루어냈다. 장한의 투항은 왕리를 생포한 지 여섯 달 뒤인 기원전 207년 7월에 실현됐다. 항우와 장한이 지금의 산서성 여성현에서 발원해 조나라 일대를 관통하는 원수洹水의 남쪽 은허殷墟에서 맹약했다. 맹약이 끝나자 장한이 항우 앞에서 눈물을 흘리며 함양의 혼란스런 정황을 얘기했다. 항우가 장한을 위로하면서 곧바로 옹왕雍王에 임명하고 그를 앞세워 함양으로 진격했다. 진나라 관원들이 앞을 다퉈 합류했다. 설득을 통한 적장의 투항이 어떤 효과를 거두는지를 여실히 보여준다.

국가 총력전 양상을 보이고 있는 21세기의 경제전 시기에는 안방과 문밖의 경계가 사라진 까닭에 말 그대로 천하의 인재를 그러모아야 세계시장을 석권할 수 있다. 우리말에 '구더기 무서워 장 못 담글까?'라는 속담이 있다. 국적을 가리는 것은 곧 패망을 자초하는 길이다. 오히려 국적에 아랑곳하지 않고 천하를 종횡으로 누비는 특급 인재를 더 많이 그러모아야 한다. 그리고 특별대우를 통해 그들이 떠나지 않도록 붙잡아 두어야 한다. 『귀곡자』가 유세와 책략의 대미를 장식하는 최후의 계책으로 새 세상의 도래를 꾀하는 정혁계를 역설한 것도 바로 그런 취지이다. 천하의 인재를 그러모아 과감히 옛 방식을 뛰어넘고 새로운 바람을 일으키는 자가 바로 천하를 거머쥐는 주인공이 된다는 얘기다.

큰일을 할 때는 사람을 통제하라

얼굴에 능히 호오好惡의 기색을 전혀 드러내지 않는 사람은 가히 속내를 드러내며 부탁할 만하다. 사람을 부릴 때는 당사자가 어떤 사람인지 확실히 안 경우에 한해 사용할 수 있다. 확실히 알 길이 없으면 계책을 만들 때 불러서는 안 된다. 그래서 말하기를, '거사할 때는 사람을 제어하는 것을 귀하게 여기고, 제어당하는 것을 멀리한다.'고 하는 것이다. 사람을 제어한다는 것은 곧 권력의 장악을 뜻한다. 제어당하는 것은 곧 명운까지 제압당하는 것을 의미한다.

貌者不美又不惡, 故至情托焉. 可知者, 可用也, 不可知者, 謀者所不用也. 故曰, '事貴制人, 而不貴見制於人.' 制人者, 握權也. 見制於人者, 制命也.

_ 「계모」

제인계制人計는 혁명을 통해 새 세상을 만들고자 할 경우 주의해야 할 기본 계책을 언급한 것이다. 남을 부릴지언정 부림을 받는 존재가 돼서는 천하를 거머쥘 수 없다는 취지이다. 중국의 전 역사를 통틀어 이를 가장 잘 실천한 대표적인 인물로 유방을 들 수 있다. 그는 사상

상대를 열광케 하라 – 귀곡자처럼

최초의 평민 출신 황제이다. 진시황의 급서로 인해 모든 것이 소용돌이치는 난세의 와중에 시류에 적극 편승해 마침내 새 왕조를 세우는 데 성공했다. 그가 천하를 거머쥔 뒤의 행보는 더 극적이다.

남을 부리는 사람이 되라

항우가 자진한 직후인 기원전 202년 정월, 유방이 제나라 왕에 봉한 한신을 초왕楚王으로 봉지를 바꿔 봉했다. 도성은 하비下邳였다. 항우와 최후의 결전을 벌이기 전에 했던 약속을 헌신짝처럼 버린 셈이다. 이때 유방이 이같이 명을 내렸다.

"병사들이 쉬지 못한 지 8년이 되었다. 백성들 또한 그간 고생이 심했다. 지금 천하대사가 끝났으니 참형을 제외한 여타 죄인은 모두 석방토록 하라!"

황제의 자리에 오르기 위한 사전 조치였다. 제후왕들에게 속히 자신을 황제의 자리에 오르도록 청하라고 주문한 것이나 다름없다. 이해 2월 3일, 유방이 황제로 즉위했다. 유방은 왕후 여씨를 황후, 태자 유영을 황태자, 작고한 모친을 소령부인昭靈夫人으로 높였다.

그는 낙양의 남궁南宮에서 대신들을 위한 주연을 베풀며 문득 이같이 물었다.

"열후와 제장들은 짐에게 감히 숨기는 일 없이 모든 것을 말하도록 하시오. 짐이 천하를 차지하게 된 연유는 무엇이고, 항씨가 천하를 잃게 된 연유는 무엇이오?"

고기高起와 왕릉王陵이 대답했다.

"폐하는 사람을 시켜 성을 공격하고 땅을 경략한 후 그것을 그들에게 주었습니다. 이로써 천하와 더불어 그 이로움을 함께했습니다. 그러나 항우는 그리하지 않았습니다. 공로를 세운 자가 있으면 해치고, 현명한 자가 있으면 의심했습니다. 이것이 그가 실천하失天下하게 된 연유입니다."

유방이 웃으며 말했다.

"공은 하나만 알고 둘은 모르오. 무릇 막사 안에서 계책을 세워 1천 리 밖에서 승리를 결정짓는 일은 내가 장양만 못하오. 국가를 안정시키고 백성을 위무하는 동시에 군량을 제때 공급하면서 끊이지 않게 하는 일은 내가 소하만 못하오. 1백만 대군을 연합해 싸우면 반드시 이기고 공격하면 반드시 빼앗는 일은 내가 한신만 못하오. 이들 세 사람 모두 천하의 인걸이오. 그러나 나는 이들을 능히 임용할 수 있었소. 이것이 내가 취천하取天下하게 된 까닭이오. 항우에게는 책사로 범증 한 사람밖에 없었는데도 그조차 제대로 쓰지 못했소. 이것이 그가 나에게 패한 까닭이오."

군신들이 모두 감복한 표정을 지었다.

『자치통감』은 「고조본기」의 이 대목을 그대로 인용했다. 역사적 사실에 부합한다고 판단한 까닭이다. 그러나 과연 유방이 그런 말을 했는지는 의문이다. 내용이 너무 잘 다듬어져 있기 때문이다. 사마천이 세간에 떠도는 얘기를 옮겼거나 후대인이 손을 댔을 가능성을 배제할 수 없다.

원래 유방의 천하제패는 한신의 도움이 없었으면 불가능했다. 한신의 등용 이후 시종 수세에 몰렸던 유방이 이내 공세로 전환했다.

그러나 위나라와 대나라, 조나라, 연나라에 이어 제나라까지 차례로 손에 넣은 한신은 독자 노선을 모색하기 시작했다. 사람을 유방에게 보내 자신을 제나라 왕에 봉해줄 것을 자청하고 나선 것이다.

"제나라는 거짓과 사술을 일삼으며 번복을 잘하는 나라입니다. 게다가 남쪽으로 초나라와 접하고 있습니다. 청컨대 임시적으로 가왕假王이 되어 이곳을 완전히 평정하고자 합니다."

유방이 격노했다. 어부지리를 노려 천하를 거저먹으려 든다고 생각한 것이다. 유방은 한신의 사자 앞에서 화를 폭발시켰다.

"나는 여기서 어렵게 지키며 밤낮으로 그가 와서 도와주기만을 기다렸다. 그런데 지금 자립하여 왕이 되겠다는 것인가?"

이때 장양과 진평이 황급히 유방의 발을 밟고는 이내 그의 귀에 대고 말했다.

"한나라는 지금 불리한 처지에 있는데 어떻게 한신이 자립해 왕이 되겠다는 것을 금할 수 있겠습니까? 차라리 그를 왕으로 세워 잘 대우하며 스스로 제나라 땅을 지키게 하느니만 못합니다. 그렇지 않으면 변란이 일어날고야 말 것입니다."

유방도 깨달은 바가 있어 곧바로 안면을 바꿔 한신을 칭송했다.

"대장부가 제후왕을 평정하면 곧 자신이 왕이 되는 것이다. 어찌하여 가짜 왕이 되겠다는 것인가!"

건달 출신의 놀라운 안면 바꾸기 기술이다. 이른바 환면술換面術의 진수에 해당한다. 안면을 순식간에 바꾸는 환면술은 후흑술의 중요한 계책 가운데 하나이다. 낯가죽이 두꺼워야 가능한 일이다. 시정잡배로 잔뼈가 굵은 자들만이 이런 환면술을 자연스레 구사할 수 있

다. 귀족 출신인 항우와 한신 등은 체면을 생각하느라 이런 환면술과는 거리가 멀다. 장양도 마찬가지다. 장양은 현명하게도 자신의 한계를 알고 철저히 2인자의 길을 걸었다. 그러나 한신은 이런 환면술을 구사할 줄도 모르면서 어정쩡한 2인자의 길을 가고자 했다. 토사구팽을 자처한 꼴이다. 난세에는 군도君道와 신도臣道의 길을 명확히 택할 줄 알아야 한다. 유비와 제갈량의 역할을 동시에 수행할 수 없다는 얘기다. 객관적으로 볼 때 당시 한신이 취할 수 있는 길은 모두 세 가지였다.

첫째, 자립하여 항우, 유방과 함께 이른바 정족지세鼎足之勢를 이루는 것이었다. 항우와 유방이 오랫동안 대치하며 서로 힘을 소진한 탓에 항우와 유방이 합세해 쳐들어오는 것을 막은 뒤 빈틈을 노려 각개격파를 꾀할 경우 능히 천하를 거머쥘 수도 있었다. 삼국시대 당시 하북 일대를 석권한 조조가 걸은 길이다. 한신은 원소와 같은 경쟁자도 없었던 까닭에 오히려 조조보다 유리한 상황이었다. 당시 책사인 괴철은 주군인 한신의 입장에 서서 이와 같은 가장 바람직한 방안을 제시했으나 한신은 이를 좇지 않았다. 복을 차버린 것이나 다름없다.

둘째, 삼국시대 당시 사마의가 그랬던 것처럼 몸을 낮추고 속셈을 철저히 숨기는 것이었다. 항우를 제압한 뒤 곧바로 뒤로 물러났으면 결코 토사구팽을 당하는 참사는 벌어지지 않았을 공산이 크다. 사마의가 그랬던 것처럼 사병계詐病計를 구사하며 철저히 몸을 은신했으면 때가 올 수도 있었다. 그러나 이는 속마음이 검지 못한 한신에게는 다소 무리한 길이기도 하다.

셋째, 삼국시대 제갈량처럼 몸과 마음을 바쳐 충성하는 것이었다. 한신은 나름 의리를 중시했던 만큼 정족지세를 취하지 않을 경우 이게 가장 바람직했다. 그의 자질이나 능력 등에 비춰 제갈량처럼 시종 2인자의 길로 나아가는 게 보신할 수 있는 유일한 길이었다. 한신은 유방이 병권을 회수한 뒤 자신을 초왕으로 옮길 때 그 속셈을 읽었어야 했다. 경거망동했다가는 토사구팽의 제1차 표적이 될 수 있다는 경고나 다름없었기 때문이다. 그러나 한신은 이를 간파하지 못한 채 초나라의 진왕眞王 노릇을 하고자 했다. 유방의 경계심을 또다시 자극한 것이다. 함거에 갇혀 장안으로 끌려온 뒤 회음후로 강등된 배경이 여기에 있다.

이후에도 목숨을 구할 길은 있었다. 그러나 한신은 회음후로 강등된 후 병을 핑계로 조회에 나가지 않는 등 또다시 유방을 자극하는 길로 나갔다. 후흑술을 구사할 의향이나 재주도 없으면서 자신의 집을 찾아온 유방 앞에서 '다다익선多多益善' 운운하며 쓸데없는 자랑이나 늘어놓은 것은 무덤을 스스로 판 것이나 다름없다.

이는 항우가 죽음을 눈앞에 둔 순간에도 자신의 잘못을 깨우치지 못한 채 부하들 앞에서 자신의 용병술을 자랑한 것과 닮았다. 실제로 두 사람은 비록 죽음에 이르는 과정이 서로 다르기는 했으나 그 배경만큼은 놀라울 정도로 비슷하다. 명문가 귀족 엘리트의 알량한 자존심과 혁혁한 전공을 세운 당대 최고 병법가의 지나친 자부심이 화근이었다. 배은망덕을 일삼은 건달 출신 유방과 대비되는 지점이다. 한신을 '의협'으로 평할 수도 있으나 엄밀히 말하면 작은 명분과 의리에 얽매여 대사를 그르친 '샌님'에 지나지 않는다. 당대 최고의

전략을 자랑한 항우와 한신이 공히 패망한 것을 결코 우연으로 볼 수 없는 이유다.

최후에 웃는 자가 가장 잘 웃는 자이다

왕조 교체기의 난세 때 최후의 승리를 거둔 자들을 살펴보면 몇 가지 특징을 찾아낼 수 있다. 공교롭게도 초한지제에 그런 특징이 모두 드러나 있다. 유방이 어떻게 최후의 승리자가 될 수 있었는지를 분석한 최근 학자들의 연구 성과를 종합하면 크게 다음 세 가지로 요약할 수 있다.

첫째, 인화人和이다. 이는 『사기』를 비롯한 대다수 사서들이 하나같이 꼽은 것이다. 유방은 인화'에 성공한 까닭에 천하를 거머쥘 수 있었고, 반대로 항우는 제 발로 걸어온 인재마저 제대로 활용하지 못한 탓에 거의 다 손에 넣은 천하를 유방에게 상납하는 당사자가 되었다는 게 골자다. 천시天時는 난세에 과감히 반기를 들고 봉기한 모든 군웅에게 거의 동일하게 적용된다. 지리地利 역시 큰 변수는 못된다. 넓은 영토와 많은 인구를 지닌 쪽이 유리하기는 하나 이게 승패를 좌우하는 결정적인 요인은 아니다. 삼국시대 당시 원소는 '지리'에서 가장 유리한 입장에 서 있었으나 결국 불리한 '지리'를 지닌 조조에게 패했다. 인재의 확보 및 운용에서 뒤쳐진 게 결정적인 패인이었다. 모든 면에서 불리했던 유방이 인화에 성공해 마침내 천하를 거머쥐었다는 분석은 나름 타당하다.

둘째, 승시乘時이다. 기회가 왔을 때 즉각 올라타야 한다. 항우는

홍문의 연회 때 범증의 계책을 좇아 유방의 목을 치는 결단을 내리거나, 최소한 굴복을 받아내 한중이 아닌 다른 곳에 봉해야 했다. 그러나 그는 그리하지 못하고 유방을 한중왕에 봉했다. 이는 호랑이를 숲에 풀어준 것이나 다름없었다. 이후에도 유방을 제압할 수 있는 기회가 여러 번 있었으나 항우는 계속 우물쭈물하며 이런 기회들을 날려버렸다. 거록대전 때 솥을 부수고 배를 침몰시키는 이른바 파부침주破釜沈舟의 결단을 내린 것과 대비된다. 이와 정반대로 자기 멋대로 결정해 일을 처리하던 유방은 마지막 순간에 장양의 계책을 받아들여 절호의 기회를 놓치지 않았다. 최후 결전에서 항우의 군사를 결정적으로 궤멸시킨 게 그렇다. 마오쩌둥이 스탈린의 반대에도 불구하고 여세를 몰아 장강을 도하한 뒤 장제스를 대륙에서 완전히 몰아낸 것과 닮았다.

셋째, 투지鬪志이다. 유방은 당대 최고의 전략가이자 용장인 항우를 상대로 싸운 까닭에 시종 열세를 면치 못했다. 그럼에도 그는 결코 좌절하지 않았다. 그는 '투지의 화신'이었다. 팽성을 점령했다가 항우의 기습공격으로 참패를 당해 달아날 때는 수레의 무게를 덜기 위해 어린 자식을 수레 밖으로 밀어 떨어뜨릴 정도로 혼이 났는데도 포기하지 않았다. 매사를 낙관적으로 바라보는 그의 천성이 적잖은 도움을 주었다는 게 일반적인 평가다.

고금의 모든 싸움이 그렇듯이 판세의 저울추를 기울게 하는 결정적인 진검승부에서 승리하는 자가 천하를 거머쥐기 마련이다. '최후에 웃는 자가 가장 잘 웃는 자이다'라는 독일 속담이 이를 웅변한다. 난세는 기존의 가치와 관행이 일거에 뒤집히는 격동의 시기이다. 이

런 시기에는 명문가 출신이 오히려 불리하다. 엘리트의식에 젖어 민심을 제대로 읽지 못하는 게 치명적인 약점으로 작용하기 때문이다.

유방이 천하를 거머쥔 것도 이런 맥락에서 이해할 수 있다. 건달 출신인 까닭에 누구보다 민심에 밝았다는 얘기가 가능하다. 건달 출신인 그로서는 잃을 게 없었다. 실제로 그는 시작부터 경무장을 한 채 여기저기 신속히 이동해 힘을 한곳에 집중하는 식의 용병술을 구사했다. 중무장을 한 채 행군한 항우와 대비된다. 항우는 뛰어난 병법과 초인적인 능력을 발휘해 백전백승을 거뒀지만 정작 가장 중요한 민심을 얻는 일에 실패해 결국 천하를 유방에게 상납한 셈이다.

살벌하게 전개되는 21세기 스마트혁명 시대의 경제전 양상은 초한지제를 방불케 한다. 오히려 더한 감이 있다. 조금만 방심했다가는 순식간에 경쟁의 무대에서 퇴출되고 만다. 반대로 부단히 노력한다면 한순간에 지존의 자리에 오를 수도 있다. 관건은 소비 트렌드의 급속한 변화 흐름을 미리 읽고 소비자들의 '니즈'에 부합하는 제품을 조기에 출시하는 데 있다. 유방이 천하를 거머쥔 게 그런 경우다. 『귀곡자』의 관점에서 볼 때 유방의 성공은 천하를 놓고 다투는 과정에서 사람을 제압하는 제인계를 철저히 구사한 덕분으로 해석할 수 있다. 당대 최고의 병법가인 한신을 제압한 것만 보아도 그렇다. 하지만 제압을 당한 한신의 입장에서 보면 제인계에 대한 이해가 부족해 토사구팽을 자초했다고 평할 수밖에 없다.

귀곡자의 삶과 사상

귀곡자는 실존 인물인가?

귀곡자는 전국시대 중기 천하를 풍미한 종횡가의 시조로 알려진 인물이다. 민국시대의 저명한 사학자 전목錢穆은 『선진제자계년先秦諸子繫年』에서 귀곡자의 활약 시기를 대략 기원전 390년에서 320년 사이인 것으로 추정했다. 송 대 이방李昉의 『태평광기太平廣記』와 청 대 가경제 때 중수된 『일통지一統志』 등은 귀곡자의 이름을 왕훈王訓, 왕선王禪, 왕후王栩, 왕후王詡 등으로 기록해놓았다.

전설에 따르면 지금의 하남성 기현淇縣 일대인 초나라의 운몽산雲夢山에 들어가 약초를 캐면서 수도했고, 하남성 영천潁川과 양성陽城 부근인 귀곡鬼谷에 은거한 까닭에 '귀곡 선생'으로 불렸다고 한다. 귀곡의 귀鬼는 귀歸와 통한다. 귀곡歸谷으로도 불리는 이유다.

현존 문헌 가운데 귀곡자를 최초로 언급한 것은 『사기』 「소진열전」과 「장의열전」이다. 후대의 문헌에 나오는 모든 얘기는 여기서 비롯된 것이다. 주목할 것은 두 열전 모두 귀곡자에 관해 스쳐가듯 언급하고 있는 점이다. 「소진열전」의 해당 대목이다.

"소진은 동주東周 낙양 출신으로 동쪽 제나라로 가 스승을 찾아 섬기면서 귀곡 선생 밑에서 배웠다."

이게 귀곡자에 관한 언급의 전부이다. 소진은 전국시대 중기에 진秦나라와 대항하는 6국의 합종책合縱策을 이뤄낸 인물이다. 이런 인물의 스승에 관한 기록치고는 너무 황량하다. 「장의열전」도 별반 다를 게 없다.

"장의는 위나라 출신으로 일찍이 소진과 함께 귀곡 선생을 섬기며 종횡술을 배웠다."

장의는 6국을 진나라와 결합시키는 연횡책連橫策을 주도해 소진 못지않게 명성을 떨친 인물이다. 사마천은 이런 훌륭한 인물들을 제자로 둔 종횡가의 시조 귀곡자에 대해 마치 바람이 호수 위를 스쳐가듯 한마디 툭 던져놓고는 완전히 입을 다물었다.

『사기』가 출현하는 전한 초기까지만 해도 귀곡자는 그저 전설상의 인물에 지나지 않았음을 반증하는 사례이다. 후대에 그가 과연 실존 인물인지 여부를 둘러싸고 커다란 논란이 빚어진 것도 이런 맥락에서 이해할 수 있다. 모두 시간이 갈수록 더욱 신비스런 인물로 미화된 결과다. 소진과 장의보다 약간 앞서 활약했던 전국시대 초기의 병법가 손빈孫臏과 방연龐涓도 그의 제자였다는 전설이 나온 게 대표적인 실례다. 사마천은 「손자오기열전」에서 손빈이 위魏나라의 아阿

상대를 열광케 하라 - 귀곡자처럼

와 견鄄 땅 사이에서 태어나 훗날 방연과 함께 병법을 공부했다고 기록해놓았다. 귀곡자 밑에서 공부했다는 얘기는 없다. 그런데도 북송의 사마광은 『자치통감』에서 이같이 기록해놓았다.

"제나라의 손빈은 위나라의 방연과 함께 귀곡자 밑에서 병법을 배운 적이 있다."

후대로 내려오면서 귀곡자에 관한 전설이 더욱 부풀려졌음을 방증한다. 중국의 역사를 보면 귀곡자처럼 각 분야의 저명한 인물이 여러 시대에 걸쳐 거듭 존재하고 있음을 알 수 있다. 대표적인 인물로 의성醫聖으로 일컬어지는 편작扁鵲을 들 수 있다. 『사기』 「편작창공열전」은 기원전 7세기에서 기원전 3세기까지 민간에 나돈 편작에 관한 여러 일화를 대거 수록해놓았다. 어느 시대의 인물인지 알 길이 없다. 말을 감정하는 데에 뛰어났던 전설적인 상마가相馬家 백락伯樂도 유사한 경우다. 사서에 백락은 원래 춘추시대 중기인 진목공 때 활약한 것으로 나온다. 그러나 『한비자』에는 춘추시대 말기 중원 진晉나라의 권신 조간자趙簡子의 어자御者로 등장한다. 서주西周 시대의 전설적인 말몰이꾼인 조보造甫도 예외가 아니다. 그는 원래 전설 속 여신 서왕모西王母와의 로맨스로 유명한 주周나라 목왕穆王의 말을 몰던 인물이다. 전국시대 조나라를 세운 조씨의 조상으로 조부趙父라고도 하는데, 『한비자』 「우저설 우하」에는 조보가 전국시대 중기의 인물로 나온다.

귀곡자도 같은 경우다. 남북조시대 동진 때에도 귀곡자라는 인물이 등장한다. 편작과 조보, 백락 등의 경우와 전혀 다를 게 없다. 이는 '귀곡자'라는 명칭이 전국시대 이래 오랫동안 종횡술 및 병법 등

에 관한 비술을 지닌 사람의 의미로 사용됐음을 시사한다. 고유명사가 아니라 뛰어난 인물을 지칭하는 대명사에 가까웠다고 보는 게 합리적이다.

『귀곡자』는 위서인가?

귀곡자를 가공의 인물로 간주하는 사람들은 대부분 『귀곡자』도 후대인의 위서偽書로 간주한다. 내용도 천박할 뿐만 아니라 문장 자체도 전국시대의 것이 아니라는 지적이 그렇다. 대표적인 인물이 당나라 때의 문인 유종원劉宗元이다. 그는 「귀곡자변鬼谷子辨」에서 이같이 비판했다.

"『귀곡자』의 내용이 매우 험하고 기괴한 데다 도리 또한 매우 좁아터져 장차 망령된 말로 세상을 어지럽힐까 두려울 뿐이다. 그 내용을 믿기 어려우니 학자들은 의당 이를 좇아서는 안 될 것이다."

사실 유종원의 지적처럼 잡편에 있는 「본경음부7술」은 미신적인 오행설이 섞여 있어 점복서의 성격을 띠고 있는 데다가 문체도 잡스러워 후대의 음양가가 삽입해놓았을 공산이 크다. 많은 사람들이 내편과 외편 등을 구분해서 보는 이유다.

그러나 이는 『귀곡자』가 많은 사람들의 손에 의해 만들어졌음을 암시하는 것이기도 하다. 일각에서는 소진이 『귀곡자』를 만든 뒤 자신의 스승인 귀곡자에게 가탁假託했다고 주장하고 있으나 믿을 바가 못 된다. 『전국책』「진책」에 나오는 다음 대목이 이를 뒷받침한다.

"소진은 열 개의 책 상자를 모두 뒤적인 끝에 마침내 태공망 여상

呂尚이 지은 병서『음부陰符』를 찾아냈다. 머리를 싸매고 이 책을 숙지할 때까지 끊임없이 읽고는 마침내 췌마술揣摩術의 이치를 깨우쳤다. 잠이 오면 송곳으로 넓적다리를 찔러 피가 발까지 흘러내릴 정도로 책을 열심히 읽었다. 이때 그는 자신에게 이같이 다짐키를, '제후들을 설득해 금옥금수金玉錦繡를 내놓게 하지도 못하면서 어찌 경상卿相의 높은 자리를 얻어낼 수 있단 말인가?'라고 했다. 일 년 뒤 췌마술의 오묘한 이치를 터득하자 큰 소리로 외치기를, '이야말로 참으로 당세의 군왕을 설득시킬 만한 것이다!'라고 했다. 이내 조나라 왕을 찾아가 손바닥을 쳐가며 통쾌하게 그를 설득했다. 조나라 왕이 크게 기뻐하며 곧 그에게 무안武安 땅을 봉지로 내리면서 무안군武安君에 봉하고 상국의 인수印綬까지 건네주었다. 이에 소진은 외출할 때 병거 1백 승乘과 금수錦繡 1천 돈純, 백벽白璧 1백 쌍, 황금 1만 일鎰을 손에 넣은 고귀한 신분이 되었다. 소진은 제후들 사이를 오가며 마침내 합종合從을 성사시켜 연횡을 깨뜨림으로써 강국인 진나라를 고립시켰다. 소진이 조나라의 상국이 된 후로는 진나라에서 조나라로 오가는 함곡관函谷關의 통행이 뚝 그치게 되었다."

소진과 장의가 귀곡자 밑에서 함께 공부했는지 여부는 확인할 길이 없으나 「진책」에 따르면 소진은 홀로『음부』로 명명된 어떤 종횡가의 글을 읽으며 췌마술을 독학했을 공산이 크다. 췌마술은 남의 속마음을 헤아려 짐작하는 술책을 말한다.『귀곡자』의 「체정揣情」과 「마의摩意」편이 이를 집중 분석해놓은 것이다. 태공망 여상은 주나라의 건국공신이다. 그는『육도六韜』와『음부』등 많은 병서를 남긴 것으로 알려졌다. 후대의 병가가 그의 이름을 가탁한 것으로 보

는 게 옳다. 『육도』는 현존하고 있으나 『음부』는 전하지 않는다. 다만 『귀곡자』에 후대인이 끼워넣은 것이 확실한 「본경음부7술」이 실려 있다. 이것이 소진이 본 『음부』의 잔본殘本인지 여부는 알 길이 없다.

『한서』「예문지」의 '종횡가류'에 소진의 저서로 알려진 『소자苏子』 31편이 기록돼 있다. 소진과 그의 동생인 소대蘇代 및 소려蘇厲의 유세 일화를 포함해 여러 종횡가의 일화를 수록한 『소자』는 종횡가 관련 문헌 가운데 매우 두꺼운 편에 속했다. 그러나 남북조시대의 혼란기에 실전되고 말았다. 지난 1973년 호남성 장사의 마왕퇴 3호 묘에서 현존 『전국책』과 유사한 내용을 담은 백서帛書가 출토됐다. 이른바 『백서전국책帛書戰國策』이다. 이는 아무런 표제도 없이 소진과 장의 등 종횡가의 행적이 시대별로 편제되어 있어서 『전국종횡가서戰國縱橫家書』로 불리기도 한다. 모두 27편 325행으로 글자 수는 17,000여 자이다. 일부 학자는 『전국종횡가서』 내용 중 일부가 『소자』의 일부분일 것으로 추정하고 있으나 뚜렷한 논거가 있는 것은 아니다.

『전국종횡가서』에 따르면 장의와 소진이 함께 귀곡자 밑에서 공부했다는 현존 『전국책』과 『사기』의 기록은 신빙성이 없다. 항간에 떠도는 얘기까지 마구 그러모은 결과로 볼 수 있다. 실제로 『전국책』에는 『사기』 등에 나오는 소진의 동생 소대와 소려의 일화까지 소진의 일화로 나오고 있는 게 제법 많다. 『전국종횡가서』의 기록을 좇을 경우 소진의 합종책과 장의의 연횡책은 『사기』의 기록처럼 같은 시기에 구사된 외교 전략이 아니라는 얘기가 된다.

그렇다면 소진에 앞서 일세를 풍미한 장의의 적수는 누구였을까?

바로 공손연公孫淵이었다. 원래 공손연은 전국시대 때 소진과 장의 못지않게 종횡가로 명성을 떨친 인물이다. 『맹자』 「등문공 하」에 나오는 일화가 이를 뒷받침한다. 이에 따르면 하루는 종횡가 경춘景春이 맹자에게 이같이 말했다.

"공손연과 장의가 어찌 대장부가 아니겠습니까? 한번 화를 내자 천하의 제후들이 두려워하고, 평안히 지내자 천하가 잠잠해졌습니다!"

맹자가 반박했다.

"공손연과 장의를 어찌 대장부로 부를 수 있겠는가? 천하의 넓은 집에 거처하고, 천하의 바른 자리를 세우고, 천하의 대도를 행해야 한다. 뜻을 얻으면 백성들과 함께 도를 행하고, 그렇지 못했을 때는 홀로 도를 행한다. 부귀해져도 마음을 방탕하게 하지 않고, 빈천한 상황에도 의지가 변치 않고, 위엄에도 굴하지 않아야 한다. 이런 사람이 진정한 대장부이다!"

이는 장의를 소진과 묶어 기술한 『사기』와 『전국책』의 기록과 배치된다. 『전국종횡가서』의 기록에 비춰 공손연을 장의의 적수로 기록한 「등문공 하」의 기록이 역사적 사실에 가깝다. 장의는 기원전 329년에 진나라로 가서 진 혜문왕에게 뛰어난 언변으로 진나라의 향후 진로를 유세한 덕분에 객경客卿에 임명됐다. 이때 공손연은 진나라의 대량조大良造로 있었다. 진 혜문왕이 장의를 재상으로 발탁하면서 공손연의 역할을 대신토록 하자 공손연은 진나라를 떠나 위나라로 갔다. 그러나 이후 또 한 번의 반전이 일어난다.

기원전 309년, 진 혜문왕의 뒤를 이은 진 무왕武王이 승상丞相 제도

를 사상 처음으로 도입했다. 승상을 포함해 태재太宰와 영윤令尹, 상국相國 등의 명칭은 대개 신하들의 우두머리 직책을 뜻하는 말로 사용됐다. 문관과 무관의 체계가 분화하기 시작한 것은 전국시대 초기 각국이 군주 아래 상相과 장將을 따로 둔 데 따른 것이었다. 이런 분화가 가장 먼저 일어난 나라는 초나라였다. 초나라는 이미 춘추시대에 상을 영윤으로 부르면서 영윤 밑에 최고의 무관직인 상주국上柱國을 설치한 바 있다. 진나라가 진 무왕 때 승상 제도를 둔 것은 6국에서 사용하는 '상국'의 호칭을 꺼린 결과다.

진 무왕은 태자로 있을 때부터 장의를 탐탁지 않게 여겼다. 진 무왕이 즉위하자마자 장의가 위나라로 망명한 이유다. 『사기』「초세가」는 이때 진 무왕이 진 혜문왕의 이복동생이자 자신의 숙부뻘인 저리질樗里疾과 공손연을 발탁한 것으로 기록해놓았다. 그러나 「저리자감무열전」에는 진 무왕이 저리질을 우승상, 대부 공손석公孫奭을 좌승상으로 삼은 것으로 돼 있다. 공손연과 공손석은 같은 사람이다. 『전국책』「진책」도 공손석이 바로 위나라 상국으로 있다가 재차 진나라로 들어간 공손연이라고 기록해놓았다. 그러나 사마광은 『자치통감』을 쓰면서 공손석과 공손연을 다른 사람으로 간주했다. 해당 기록이다.

"장의가 위나라 재상이 된 지 일 년 만에 죽었다. 당시 장의와 소진이 모두 종횡술로 제후들에게 유세하여 부귀를 얻자 천하의 모든 사람들이 이를 흠모하여 이들을 다투어 본받고자 했다. 위나라 출신 공손연은 호를 서수犀首라고 했는데 그 역시 유세로 명성을 떨쳤다. 그 나머지로는 소진과 소대 및 소려 등의 소씨 형제를 비롯해 주최

周最와 누완樓緩 등을 들 수 있다. 이들은 천하를 주유하며 그럴듯한 거짓말로 우위를 다퉜다. 이들 가운데 장의와 소진, 그리고 공손연이 가장 유명했다."

'서수'는 신하들의 우두머리라는 뜻을 내포하고 있는 위나라 관직명이다. 종횡가인 공손연이 서수의 직책을 맡은 데서 그의 이름처럼 사용됐다. 주최는 제나라에서 벼슬한 종횡가이고, 누완은 진 소양왕 때 승상을 지내기도 했다. 「저리자감무열전」은 감무甘茂가 우승상 저리질과 함께 좌승상을 맡게 되었다고 기록해놓았으나 『자치통감』에 따르면 저리질이 먼저 우승상으로 임명된 뒤 공손석이 비로소 좌승상에 임명됐다. 우승상 저리질과 함께 좌승상으로 임명된 감무가 한나라 공벌 때 대장으로 임명되자 공손석이 감무의 뒤를 이어 좌승상이 된 것으로 짐작된다. 「저리자감무열전」과 『자치통감』의 기록을 좇을 경우 진나라 좌승상 공손석과 위나라 출신 종횡가 공손연은 별개의 인물이 된다. 그러나 「초세가」와 『전국책』을 좇으면 위나라 재상으로 활약하던 공손연은 장의 사후 진나라로 들어가 좌승상에 임명된 셈이 된다.

이런 사실 등을 종합해볼 때 『전국종횡가서』의 기록을 좇아 장의는 기원전 309년에 병사했고, 소진은 기원전 284년에 간첩 혐의를 받고 제나라에서 살해된 것으로 보는 게 타당할 듯하다.

이는 종횡가가 소진과 장의가 활약한 전국시대 중기에 전성기를 누렸음을 방증한다. 소진과 장의가 귀곡자 밑에서 함께 공부했다는 전설이 만들어진 것도 이런 사실과 무관치 않을 것이다. 소진과 장의보다 약간 앞선 시기에 활약한 손빈과 방연이 귀곡자 밑에서 함께

공부했다는 전설도 이때 만들어진 것으로 보인다. 『사기』 「손자오기열전」에는 손빈과 방연이 함께 병법을 배웠다는 내용만 있을 뿐 귀곡자 밑에서 공부했다는 얘기는 없다. 소진과 장의가 귀곡자 밑에서 함께 공부했다는 전설이 만들어지면서 뒤이어 손빈과 방연도 귀곡자 밑에서 함께 공부했다는 식으로 살이 덧붙여졌을 공산이 크다.

현존 『귀곡자』가 「내편」에서 『음부』를 연상시키는 췌마술을 깊이 다루면서 동시에 잡편에 「본경음부7술」이 편제돼 있는 점에 주목할 필요가 있다. 이는 소진이 전설적인 병서 『음부』를 밤낮으로 연구한 뒤 췌마술의 묘리를 찾아냈다는 『전국책』 「진책」의 기록을 뒷받침한다. 소진이 홀로 췌마술을 연마했다면 장의 또한 유사한 행보를 보였을 공산이 크다. 손빈과 방연의 경우도 마찬가지다. 소진과 장의, 손빈과 방연이 엇갈린 삶을 산 것은 역사적 사실이다. 내용 또한 여러모로 극적이다. 후대인들이 이를 흥미진진하게 여긴 나머지 전설적인 인물인 귀곡자와 연결시켜 그럴듯한 스토리텔링을 했을 공산이 크다.

이는 이들이 활약하는 전국시대 중기 이전에 이미 『귀곡자』와 유사한 종횡가의 기본 텍스트가 존재했음을 반증한다. 소진과 장의를 포함해 손빈과 방연 등이 과연 귀곡자 밑에서 종횡술과 병법을 배웠는지 여부에 얽매이지 말아야 한다는 얘기다. 귀곡자를 가공의 인물로 간주할지라도 『귀곡자』를 후대인이 멋대로 지어낸 위서로 단정할 이유가 없다. 손무를 가공의 인물로 간주할지라도 『손자병법』까지 후대인의 위서로 낙인찍지 않는 것과 같다.

『귀곡자』와 『손자병법』은 여러 뛰어난 종횡가와 병법가가 텍스트

의 원형을 만들고, 뒤이어 계속 첨삭이 이뤄지면서 지금과 같은 정본定本이 만들어졌을 공산이 크다. 후대의 어떤 인물이 불쑥 뛰쳐나와 『귀곡자』와 『손자병법』을 만들어낸 뒤 전설적인 인물인 귀곡자와 손무에 가탁했을 가능성이 희박하다는 얘기다.

노자를 두고 실존 인물인지 여부가 21세기 현재까지 계속 논란거리로 남아 있는 것과 상관없이 『도덕경』을 제자백가의 문헌 가운데 최고의 고전으로 칭송하는 것과 같은 맥락이다. 중요한 것은 노자와 귀곡자 및 손무 등과 같이 뛰어난 인물이 연이어 출현해 『도덕경』, 『귀곡자』, 『손자병법』이라는 텍스트를 만들어낸 데 있다. 인류의 큰 자산이다.

『귀곡자』는 병서인가?

역대 사서 가운데 『귀곡자』를 최초로 언급해놓은 것은 『수서』「경적지經籍志」인데 종횡가 항목에 분류했다. 『구당서』「경적지」, 『신당서』「예문지藝文志」, 『송사』「예문지」, 조공무晁公武의 『군재독서지郡齋讀書志』, 정초鄭樵의 『통지通志』「예문략藝文略」, 마단림馬端臨의 『문헌통고文獻通考』「경적고經籍考」, 진진손陳振孫의 『직재서록해제直齋書錄解題』 모두 종횡가로 분류해놓았다. 이에 앞서 전한 말기 양웅揚雄의 『법언』과 후한 초기 왕충王充의 『논형』, 후한 말기 응소應劭의 『풍속통의風俗通義』 또한 『귀곡자』를 종횡가로 분류했다.

홍매洪邁의 『용재사필容齋四筆』도 "『귀곡자』는 귀곡자와 소진 장의 등이 쓴 것이다"라고 했다. 『태평어람』 권463도 "소진은 애초에 장

의와 함께 귀곡 선생 밑에서 11년 동안 공부했다. 육예를 통달하고, 백가의 이론을 모두 통했다"라고 했다. 또, 권726에서는『춘추후어春秋後語』를 인용해 "소진은 귀곡자의 학문을 배웠다"라고 했다. 주목할 것은 남북조 때 남조 양나라 유협의『문심조룡文心雕龍』이다. 여기서는 두 번에 걸쳐 귀곡자를 언급하고 있다.『문심조룡』「제자諸子」의 해당 대목이다.

"법가인 신불해와 상앙은 죄인을 칼로 베거나 톱으로 켜는 형구인 도거刀鉅로 다스릴 것을 주장했고, 귀곡자는 입술로 공훈을 세울 것을 주장했다."

종횡가의 유세와 책략이 등장케 된 배경을 적확히 집어낸 셈이다.『문심조룡』「논설論說」에서는 더 절묘하게 표현해놓았다.

"전국시대 쟁웅爭雄 과정에서 변사辯士들이 구름처럼 일어났다. 이들은 열국 군주의 참모로 참여해 피아 쌍방의 장단을 논하며 세력을 다퉜다. 종횡가 한 사람의 변설이 구정九鼎의 보물만큼 중했고, 세 치 혀가 백만 대군보다 강했다!"

『귀곡자』의 요체가 유세와 책략에 있음을 지적한 것이다. 오랫동안『귀곡자』를 종횡가의 기본 텍스트로 간주한 배경이다. 그러나 일부는『귀곡자』를 병서의 일종으로 보았다. 손빈과 방연에게 병법을 전했다는 전설이 결정적인 공헌을 했다. 남송 효종 때 재상을 지낸 홍적洪適이『한사종병서漢四種兵書』서문에서 "귀곡 선생은 방연의 스승이다"라고 기록한 게 그 증거다. 귀곡자를 병가로 분류한 결과다. 명 대의 풍몽룡도『동주열국지』에서 이를 그대로 좇아 "귀곡자에게는 병가의 학문이 있었다"라고 했다. 청 대의 왕희손王喜孫 역시『상

우기尚友記』에서 "손빈과 방연은 함께 귀곡자 밑에서 병법을 배웠다"라고 했다. 후대에 귀곡자를 가탁한 병법 관련 저서가 무수히 나온 배경이다. 이를 두고 일각에서는 『손자병법』이 『귀곡자』의 주요한 사상적 연원이었을 것으로 추정하고 있다.

『귀곡자』는 명리命理에 관한 점술서의 효시로 간주되기도 한다. 민간에 전해진 귀곡자의 전설 가운데 이와 관련된 것이 매우 많다. 진시황이 서복徐福에게 명해 귀곡자를 찾아가 묻도록 했다는 얘기를 비롯해, 서진시대의 곽박郭璞이 귀곡자를 방문했고 당나라 때 재상 이필李泌이 귀곡자를 찾았다는 얘기 등이 그것이다. 이런 전설이 『태평광기太平廣記』 등에 수록돼 있다. 『수서』 「경적지」에는 『귀곡선생점기鬼谷先生占氣』가 수록돼 있다. 귀곡자를 음양가로 분류한 것이다.

가장 대표적인 사례로 점복서 『명서命書』의 편찬자가 귀곡자로 되어 있는 것을 들 수 있다. 『영락대전永樂大典』의 「명서류命書類」도 귀곡자가 『분정경分定經』이라는 명리학 서적을 저술한 것으로 기록해 놓았다. 21세기 현재 중국의 명리학계 역시 귀곡자를 명리학의 비조로 삼고 있다. 시간이 지날수록 종횡가의 비조에서 병가의 시조를 거쳐 명리학의 원조로까지 떠받들어지게 됐음을 알 수 있다. 귀곡자에 대한 명성이 날로 확산됐다는 명백한 증거에 해당한다.

귀곡자가 명리학의 원조로 숭앙된 것은 병가 이론에 음양가의 이론이 깊숙이 침투한 결과다. 그런 조짐은 이미 한나라 때부터 드러나기 시작했다. 『한서』 「예문지」에 『귀곡구鬼谷區』처럼 병가와 음양가 이론을 하나로 녹인 '병음양가兵陰陽家'의 서적 분류가 나온 게 그 증거다. 이는 객관성과 과학성을 자랑한 병학兵學의 타락에 해당한

다. 조조가 잡다한 내용의 『손자병법』에 대대적인 손질을 가한 것도 바로 이 때문이다. 『한서』 「예문지」에는 손무가 쓴 것으로 전해진 『오손자병법吳孫子兵法』이 82편, 손빈이 쓴 『제손자병법齊孫子兵法』이 19편인 것으로 되어 있다.

현존 『귀곡자』는 본경本經에 해당하는 내편과 외편이 총 14편이다. 외편의 제12편 「부언」은 본문이 남아 있으나 제13편과 제14편은 제목만 남아 있는 상황이다. 잡편은 「본경음부7술」 등으로 구성돼 있다. 현재 『귀곡자』를 귀곡자 본인이 직접 쓴 것으로 보는 사람들조차 「본경음부7술」에 대해서는 말이 많다. 음양가의 잡스러운 오행설이 끼어든 탓이다. 『음부』를 쓴 것으로 알려진 태공망 여상의 병서 『육도』에도 오행설과 관련한 내용이 제법 많다. 모두 후대의 음양가가 미신적인 내용을 끼워넣은 것이다.

『귀곡자』에 주석을 가한 남북조시대 남조 양나라의 도홍경陶弘景은 근본부터 지엽까지 모두 언급해놓았다는 뜻에서 '본경'이라는 명칭이 나왔고, 외물外物에 응해 내심內心을 수양하는 것이 마치 부합符合하는 것과 같아 '음부'라는 명칭이 나왔다고 했다. 도홍경은 유가와 불가 및 도가사상에 두루 해박했던 인물로, 그의 주석은 현존하는 유일한 구주舊注에 해당한다. 북송의 건립을 전후로 여타 주석이 모두 사라진 결과다.

도홍경의 주석을 제외한 나머지 주석은 청나라 말 이후의 신주新注이다. 신주의 대표적인 인물이 호북성의 지현知縣으로 있다가 신해혁명 이후 허베이 대학교 교수를 지낸 윤동양尹桐陽이다. 그는 잡편에 나오는 「중경」 등과 구분하기 위해 '본경'이라는 명칭을 붙였을

뿐이고, 「본경음부7술」의 '음부'라는 명칭은 후대인이 이를 끼워넣으면서 태공망 여상의 병서인 『음부』의 명칭을 차용한 것에 지나지 않는다고 지적했다.

사서의 기록 등을 기준으로 판단할 때 「본경음부7술」은 후대인이 끼워넣은 것에 지나지 않는다는 윤동양의 주장이 타당하다. 일부 중국 학자들은 귀곡자가 직접 쓴 것으로 보고 있으나 아무래도 지나치다. 현재 귀곡자와 그의 제자를 포함해 후대의 종횡가와 도가 및 음양가 등 다양한 사람들이 편제에 참여한 것으로 보는 게 통설이다. 실제로 제12편인 외편 「부언」의 경우는 『관자』 「구수」의 내용을 그대로 따온 것이다. 제목만 남아 있는 외편 제13편과 제14편도 제목에 비춰 『장자』 등에서 따온 것일 공산이 크다. 많은 사람들이 『귀곡자』의 원래 판본을 제1편에서 제11편까지로 한정하면서 '본경 내편'으로 칭하는 이유다.

『귀곡자』의 특징은 무엇인가?

『귀곡자』의 내용은 21세기 경제전의 관점에서 볼 때 정치학, 외교학, 군사학, 정략학, 심리학, 정보학 등 여러 학문 분야에서 두루 참조할 만한 내용이 매우 많다. 그러나 성리학이 만연한 시절에는 이런 내용들이 모두 '잡설'로 간주됐다. 덕치에 기초한 유가의 왕도王道와 배치된다는 게 그 이유였다. 대표적인 인물로 명 대 초기의 송렴宋濂을 들 수 있다. 그는 「제자변諸子辨」에서 이같이 혹평했다.

"『귀곡자』에 나오는 내용은 모두 소인들이 사용하는 뱀과 쥐새끼

의 지혜에 지나지 않는다. 이를 집안에서 쓰면 집안이 망하고, 나라에서 쓰면 나라가 망하고, 천하에서 쓰면 천하가 망한다. 사대부들은 의당 침을 뱉듯이 이를 내던지며 좇지 말아야 할 것이다.”

송렴은 원나라 때 한림원 편수를 제의받았으나 노부모를 모셔야 한다는 이유로 관직에 나서지 않고 산속에 은거하며 학문에 몰두한 당대의 명유였다. 그는 천하의 현자를 초빙한다는 명 태조 주원장의 부름을 받고 남경으로 올라갔다. 곧 강남유학제거江南儒學提擧에 임명돼 수만 권의 책을 소장한 문화당文華堂에서 태자인 주표朱標를 가르쳤다. 주원장은 수시로 문화당에 들러 주표에게 이같이 경계했다.

“창업주는 늘 여러 어려움을 겪기 마련이다. 어려움은 사람을 생각하게 만들고, 생각은 지혜를 낳는다. 그러나 뒤를 잇는 후사는 안정된 상황에서 태어난다. 안정은 생각을 막고, 생각이 막히면 무너지게 된다. 현명해야 유혹을 당하지 않고, 근면해야 안일하지 않고, 과감해야 끌려다니지 않게 된다.”

아직 난세가 끝나지 않았음을 주표에게 경계한 것이다. 그러나 송렴의 생각은 달랐다. 이미 새 제국이 출범해 치세가 시작된 만큼 패도가 아닌 왕도로 천하를 다스려야 한다는 게 그의 판단이었다. 송렴은 나이가 들자 은퇴한 후 고향에 머물렀다. 얼마 후 송렴의 손자가 좌승상 호유용胡惟庸의 반란 사건에 연루되는 일이 빚어졌다. 대로한 주원장이 송렴을 남경으로 압송해 처형할 것을 명하자 태자 주표가 무릎을 꿇고 사면해줄 것을 간청했다. 마황후馬皇后도 적극 간하고 나섰다.

“일반 백성도 자제의 스승을 초빙할 때는 시종 예를 갖춥니다. 천

자는 더 말할 것도 없습니다. 송렴은 자리에서 물러나 줄곧 고향에 있었으니 손자의 일을 제대로 알 리도 없습니다."

그러나 주원장은 들으려고 하지 않았다. 그는 바닥에 꿇어앉은 주표를 보고 이같이 일갈했다.

"네가 황제가 되면 그를 용서할 수 있을 것이다!"

충격을 받은 주표는 황궁을 나와 강가로 간 후 물속으로 걸어 들어갔다. 환관들이 황급히 뛰어들어 간신히 구해냈다. 크게 놀란 주원장이 송렴의 죄를 한 등급 낮춰 유배형에 처했지만 송렴은 유배를 가던 중 세상을 떠나고 말았다. 주원장이 손을 써서 제거했을지도 모를 일이다.

송렴이 『귀곡자』를 두고 '뱀과 쥐새끼의 지혜' 운운한 것은 난세의 이치에 어두웠다고 해석할 수밖에 없다. 『귀곡자』의 특징은 상대를 어르고 띄워주거나 때로는 은근히 위협을 가하며 자신의 의중을 은밀히 관철하는 다양한 유세와 책략의 기술을 논한 데 있다. 충신忠信을 중시한 송렴의 눈에는 술수와 모략을 일삼는 소인배용 잡서로 보였을 수 있다. 그러나 국가 총력전 양상을 보이고 있는 21세기 경제전 시대의 관점에서 보면 정반대로 해석할 필요가 있다. 21세기에 들어와 『귀곡자』는 종횡가 학설을 체계화함으로써 선진시대 제자백가의 학문 발전에 지대한 공헌을 했다는 호평을 받고 있다.

『귀곡자』에 나오는 종횡술은 단순히 책사들의 유세와 책략에만 초점을 맞춘 게 아니다. 본경 외편인 「부언」에서 『관자』「구사」에 나오는 군주의 제신술制臣術을 그대로 인용해놓은 게 그 증거다. 「부언」은 후대의 종횡가가 덧붙여놓은 것이다. 아무리 뛰어난 군주와 기업

CEO일지라도 천하를 다스리고 평정하는 일을 홀로 할 수는 없는 일이다. 반드시 뛰어난 책사가 곁에 있어야만 한다. 후대의 종횡가가 「부언」을 덧붙인 배경도 여기서 찾을 수 있다.

책략의 구체적인 표현인 정치적인 정략과 군사적인 전략, 국제정치의 외교 책략, 기업 경영의 상략 등이 청와대 참모진과 국방 스태프, 외교관, 비즈니스맨 등의 전유물일 수만은 없다. 오히려 최고통치권자와 기업 CEO 등이 이를 숙지해야만 휘하 사람을 제대로 부릴 수 있다. 『귀곡자』를 단순히 책사들을 위한 텍스트로만 해석해서는 안 되는 이유다.

저자의 말

춘추시대 말기 공자는 무려 14년 동안이나 천하를 주유하며 열국의 군주 앞에서 군자가 다스리는 바람직한 정치를 설파하고 다녔다. 이른바 철환천하轍環天下이다. '철'은 수레를 탄다, '환'은 한 바퀴 돈다는 뜻의 동사로 사용됐다. 수레를 타고 천하를 돌아다니며 유세한 그의 '철환천하'는 철저한 실패작이었다. 여러 이유를 들 수 있으나 유세와 책략의 테크닉 부재가 가장 큰 원인이었다.

주목할 것은 지금의 외교학파에 해당하는 종횡가들이 공자에 대한 각박한 평가와 달리 공자의 수제자 자공子貢에 대해서는 칭송을 아끼지 않으며 종횡가의 비조로 받드는 점이다. 사제관계를 '콩 심은 데 콩 난다'라는 우리말 속담 차원에서 보면 지독한 아이러니다. 종횡가의 이런 평가는 결코 뜬금없는 게 아니다. 『사기』 「중니제자열전」에 이를 뒷받침하는 일화가 나온다.

춘추시대 말기 제나라 권신 진항陳恒이 노나라를 치려고 하자 공자가 황급히 제자들을 모아놓고 대책을 논의했다. 자로와 자장 등이

진항에 대한 설득작업에 나설 것을 자청했지만 공자가 받아주지 않았다. 자공이 나서자 흔쾌히 허락했다. 자공의 유세는 대성공이었다. 「중니제자열전」의 절반 이상이 온통 그의 유세 내용으로 채워진 사실이 이를 반증한다. 종횡가들이 자공을 비조로 꼽은 게 결코 허언이 아니었음을 알 수 있다.

원래 자공은 뛰어난 종횡가이기도 했지만 당대 최고의 거부이기도 했다. 사마천이 『사기』「화식열전」에서 자공을 공부하며 사업을 벌이는 유상儒商의 효시로 기록해놓은 사실이 이를 뒷받침한다.

자공은 공자의 문하에서 열심히 공부하면서·천하를 무대로 외교협상도 벌이고, 큰돈도 번 특이한 경우에 속한다. 요즘으로 치면 재벌회장이 당대 최고의 석학으로 인정받는 셈이다. 유세와 책략 및 비즈니스의 달인에 해당하는 자공의 이런 행보는 21세기 경제전의 상황에 비춰볼 때 암시하는 바가 매우 크다.

최근 초일류 글로벌 기업들이 MBA보다 인문학을 전공한 학생을 선호하고, 학계에서 학문의 통섭統攝 흐름이 거세게 일고 있는 점 등을 감안할 때 외교관과 비즈니스맨의 통합이 시급하다. 국가 총력전이 정치와 외교, 군사, 경제가 하나로 통합된 양상으로 전개되고 있기에 더욱 그렇다. 외교관과 비즈니스맨 모두 국부 증진과 국익을 위해 최전선에서 뛰고 있다는 점에서 하등 차이가 없다.

현재 중국에서는 종횡가의 기본 텍스트인『귀곡자』가 커다란 인기를 끌고 있다. 관련서가 북경 서점가의 특설 판매대를 가득 채우고 있는 사실이 이를 뒷받침한다. 법가의 제왕술을 새롭게 해석한『후흑학』과 수천 년 동안 병가의 성전으로 손꼽힌『손자병법』, 최근 상

가商家 이론의 집대성으로 주목을 받고 있는 『관자』와 『사기』「화식열전」 관련 서적도 인기다.

한때 일본 상품이 전 세계의 시장을 석권할 때 일본에서도 유사한 현상이 나타난 바 있다. 일본 특유의 경제경영 이론과 모델이 등장한 배경이다. 지금 그 열풍이 중국에서 불고 있다. 종횡가와 법가, 병가, 상가 관련 서적 모두 부국강병을 위한 난세의 책략에 초점을 맞추고 있는 점에 주목할 필요가 있다. 폭발적인 경제 성장을 거듭하면서 G2를 넘어 G1으로 발돋움하고자 하는 중국 인민들의 열망이 그대로 투영된 결과다.

『귀곡자』의 유세와 책략은 기본적으로 상대를 어르고 띄워주는 데서 출발한다. 상대의 속셈과 실정을 정확히 파악한 후 이를 토대로 가장 적합한 책략을 세워 뜻하는 바를 은밀히 관철하고자 한 것이다. 전국시대 당시 이를 전문으로 연구한 학자 집단이 바로 종횡가이다. 『귀곡자』는 종횡가의 책략 및 유세 테크닉의 이론을 총망라해 놓은 총론에 해당한다.

『귀곡자』에 나오는 종횡술은 『손자병법』 등의 병서에 나오는 지피지기知彼知己 등의 병법 원리와 서로 닮았다. 예나 지금이나 군사와 외교는 서로 동전의 양면처럼 불가분의 관계를 맺고 있는 점을 감안할 때 이상하게 생각할 것도 없다.

고금동서를 막론하고 국가 간의 이해관계가 격렬히 충돌할 경우 예외 없이 우격다짐이 동원됐다. 이웃과 선린관계를 유지하는 것은 매우 중요하지만 상대가 무력으로 뜻을 펴고자 할 때는 반드시 무력으로 맞서야 한다. 모든 나라가 평시에도 많은 수의 상비군을 두는

이유다. 유비무환有備無患의 이치를 통찰한 결과다.

그렇다면 21세기 경제전에 대비한 유비무환의 구체적인 계책은 무엇일까? 난세에 초점을 맞춘 종횡가와 법가, 병가, 상가 등의 부국강병 논리를 통합해 구사하는 게 해답이다. 상가의 효시인 관중이 역설했듯이 부민부국富民富國이 요체이다. 삼성과 현대기아차처럼 해당 분야에서 세계시장을 석권하는 초일류 글로벌 기업이 더욱 많아져야 하는 이유다.

21세기 경제전에서 글로벌 기업 CEO는 국가 존망을 책임진 장수에 해당한다. 종횡가와 법가, 병가, 상가 등이 역설하고 있는 부국강병 논리를 두루 펠 필요가 있다. 베이징 대학교 국제MBA 교수 궁위전宮玉振은 지난 2010년에 펴낸 『손자, 이기는 경영을 말하다』에서 이같이 역설한 바 있다.

"중국 기업의 성공은 주로 장수에 해당하는 유능한 기업 CEO가 예리한 안목과 뛰어난 추진력으로 개혁개방 및 경제 발전이 가져온 천시天時를 발견하고 시장이라는 지리地利를 얻어 이룬 것이다. 그러나 기업의 성공을 천시에만 의존하면 천시의 수명이 곧 기업의 수명이 돼버린다. 위대한 기업의 배후에는 늘 위대한 가치를 추구하는 기업 문화와 경영 철학이 존재했다."

'손안의 세계'로 상징되는 애플의 아이폰처럼 기술과 예술을 결합시킨 혁신적인 제품을 만드는 데 매진하라고 주문한 것이다. 글로벌 시장을 석권할 수 있는 비결이 여기에 있다. 전 세계인을 감동시킬 만한 비전과 경영 이념을 전면에 내걸고 이용후생에 도움이 될 만한 좋은 제품을 만들어 널리 활용토록 만드는 게 그것이다. 종횡가와

병가 등의 제자백가서에서 그 지혜를 찾아낼 수 있다. 필자가『귀곡자』의 유세 책략을 깊숙이 탐사한 본서를 펴낸 이유이기도 하다.

『귀곡자』에 나오는 유세 책략은 이종오가 펴낸『후흑학』의 여러 후흑술을 방불케 한다. 필자는 지난 2004년에 종횡가의 사적을 망라한『전국책』, 2013년에 종횡가 이론을 집대성한『귀곡자』완역본을 국내 최초로 펴낸 바 있다. 본서는『귀곡자』의 유세 책략을 깊이 천착해 36가지 계책으로 요약 정리한 것이다. 일종의 종횡술 활용서에 해당한다.

필자가 본서를 펴낸 것은 기본적으로 2015년의 상황이 심각하게 전개되고 있기 때문이다. 이웃 일본은 전 세계에 자위대를 파견할 수 있는 안보법안을 통과시킨 데 이어 비무장을 규정한 일본 헌법 제9조의 개정운동을 전개하고 있다. 더 안타까운 것은 미국이 중국의 도전을 미연에 방지하기 위해 일본의 재무장에 적극 동조하며 양국 간 군사 외교 관계를 전례 없이 강화하고 있다는 점이다. 일종의 이이제이以夷制夷 계책을 구사하고 있는 것이다. 중국과 일본이 북한을 지렛대로 삼아 한반도에 계속 영향력을 행사하고자 하는 것과 별반 다를 게 없다.

한반도 통일을 코앞에 두고 있는 우리 정부의 절묘한 대응이 절실한 상황이다. 이는 단순히 외교관과 비즈니스맨에 한정된 과제가 아니다. 한류와 관련한 문화 협력 및 스포츠 외교에 이르기까지 각 방면의 오피니언 리더들도『귀곡자』가 역설한 유세 책략을 적극 활용할 필요가 있다. 협상 테이블에서 주도권을 쥐고 국리와 국익을 관철시켜야 나라를 굳게 지킬 수 있기 때문이다.

사실 그래야만 통일시대의 청사진인 명실상부한 '동북아 허브 시대'를 주도적으로 견인할 수 있다. 고금을 막론하고 국격國格의 고양은 결국 구성원인 국민 전체의 교양 수준인 민격民格이 높아지지 않고서는 불가능한 일이다. 국민 모두 스스로 최고의 외교관 및 글로벌 비즈니스맨이 될 필요가 있다. 민격과 국격의 고양을 통한 '동북아 허브 시대'의 조속한 개막을 기대한다.

　　　　　　　　　　　　2015년 겨울 학오재學吾齋에서
　　　　　　　　　　　　신동준 쓰다.

부록

종횡가 연표

기원전	춘추전국	연대	사건
403			진晉나라가 나뉘어 조·한·위 3진三晉이 성립함. 전국시대 개막.
396	주 안왕	6년	위 문후가 죽고 아들 위 무후가 즉위함.
386		16년	주 왕실이 제나라의 전화田和를 제후로 봉함.
379		23년	제 강공 사망. 전씨田氏가 강씨姜氏의 제나라를 찬탈함.
361	주 현왕	8년	진나라가 상앙을 기용함.
351		18년	신불해가 한나라의 재상이 됨.
338		31년	진 효공이 죽고 상앙이 피살됨.
337		32년	신불해가 병사함.
334		35년	위나라와 제나라가 서주徐州에서 만나 왕을 칭하기로 합의함.
328		41년	진나라가 처음으로 상국相國 제도를 두고 장의를 상국으로 삼음.
325		44년	진나라가 처음으로 왕을 칭함.

상대를 열광케 하라 - 귀곡자처럼

257		58년	진나라 장수 백기가 자살함. 위나라가 진나라 군사를 한단에서 격파함.
250	진 효문왕	원년	진 효문왕이 즉위 이틀 후 죽고 아들 진 장양왕이 뒤를 이음.
249	진 장양왕	원년	여불위가 한나라를 치고 삼천군三川郡을 둠. 노나라가 멸망함.
247		3년	위나라 신릉군이 진나라 군사를 격퇴함. 진시황이 즉위함.
238	진시황	9년	노애의 반란이 일어남. 초나라 춘신군이 피살됨.
237		10년	진시황이 여불위를 파면함.
235		12년	여불위가 자살함.
233		14년	한비자가 자진함.
227		20년	형가가 진시황 암살에 실패함.
223		24년	초나라가 멸망함.
221		26년	진시황이 제나라를 멸하고 천하를 통일함. 전국시대 종료됨.